职业教育汽车类示范专业规划教材

汽车底盘构造与维修

主　编　高　峰
副主编　李春缘　钟　霆
参　编　陈　丰　曾　丹
　　　　江　华　郭学彪

机械工业出版社

本书主要包括9个模块：汽车底盘概述、离合器、机械式变速器、万向传动装置、驱动桥、汽车行驶系、汽车转向系、汽车制动系、电控防抱死制动系统。

本书为职业教育教材，贯彻以能力为本位、理论够用的原则，注重对学生的创新精神和动手能力的培养，参照有关汽车维修行业的职业技能规范标准编写。

本书可作为职业院校汽车运用与维修专业教材，也可作为相关行业岗位培训教材或自学用书。

为方便教学，凡选用本书作为授课教材的老师均可登录 www.cmpedu.com 以教师身份注册免费下载课件，或来电咨询：010-88379865。

图书在版编目（CIP）数据

汽车底盘构造与维修/高峰主编. —北京：机械工业出版社，2010.1（2018.3 重印）
职业教育汽车类示范专业规划教材
ISBN 978-7-111-28954-8

Ⅰ. 汽… Ⅱ. 高… Ⅲ. ①汽车—底盘—结构—职业教育—教材②汽车—底盘—车辆修理—职业教育—教材 Ⅳ. U472.41

中国版本图书馆 CIP 数据核字（2010）第 231716 号

机械工业出版社（北京市百万庄大街22号 邮政编码100037）
策划编辑：宋学敏　曹新宇　责任编辑：曹新宇　洪丽红
版式设计：霍永明　封面设计：马精明
责任校对：张晓蓉　责任印制：孙 炜
保定市中画美凯印刷有限公司印刷
2018年3月第1版第10次印刷
184mm×260mm·22.25 印张·479 千字
24001—26000 册
标准书号：ISBN 978-7-111-28954-8
定价：44.80元

凡购本书，如有缺页、倒页、脱页，由本社发行部调换
电话服务　　　　　　　　　　　网络服务
服务咨询热线：010-88379833　　机 工 官 网：www.cmpbook.com
读者购书热线：010-88379649　　机 工 官 博：weibo.com/cmp1952
　　　　　　　　　　　　　　　　教育服务网：www.cmpedu.com
封面无防伪标均为盗版　　　　　金　书　网：www.golden-book.com

前　言

本书根据机械工业出版社组织的"职业教育汽车类示范专业教学改革研讨及教材建设会议"精神编写的，是作为职业院校汽车专业的教材。

本书在编写过程中遵循教育部"以就业为导向，以服务为宗旨，以能力为本位"的职业教育方针。

在本书的编写过程中，围绕不同的工作任务对传统的学科型汽车专业教学内容进行重新整合，力图把专业知识与具体工作任务和职业能力培养结合起来，使学生在学习过程中能够有效地把理论和实践相结合。

本书内容较广泛，既有采用先进汽车技术的车型，同时也考虑到欠发达地区的主要车型，适应于不同地区的需要。在教学过程中希望针对当地实际情况，围绕工作任务，以实用、够用兼顾发展为原则安排教学。本书为了全面培养学生的综合能力，有效提高学生的整体素质和职业能力，在模块教学中引入"整理、整顿、清扫、清洁、自律"的5S管理理念，把职业能力培养融入到技能教学中，在培养学生专业技能的同时提升学生的综合素质，养成良好的行为习惯。

本书分为9个模块，主要介绍汽车底盘四大组成系统，即汽车传动系、汽车行驶系、汽车转向系和汽车制动系的作用、组成及各组成部分的构造与维修。对于传动系的自动变速器内容在其他书中有专门讲述，本书不再涉及。

本书内容力求简单易懂，将复杂的理论知识融合到图片说明中，以助于学生理解，每个模块包含学习目标、本节目标、基本理论知识、课堂互动、技能训练及习题等。本书适用于职业院校汽车专业的学生使用，也可作为相关的职业培训或汽车维修行业从业人员的自学参考用书。

本书由珠海市理工职业技术学校（原珠海市第三中等职业学校）高峰（模块1、5）郭学彪（模块4）、贵州省机械职业技术学校李春缘（模块2、3），珠海欧亚公司江华（模块7）、珠海市公共汽车公司钟霆（模块9），温州交通技术学校陈丰（模块8），顺德中专学校曾丹（模块6）共同编写。参与工作的还有珠海欧亚公司的朱建风、黎军。

由于编者水平有限，书中错误和问题在所难免，希望专家、读者批评指正。

编　者

目 录

前言

模块1　汽车底盘概述 ··· 1
1.1　汽车底盘的基本组成及功用 ·· 1
1.2　汽车底盘传动系的各种布置形式 ·· 4

模块2　离合器 ··· 8
2.1　概述 ·· 8
2.2　离合器的构造 ··· 10
2.3　离合器的操纵机构 ·· 20
2.4　自动离合器 ··· 28
2.5　离合器的维修 ·· 30
2.6　离合器的故障诊断 ·· 36

模块3　机械式变速器 ·· 39
3.1　概述 ·· 39
3.2　普通齿轮变速器的变速传动机构 ·· 41
3.3　同步器 ··· 47
3.4　变速器的操纵机构 ·· 54
3.5　分动器 ··· 62
3.6　手动变速器的维修 ·· 75
3.7　机械式变速器的故障诊断 ··· 80

模块4　万向传动装置 ·· 86
4.1　概述 ·· 86
4.2　万向节 ··· 89
4.3　传动轴与中间支承 ·· 99
4.4　万向传动装置的维修 ··· 102
4.5　万向传动装置的故障诊断 ··· 104

模块5　驱动桥 ··· 107
5.1　概述 ·· 107
5.2　主减速器 ·· 109
5.3　差速器 ··· 113
5.4　半轴与桥壳 ··· 119
5.5　四轮驱动系统 ·· 123
5.6　驱动桥的故障诊断与主要零件的检修 ·· 128
5.7　驱动桥的装配与调整 ··· 131

模块 6　汽车行驶系 ··· 136
6.1　车架 ··· 136
6.2　车桥 ··· 141
6.3　车桥的维修 ··· 145
6.4　车轮、轮胎 ··· 151
6.5　轮胎的正确使用、检修 ··· 161
6.6　轮胎的故障诊断 ··· 165
6.7　悬架 ··· 170
6.8　悬架系统的检修 ··· 177
6.9　悬架系统的故障诊断 ··· 179
6.10　电控悬架系统 ··· 180

模块 7　汽车转向系 ··· 186
7.1　概述 ··· 186
7.2　转向器 ··· 189
7.3　转向操纵机构 ··· 195
7.4　转向传动机构 ··· 199
7.5　汽车机械转向系的故障诊断及部件检修 ··· 205
7.6　动力转向装置 ··· 208
7.7　动力转向系的检修 ··· 216
7.8　动力转向系的故障诊断与排除 ··· 219
7.9　电动式动力转向系统 ··· 222
7.10　电控四轮转向系统 ··· 225

模块 8　汽车制动系 ··· 228
8.1　概述 ··· 228
8.2　鼓式制动器 ··· 232
8.3　盘式制动器 ··· 249
8.4　驻车制动器 ··· 257
8.5　液压式制动传动装置 ··· 264
8.6　气压式制动传动装置 ··· 278
8.7　制动力分配调节装置 ··· 287
8.8　辅助制动装置 ··· 291
8.9　制动系的故障诊断 ··· 297

模块 9　电控防抱死制动系统 ··· 305
9.1　概述 ··· 305
9.2　电控防抱死制动系统的基本组成 ··· 309
9.3　典型的电控防抱死制动系统 ··· 318
9.4　车轮防抱死制动系统的检修 ··· 323
9.5　车轮防抱死制动系统的故障诊断 ··· 327
9.6　制动系统的放气 ··· 340

9.7 电子车身稳定控制系统（ESP） …………………………………………… 341

9.8 电子伺服制动系统 …………………………………………………………… 344

参考文献 ………………………………………………………………………… 347

模块 1　汽车底盘概述

【学习目标】

1. 掌握底盘的主要组成部分。
2. 了解底盘新技术及底盘的发展。

1.1　汽车底盘的基本组成及功用

【课堂互动】

【本节目标】

1. 掌握汽车底盘的基本组成。
2. 理解各组成部分的功用。

【基本理论知识】

1. 汽车底盘的基本组成

现代汽车以往复活塞式内燃机作为动力装置，一般由发动机、底盘、车身和电气设备四部分组成。而汽车底盘由传动系、行驶系、转向系和制动系四大系统组成，如图 1-1 所示。

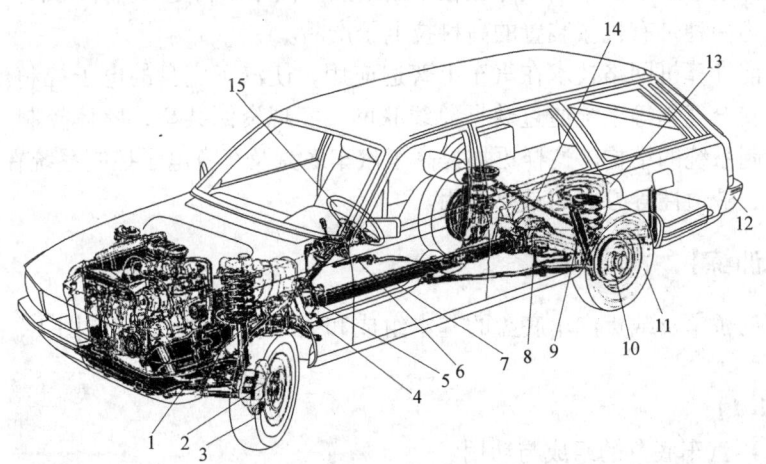

图 1-1　汽车底盘的基本组成

1—前悬架　2—前轮制动器　3—前轮　4—离合器踏板　5—变速器操纵机构
6—驻车制动手柄　7—传动轴　8—后桥　9—后悬架　10—后轮制动器
11—后轮　12—后保险杠　13—备胎　14—横向稳定器　15—转向盘

【课堂互动】

2. 各组成部分的功用

（1）传动系　传动系的功用是将发动机的动力传递给驱动轮。普通汽车采用的机械式传动系由离合器、变速器、万向传动装置、驱动桥等组成；现代汽车越来越多地采用液力机械式传动系，以自动变速器取代机械式传动系中的离合器和变速器。自动变速器由专门课程讲述，在本书中不涉及。

（2）行驶系　行驶系的功用是安装汽车部件、支承汽车、缓和冲击、吸收振动、传递和承受发动机与地面传来的各种力和力矩，并保证汽车正常行驶，由车架、车桥、悬架、车轮等组成。

（3）转向系　转向系的功用是控制汽车的行驶方向，由转向操纵机构、转向器、转向传动机构等组成。现代汽车普遍采用动力转向装置。

（4）制动系　制动系的功用是使汽车减速、停车或驻车。一般汽车制动系中有行车制动和驻车制动两套相互独立的制动装置，每一套制动装置由制动器、制动传动装置组成。现代汽车行车制动装置还装设了制动防抱死装置。

3. 汽车底盘技术应用与发展

1886年，德国人卡尔·本茨和戈特利布·戴姆勒发明了内燃机汽车。

1990年以前，汽车底盘和车身各系统总成主要由机械零件构成，且主要采用机械控制，或部分总成采用了液力—液压传动。因而，汽车还是一种比较单一的机械产品。

1990年以后，在不断改进和应用液力—液压传动的同时，汽车上越来越广泛地应用了电子控制技术。随着电子控制技术的发展，现代汽车逐渐集机械、电子和液压技术于一体，而且电子产品在汽车中的应用比例越来越高，即使是单个部件或总成中的电子成分也在不断增加。汽车不再是一种单一的机械产品，而是成为一种带有机械装置的高科技电子产品。

汽车底盘电子控制系统主要有：EAT——电子控制自动变速器；CVT——电子控制机械无级变速器；ABS——电子控制防抱死制动系统；ASR——电子控制驱动防滑系统；ECS——电子控制悬架系统。

目前计算机网络技术在汽车上普遍应用，使汽车底盘的电子控制可以与发动机、安全气囊等系统通过数据总线联网，实现资源共享，整体控制，进一步简化控制系统的结构。这样更加提高了汽车底盘及车身电子控制系统在操纵性、安全性、舒适性等方面的重要作用。

【技能训练】

常见轿车及载货汽车底盘的基本组成和大致构造如图1-2、图1-3、图1-4所示。

【习题1.1】

（1）汽车底盘的组成与功用？

（2）电子技术在汽车底盘上的应用有哪些？

模块1 汽车底盘概述 3

【课堂互动】

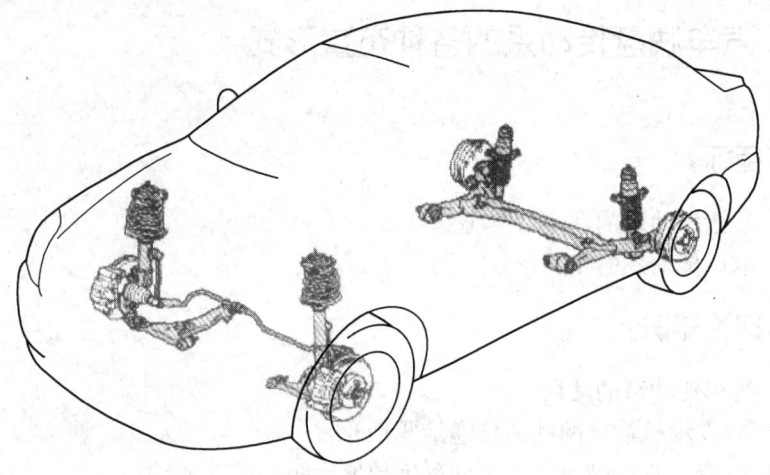

图 1-2　汽车悬架

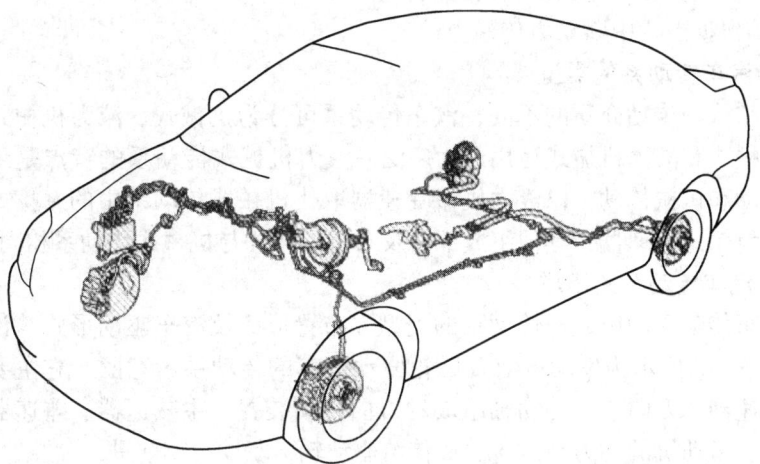

图 1-3　汽车制动系统

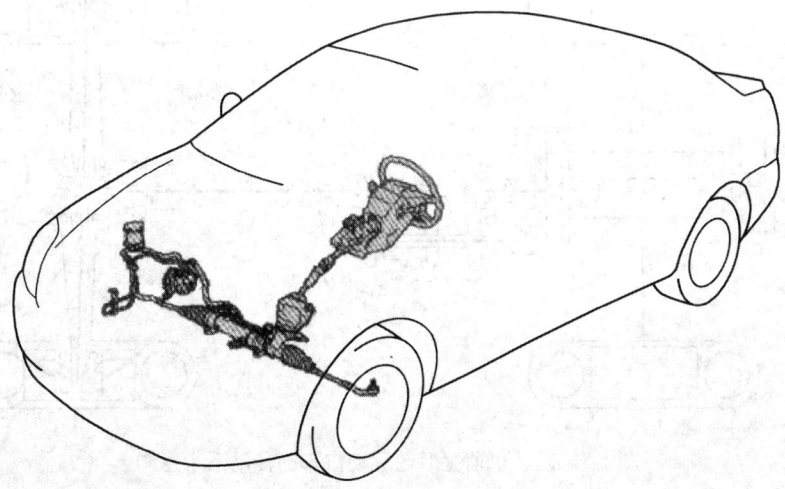

图 1-4　汽车转向系统

【课堂互动】

1.2 汽车底盘传动系的各种布置形式

【本节目标】

1. 掌握传动系的功用、类型和组成。
2. 掌握传动系的布置形式。

【基本理论知识】

1. 汽车传动系的功用

1）将发动机输出的动力传递给驱动轮。
2）改变汽车行驶速度,不同程度地增大驱动轮上的转矩。
3）使左右驱动轮以不同转速旋转。
4）根据需要中断动力传递。

2. 汽车传动系的类型

按结构和传动介质的不同,汽车传动系可分为机械式、液力机械式和电力式。机械式和液力机械式运用最为广泛。液力机械式传动系的特点是组合运用液力传动和机械传动,以液力机械变速器取代机械式传动系中的摩擦式离合器和普通齿轮式变速器,其他组成部件及布置形式均与机械式传动系相同。

3. 汽车传动系的组成

汽车传动系的组成与传动系的类型、布置形式及汽车驱动形式等许多因素有关。图 1-5 所示为发动机前置后轮驱动汽车的传动系示意图,它主要由离合器、变速器、万向节和传动轴组成的万向传动装置、主减速器、差速器和半轴等组成。发动机的动力经过各总成传给驱动轮,驱动汽车前进。

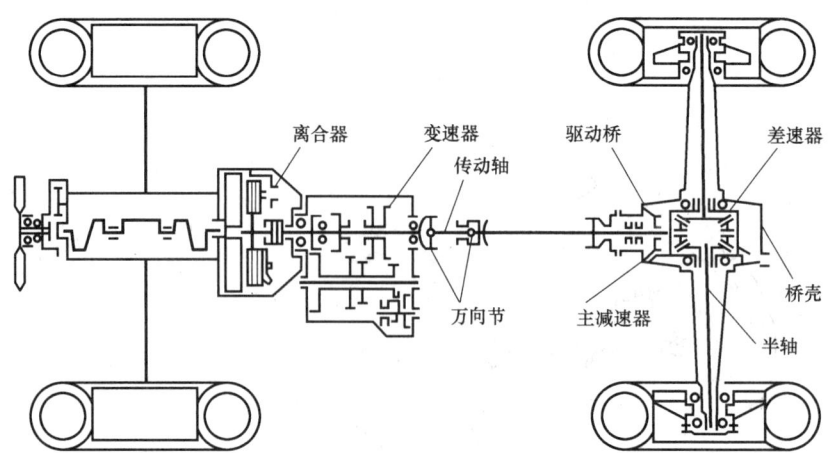

图 1-5 发动机前置后轮驱动汽车的传动系示意图

4. 传动系各总成的功用   【课堂互动】

1）离合器：按照需要进行切断或接合发动机与变速器之间的动力传递。

2）变速器：将发动机输出的转速进行高、低的变换以及改变旋转方向，也可以切断发动机向驱动轮的动力传递。

3）万向传动装置：将变速器输出的动力传递给主减速器，并适应两者之间距离和轴线夹角的变化。

4）主减速器：降低转速，增大转矩，改变动力的传递方向（90°）。

5）差速器：将主减速器传来的动力分配给左右两半轴，并允许左右两半轴以不同速度旋转，以满足左右两驱动轮在行驶过程中差速的需要。

6）半轴：将差速器传来的动力传给驱动轮，使驱动轮获得旋转的动力。

对于四轮驱动的汽车，在变速器与万向传动装置之间还装有分动器，其作用是将发动机的动力分配给前、后驱动桥。

5. 传动系的布置形式

传动系的布置形式主要取决于发动机的安装位置及汽车的驱动形式。

汽车的驱动形式用汽车车轮总数×驱动车轮数来表示。普通汽车大多装有四个车轮，其中只有两个驱动轮，其驱动形式表示为 4×2。越野汽车的全部车轮都可作为驱动轮，其驱动形式表示为 4×4、6×6。此外，汽车的驱动形式也可以用车桥总数×驱动桥数来表示。

（1）发动机前置、后轮驱动（FR 型）　　发动机前置、后轮驱动是货车上广泛采用的一种传动系布置形式。如图 1-5 所示，它一般是将发动机、离合器和变速器连成一个整体安装在汽车的前部，而主减速器、差速器和半轴则安装在汽车后部的后桥壳中，两者之间通过万向传动装置相连。这种后轮驱动的布置形式，附着力大，易获得足够的驱动力。并且，发动机散热条件好，驾驶员可直接操纵发动机、离合器和变速器，因而操纵机构简单，维修方便。

典型车型：解放 CA1091、东风 EQ1090 等载货汽车，奔驰、宝马等高档轿车。

（2）发动机前置、前轮驱动（FF 型）　　图 1-6、图 1-7 为轿车普遍采用的发动机前置、前轮驱动（FF 型）布置形式（发动机有纵向布置和横向布置之分），变速器、主减速器和差速器装配成一个整体，并同发动机、离合器一起集中安装在汽车前部。这种布置形式，除具有发动机散热条件好，操纵方便等优点外，还省去了很长的传动轴。传动系结构紧凑，整车重心降低，汽车高速行驶稳定性好。但前轮驱动的汽车，上坡时前轮附着力减小，易打滑；下坡制动时，前轮载荷过重，高速行驶易发生翻车现象。这种布置形式在重心较低的微型、普通型轿车上得到了广泛的运用。

典型车型：发动机纵置有奥迪、北京现代，发动机横置有捷达、丰田花冠。

（3）发动机后置、后轮驱动（RR 型）　　一些大型客车采用发动机后置、后轮驱动（RR 型）的传动系布置形式，如图 1-8 所示。发动机、离合器和变速器制成一体布置在驱动桥之后。这样可大大缩短传动轴的长度，前轴不易过载，后轮附着力大，并能更充分地利用车厢面积。但由于发动机后置，其散热条件差。发动机、离合器、变速器的远距离操纵使操纵机构变得复杂，维修调整不

【课堂互动】

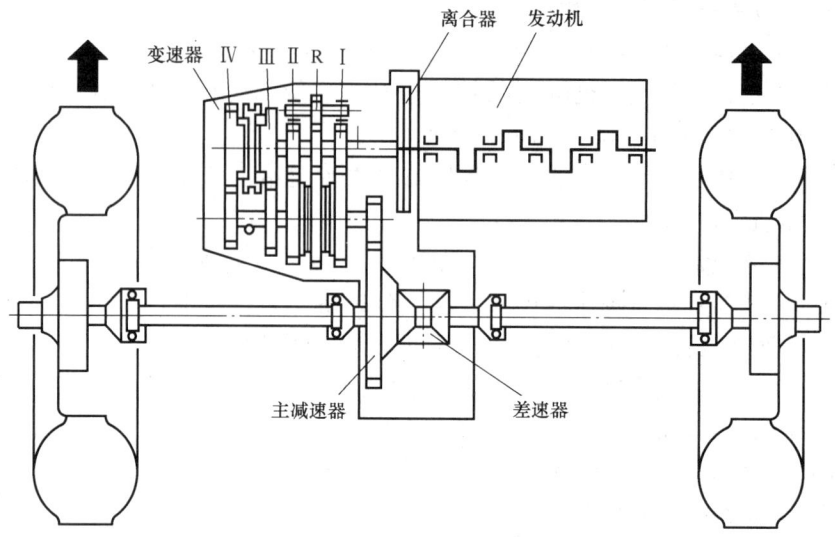

图1-6 发动机前置、前轮驱动的传动系布置示意图（发动机横置）

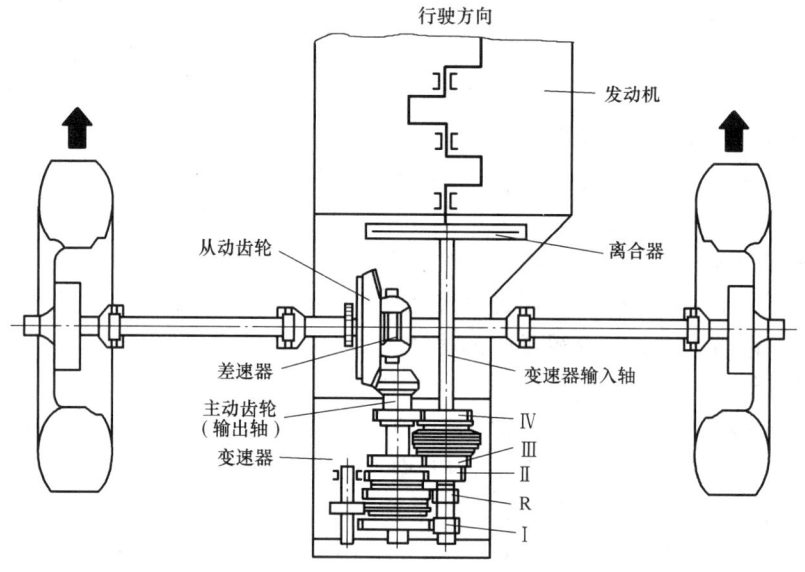

图1-7 发动机前置、前轮驱动的传动系布置示意图（发动机纵置）

便。除在大型客车上外，某些微型或轻型轿车也采用这种布置形式。发动机也有横向布置和纵向布置之分。

典型车型：黄海DD6112H4、厦门金龙。

（4）越野汽车传动系布置形式（4WD） 为了充分利用所有车轮与地面之间的附着条件，以获得尽可能大的牵引力，越野汽车采用全轮驱动（4WD）。图1-9所示为4×4越野汽车传动系布置形式示意图。与发动机前置、后轮驱动的4×2汽车相比较，其前桥既是转向桥，也是驱动桥。为了将发动机传给变速器的动力分配给前后两驱动桥，在变速器后增设了分动器，并相应地增设了从变速器通向分动器、从分动器通向前后两驱动桥之间的万向传动装置。由于前

模块1 汽车底盘概述 7

【课堂互动】

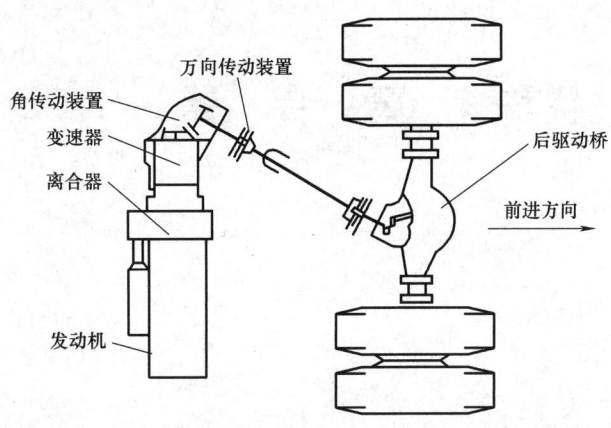

图 1-8 发动机后置、后轮驱动的传动系布置示意图

驱动桥又是转向桥，所以左右两根半轴均分为两段，并用万向节相连。

典型车型：BJ2020、切诺基。

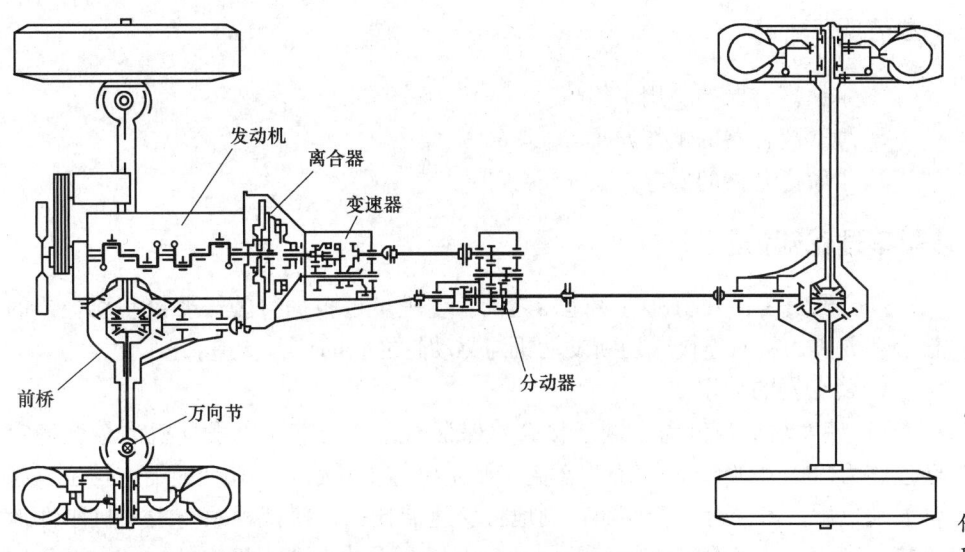

图 1-9 4×4 越野汽车的传动系布置形式示意图

（5）发动机中置、后轮驱动（MR 型） 这是 F1 赛车的布置形式。发动机放置在前、后轴之间，同时采用后轮驱动。还有一种"前中置发动机"，即发动机置于前轴之后、乘员之前，类似于 FR 型，从而提高操控性。MR 型的优点是：轴荷分配均匀，操控特性好。缺点是：发动机占去了座舱的空间，降低了空间利用率和实用性，因此 MR 型大都是追求操控表现的跑车。

【习题 1.2】

（1）传动系的作用和组成分别是什么？

（2）4×2、4×4 的含义是什么？

（3）RR 型布置有何特点及优点？

1. 汽车传动系布置形式有 FR 型、FF 型、RR 型，说说第一个字母代表发动机在汽车的什么位置，第二个字母代表驱动轮在汽车的什么位置。

2. 4WD 代表什么含义？

模块 2　离　合　器

【学习目标】

1. 掌握离合器的功用、组成。
2. 理解离合器的工作原理。
3. 掌握典型离合器的构造。
4. 掌握离合器的调整、维护、检修方法。

【课堂互动】

2.1　概述

【本节目标】

1. 掌握离合器的功用、组成。
2. 理解离合器的工作原理。
3. 了解离合器的要求。

【基本理论知识】

离合器安装在发动机与变速器之间。驾驶员可根据行驶需要控制离合器的接合和分离，从而连接或切断发动机与驱动轮之间的动力传递。

1. 离合器的功用

1）使发动机与传动系逐渐接合，保证汽车平稳起步。发动机的最低稳定转速约为 300~500r/min，而汽车起步则是由静止开始的。在变速器空挡位置起动发动机后，若没有离合器而强制地将变速器挂挡，使传动系与发动机刚性地连接，则由于二者原来速度相差很大，不但会因冲击造成机件的损伤，而且发动机产生的动力远不足以克服汽车由静止突然急加速产生的巨大惯性力，从而造成发动机转速急剧下降到最低稳定转速以下而熄火，汽车无法起步。有了离合器，则在汽车起步时使发动机与传动系逐渐接合，同时逐渐加大节气门开度，增加发动机的输出转矩，于是发动机的转矩便可由小到大地逐渐传给传动系，到足以克服行驶阻力时，汽车便由静止开始缓慢地逐渐加速，实现平稳起步。

2）暂时切断发动机与传动系的联系，消除换挡时齿轮的冲击。发动机在寒冷天气起动时，润滑油的粘度大，发动机本身起动阻力就较大，若再带动变速器中一部分齿轮旋转，因变速器齿轮油粘度更大，则阻力更大，使发动机难以起动。此时让离合器切断发动机与传动系的联系，就可除去这部分阻力，便于发动机的起动。

汽车行驶中变速器要经常变换挡位，即变速器中的齿轮副要经常脱开啮合和进入啮合。脱开时，由离合器切断发动机传来的动力，以减小啮合齿面间的压力，使齿轮副顺利脱开。啮合时，由离合器切断变速器与发动机的联系，使待啮合的齿轮副圆周速度相等，避免或减小冲击而顺利地进入啮合。

3）限制所传递的转矩，防止传动系过载。

2. 对离合器的要求

1）能可靠地传递发动机的最大转矩。

2）分离要迅速彻底，接合要柔和平顺。

3）从动部分转动惯量要小，以缩短换挡时间，减少换挡时作用在齿轮上的冲击载荷。

4）通风散热良好，以便及时地将操纵离合器时产生的热量散出。

5）操纵轻便，调整保养方便。

3. 离合器的工作原理

图 2-1 所示是弹簧压紧式摩擦离合器结构示意图，它由主动部分、从动部分、压紧机构和操纵机构四部分组成。

1）主动部分与发动机曲轴一起旋转，它包括飞轮 1、压盘 4、离合器盖 3。离合器盖用螺栓固定在飞轮上，压盘一般通过凸台或传动片（图中未画出）与离合器盖连接，由飞轮带动旋转。压盘也可作少量的轴向移动。

2）从动部分包括有摩擦衬片的从动盘 2 和离合器轴 9。从动盘通过内花键孔套装在离合器轴上，可作少量的轴向移动。离合器轴通常与变速器的输入轴做成一体。

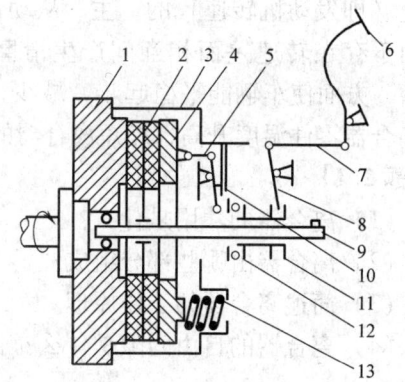

图 2-1 离合器结构示意图
1—飞轮 2—从动盘 3—离合器盖
4—压盘 5—分离拉杆 6—踏板
7—拉杆 8—拨叉 9—离合器轴
10—分离杠杆 11—分离轴承座套
12—分离轴承 13—螺旋弹簧

3）压紧机构是装在压盘 4 与离合器盖 3 之间的螺旋弹簧 13 或膜片弹簧。螺旋压紧弹簧一般均匀分布在压盘的圆周上。

4）操纵机构由分离拉杆 5、分离杠杆 10、分离轴承 12、分离轴承座套 11、拨叉 8 和踏板 6 等组成。分离杠杆中部与离合器盖铰接，其外端通过分离拉杆与压盘铰接。分离拉杆和分离杠杆各有 3~4 根，沿圆周均匀分布。

具体工作原理如下：离合器在接合状态时，在螺旋弹簧 13 的作用下，压盘 4 和飞轮 1 将从动盘 2 压紧，发动机的转矩便靠它们之间的摩擦力由飞轮经离合器轴 9 传到变速器。

分离离合器时，踩下踏板 6，分离拨叉带动分离轴承 12 前移，消除分离轴承与分离杠杆 10 内端之间的间隙后，便推压分离杠杆内端，使其绕支点摆动，其外端便通过分离拉杆 5 拉动压盘 4 克服压紧弹簧的压力后移，使压盘不再压紧从动盘。这样，主动部分与从动部分之间的摩擦力消失，发动机传给变速器

【课堂互动】

运用离合器的模型进行直观形象地教学，让学生可以亲手操作。

1. 离合器接合时，观察各元件的所处状态。
2. 离合器分离时，观察各元件的所处状态。

注　意：
"快踩"——离合器分离时要快速踩下，保证分离彻底。
"慢放"——离合器接合时要放慢些，保证接合平顺。

3. 起动汽车时，是否需要踩下离合器踏板？

的动力便切断，如图 2-2 所示。

当需要恢复动力传递时，放松踏板 6，被压缩的螺旋弹簧 13 也随之逐渐伸长，通过压盘将从动盘 2 压紧在飞轮表面上，离合器又处于接合状态。完全放松踏板时，分离杠杆内端与分离轴承之间应有一定间隙，称为自由间隙（踏板的自由行程）。其作用是防止从动盘摩擦片磨损变薄后压盘不能向前移动而造成离合器打滑。

离合器的接合过程也是车辆的起步过程，由于离合器的从动部分与整个车辆相连，在接合过程中离合器的从动部分转速是由零逐渐升高到等于主动部分转速（即发动机转速）的，主、从动部分由于存在转速差而相互间产生滑磨。

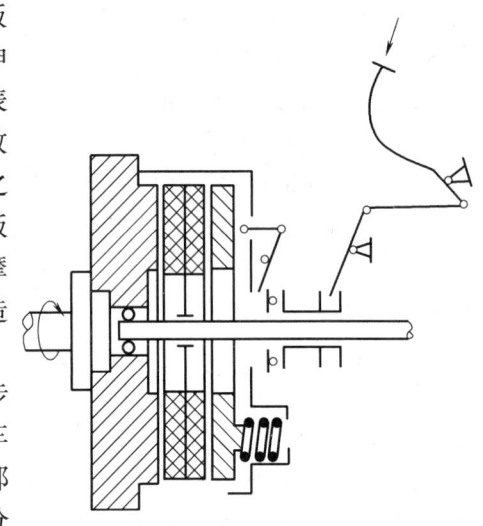

图 2-2　离合器分离时工作简图

滑磨一方面使车辆能平稳起步，减少冲击，但另一方面却造成摩擦副的磨损，使离合器零件温度升高，缩短离合器的使用寿命。

【习题 2.1】

（1）离合器的功用是什么？
（2）离合器由哪些部分组成？
（3）简述离合器的工作原理。
（4）离合器的自由间隙是什么？自由间隙有何作用？

2.2　离合器的构造

【本节目标】

1. 了解离合器的种类、结构特点。
2. 掌握典型离合器的结构。

【基本理论知识】

摩擦片式离合器按从动盘的数目分有单片式、双片式；按压紧弹簧的类型分有膜片弹簧式、多簧式、中央弹簧式和斜置弹簧式。

轿车采用单从动盘、螺旋弹簧或膜片弹簧或干摩擦片式离合器，且以膜片弹簧式离合器居多。

汽车上的摩擦片式离合器的基本组成是相同的，都是由主动、从动、压紧和操纵四部分组成，但其具体组成和结构各有特点。

1. 膜片弹簧式离合器

（1）膜片弹簧式离合器的构造　如图2-3所示，膜片弹簧式离合器主要由主动部分（飞轮、压盘、离合器盖）、从动部分（从动盘、从动轴）、压紧机构（膜片弹簧）、操纵机构（分离轴承与套筒、分离叉等）等组成。

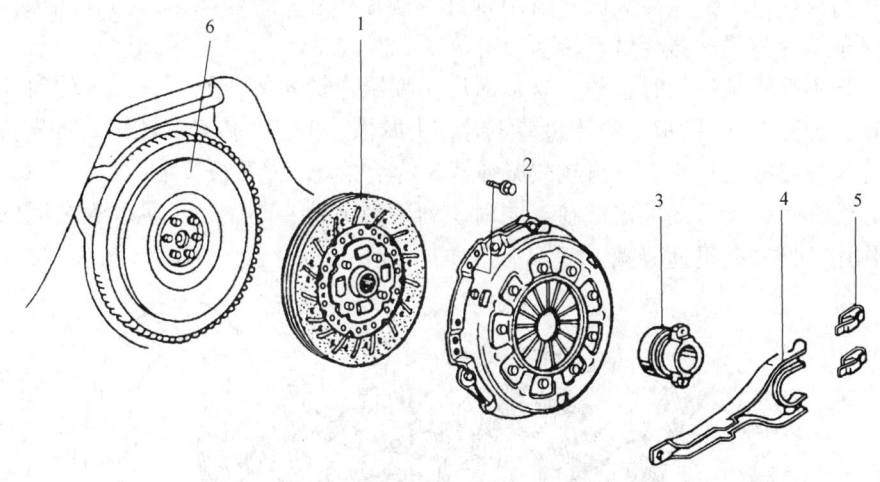

图2-3　膜片弹簧式离合器的构造
1—从动盘　2—离合器盖总成　3—分离套筒、分离轴承　4—分离叉　5—钢卡　6—飞轮

1）主动部分。主动部分与发动机飞轮连接，无论离合器处于接合状态还是分离状态，主动部分均随发动机一起旋转。

离合器盖用螺栓固定在发动机飞轮上，压盘与离合器盖间通过周向分布的传动片（弹簧钢片，一般为四组）连接，如图2-4所示。传动片一端用铆钉与离合器盖铆接，另一端用螺栓与压盘联接。

2）从动部分。离合器从动盘位于飞轮与压盘之间，从动盘毂内孔的花键与从动轴（变速器输入轴）上的花键联接，并可沿轴作轴向移动。当离合器踏板未被踩下

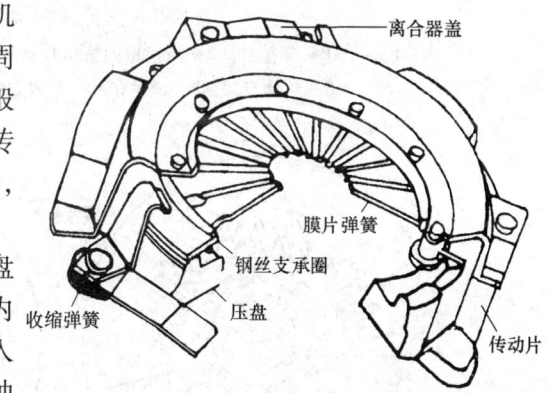

图2-4　膜片弹簧式离合器压盘总成

时，压盘将从动盘压紧在飞轮上，由于摩擦作用，从动盘随飞轮一起转动，将发动机动力输入至变速器。当踩下离合器踏板时，上述摩擦作用消失，切断了发动机的动力传递。

轿车从动盘都装有扭转减振器，其作用是：

① 防止传动系与发动机发生共振：发动机传给传动系的转矩是周期性变化的，使传动系产生扭转振动，若其振动的频率与传动系自振频率重合，将会发生共振，缩短传动系零件的使用寿命。

【课堂互动】

② 缓和冲击：当猛接合离合器起步或紧急制动（不分离离合器）时，传动系零件会受到很大的冲击载荷，扭转减振器可缓和并降低这种载荷。

扭转减振器的结构如图 2-5 所示。从动盘毂 6 夹在从动盘钢片 3 与减振器盘 9 之间，其中间夹有摩擦片 4，减振弹簧 8 装在毂 6、从动盘钢片 3 与减振盘盘 9 的窗孔中。钢片与减振器盘用铆钉 5 铆在一起，但毂与铆钉间有间隙，毂相对于钢片与减振器盘可以转动一定角度。

当不受转矩作用时，毂、盘、钢片在减振弹簧 8 的作用下，三者的窗孔应对正，如图 2-6a 所示。当传递转矩时，由摩擦片 1、10 传来的转矩，首先传到钢片 3 与减振器盘 9 上，再经减振弹簧 8 传给毂 6，弹簧被压缩，如图 2-6b 所示，缓和了传动系的冲击载荷，同时，利用摩擦片 4 与钢片、盘、毂之间的摩擦作用，使振动迅速衰减。

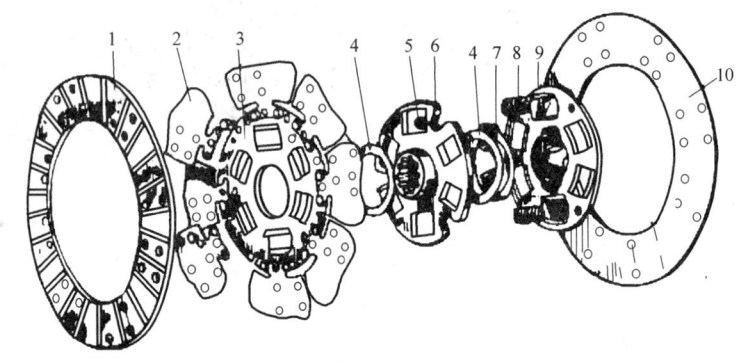

图 2-5 扭转减振器的结构

1、4、10—摩擦片 2—波浪形弹簧钢片 3—从动盘钢片 5—特种铆钉
6—从动盘毂 7—调整垫片 8—减振弹簧 9—减振器盘

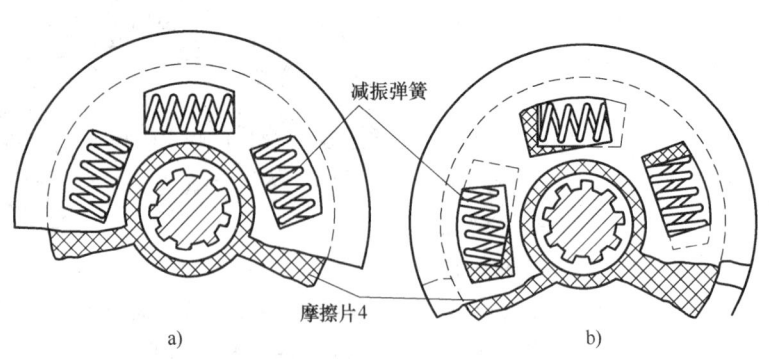

图 2-6 扭转减振器工作示意图

3）压紧机构。膜片弹簧的形状类似一个碟子，如图 2-7 所示，它由薄弹簧钢板冲压而成，不受力时自由形状为一锥形。它的中心部分有许多径向切口，形成弹性杠杆。膜片弹簧两侧有钢丝支承圈，借铆钉将其安装在离合器盖上，如图 2-4 所示。在离合器盖未固定到飞轮上时，离合器盖与飞轮间有一距离 l，膜片弹簧不受力，处于自由状态，如图 2-8a 所示。当离合器盖用螺栓固定于飞

轮上时，从动盘与压盘迫使膜片弹簧以右侧支承圈为支点发生弹性变形，使膜片弹簧外端对压盘与传动片产生压紧力，使离合器接合，如图 2-8b 所示。

4）操纵机构。分离叉中部支承在离合器盖上，分离轴承与分离套筒套装在变速器输入轴轴承盖的套管上，并可沿其轴向移动，分离轴承又可随膜片弹簧一起转动。

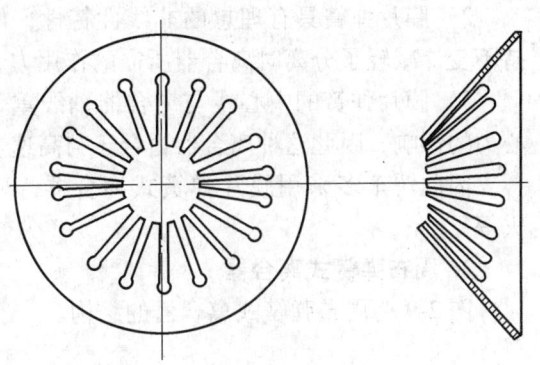

图 2-7　膜片弹簧

（2）膜片弹簧式离合器的工作过程　不踩离合器踏板时，由于膜片弹簧的弹性变形，其外端产生压紧力将压盘与从动盘压在飞轮上，离合器处于接合状态（见图 2-8b），飞轮随曲轴旋转，发动机的转矩靠从动盘与飞轮及压盘之间的摩擦作用经从动盘毂上的花键向变速器输出。当传递的转矩大于离合器的最大摩擦力矩时，离合器主、从动部分即出现打滑，以防止传动系过载。

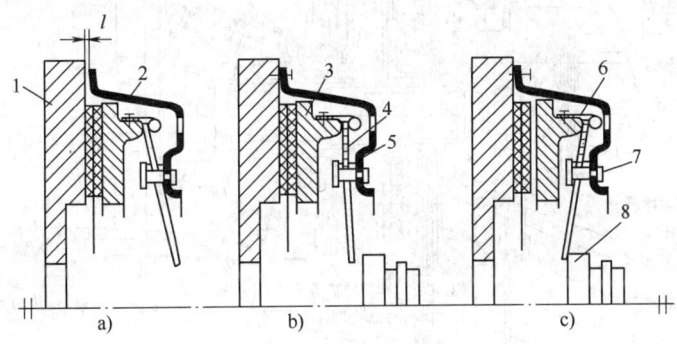

图 2-8　膜片弹簧式离合器工作过程示意图
a）自由状态　b）接合状态　c）分离状态
1—飞轮　2—离合器盖　3—压盘　4—膜片弹簧　5—支承圈
6—分离钩　7—铆钉　8—分离轴承

当踩下离合器踏板时，分离轴承 8 左移，推动膜片弹簧内侧左移，迫使膜片弹簧以右侧支承圈为支点进一步变形，于是其外端右移，通过分离钩 6 向后拉动压盘，解除了飞轮和压盘对摩擦片的压紧力，从动盘不再随主动部分一起旋转，切断了发动机的动力传递，离合器处于分离状态，如图 2-8c 所示。

膜片弹簧式离合器的主要优点是：

1）膜片弹簧兼起压紧弹簧与分离杠杆的作用，使离合器结构简化，质量小，轴向尺寸小，且由于膜片弹簧与压盘以整个圆周接触，压力分布均匀，摩擦片磨损均匀。

【课堂互动】

2）膜片弹簧具有理想的非线性特性，使摩擦片磨损后弹簧压紧力几乎保持不变，减轻了分离时离合器所需的作用力，操纵轻便。

3）膜片弹簧的中心线与离合器轴线重合，因此膜片弹簧的压紧力不受离心力的影响，因此这种离合器适合于与高速发动机配用。

因此轿车多采用膜片弹簧式离合器，如上海桑塔纳、奥迪、捷达、高尔夫等。

2. 周布弹簧式离合器

图2-9为周布弹簧式离合器的结构。

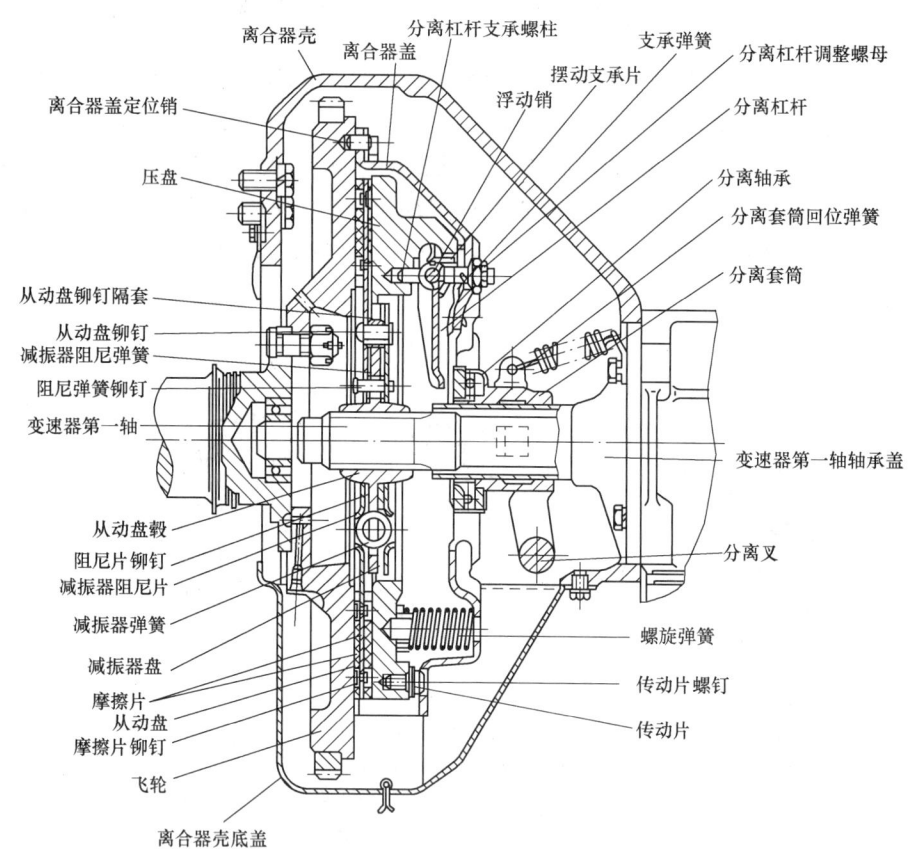

图2-9 周布弹簧式离合器

周布弹簧式离合器的构造：由于周布弹簧只能作为压紧机构，因此在分离机构中又增设了分离杠杆，使结构较复杂，质量较大，轴向尺寸较大。

1）主动部分。主动部分主要由飞轮、压盘、离合器盖组成，离合器盖用螺栓固定在发动机飞轮上。压盘通常都是由离合器盖来驱动的，它是在压盘和离合器盖间通过3~4组（每组2~8片）弹性传动片来传递转矩，并实现导向和定位的。如图2-9所示，在离合器分离和接合过程中，依靠弹性片的弯曲变形，压盘便可前后移动。正常工作时离合器盖通过传动片拉动压盘旋转，且无

冲击噪声及压盘定心性能变坏等问题。但传动片的反向承载能力较差，汽车反【课堂互动】
拖时易折断传动片。传动片式驱动是广泛采用的一种结构，既用于单片离合器，
也用于双片离合器的后压盘驱动。

2）从动部分。从动部分的主要件就是从动盘。从动盘是由两片摩擦衬片1、6和从动盘钢片3、从动盘毂5等组成，如图2-10所示。

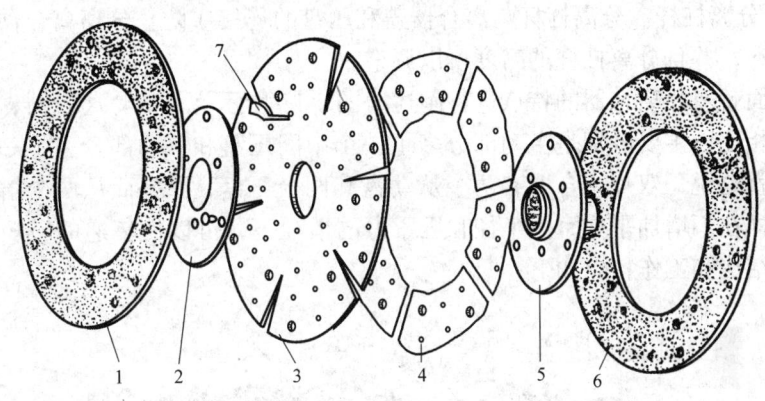

图2-10 从动盘的组成
1—前衬片 2—压片 3—从动盘钢片 4—波浪形弹簧钢片
5—从动盘毂 6—后衬片 7—平衡片

从动盘钢片通常用薄弹簧钢板制成，并与从动盘毂铆在一起，其上开有辐射状的槽，一方面可防止因受热产生拱曲变形，另一方面两侧铆上摩擦片后构成通风道，在从动盘转动时加强空气的流动，对从动盘散热。

摩擦衬片应有较大的摩擦因数，良好的耐磨性和耐热性。为了接合柔和，还应有适当的弹性。常用的摩擦衬片是用复合材料（加铜丝、铝粉丝等）、粘合剂及其他辅助材料经热压合而成。衬片与从动盘钢片的接合，一般用铜或铝铆钉铆合，也有用树脂胶粘接的。为了通风散热、分离迅速和自动清除滑磨下的磨屑，有些衬片上刻有深0.5mm的辐射状沟槽。为了消减扭转振动，避免共振及缓和可能发生的冲击，同样装有扭转减振器（中小型汽车绝大多数装在离合器从动盘上）。

3）压紧机构。周布弹簧式离合器的压紧机构是沿压盘周向对称布置的若干螺旋圆柱弹簧。某些重型汽车由于需要弹簧的数目较多，所以在弹簧内再套弹簧或把弹簧布置在两个同心的圆上。

由于弹簧直接接触压盘，为了减少压盘向弹簧传热，以防止弹簧受热弹力下降，在压盘上弹簧座处常垫有隔热垫，或在压盘处铸有3~4条筋，以减少压盘与弹簧的接触面积。

周布弹簧式离合器的弹簧在高速旋转时会因离心力而向外弯曲变形，从而导致高速时压紧力下降。这就使得这种传统的压紧机构在现代高速发动机上的应用受到了一定的限制。另外，多簧式的弹簧容易因弹力不均而造成汽车起步

【课堂互动】 发抖。

4）操纵机构。

① 分离叉。分离叉的支点一般多支承在离合器壳上。图2-9中的分离叉为单点支承，其中部有一球碗并有一U形弹簧片，靠二者的配合将分离叉夹持在球头销上。另一种常见的分离叉与转轴制成一体，转轴的两端靠衬套支承在离合器壳上。

② 分离杠杆。分离杠杆与离合器盖和压盘的连接应防止分离离合器时发生运动干涉，并且分离杠杆的高度可以调整。

下面就双片离合器的特点进行阐述。图2-11所示为一双片离合器，与单片离合器相比，主要区别是主动部分多了一个中间压盘和从动部分多了一个从动盘。也就是说，双片离合器有两个从动盘和两个压盘，摩擦面从两个增加到四个。这样在不增加平均摩擦半径和压紧力的情况下，可以使传递的转矩增大一倍。其结构和工作特点如下：

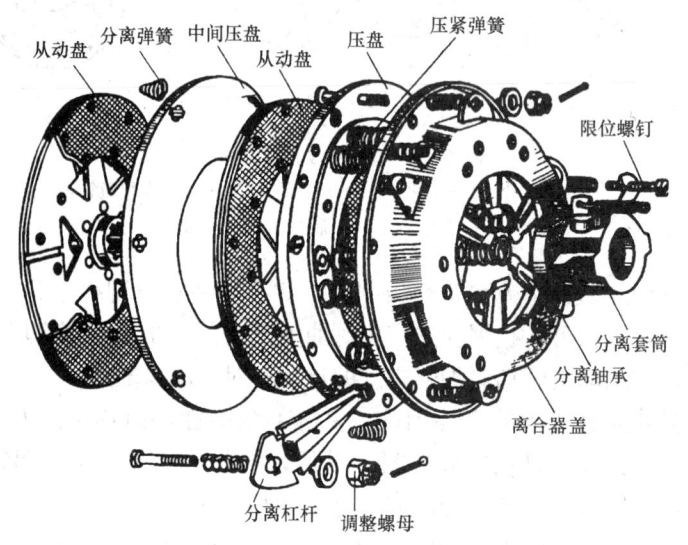

图2-11 双片离合器

1）中间压盘的驱动。双片离合器的中间压盘不是通过离合器盖而是由飞轮直接驱动，其驱动方式通常有传动销式、传动块式和凸耳-切槽式三种。

2）中间压盘的分离装置。中间压盘因不能像后压盘那样由分离杠杆来拉动使其分离，因而都有单独的分离装置。图2-12给出了几种分离装置。

图2-12a所示为扭簧摆杆式，摆杆6可沿中间压盘3上的销轴转动，弹簧7使摆杆两端靠紧在飞轮和后压盘上。由于摆杆两臂等长，当离合器分离时，后压盘后移，摆杆便在弹簧作用下转动，使中间压盘始终与飞轮和后压盘保持等距离，从而保证两从动盘都能彻底分离。这种弹簧的散热条件好，不易产生热疲劳。长征XD250型汽车离合器即采用这种形式。

图2-12b所示为双弹簧式，由于弹簧7和8同规格，在离合器分离、后压盘向后移动时，也使中间压盘始终与飞轮和后压盘保持等距离，从而保证两从动盘都能

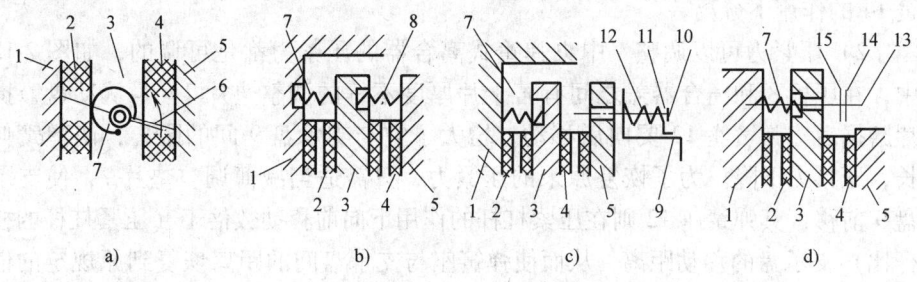

图 2-12 中间压盘分离装置的形式
a)扭簧摆杆式 b)双弹簧式 c)、d)分离弹簧加限位螺钉(栓)式
1—飞轮 2、4—从动盘 3—中间压盘 5—后压盘 6—摆杆
7、8—分离弹簧 9—离合器盖 10—限位螺钉 11—锁止垫圈
12—锁止弹簧 13—限位螺栓 14—锁止螺母 15—调整螺母

彻底分离。黄河 JN162、JN150 及延安 SX250 等汽车离合器均采用这种形式。

图 2-12c、图 2-12d 两种为分离弹簧加限位螺钉(栓)式。离合器分离时,弹簧 7 使中间压盘与前从动盘分离,限位螺钉 10 或调整螺母 15 用来调整并限制中间压盘的分离距离,这一距离既要保证前从动盘能彻底分离(不过小),又要防止中间压盘移动过多造成后从动盘不能分离。锁止弹簧 12 和锁止垫圈 11 是用来自动锁止限位螺钉位置的。

3. 中央弹簧式离合器

中央弹簧式离合器如图 2-13 所示,它只有一个张力较强的压紧弹簧布置于离合器的中央。压紧弹簧有螺旋圆柱形和螺旋圆锥形,由于锥形弹簧的轴向尺寸小,可以缩短离合器的轴向尺寸,因而较圆柱弹簧用得多。中央弹簧离合器的主要有如下两个特点:

1)压紧力放大。它的压紧弹簧不直接作用在压盘上,而是通过杠杆作用将弹簧的张力放大数倍后作用在压盘上。离合器分离时,分离轴承向前推动弹簧座 12,在进一步压缩压紧弹簧的同时,压紧杠杆内端前移,外端解除对压盘的压力,压盘便在分离弹

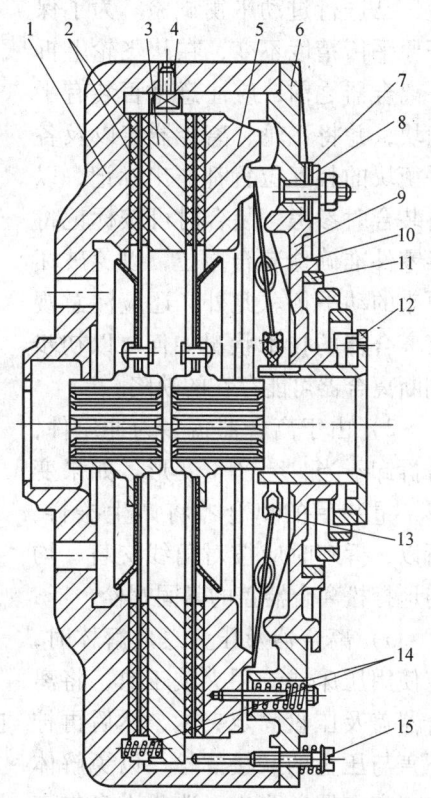

图 2-13 中央弹簧式离合器
1—飞轮 2—从动盘 3—中间压盘
4—传动块 5—压盘 6—离合器
7—调整垫片 8—压板 9—支承盘
10—压紧杠杆 11—压紧弹簧
12—弹簧座 13—钢球及座圈
14—压盘分离弹簧 15—中间压盘限位螺钉

【课堂互动】

簧 14 的作用下分离。

2）压紧力可以调整。中央弹簧式离合器的压紧力都是可调的，如图 2-13 中，在压板 8 和离合器盖之间有若干片厚度不等的调整垫片 7。当从动盘摩擦片磨损后，弹簧座 12 要向后移动，增大了它与支承盘 9 间的距离，使弹簧伸长，压紧力下降。为了恢复原来的压紧力，只需适当减薄调整垫片 7，使支承盘 9 前移，其弹簧座 12 则在压紧杠杆的作用下向前移动数倍于（压紧杠杆的杠杆比）支承盘的移动距离，从而使弹簧座与支承盘间的距离恢复到原规定的值即可。由于弹簧座前移，增大了与分离轴承间的间隙，需重调踏板自由行程。

1. 早期摩擦衬片材料使用的是石棉——吸入微粒易产生肺癌。
2. 从动盘的安装方向——有减振弹簧保持架的一面应朝向压盘方向安装。
3. 分离杠杆如何防止运动干涉？

【技能训练】

1. 离合器拆装注意事项

1）离合器盖及压盘总成是与发动机飞轮同步旋转的，所以在制造厂已进行过动平衡试验。为了保证原平衡精度不变，在从飞轮上拆下离合器之前，应注意是否装有平衡块，并将飞轮、离合器盖以及各平衡块的相互位置都作出标记，以备装合时参考。装合时可按标记将各零件准确地装合原位，以免破坏原来的动平衡。此外，还应注意观察离合器的技术状况如何，以初步判断离合器可能存在的缺陷。

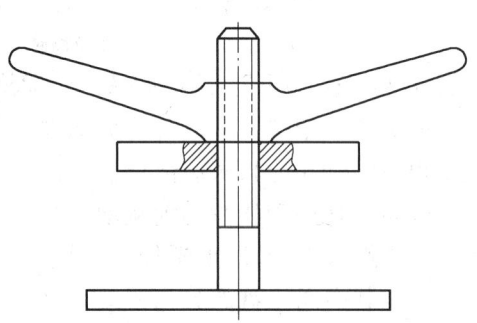

图 2-14　拆装离合器的专用工具之一

2）由于离合器盖多为冲压件，若拆卸不当，会产生变形。如果变形，重装后的离合器将产生振抖。所以，拆卸时应按对角线交替、均匀地拧松离合器盖的紧固螺栓。

3）离合器及压盘总成解体时，应使用压床或专用夹装工具，将离合器盖及压盘固定夹紧，然后再拧下盖与压盘的联接螺栓，以免解体时将离合器盖弹出，造成人身伤害或零件变形。图 2-14、图 2-15 所示为拆装离合器的两种专用工具示意

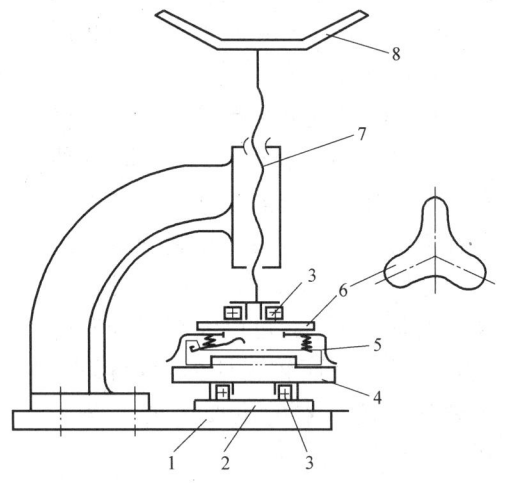

图 2-15　拆装离合器的专用工具之二

1—作业台面　2—底座　3—推力轴承　4—托盘
5—离合器　6—压板　7—丝杠　8—手轮

图。图 2-15 所示工具是把离合器 5 置于托盘 4 上，然后将压板 6 放在离合器盖上，摇转手轮 8，通过丝杠 7 及推力轴承将离合器压紧。这种工具结构简单、适应范围广、拆装效率高，是常见的专用夹装工具之一。

2. 桑塔纳 LX 型轿车离合器的拆装　【课堂互动】

（1）拉索式操纵机构的拆卸　桑塔纳 LX 型轿车离合器的拉索式操纵机构的拆卸方法如下：

1）拆卸离合器的踏板机构，如图 2-16 所示。

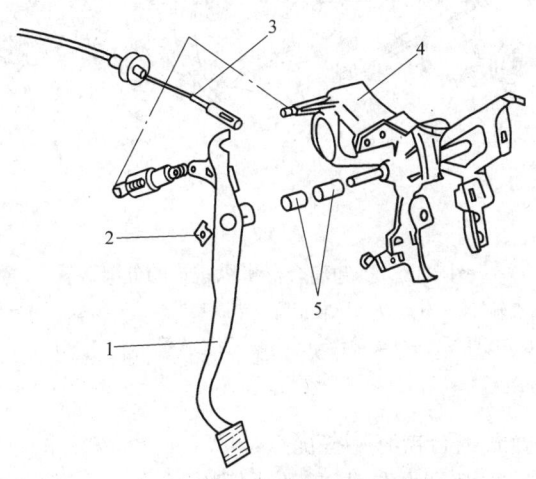

图 2-16　拆卸离合器的踏板机构
1—踏板　2—锁片　3—钢索　4—踏板支架　5—轴承衬套

① 拆除锁片，取下离合器踏板。
② 用专用工具压出轴承衬套。

2）拆下离合器拉索下端。

3）拆下离合器分离轴传动臂，如图 2-17 所示。

4）拆除离合器总成。

5）拆卸离合器操纵机构的分离装置，如图 2-18 所示。

① 拆除支承弹簧和分离轴承。
② 取下分离轴承导向套筒及垫圈。
③ 用尖嘴钳拆下挡圈，取下橡胶防尘套、轴承衬套、轴承。
④ 拆除回位弹簧，取出分离轴承。

（2）拆下膜片弹簧式离合器压盘总成和从动盘总成

1）在离合器盖与飞轮上做好装配标记。

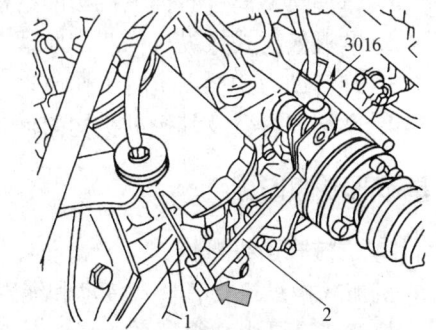

图 2-17　拆下离合器拉索和分离轴传动臂
1—钢索　2—分离轴传动臂

2）将飞轮固定，交替对称地拧松离合器压盘总成与飞轮之间的固定螺栓，取下压盘总成和从动盘总成。

3）在离合器盖与压盘之间及膜片弹簧之间做好装配标记，拆下膜片弹簧安装螺栓，分离压盘、膜片弹簧与离合器盖。

【课堂互动】

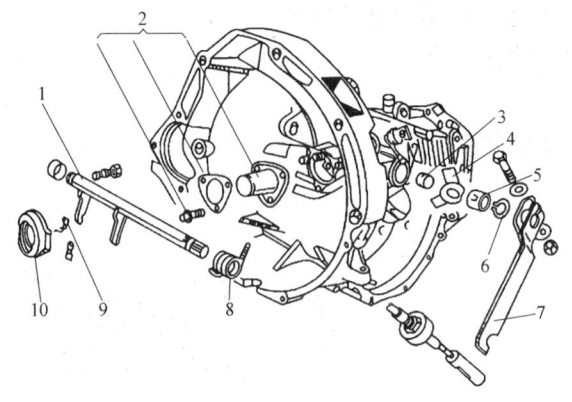

图 2-18　拆卸离合器操纵机构的分离装置

1—分离叉轴　2—分离轴承导向套筒、垫圈及螺栓　3—轴承　4—轴承衬套
5—防尘套　6—挡圈　7—分离轴传动臂　8—回位弹簧　9—支承弹簧　10—分离轴承

【习题 2.2】

（1）膜片弹簧式离合器有哪些优点？

（2）简述扭转减振器的作用和工作原理。

（3）简述膜片弹簧式离合器、周布弹簧式离合器的主要区别。

2.3　离合器的操纵机构

【本节目标】

1. 掌握典型离合器操纵机构的结构、特点。
2. 掌握液压式操纵机构工作原理。
3. 理解助力式操纵机构工作原理。
4. 掌握离合器及其操纵机构的拆卸、解体。

【基本理论知识】

1. 机械式操纵机构

机械式操纵机构有杆式传动和绳索式传动两种。

杆式传动是由一组杆系组成，其结构简单、工作可靠，广泛用于各型汽车上。缺点是杆件间铰接多，摩擦损失大，车架或驾驶室变形以及发动机发生位移时会影响正常工作。

杆式传动操纵机构由踏板、拉杆及其调节叉、分离叉及踏板回位弹簧等组成。拉杆调节叉用螺栓与拉杆联接，从而可通过调节叉来调节拉杆的长度，以实现踏板自由行程的调整。

绳索式传动适合于远距离操纵和吊挂式踏板结构。由于关节点较多、摩擦损失较大，因此，随着使用次数的增加磨损加剧，最大踏板力将会增加，操纵绳索寿命较短。

图2-19为桑塔纳2000GLS、GLI型轿车离合器操纵机构。

【课堂互动】

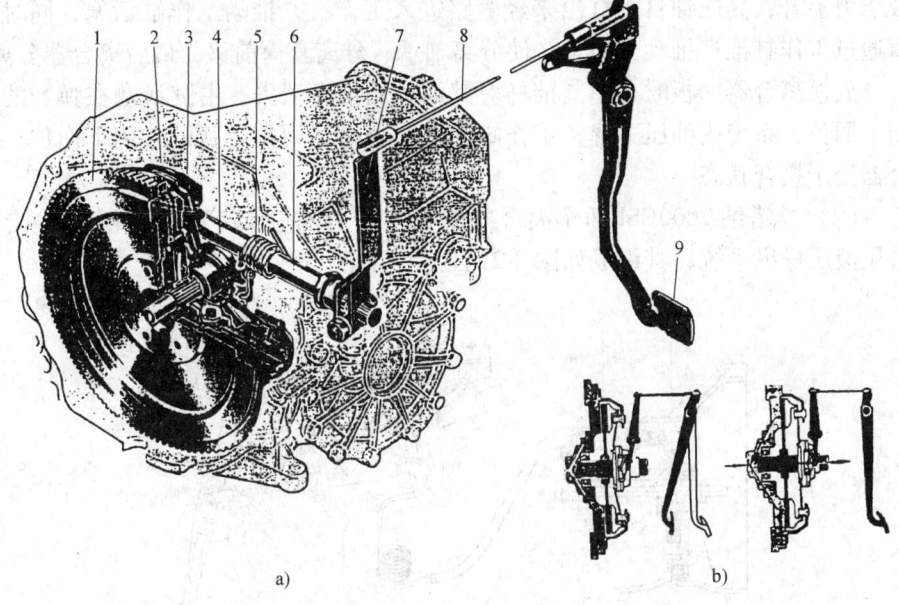

图2-19　桑塔纳2000GLS、GLI型轿车离合器操纵机构
a) 离合器操作结构图　b) 离合器动作示意图
1—飞轮齿圈　2—飞轮　3—离合器总成　4—分离轴承
5—回位弹簧　6—分离轴　7—传动臂　8—拉索　9—踏板

2. 液压式操纵机构

（1）构造　液压式操纵机构主要由离合器踏板、离合器主缸、连接软管、工作缸等组成，如图2-20所示。

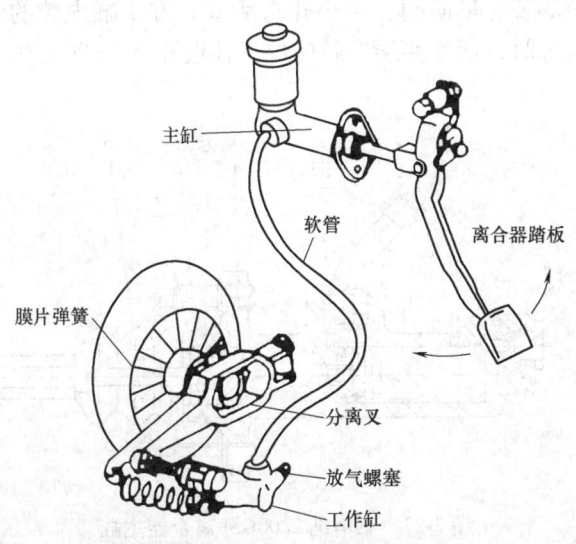

图2-20　液压离合器操纵机构

【课堂互动】　　工作过程：当踩下离合器踏板时，主缸推杆推动主缸活塞，使主缸中的油液压力上升，高压油自主缸出来经管路进入工作缸，推动工作缸活塞，同时活塞通过工作缸推杆推动分离叉，使分离轴承、分离套筒前移，最后离合器分离。

放松离合器踏板时，主缸推杆对其活塞的推力消失，主缸活塞在弹簧的作用下回位，系统内油压下降，工作缸活塞在分离叉回位弹簧的作用下回位，离合器处于接合状态。

（2）桑塔纳 2000GSI 轿车离合器操纵机构　桑塔纳 2000GSI 轿车的离合器采用液压操纵系统，其组成如图 2-21 所示。

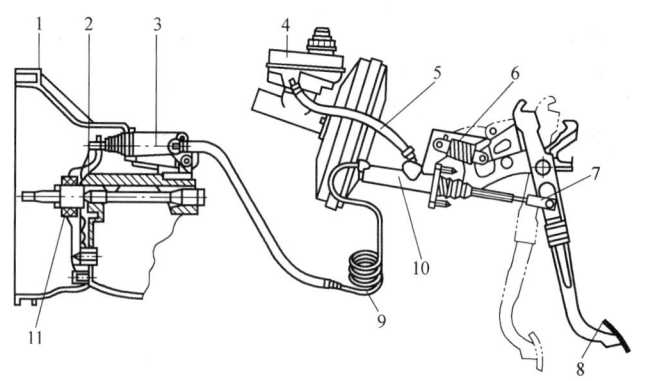

图 2-21　桑塔纳 2000GSI 离合器液压操纵系统
1—变速器壳体　2—分离板　3—工作缸　4—储液罐　5—进油软管
6—回位弹簧　7—推杆接头　8—离合器踏板　9—油管总成　10—主缸　11—分离轴承

其主缸构造如图 2-22 所示，主缸体中补偿孔 A、进油孔 B 通过进油软管与储液罐相通。主缸内活塞中部较细，且为"十"字形断面，活塞两端装有橡胶碗，活塞左端中部装有单向阀，经小孔与活塞右方主缸内腔的油室相通。当离合器处于初始状态时，活塞左端橡胶碗位于补偿孔 A 与进油孔 B 之间，两孔均开放。

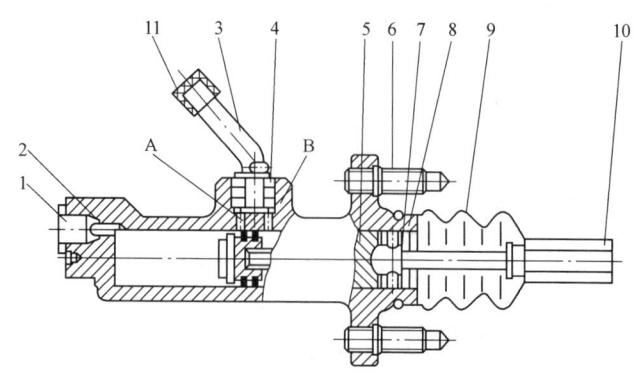

图 2-22　桑塔纳 2000GSI 离合器主缸
1—保护塞　2—壳体　3—管接头　4—橡胶碗　5—阀芯　6—固定螺栓
7—卡簧　8—挡圈　9—护套　10—推杆　11—保护套　A—补偿孔　B—进油孔

工作缸的构造如图 2-23 所示，工作缸内装有活塞、橡胶碗、推杆等，缸体上装有放气螺塞。【课堂互动】

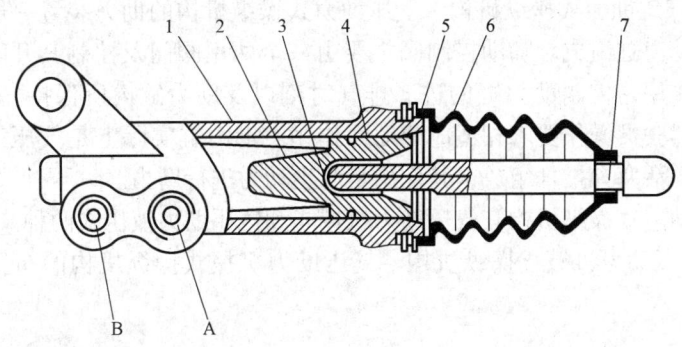

图 2-23　桑塔纳 2000GSI 轿车离合器工作缸
1—壳体　2—活塞　3—管接头　4—橡胶碗　5—挡圈　6—保护套　7—推杆
A—补偿孔　B—进油孔

踩下离合器踏板时，通过主缸推杆使活塞向左移动，单向阀关闭。当橡胶碗将补偿孔 A 关闭后，管路中油液受压，压力升高。在油压作用下，工作缸活塞被推向左，工作缸推杆推动分离板，带动分离轴承，使离合器分离。

当迅速放松离合器踏板时，踏板回位弹簧通过主缸推杆使主缸活塞较快右移，由于油液在管路中流动有一定阻力，使活塞左面有可能形成一定的真空度。在左右压力差的作用下，少量油液经过进油孔经活塞单向阀到达活塞左腔。当工作缸中的油液又重回到主缸时，由于有少量补偿油液经单向阀流入，致使主缸左腔总油量增多，多余的油经补偿孔 A 流回储油罐。因此当液压系统因漏油或因温度变化引起油液的容积变化时，则借补偿孔 A 适时地使整个油路中的油量得到适当增减，以保证正常油压和液压系统工作的可靠性。

3. 助力式操纵机构

一些汽车为了使离合器操纵轻便，减轻踏板操纵力，改善驾驶员操纵条件，在机械式、液压式操纵机构基础上设置了助力装置。常见的助力装置有弹簧助力式和气压助力式两种。

（1）弹簧助力式操纵机构 弹簧助力式操纵机构就是在离合器踏板上铰接一回位弹簧。解放 CA1091 型汽车即采用这种离合器操纵机构，如图 2-24 所示。图中

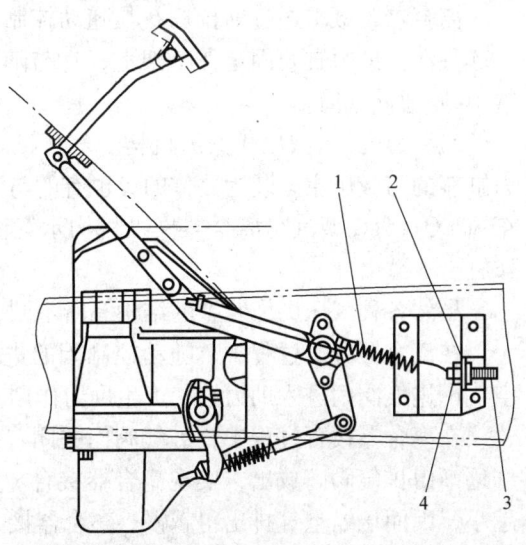

图 2-24　解放 CA1091 型汽车离合器操纵机构
1—踏板回位弹簧（助力弹簧）　2—调整螺母
3—调整螺栓　4—锁紧螺母

【课堂互动】 弹簧1既是踏板回位弹簧,也是助力弹簧,弹簧助力装置结构简单,但助力效果不大,所以只在中、轻型汽车上采用。对于重型汽车,常采用气压助力装置。

(2) 气压助力式操纵机构 气压助力式操纵机构的助力装置一般是由随动控制阀和助力缸组成。随动控制阀主要由一个两用阀门及控制其开闭的机构所组成,其作用是控制助力缸的进、排气时刻以及助力缸内所保持气压的大小,以产生与驾驶员操作要求相适应的助力作用。助力缸实际上是气压工作缸,主要由缸筒、活塞和推杆组成,其作用是产生动力进行助力。

气压助力式操纵机构有气压助力机械式和气压助力液压式两种。

1) 气压助力机械式操纵机构。气压助力机械式操纵机构的布置形式如图2-25所示。

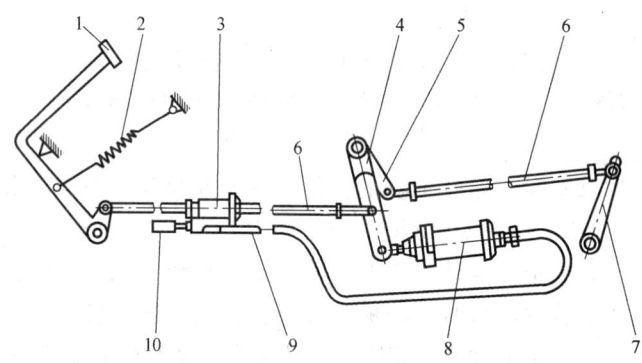

图 2-25 气压助力机械式操纵机构的布置形式
1—踏板 2—回位弹簧 3—随动控制阀 4—中间轴外摇臂 5—中间轴内摇臂 6—拉杆
7—分离叉臂 8—助力缸 9—气管(软) 10—进气管(软)

离合器踏板1通过前拉杆6与随动控制阀3相连,随动控制阀3可随拉杆一起移动。助力缸8固定在车架上,它与随动控制阀之间用气管9连接。进气管10则通储气筒。

2) 气压助力液压式操纵机构。气压助力液压式操纵机构,其控制阀、助力缸有的与液压主缸装为一体的,也有的与液压工作缸装为一体的。图2-26为东风 EQ1141G 型汽车离合器操纵机构示意图,图中助力器即气压助力液压工作缸。

虽然各种气压助力装置的结构有所不同,但工作原理都相同。

在离合器分离过程中,随动控制阀的进气阀门打开,排气阀门关闭,压缩空气由进气阀门进入助力缸,产生助力作用。

在离合器接合过程中,进气阀门关闭,排气阀门打开,助力缸内的压缩空气逐渐由排气阀门放出,实现离合器接合。踏板松开得越慢,则排气阀门打开越小,因而压缩空气排出得越慢,离合器接合越柔和。

在离合器分离或接合过程中,若踏板保持在某一位置时,则进、排气阀门都关闭,助力缸的气压与离合器压紧弹簧产生的总抗力平衡,离合器维持某一接合力。踏板位置越低,平衡气压越大,踏板力越大。

【课堂互动】

使用绳索式操纵机构的车型有哪些?液压缸中的补偿孔作用是什么?

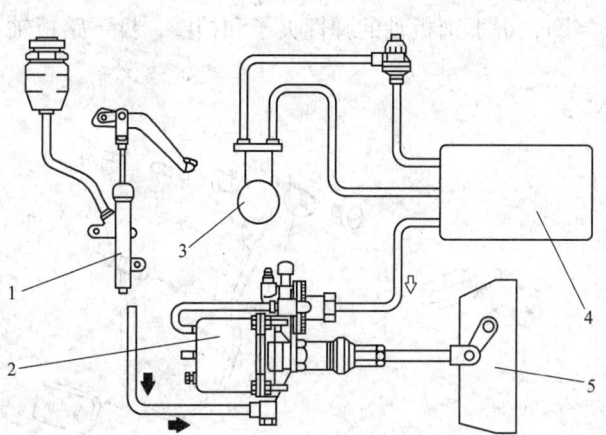

图 2-26 东风 EQ1141G 型汽车离合器操纵机构
1—液压主缸 2—助力器 3—空气压缩机 4—储气筒 5—离合器

【技能训练】

1. 液压式操纵机构的拆卸

桑塔纳 2000GSI 型轿车离合器与桑塔纳 2000GLS、桑塔纳 2000GLI 型轿车离合器结构基本相同,只是操纵系统不是采用拉索式,而是采用液压操纵系统。液压操纵系统的拆装过程如下:

桑塔纳 2000GSI 型轿车离合器液压式操纵机构如图 2-27 所示,主要由离合器主缸、工作缸、储液罐及管路系统组成。其分解步骤如下:

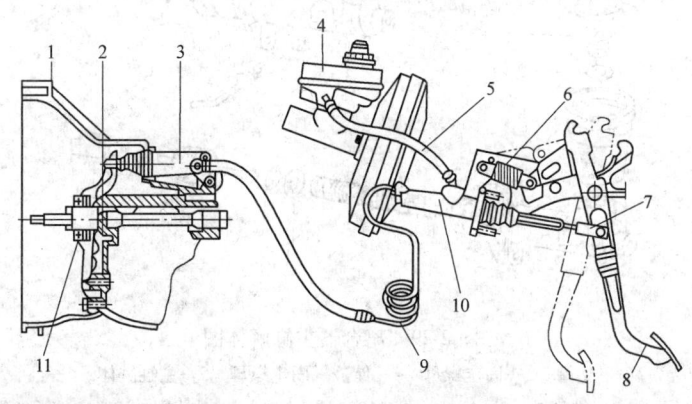

图 2-27 桑塔纳 2000GSI 型轿车离合器液压式操纵机构
1—变速器壳体 2—分离板 3—工作缸 4—储液罐 5—进油软管 6—回位弹簧
7—推杆接头 8—离合器踏板 9—油管总成 10—主缸 11—分离轴承

【课堂互动】　　1）拆卸踏板装置。如图 2-28 所示，拆下踏板回位弹簧，拆下弹性夹子，卸下推杆销及挡圈，拆下踏板轴的弹性夹子和挡圈，拆下踏板轴和踏板。

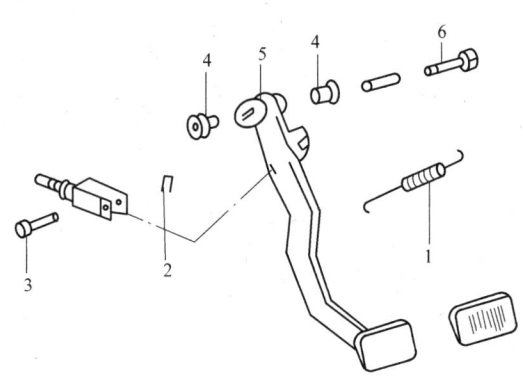

图 2-28　离合器踏板解体图
1—踏板回位弹簧　2—弹性夹子　3—推杆销　4—挡圈　5—离合器踏板　6—踏板轴

2）拆卸主缸。如图 2-29 所示，拆下弹簧夹及推杆销；拧开油管接头螺母，拆下油管；拆下螺母 7，从车上取下离合器主缸总成；放出储液罐内的液压油，拆下固定螺母 3 和平垫圈 2，取下储液罐；拆下推杆总成 9；拆下弹性挡圈 10 及挡圈 11，抽出主缸活塞、橡胶圈、橡胶碗及弹簧组件。

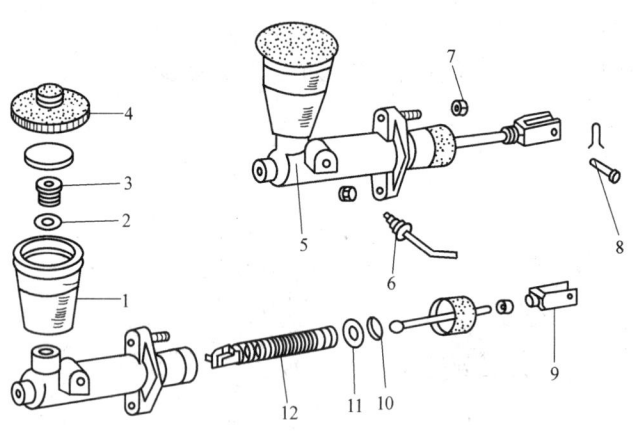

图 2-29　离合器主缸解体图
1—储液罐　2—平垫圈　3—固定螺母　4—储液罐固定螺母　5—主缸缸体　6—油管接头螺母
7—螺母　8—推杆销　9—推杆总成　10—弹性挡圈　11—挡圈　12—主缸活塞组件

3）拆卸工作缸。如图 2-30 所示，拆下油管，拆下工作缸固定螺栓，拆下工作缸；分解分泵时，拆下推杆及防尘套；拆下卡环，取出工作缸活塞、橡胶碗及弹簧。

4）拆下分离轴承。拆下螺栓和分离轴承导向套；用尖嘴钳拆下卡簧，松

【课堂互动】

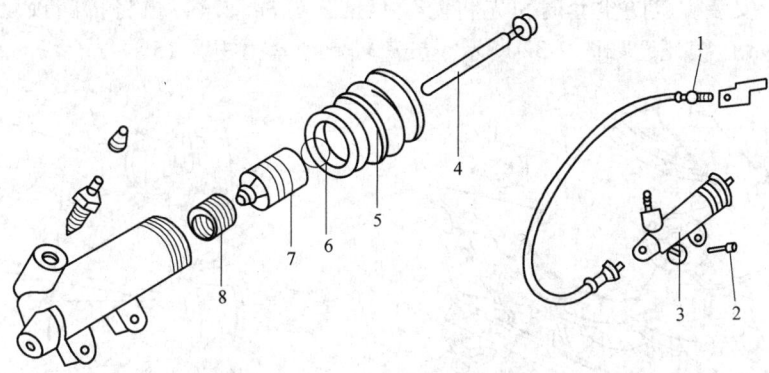

图 2-30 离合器工作缸解体图
1—油管及夹子 2—螺栓 3—离合器工作缸缸体 4—推杆
5—防尘套 6—弹性挡圈 7—活塞及橡胶碗 8—弹簧

开螺栓，拆下分离叉口，取出橡胶防尘套、回位弹簧。

5）离合器主缸、工作缸拆卸后须用酒精擦洗，检查后，按与拆卸相反的顺序进行装配。装配时所有的橡胶碗、橡胶圈要按正确的方向安装。

主缸和工作缸的装配，按与拆卸相反的顺序进行，装配时应注意以下事项：

① 零件在装配前要用非腐蚀性液体清洗干净，并在活塞、橡胶碗、橡胶圈、缸套等零件上涂一层制动液。装合后推杆在缸筒内运动应灵活。在放松（不工作）位置时，主缸橡胶碗和活塞头部应位于进油孔和补偿孔之间，两孔都开放。工作缸上带有塑料支承环，安装时外表面要涂上一层薄薄的润滑油，工作缸推杆末端也要涂上润滑脂进行润滑。

② 安装离合器工作缸时，需要用一个合适的杠杆克服弹簧的弹力，将其压向变速器壳相应的孔中后，方能将固定螺栓旋入。

2. 离合器及其操纵机构的装配

离合器及其操纵机构的装配应大致按拆卸的相反顺序进行，同时应注意以下几点：

1）离合器盖与压盘及膜片弹簧的对合标记要对齐。
2）各支点和轴承表面以及分离轴承在组装时应涂以锂基润滑脂。
3）离合器从动盘有减振弹簧保持架的一面应朝向压盘方向安装。
4）安装离合器压盘总成时，需用导向定位器或变速器输入轴进行中心定位，使从动盘与压盘同心，以便安装输入轴。
5）压盘必须与飞轮接触，才可紧固螺栓，紧固时应按对角线方向逐个拧紧，紧固力矩为 25N·m。
6）分离叉轴两端必须同心。
7）离合器分离叉轴传动臂的安装位置必须距固定拉索螺母架 (200 ± 5) mm，如图 2-31 所示。

【课堂互动】

8）离合器踏板的自由行程应调到 15～25mm。

9）安装橡胶防尘套时，先将防尘套推入分离轴承，再将挡圈预压至尺寸 $A=18$mm 后锁死，如图 2-32 所示，分离轴承锁紧力矩为 15N·m。

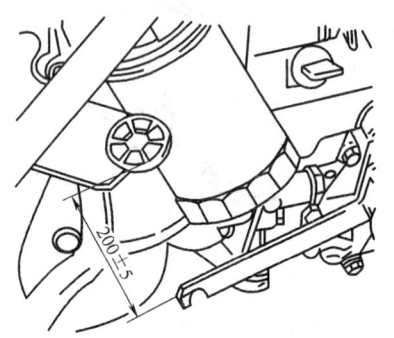

图 2-31　离合器分离叉轴传动臂的安装位置　　图 2-32　分离轴承挡圈的安装位置

【习题 2.3】

（1）离合器操纵机构的作用是什么？

（2）简述液压式操纵机构的工作过程。

2.4　自动离合器

【本节目标】

1. 了解自动离合器的优点、分类。
2. 了解自动离合器的工作原理。

【基本理论知识】

随着电子技术在汽车上的应用，一种自动离合器系统也进入了汽车领域。这种由电子控制单元（ECU）控制的离合器已经应用在一些轿车上，使手动变速器换挡的一个重要步骤——离合器的断开与接合能够自动地适时完成，简化了驾驶员的操纵动作。

自动离合器分为两种：机械电动机式自动离合器和液压式自动离合器。机械电动机式自动离合器的 ECU 汇集节气门踏板、发动机转速传感器、车速传感器等信号，经处理后发送指令驱动伺服电动机，通过拉杆等机械形式驱使离合器动作；液压式自动离合器则是由 ECU 发送信号驱动电动液压系统，通过液压操纵离合器动作。下面主要介绍液压式自动离合器。

液压式自动离合器是在目前通用的膜片弹簧离合器的基础上增加了电子控制单元和液压执行系统，将踏板操纵离合器液压缸活塞改为由开关装置控制电动液压泵去操纵离合器液压缸活塞。

变速器控制单元与发动机控制单元是集成在一起的，根据节气门踏板、变速器挡位、变速器输入/输出轴转速、发动机转速、节气门开度等传感器反馈信息，计算出离合器最佳的接合时间与速度。自动离合器的执行机构由电动液压泵、电磁阀和离合器液压缸组成，当ECU发出指令驱动电动液压泵，电动液压泵产生的高压油液通过电磁阀输送到离合器液压缸。通过ECU控制电磁阀的电流量来控制油液流量和油液的通道变换，实现离合器

【课堂互动】

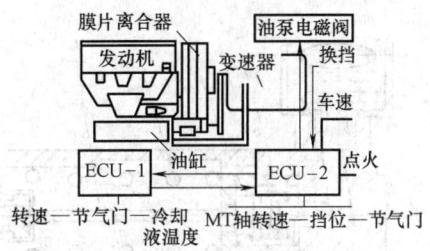

图2-33　液压式自动离合器工作原理图
ECU-1—发动机ECU
ECU-2—自动离合器ECU

液压缸活塞的移动，从而完成汽车起动、换挡时的离合器动作，工作原理如图2-33所示。

具有自动离合器装置的汽车与自动变速器（AT）和无级变速器（CVT）汽车相比，它的优点是：在运行经济性方面有优势，由于采用手动变速器，因此耗油比较低，制造成本也低于AT和CVT。但是，汽车操纵的便利性逊色于AT和CVT，毕竟它是装配手动变速器，仍然要手动换挡。

【技能训练】

1. 离合器的调整

（1）踏板总行程　离合器踏板的总行程（桑塔纳车为（150±5）mm）如不符合要求，可能是驱动臂变形或分离叉轴安装位置不当，可松开螺栓重新安装。

（2）踏板自由行程　离合器踏板的自由行程（桑塔纳车为15～25mm）如不符合要求，可通过图2-34所示中调整螺母（箭头所指）来调整。

2. 离合器液压系统中空气的排出方法

1）用千斤顶顶起汽车，然后用支架将汽车支住。将主缸储液罐中的制动液加至规定高度。

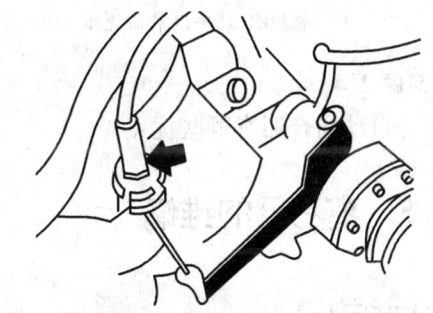

图2-34　离合器踏板自由行程的调整

2）在工作缸的排气阀上安装软管，接到一个盛有制动液的容器内。

3）排空气需要两个人配合工作，一人慢慢地踩离合器踏板数次，感到有阻力时踩住不动，另一人拧松放气阀直至制动液开始流出，然后再拧紧排气阀。

4）连续按上述方法操作几次，直到流出的制动液中不见气泡为止。

5）空气排干净后，需要再次检查及调整踏板自由行程。踏板自由行程的检查方法与拉索式相同。调整踏板自由行程是通过调整偏心调整螺钉12及调整螺母14来完成的（见图2-35）。

【课堂互动】

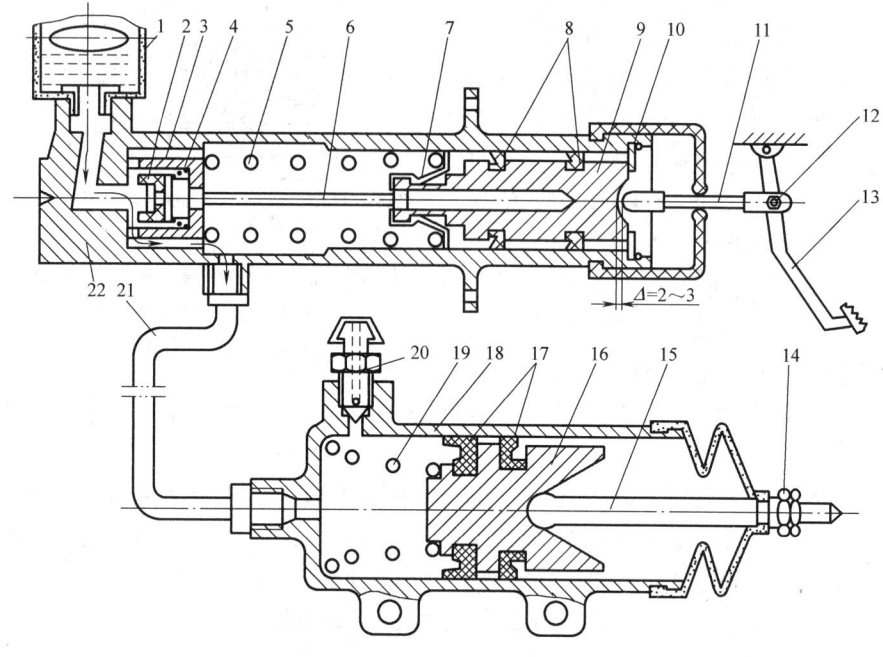

图 2-35 液压式操纵机构

1—储液罐 2—阀门 3—前弹簧座 4—弹簧 5—主缸活塞回位弹簧
6—阀杆 7—后弹簧座 8—橡胶圈 9—主缸活塞 10—挡圈 11—推杆
12—偏心调整螺钉 13—踏板 14—调整螺母 15—推杆 16—活塞
17—橡胶圈 18—工作缸壳体 19—弹簧 20—排气阀 21—管路 22—主缸壳体

【习题2.4】

自动离合器有哪些优点？

2.5 离合器的维修

【本节目标】

1. 了解离合器的一、二级维护内容。
2. 熟悉离合器及其操纵机构零件的检验方法。
3. 掌握离合器主要零件的检修方法。

【基本理论知识】

1. 离合器的维护

（1）一级维护 每次进行一级维护时，一是应检查离合器踏板自由行程，若不符合要求应进行调整；二是检查离合器主缸储液罐中的液位，若低于标准，应按规定加注制动液。

（2）二级维护 二级维护时，除要进行一级维护的项目外，还要检查分离

轴承回位弹簧的弹力,如有离合器分离不彻底、打滑、接合不平顺和异响、发 【课堂互动】
抖等故障时,应拆检离合器,必要时更换从动盘、分离轴承及回位弹簧等部件。

对于某一车型离合器的维护应按该车型用户手册推荐的行驶里程及其维护项目进行维护。

2. 离合器的检修

(1) 从动盘的检修　从动盘是离合器的主要部件,也是离合器中最易损坏的部件。从动盘的检修主要包括对摩擦片、从动盘毂和钢片的检修。

1) 目视检查摩擦片。如有严重烧蚀、破裂、铆钉松动均应重新铆接新片,且铆接新片后的从动盘总厚度应符合有关技术标准(如东风 EQ1092F 型载货汽车应为 9.6 ~ 10.2mm)。

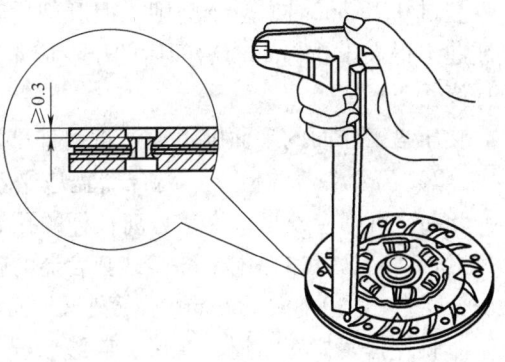

2) 摩擦片如有油污应用汽油清洗干净,并检查摩擦片磨损状况。如图 2-36 所示,用游标卡尺测量铆钉头距摩擦片平面的距离,一般要求铆钉头沉入摩擦片的深度应不小于 0.3mm,使用极限不得小于 0.2mm。若磨损超过极限,则应更换从动盘摩擦片。

图 2-36　检查铆钉头沉入深度

3) 检查从动盘轴向端面摆差。如图 2-37 所示,检查摆差应不超过 0.8mm(单盘周布弹簧式离合器在半径为 120 ~ 150mm 处测量,膜片弹簧式离合器在从动盘总成外缘端面测量),桑塔纳不超过 0.4mm。

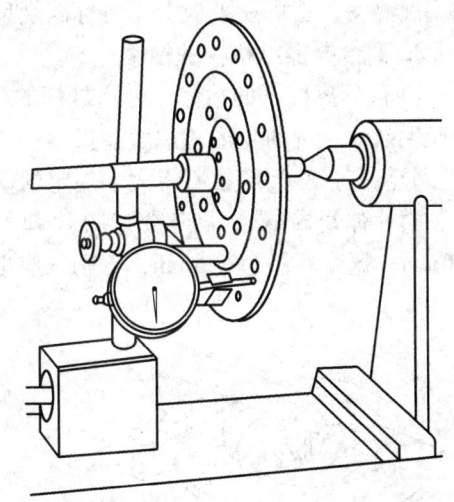

4) 检查从动盘毂及其钢片。用小锤轻轻敲击从动盘毂与钢片联接的铆钉以检查铆钉有无松动,若松动应重新铆接;若铆钉孔磨损失圆,应更换毂或钢片。在从动盘钢片半

图 2-37　检查从动盘轴向端面摆差

径 120 ~ 150mm 处,用百分表测量钢片端面圆跳动公差应不大于 0.7mm,若超过应予以冷压校正。

从动盘花键毂与变速器第一轴花键齿的配合间隙最大应不超过 0.6mm。检查时,将从动盘套入变速器第一轴未磨损的花键部位,用百分表测杆触头抵住第一轴花键齿的一侧,固定从动盘,转动第一轴做配合检查,此时,百分表指针摆动值即为啮合间隙。若超过误差,则更换从动盘。

5) 带有扭转减振器的从动盘,其减振弹簧有裂纹或折断时应更换,从动

【课堂互动】盘毂松旷应通过调整垫圈来调整预紧力（增加垫片厚度，预紧力增大）。钢片与减振器弹簧接触的部位，如有磨损应及时修复或更换。

(2) 主动部分的检修　离合器主动部分的检修主要包括对压盘、压紧弹簧、离合器盖和飞轮的检修。

1) 离合器压盘的检修：压盘在使用中常见的损坏形式是工作面磨损不均、磨损过甚变薄、拉伤、产生沟槽、翘曲或破裂等。

离合器压盘如有烧蚀、瘪裂、翘曲、磨损沟槽深度超过 0.5mm 或平面度误差超过 0.12mm 时，应予磨削。但磨削后其厚度不得小于标准厚度 1.0mm，其翘曲不得大于 0.2mm。磨削后的压盘应重新进行动平衡。若压盘有裂纹，应予报废。

压盘工作面的平面度可通过将钢直尺放平后用塞尺测量，如图 2-38 所示。

2) 离合器盖的检修：离合器盖应平整无凹陷变形，平面度误差不得大于 0.5mm，否则应校正；支承分离杠杆的孔如磨损应焊修。

3) 压盘弹簧的检修：多簧式离合器的各压盘弹簧的弹力差应符合规定，其自由长度差一般应不大于 2mm，弹簧外圆柱面与端面的垂直度误差不超过 2mm。

膜片弹簧如有磨损、变形、破裂状况，应视情况予以更换。膜片弹簧内端与分离轴承接触处磨损深度不得超过 0.6mm，不符合要求的弹簧一般应予换新。膜片弹簧内端应在一个平面上，最大误差应不超过 0.5mm，可用专用量具和塞尺测量，也可在平板上用游标高度尺测量，超过规定时可用扳钳校正。

3. 离合器操纵机构的检修

(1) 分离杠杆的检修　分离杠杆的损伤形式主要有杠杆及其支承部分零部件产生裂纹、弯曲变形和过度磨损等。

分离杠杆端面磨损不得大于规定的使用限度，否则应予焊修或更换。

膜片弹簧式离合器应检查膜片弹簧的磨损，其极限磨损深度不得超过 0.6mm，宽度不得超过 5mm，否则，应更换，如图 2-39 所示。

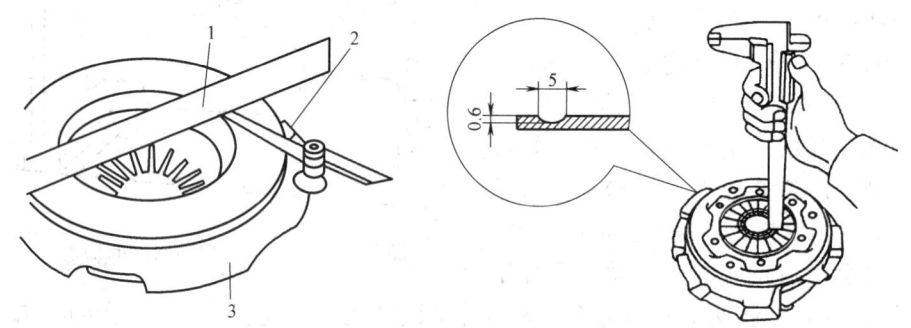

图 2-38　压盘平面度的检查
1—钢直尺　2—塞尺　3—离合器盖

图 2-39　膜片弹簧的检查

(2) 分离轴承的检修　离合器分离轴承与轴承座常见的损伤形式有卡滞、异响、锈蚀、烧结和磨损过甚等。

1) 离合器分离轴承若有发卡、转动不灵活，或轴向间隙超过 0.6mm、径向间隙超过 0.3mm，应换用新品。离合器分离轴承内径与分离套筒轴颈的配合应符合要求。

2) 桑塔纳轿车还应检查分离轴承卡簧接触表面和分离轴承套筒滑动表面是否有损坏及磨损，并且在分离轴承装复后，必须正确安装回位弹簧。拉索式操纵机构分离装置的回位弹簧一端支承在离合器壳上，另一端与拨叉相连，如图 2-40 所示。安装橡胶防尘套时，先将防尘套推入分离轴承，再将挡圈预压至 $A=18mm$ 锁死，如图 2-41 所示。分离轴承锁紧力矩为 $15N \cdot m$。

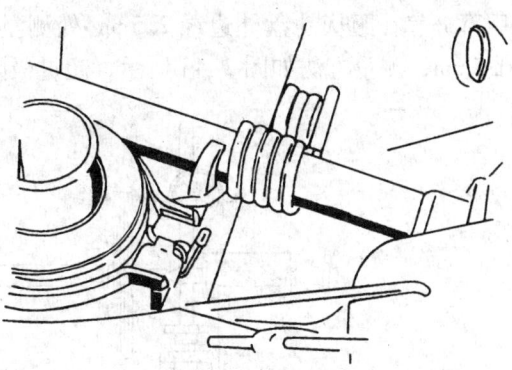

图 2-40 离合器回位弹簧安装位置

3) 离合器拉杆弯曲变形，应矫直；丝扣损坏或回位弹簧折断、弹力减弱，应换用新件。

4) 踏板轴与衬套的配合间隙一般为 $0.08 \sim 0.17mm$，最大不得超过 $0.25mm$。踏板轴衬套外径与孔径的配合，一般为 $-0.12 \sim -0.08mm$。

图 2-41 离合器分离轴承挡圈的安装位置

(3) 主缸、工作缸的检修 当主缸、工作缸出现缸筒内壁磨损超过 0.125mm，活塞与缸筒的配合间隙超过 0.20mm，橡胶圈老化及回位弹簧失效等状况时，均应更换相应的新件。

【技能训练】

桑塔纳 2000GLI 离合器的检修首先将离合器拆卸分解并清洗后，再进行零件的检验与修理。离合器主要零件的检修步骤如下：

(1) 从动盘的检修

1) 检查从动盘摩擦片的磨损程度。用游标卡尺测量铆钉头的深度，如图 2-42 所示，允许深度应不小于 0.2mm。否则，应更换摩擦片。

2) 检查从动盘的端面圆跳动。

【课堂互动】

1. 踏板自由行程如何检查？
2. 液面高度怎样为正常？

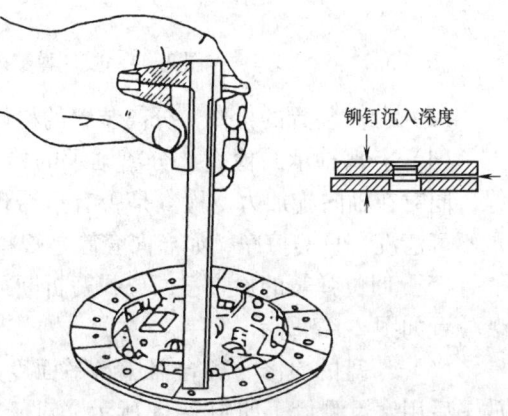

图 2-42 摩擦片磨损程度的检查

【课堂互动】 用百分表在距从动盘外边缘 2.5mm 处测量,离合器从动盘最大端面圆跳动为 0.5mm,测量方法如图 2-43 所示,超过极限值应更换从动盘。

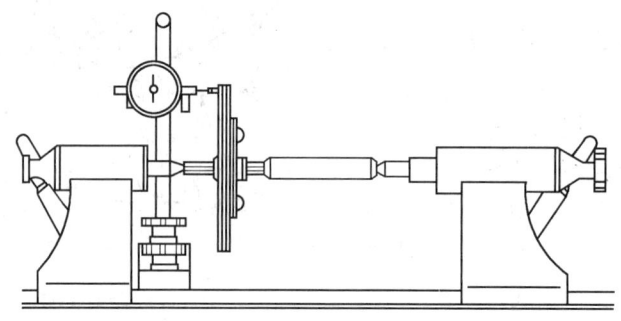

图 2-43 离合器从动盘检查

(2) 膜片弹簧的检修

1) 膜片弹簧弯曲变形检查。在正常情况下,要求膜片弹簧小端均应在同一平面内,弯曲变形不得超过 0.5mm,如过大则应调整弹簧片。调整后再测量一次,直到符合要求为止。

2) 膜片弹簧内端磨损检查。用游标卡尺测量膜片弹簧内端磨损的深度 h 和宽度 b(图 2-44),磨损的极限值为:深度 0.6mm,宽度 5mm。超过极限值,应更换膜片弹簧。

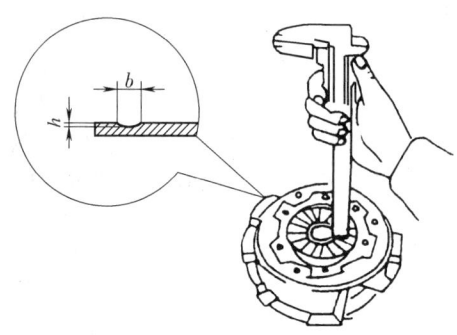

图 2-44 膜片弹簧内端磨损检查

(3) 分离装置的检修 分离装置的检修如图 2-45 所示。

(4) 分离轴承的检查 分离轴承的检查如图 2-46 所示。固定内缘转动外缘,同时在轴向施加力,检查是否有卡滞现象或明显间隙,如有则应更换。轴承不可清洗,只需擦净,如导向套筒是塑料的,装配时不可加注润滑脂。

(5) 回位弹簧的检查 回位弹簧折断或弹力不足时均需更换,更换后的安装位置如图 2-47 所示。

(6) 压盘的检修 离合器压盘平面度不超过 0.2m。检查方法可用钢直尺放平后用塞尺测量,如图 2-38 所示。对于轻度不平或烧蚀,可进行光磨处理,如有严重的沟痕,则必须更换压盘。

模块 2 离 合 器

【课堂互动】

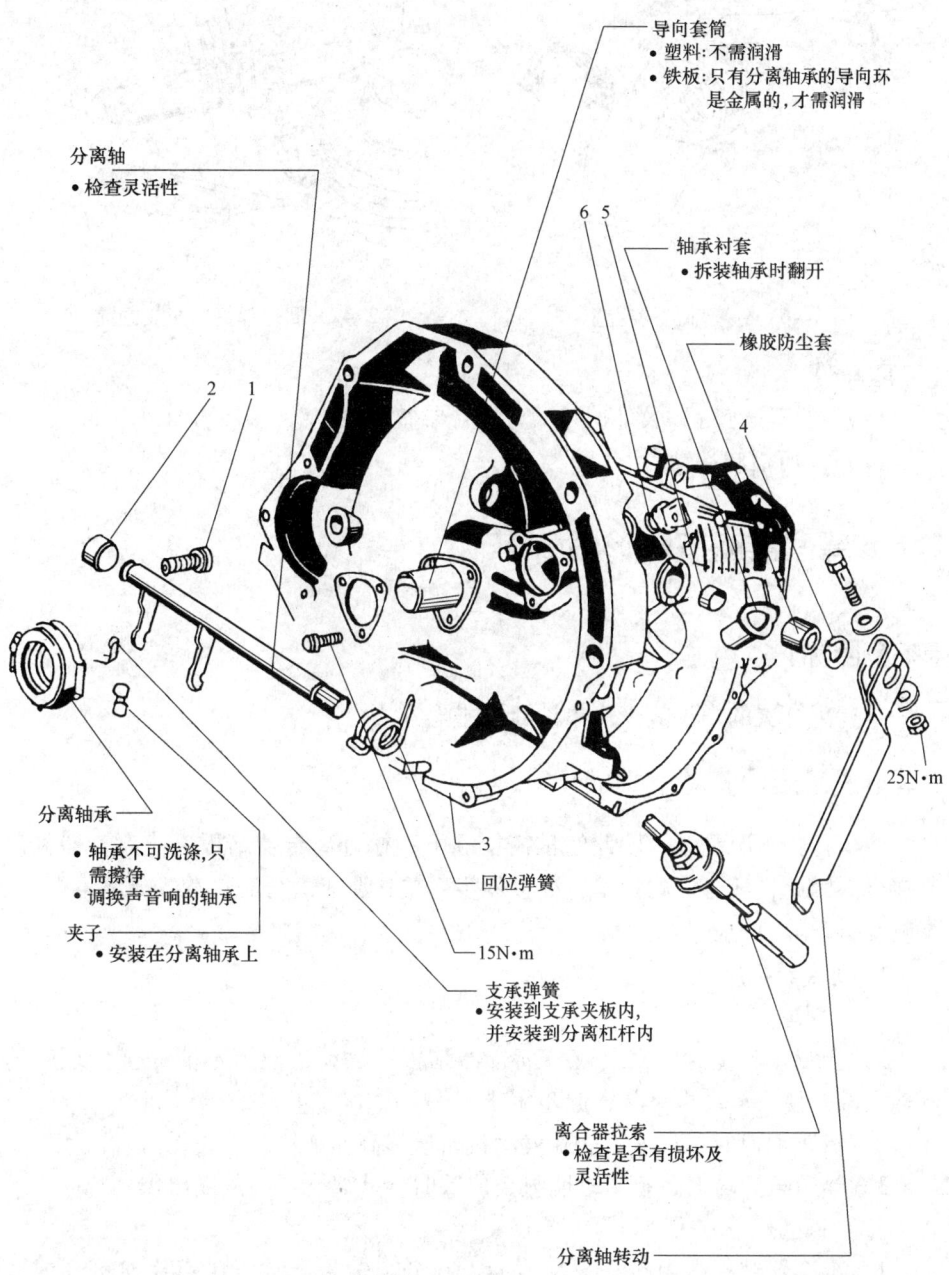

图 2-45 分离装置的检修
1—六角螺栓 2—轴承衬套 3—变速器壳
4—挡圈 5—轴承 6—上止点信号发生器测试孔塞子

【课堂互动】

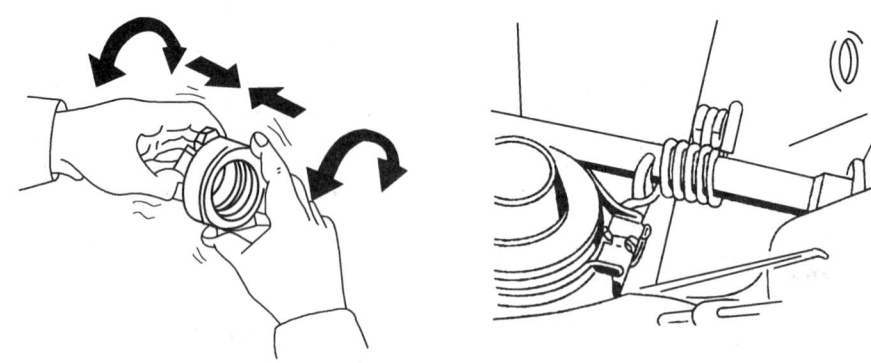

图 2-46　分离轴承的检查　　　图 2-47　回位弹簧的安装位置

【习题 2.5】

（1）对汽车进行一级维护时，对离合器做何检查？

（2）如何检修从动盘？

2.6　离合器的故障诊断

【本节目标】

掌握离合器的常见故障现象诊断及排除方法。

【基本理论知识】

汽车行驶工况复杂，因此经常需要踩下和松开离合器踏板，使离合器分离或接合。因此，离合器的技术状况会逐步变差，造成离合器打滑、分离不彻底、发响和抖动等故障。

1. 离合器打滑

（1）现象

1）当汽车起步时，完全放松离合器踏板，发动机动力不能完全传至变速器输入轴，使汽车动力下降，起步困难。

2）汽车加速时，车速不能随发动机转速提高而加快，行驶无力。

3）当负载上坡时，打滑较明显，严重时会从离合器内散发出焦臭味。

（2）原因

1）离合器踏板自由行程太小或没有，分离轴承经常压在膜片弹簧（或分离杠杆）上，使压盘处于半分离状态。

2）摩擦片磨损变薄、硬化、铆钉外露或沾有油污。

3）离合器和飞轮联接螺栓松动。

4）膜片弹簧弹力过软（或压紧弹簧折断、变软）。

（3）诊断与排除

诊断：拉紧驻车制动器，挂上低速挡，慢慢放松离合器踏板，逐渐加大节

气门开度,若汽车不动,发动机却继续运转而不熄火,说明离合器打滑。【课堂互动】

排除:1)检查离合器踏板自由行程,如不符合规定应予以调整。

2)若自由行程正常,应拆下变速器罩壳,检查离合器与飞轮联接螺栓是否松动,如松动应予以拧紧。

3)经上述检查排除后仍然打滑时,应拆下离合器检查摩擦片的状况。若有油污,一般应用汽油清洗并烘干,然后找出油污来源,并设法排除。若摩擦片磨损过薄或多数铆钉头外露,应更换摩擦片。

4)如摩擦片完好,则应分解离合器,检查弹簧,若弹力过软应予更换。

2. 离合器分离不彻底

(1)现象

1)当汽车起步时,将离合器踏板踏到底仍感到挂挡困难,虽强行挂入,但不放松踏板,汽车就向前驶动或造成发动机熄火。

2)变速时挂挡困难或挂不进挡,并从变速器端发出齿轮撞击声。

(2)原因

1)离合器踏板自由行程过大。

2)膜片弹簧(或分离杠杆)内端不在同一平面上。

3)离合器从动盘翘曲、铆钉松脱或新换的摩擦片过厚。

4)从动盘毂键槽与变速器输入轴键锈蚀,使从动盘移动困难。

5)液压操纵系统有空气或漏油。

(3)诊断和排除

诊断:将变速杆放到空挡位置,踏下离合器踏板,用螺钉旋具推动离合器从动盘,若能轻推动,说明能分离,反之则相反。

排除:1)检查、调整离合器踏板自由行程。

2)检查液压操纵系统是否漏油,若不漏油,进行排气操作。

3)若新换摩擦片过厚,可在离合器盖与飞轮间增加适当厚度的垫片予以调整,但各垫片厚度应一致。

4)若上述检查调整仍无效时,应将离合器拆下分解和检查,必要时予以修理或换件。

3. 离合器发响

(1)现象 汽车在行驶中,操纵离合器时,有不正常响声。

(2)原因

1)分离轴承磨损严重或缺油,轴承回位弹簧过软、折断或脱落。

2)从动盘铆钉松动或减振弹簧折断。

3)踏板回位弹簧过软、脱落或折断。

(3)诊断和排除

1)稍微踩下离合器踏板,膜片弹簧与分离轴承接触,听到有"沙沙"的响声,为分离轴承响。若润滑后仍响,为轴承磨损松旷或损坏,应予以更换。

2)踩下、放松离合器踏板时,如出现间断的碰击声,为分离轴承前后滑动响(分离轴承回位弹簧失效),应更换回位弹簧。

【课堂互动】

3）发动机一起动就有响声，将踏板提起后响声消失，为踏板回位弹簧失效，应更换踏板回位弹簧。

4）连踩踏板，在离合器刚接触或分开时响，为从动盘铆钉松动和摩擦片铆钉外露，应修复铆钉。

5）若上述检查调整仍无效时，应将离合器拆下分解和检查，必要时予以修理或更换。

4. 离合器发抖

（1）现象　汽车起步时，离合器不能平稳接合，使车身发生抖动。

（2）原因

1）压盘和从动盘发生翘曲或磨损不均，或从动盘铆钉松动。

2）变速器与飞轮或者离合器盖与飞轮固定螺栓松动。

3）膜片弹簧（或分离杠杆）内端不在同一平面上。

4）压紧弹簧个别折断、变软。

（3）诊断与排除

诊断：让发动机怠速运转，挂上低速挡，缓慢松开离合器踏板并加大节气门开度起步，如车身有明显抖动，为离合器发抖。

排除：1）检查变速器与飞轮、离合器盖与飞轮固定螺栓是否松动。

2）拆开离合器盖测量膜片弹簧（或分离杠杆）内端的高度是否一致。

3）若上述检查均无效，则拆下离合器，分别检查压盘、从动盘是否变形，铆钉是否松动，弹簧的弹力是否在允许范围内。

自由行程过大容易造成离合器打滑还是分离不彻底？

【习题2.6】

（1）离合器常见故障有哪些？

（2）如何排除离合器的打滑故障？

模块 3　机械式变速器

【学习目标】

1. 熟悉变速器的功用、分类、工作原理。
2. 掌握常见变速器的构造。
3. 掌握变速器的维护、检修方法。

【课堂互动】

3.1　概述

【本节目标】

1. 了解机械式变速器的分类、工作原理。
2. 掌握机械式变速器的功用。

【基本理论知识】

1. 功用

变速器是汽车传动系中主要的变速机构，其功用如下：

1）改变传动比。
2）在发动机旋转方向不变的前提下，利用倒挡使车辆倒退行驶。
3）利用空挡中断动力传递，便于车辆起动、怠速、换挡和动力输出。

在汽车传动系中，变速器的结构类型是多种多样的。通常手动变速器有 3～6 个前进挡和 1 个倒挡。有的重型汽车为增加传动比和改善经济性能还装有副变速器，使挡位成倍增加。

2. 手动变速器的结构原理

（1）手动变速器的基本组成　手动变速器的组成包括变速传动机构和操纵机构两部分。按齿轮传动方式划分：可分为两轴式和三轴式。

两轴式变速器是指变速器内部只有输入轴和输出轴，它的特点是：在前进挡位时只有一对齿轮副（倒挡为两对齿轮副）工作，而当需要较大的传动比时，只能增大从动齿轮的尺寸，从而使变速器的径向尺寸增加。因此，这种结构只适用于传动比不大的轿车变速器，特别是发动机前置前驱动或发动机后置后驱动的轿车变速器。国产轿车中如一汽奥迪 100、上海桑塔纳和 TJ7100 轿车变速器等均属于此类。

三轴式变速器是指除输入轴和输出轴外，还有一个中间轴，输入轴和中间轴是通过常啮合齿轮相连接的，而输出轴和中间轴之间设有若干对齿数不同的齿轮副，通过输出轴上的滑动齿轮，让其中的一对齿轮分别啮合，就可得到相

【课堂互动】

应的传动比值。由于三轴式变速器中每个挡位是经由两对齿轮传动的,故输入轴和输出轴的旋转方向是相同的(倒挡时为三对齿轮传动,故输入轴与输出轴的旋转方向相反)。三轴式齿轮变速器与两轴式齿轮变速器相比,其突出的特点是:在同样的径向尺寸条件下可获得较大的传动比,且可获得直接传动。因此在载货汽车和部分小型汽车上采用,如解放 CA1091 型、东风 EQ1090E 型、黄河 JN1171/127 型、北京切诺基、广州标致汽车变速器等都属于此类。

(2) 齿轮传动的变速原理 一对齿数不同的齿轮啮合传动时,就可以变速、变矩。如图 3-1 所示,当小齿轮为主动齿轮转动时,经传动大齿轮后,转速就降低,转矩增大。其传动比为:

i = 主动齿轮转速／从动齿轮转速 = 从动齿轮齿数／主动齿轮齿数

= 从动齿轮转矩(直径)／主动齿轮转矩(直径)

当经过若干对齿轮传动时,则传动比为所有从动齿轮齿数连乘积与所有主动齿轮齿数连乘积的比值。

若传动比大于 1,则为降速增矩;若传动比小于 1,则为增速降矩;若传动比等于 1,则为等速传动,转矩不变。

一对外啮合齿轮传动,输入轴与输出轴(见图 3-1)转向相反,若两齿轮间再加一惰轮,则输入轴、输出轴转向相同。

理解齿轮传动的变速原理:降速—小齿轮带动大齿轮;增速—大齿轮带动小齿轮。

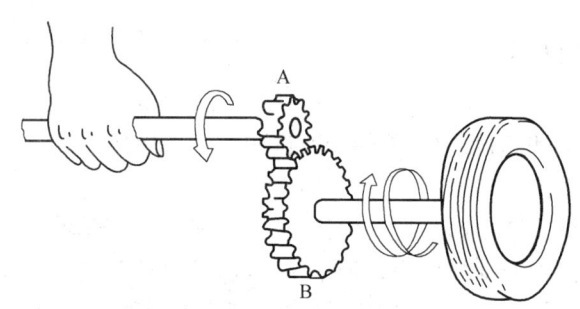

图 3-1 齿轮传动原理

手动变速器通过各种大小不同的齿轮组合,获得不同的传动比;通过操纵机构改变传递动力的齿轮副,实现换挡。

【技能训练】

1. 从车上拆下三轴式变速器(EQ1092E 变速器)

1) 将车辆停置在平整的地面上,用掩木将车轮掩住,以防汽车溜动。旋下变速器的放油螺塞,放出变速器中的变速器油并装回放油螺塞。拆下传动轴与变速器第二轴连接凸缘的联接螺栓,取下传动轴。

2) 拆下倒车警报器开关电线端子和速度表传动软轴,拆下离合器分离拉杆的锁紧螺母和球形调整螺母,使离合器踏板机构与离合器分离叉垂臂分开。

3) 把起重小车或支撑盘,放在变速器下方托住变速器,拆下飞轮壳上的联接螺栓,从驾驶室底板上拆下变速器盖板,取下变速器。

2. 桑塔纳 2000GLI 两轴式手动变速器的拆卸　　　　　　　　　　　　【课堂互动】

1）拆下蓄电池的搭铁线、离合器拉索，举升汽车。
2）将传动轴（半轴）从变速器上拆下来并支撑好。
3）旋松变速操纵机构的内换挡螺栓，压出支撑杆球头并将内换挡杆与离合块分离。
4）拆下倒挡灯开关接头、车速里程表软轴、离合器盖板、排气管。
5）放下汽车并将发动机固定好，拆下发动机与变速器上部联接螺栓。
6）举升汽车，拆下起动机的紧固螺栓。拆下发动机中间支架，旋松支架螺栓。
7）拆下变速器减振垫和减振垫前支架。
8）拆下发动机与变速器下部联接螺栓，并将变速器从车上拆下。

【习题 3.1】

（1）变速器的功用是什么？
（2）什么是两轴式变速器？
（3）三轴式变速器有什么特点？

3.2　普通齿轮变速器的变速传动机构

【本节目标】

1. 掌握三轴式变速器的结构并理解其工作原理。
2. 掌握两轴式变速器的结构并理解其工作原理。
3. 熟悉换挡装置的结构形式。

【基本理论知识】

1. 三轴式变速器

三轴式变速器有三根主要轴，即第一轴、第二轴和中间轴，另外还有倒挡轴。

图 3-2 为东风 EQ1090E 型汽车五挡变速器，它通过壳体前端面的四个螺栓固定在离合器壳后端面上。变速器有三根主要轴：第一轴（输入轴）1、中间轴 15 和第二轴（输出轴）14。

第一轴前后端以轴承分别支承在曲轴后端的内孔和变速器壳的前壁，其前部花键部分装离合器的从动盘，后部与常啮合齿轮 2 制成一体，齿轮的后端有齿圈 3。

中间轴 15 两端用轴承支承在壳体上，中间轴常啮合传动齿轮 23 及二、三、四挡主动齿轮 20、21 和 22 用键装在中间轴上，中间轴一/倒挡齿轮 18 与轴制成一体。齿轮 23 与第一轴齿轮 2 常啮合。

第二轴前后端分别用轴承支承于第一轴后端孔内和壳体上。第二轴一/倒挡齿轮 12 通过花键套装在轴上，可轴向滑动。二、三、四挡从动齿轮 11、7 和 6

【课堂互动】

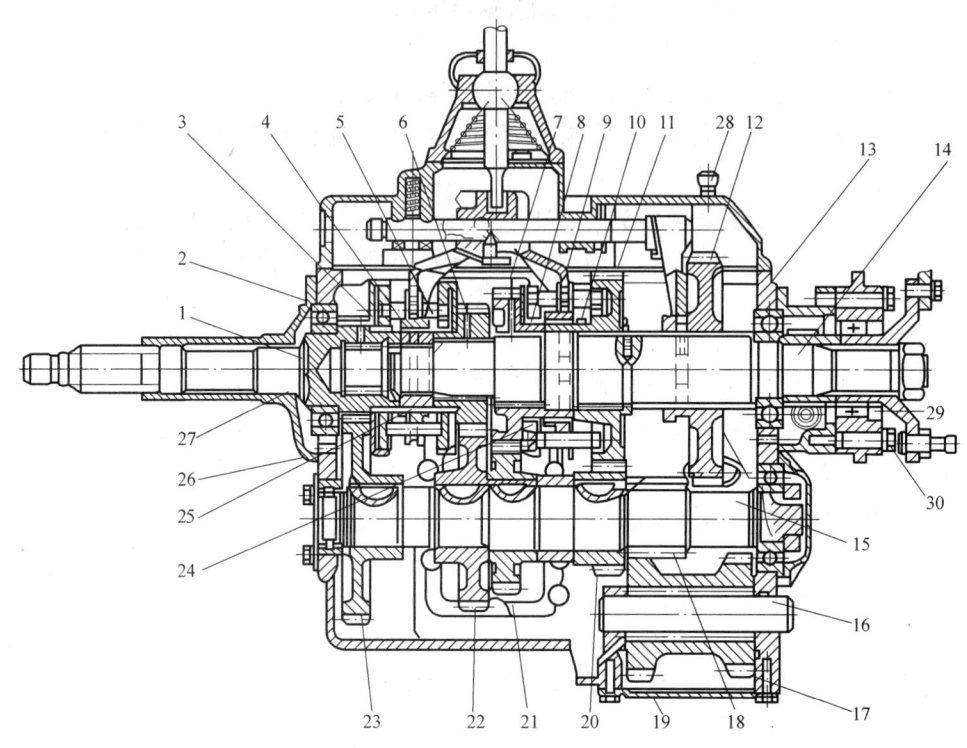

图 3-2　东风 EQ1090E 型汽车变速器

1—第一轴　2—第一轴常啮合传动齿轮　3—第一轴齿轮接合齿圈　4、9—接合套
5—四挡齿轮接合齿圈　6—第二轴四挡齿轮　7—第二轴三挡齿轮　8—三挡齿轮接合齿圈
10—二挡齿轮接合齿圈　11—第二轴二挡齿轮　12—第二轴一/倒挡滑动齿轮
13—变速器壳体　14—第二轴　15—中间轴　16—倒挡轴　17、19—倒挡中间齿轮
18—中间轴一/倒挡齿轮　20—中间轴二挡齿轮　21—中间轴三挡齿轮　22—中间轴四挡齿轮
23—中间轴常啮合传动齿轮　24、25—花键毂　26—第一轴轴承盖　27—轴承盖回油螺纹
28—通气塞　29—车速里程表传动齿轮　30—中央制动器底座

分别以滚针轴承装在第二轴上，并与中间轴齿轮 20、21 和 22 常啮合，其上均制有齿圈。花键毂 24、25 以其内花键与第二轴的外花键相联接，并用卡环轴向定位，其外花键则分别与有内花键的接合套 9 和 4 相接合。接合套可沿花键轴向滑动。

为实现汽车的倒向行驶，在中间轴的一侧设置了倒挡轴 16（图中采用展开画法，将该轴画在中间轴的下方）。倒挡齿轮 17 和 19 制成一体，用滚针轴承装在轴上。齿轮 19 与齿轮 18 常啮合。

变速器各挡传动路线如下（见图 3-3）：

图 3-3 所示为变速器的空挡位置。当第一轴旋转时，通过齿轮 2 带动中间轴及其上的各齿轮旋转。由于齿轮 6、7 和 11 是空套在第二轴上的，故第二轴不被驱动。

一挡：使第二轴一/倒挡齿轮 12 左移与齿轮 18 啮合。动力由第一轴依次经齿轮 2 和 23、中间轴 15、齿轮 18 和 12 传到第二轴。传动比为

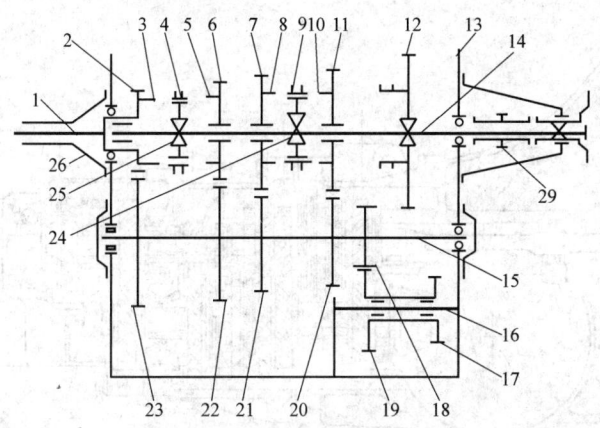

图 3-3　东风 EQ1090E 型汽车变速器结构简图
（图注同图 3-2）

$$i_1 = z_{23}/Z_2 \times (Z_{12}/Z_{18}) = 7.31$$

式中，Z 表示齿轮齿数，其下标数字表示各齿轮在图中的标号，以下同此。

二挡：使接合套 9 右移与齿圈 10 啮合。动力经齿轮 2 和 23、中间轴 15、齿轮 20 和 11、齿圈 10、接合套 9、花键毂 24，最后传到第二轴。传动比为

$$i_2 = Z_{23}/Z_2 \times (Z_{11}/Z_{20}) = 4.31$$

三挡：使接合套 9 左移与齿圈 8 啮合。动力经齿轮 2 和 23、中间轴 15、齿轮 21 和 7、齿圈 8、接合套 9、花键毂 24 传到第二轴。传动比为

$$i_3 = Z_{23}/Z_2 \times (Z_7/Z_{21}) = 2.45$$

四挡：使接合套 4 右移与齿圈 5 啮合。动力经齿轮 2 和 23、中间轴 15、齿轮 22 和 6、齿圈 5、接合套 4、花键毂 25 传到第二轴。传动比为

$$i_4 = Z_{23}/Z_2 \times (Z_6/Z_{22}) = 1.54$$

五挡：使接合套 4 左移与齿圈 3 啮合。动力从第一轴经齿轮 2、齿圈 3、接合套 4、花键毂 25 直接传到第二轴，传动比为 1，此挡称为直接挡。

倒挡：使第二轴一/倒挡齿轮 12 右移与倒挡中间齿轮 17 啮合（实物中齿轮 17 在齿轮 12 的一侧）。动力经齿轮 2 和 23、中间轴 15、齿轮 18、19、17 和 12 传到第二轴。由于增加了一个中间轮，故第二轴的旋转方向与第一轴相反，汽车倒向行驶。传动比为

$$i_R = Z_{23}/Z_2 \times (Z_{19}/Z_{18}) \times (Z_{12}/Z_{17}) = 7.66（方向相反）$$

2. 两轴式变速器

各前进挡工作时都只有一对齿轮副工作。由于只有输入、输出两根轴，且相互平行，同步器既可布置在输入轴上，又可布置在输出轴上，结构紧凑，因此广泛应用在发动机前置、前轮驱动或发动机后置、后轮驱动的轿车上，如一汽奥迪、一汽捷达、上海桑塔纳、天津夏利、富康等轿车的变速器。图 3-4 为桑塔纳 2000 轿车五挡手动变速器纵向剖视图。

输入轴由一个球轴承和两个滚针轴承支承，以球轴承轴向定位；输出轴由一个滚子轴承和两个滚针轴承支承。输入轴的一、二、倒挡齿轮与轴制成一体，

【课堂互动】

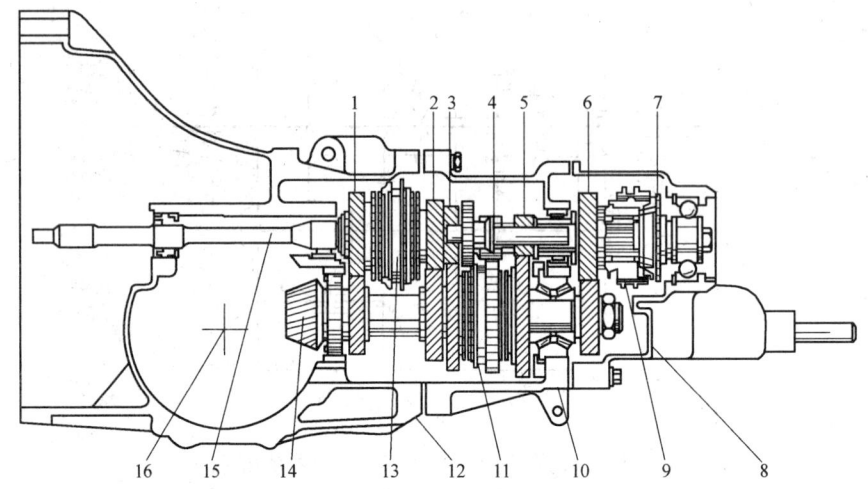

图 3-4 桑塔纳 2000 轿车五挡手动变速器纵向剖视图
1—四挡齿轮 2—三挡齿轮 3—二挡齿轮 4—倒挡齿轮 5——挡齿轮
6—五挡齿轮 7—五挡运行齿环 8—换挡机构壳体 9—五挡同步器
10—齿轮箱体 11——/二挡同步器 12—变速器壳体 13—三/四挡同步器
14—输出轴 15—输入轴 16—主减速器/差速器

输出轴的三、四、五挡齿轮与轴制成一体，其他齿轮均空套在轴上，使得运转平稳。啮合齿均与齿轮制成一体，为防止脱挡，啮合齿均采用倒锥齿结构。五个前进挡全部采用同步器换挡，共三个锁环式同步器，一个安装在变速器输出轴上，另两个安装在输入轴上。为了提高同步器性能和同步器锁环的寿命，二、三挡锁环均采用喷钼工艺。一挡齿轮虽然惯量大，但换挡次数少，四、五挡齿轮虽然换挡次数多，但惯量小，所以一、四、五挡锁环不采用喷钼工艺。变速器壳体除侧盖用铝合金材料外，前、后壳体及后盖均用镁合金材料压铸而成。

图 3-5 为桑塔纳 2000 五挡手动变速器结构简图。

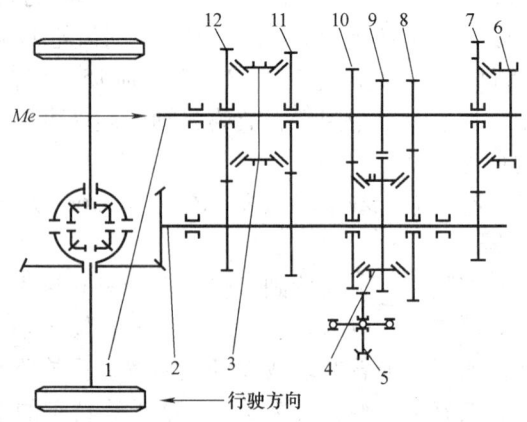

图 3-5 桑塔纳 2000 五挡手动变速器结构简图
1—输入轴 2—输出轴 3—三/四挡同步器 4——/二挡同步器 5—倒挡轴倒挡齿轮 6—五挡同步器
7—五挡齿轮 8——挡齿轮 9—倒挡齿轮 10—二挡齿轮 11—三挡齿轮 12—四挡齿轮

驾驶员通过操纵机构使接合套移动，以选择所需的挡位。各挡传动比见表【课堂互动】3-1，各挡动力传递路线见表3-2。

表 3-1　各挡传动比

挡位	齿数比	传动比	挡位	齿数比	传动比
一	38/11	3.455	四	30/33	0.909
二	34/19	1.789	五	24/30	0.8
三	36/28	1.286	R	38/12	3.167

表 3-2　桑塔纳 2000 五挡手动变速器动力传递路线

挡位	动力传递路线
一	变速器变速杆从空挡中位向左、向前移动，实现：动力→输入轴→输入轴一挡齿轮→输出轴一挡齿轮→输出轴上一/二挡同步器→输出轴→动力输出
二	变速器变速杆从空挡中位向左、向后移动，实现：动力→输入轴→输入轴二挡齿轮→输出轴二挡齿轮→输出轴上一/二挡同步器→输出轴→动力输出
三	变速器变速杆从空挡中位向前移动，实现：动力→输入轴→输入轴上三/四挡同步器→输入轴三挡齿轮→输出轴三挡齿轮→输出轴→动力输出
四	变速器变速杆从空挡中位向后移动，实现：动力→输入轴→输入轴上三/四挡同步器→输入轴四挡齿轮→输出轴四挡齿轮→输出轴→动力输出
五	变速器变速杆从空挡中位向右、向前移动，实现：动力→输入轴→输入轴上五挡同步器→输入轴上五挡齿轮→输出轴五挡齿轮→输出轴→动力输出
R	变速器变速杆从空挡中位向右、向后移动，实现：动力→输入轴→输入轴倒挡齿轮→倒挡轴上倒挡齿轮→输出轴倒挡齿轮→输出轴→动力反向输出

3. 齿轮的换挡结构形式

齿轮的换挡结构形式常见的有直齿滑动齿轮、接合套和同步器三种。

（1）直齿滑动齿轮式　它是靠直接移动该齿轮使其与对应齿轮的轮齿进入或退出啮合，如图 3-6 中 CA15 汽车变速器一、二和倒挡齿轮。

（2）接合套式　这种形式的齿轮副做成常啮齿轮，其中的从动齿轮都是浮套在轴上，上面有短的接合齿圈，然后靠与轴有传动关系的接合套与其接合齿圈接合换挡。接合套有外接合式和内接合式两种，如图 3-6 中三、四、五挡都是外接合式。如挂五挡时，是用接合套将花键毂与五挡齿轮前端的接合齿圈接合起来，通过花键毂与第二轴的花键联接传递转矩。

（3）同步器式　图 3-4 中桑塔纳 2000 手动变速器中一/二挡同步器 11、三/四挡同步器 13 和五挡同步器 9 示出了同步器在变速器中的安装位置。

4. 变速器的润滑与密封

（1）润滑　除少数重型车变速器采用压力润滑外，大多数变速器采用飞溅式润滑。油的飞溅是靠齿轮转动甩起来的。图 3-2 中，为了润滑第二轴前轴承和空转齿轮的衬套或轴承，在第二轴的有关齿轮上的齿间底部均布有几个径向通孔，靠齿轮啮合过程中齿顶和齿底间隙逐渐减小，将自动变速器油压入轴承或衬套。为了保证可靠的润滑，变速器内要保持一定的油面高度，通常将自动变速器油加至壳体上加油口下沿即为标准高度。这一点适用于汽车底盘中内含自动变速器油的各总成，如分动器、主减速器、转向机等。

【课堂互动】

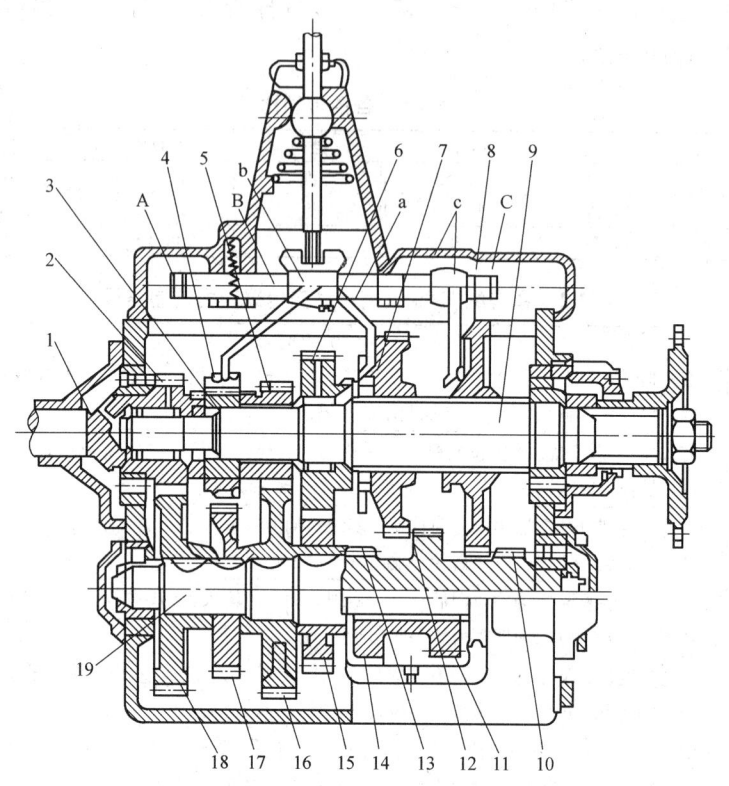

图 3-6 CA15 汽车变速器
1—第一轴 2—常啮主动齿轮 3—花键毂 4—接合套
5、16—五挡齿轮 6、15—三挡齿轮 7—二/三挡齿轮
8—一/倒挡齿轮 9—第二轴 10——挡齿轮 11、14—倒挡齿轮
12—二挡齿轮 13—中间轴倒挡齿轮 17—功率输出齿轮 18—常啮齿轮 19—中间轴
A—二/三挡拨叉轴 B—四/五挡拨叉轴 C—倒挡拨叉轴
a—二/三挡拨叉 b—四/五挡拨叉 c—倒挡拨叉

(2) 密封 为了防止漏油,同发动机曲轴后端的密封相似,变速器第一轴和第二轴与轴承盖之间也用回油螺纹或自紧油封密封。自紧油封密封可靠性高,但降低传动效率,回油螺纹则相反,但二者都要求轴与壳有较高的同轴度,且回油螺纹对轴承盖与轴间的间隙要求较为严格。为减轻密封件的负担,有的在轴承内侧或外侧装有挡油片。还有些轴承盖的下部有回油凹槽,壳体上相应位置有回油孔,如东风 EQ1090 变速器第一、二轴轴承盖。装配时槽与孔要对准,以便进入轴承的多余油流回壳体内。壳体与变速器盖、轴承盖间一般装有纸垫或用密封胶密封,最近还有的采用橡胶密封条。为防止油温过高、气压过大造成渗漏现象,一般在顶盖上装有通气塞。

5. 副变速器

重型汽车,特别是矿山工地用重型自卸车,其工作条件十分复杂,变速器需有更多的挡位,以适应其需要。为使变速器结构紧凑,常用一个二~四挡副变速器与一个四~五挡主变速器串联,这就可以使变速系统多达八~二十个挡位。

副变速器的变速传动机构与主变速器的区别仅在于其没有倒挡。

【课堂互动】
1. 桑塔纳2000五挡手动变速器各挡传动比的计算方法是怎样的？
2. 两轴式与三轴式变速器的倒挡如何传递？

【技能训练】

1. 使用轴承拉拔器拆卸变速器各轴承

如图3-7所示，使用轴承拉拔器拆卸轴承。

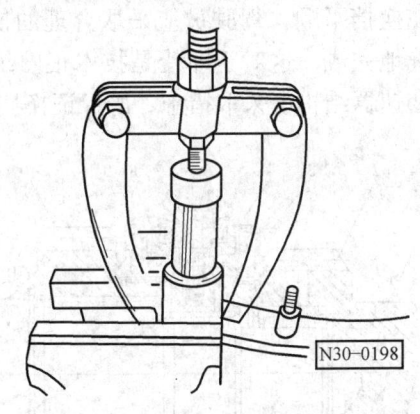

图3-7 拆卸轴承

2. 认识手动变速器主要零件的结构及相互装配关系

【习题3.2】

1. 判断题

（1）汽车上设置变速器是为了改变发动机转矩，增加发动机功率。（　　）

（2）变速器以直接挡传动时，不需要通过齿轮来传动。（　　）

（3）用接合套换挡，就是将输入轴（第一轴）、输出轴（第二轴）用接合套连接起来，而不需要通过齿轮传动。（　　）

2. 简答题

两轴式变速器由哪些部件组成？其工作过程是怎样的？

3. 计算题

某变速器第一轴常啮合齿轮的齿数为20，中间轴常啮合齿轮的齿数为30，第二轴一/倒挡齿轮的齿数为50，中间轴一挡齿轮的齿数为15，计算出变速器一挡的传动比为多少？

3.3 同步器

【本节目标】

1. 掌握同步器的功用。
2. 掌握锁环式惯性同步器的结构、工作原理。
3. 理解锁销式惯性同步器的结构、工作原理。

【课堂互动】【基本理论知识】

1. 同步器的功用

手动变速器在换挡过程中，必须使所选挡位的一对待啮合齿轮的圆周速度相等，才能平顺地进入啮合，即同步挂挡。如不同步而强行换挡，势必因两齿轮间存在转速差而发生冲击和噪声，不但不易挂挡，而且影响齿轮使用寿命，甚至折断轮齿。为了使换挡平顺，驾驶员应采取合理的换挡操作步骤，并在极短的时间内迅速而准确地完成，这对于即使是技术很熟练的驾驶员，也易造成疲劳。因此，要求在变速器结构上采取措施，既保证换挡平顺，又使操作简化。

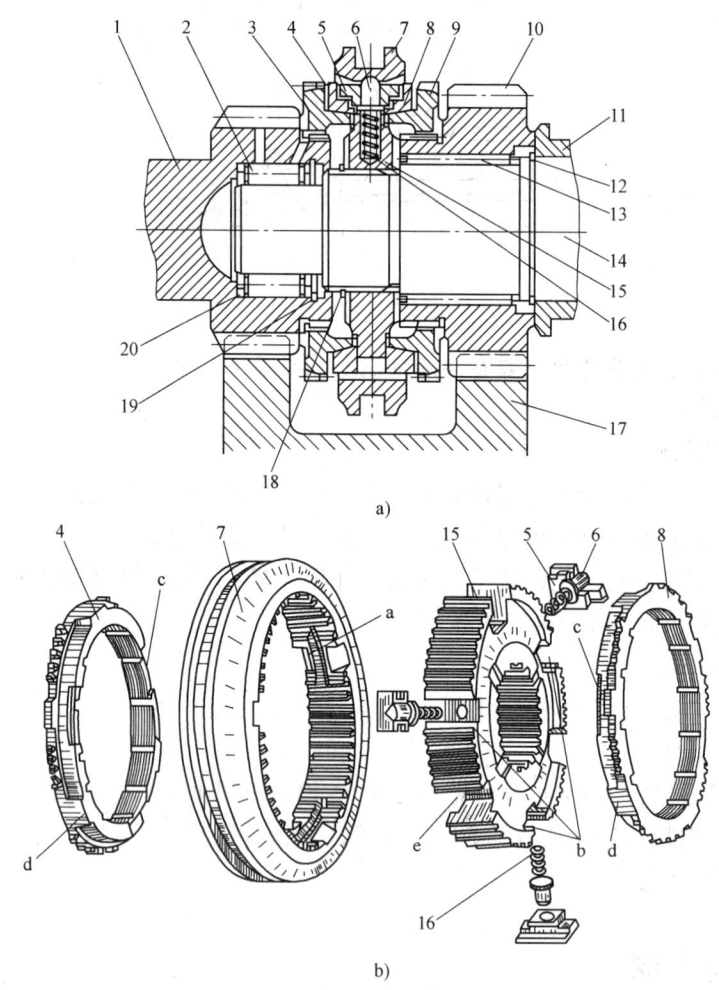

图 3-8　锁环式惯性同步器

1—第一轴　2、13—滚针轴承　3—六挡接合齿圈　4、8—锁环（同步环）
5—滑块　6—定位销　7—接合套　9—五挡接合齿圈　10—第二轴五挡齿轮
11—衬套　12、18、19—卡环　14—第二轴　15—花键毂
16—弹簧　17—中间轴五挡齿轮　20—挡圈
a—凹槽　b—轴向槽　c、e—缺口　d—凸起部

同步器是在接合套换挡机构的基础上发展起来的一种自动强制同步装置,【课堂互动】其作用是使接合套与待啮合的齿圈迅速同步,以缩短换挡时间,并防止两者在同步之前相接触而产生齿间冲击。同步器有常压式、惯性式、自行增力式等,目前广泛采用的是惯性式同步器。

2. 锁环式惯性同步器

图 3-8 所示为解放 CA1091 型汽车六挡变速器中的五、六挡同步器,它由花键毂、接合套、锁环、滑块、定位销及弹簧等零件组成。

花键毂 15 用内花键套装在第二轴上并以卡环 18 轴向固定。在花键毂两端与齿圈 3 和 9 之间,各有一个青铜制成的锁环(也称同步环)4 和 8。锁环上有断续的短花键齿圈(见图 3-8b),花键齿的断面轮廓尺寸与齿圈 3、9 及花键毂 15 的外花键齿均相同。两个锁环上的花键齿在对着接合套的一端制有倒角(称锁止角),且与接合套齿端的倒角相同。锁环具有与齿圈 3 和 9 上的锥形摩擦面锥度相同的内锥面,锥面上制有细牙的螺旋槽,以便两锥面接触后,破坏油膜,增加锥面间的摩擦。三个滑块 5 分别嵌合在花键毂的三个轴向槽 b 内,并可沿槽轴向滑动。三个定位销 6 分别插入三个滑块的通孔中。在弹簧 16 的作用下,定位销压向接合套,使定位销端部的球面正好嵌在接合套中部的凹槽 a 中,起到空挡定位作用。滑块 5 的两端伸入锁环 4 和 8 的三个缺口 c 中。锁环的三个凸起部 d 分别伸入到花键毂的三个缺口 e 中,只有当凸起部 d 位于缺口 e 的中央时,接合套与锁环的齿方可接合。

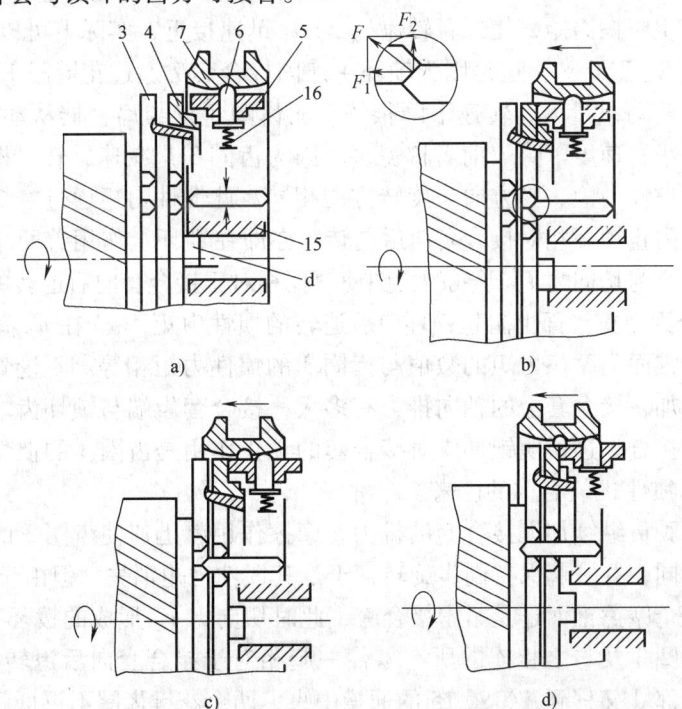

图 3-9 锁环式惯性同步器工作过程示意图
F—法向力 F_1—轴向力 F_2—切向力 (其余图注同图 3-8)

【课堂互动】　　如果变速器由五挡换入六挡，锁环式惯性同步器的工作过程如图3-9所示。当接合套7刚从五挡退到空挡时（见图3-9a），齿圈3和接合套7（连同锁环4）都在其本身及其所联系的一系列运动件的惯性作用下，继续沿原方向旋转，设它们的转速分别为 n_3、n_7 和 n_4，则此时 $n_4 = n_7$，$n_3 > n_7$，即 $n_3 > n_4$。锁环4在轴向是自由的，故其内锥面与齿圈3的外锥面并不压紧。

若要挂入六挡，可用拨叉拨动接合套7，并通过定位销6带动滑块5一起向左移动。当滑块左端面与锁环4的缺口c（见图3-8）的端面接触时，便推动锁环移向齿圈3，使具有转速差（$n_3 > n_4$）的两锥面一经接触便产生摩擦作用（见图3-9b）。齿圈3即通过摩擦作用带动锁环相对于接合套朝前转过一个角度，直到锁环的凸起部d与花键毂15缺口e的另一侧面接触时，锁环便与接合套同步转动。此时，接合套的齿与锁环的齿较锁环的凸起部d位于花键毂的通槽中央时错开了约半个齿厚（花键毂通槽宽度为锁环凸起部d的宽度加上接合套的一个齿厚），从而使接合套的齿端倒角与锁环相应的齿端倒角正好互相抵触而不能进入啮合。

显然，此时若要接合套的齿圈与锁环的齿圈接合上，必须使锁环相对于接合套后退一个角度。图3-9b左边的局部放大图表示，由于驾驶员始终对于接合套施加一个轴向力，使接合套和锁环的齿端倒角压紧，于是在锁环的锁止角斜面上作用有法向力F。力F可分解为轴向力 F_1 和切向力 F_2。F_2 所形成的力矩力图使锁环相对于接合套向后退转，称为拨环力矩。F_1 则使锁环4与齿圈3二者的锥面产生摩擦力矩，使二者转速 n_4 与 n_3 迅速接近，实际上可以认为 n_4 不变，只是 n_3 趋近于 n_4。这是因为锁环4连同接合套7通过花键毂15与整个汽车相联系，转动惯量大，转速下降很慢。而齿圈3仅与离合器从动部分相连，转动惯量很小，速度下降较前者快得多。因为齿圈3是减速旋转，根据惯性原理，即产生惯性力矩，其方向与旋转方向相同。此惯性力矩通过摩擦锥面作用到锁环上，阻止锁环相对接合套向后退转，亦即在锁环上作用着两个方向相反的力矩，一个为切向力 F_2 形成的力图使锁环相对于接合套向后退转的拨环力矩 M_2；另一个为摩擦锥面上阻止锁环向后退转的惯性力矩 M_1。在 n_3 尚未等于 n_4 之前，两个锥面间摩擦力矩的数值与齿圈3的惯性力矩相等。不论驾驶员通过操纵机构施加在接合套上的轴向推力有多大，接合套齿端与锁环齿端总是互相抵触而不能接合。这说明锁环4对接合套的锁止作用是齿圈3的惯性力矩造成的。此即"惯性式"名称的由来。

随着驾驶员继续加大接合套的推力，摩擦作用就迅速使齿圈3的转速降到与锁环4相同，并一起保持同步旋转，于是其惯性力矩消失。但由于轴向力 F_1 的作用，两个摩擦锥面还是紧密接合着，此时切向力 F_2 形成的拨环力矩 M_2 使锁环连同齿圈3及与之相连的所有零件一起相对于接合套向后退转一个角度，使锁环凸起部d又移到花键毂15的通槽中央，两个花键齿圈不再抵触，此时接合套压下定位销6继续左移，与锁环的花键齿啮合（见图3-9c）。如果此时接合套花键齿与齿圈3的花键齿发生抵触，则作用在齿圈3花键齿端斜面上的切向力使齿圈3及其相连零件相对于锁环及接合套转过一个角度，使接合套与齿圈3进入啮合（见图3-9d），而最后完成换入六挡的全过程。

如果是由六挡（直接挡）换入五挡，上述过程也适用。但应注意，此时齿圈9和齿轮10（见图3-8a）被加速到与锁环8（亦即与接合套）同步，从而使接合套先后与锁环及齿圈9进入啮合而完成换挡。

上述换挡过程可简要归纳为：摩擦工作面接触产生摩擦力矩→锁环转动一个角度→锁止元件起锁止作用，阻止接合套前移→摩擦力矩增长至同步→惯性力矩消失→锁止作用消失→接合套进入啮合完成换挡。

锁环式惯性同步器轴向尺寸较小，结构紧凑，但摩擦锥面的平均半径一般较小，可产生的摩擦力矩不大，因而多用于轿车和轻型货车上。在中、重型货车的变速器中，多采用锁销式惯性同步器。

3. 锁销式惯性同步器

图3-10为EQ1090E型汽车五挡变速器的四、五挡同步器。两个有内锥面的摩擦锥盘2分别固定在带有外花键齿圈的第一轴齿轮1和第二轴四挡齿轮6上，随齿轮一同旋转。与之相配合的两个有外锥面的摩擦锥环3，通过三个锁销8和三个定位销4与接合套5联接。锁销8与定位销4在同一圆周上相互间隔地均匀分布。锁销8的两顶端固定在摩擦锥环3的孔中，而两端的工作表面直径与接合套凸缘上相应的销孔的内径相等，其中部直径则小于孔径。只有在锁销与接合套孔对中时，接合套方能沿锁销轴向移动。锁销8中部和接合套5上相应的销孔两端有角度相同的倒角（锁止角）。在接合套上定位销孔中部钻有斜孔，内装弹簧11，把钢球10顶向定位销中部的环槽（见A—A剖视图），以保证同步器处于正确的空挡位置。定位销4两端伸入锥环内侧面，但有间隙，故定位销可随接合套5轴向移动。

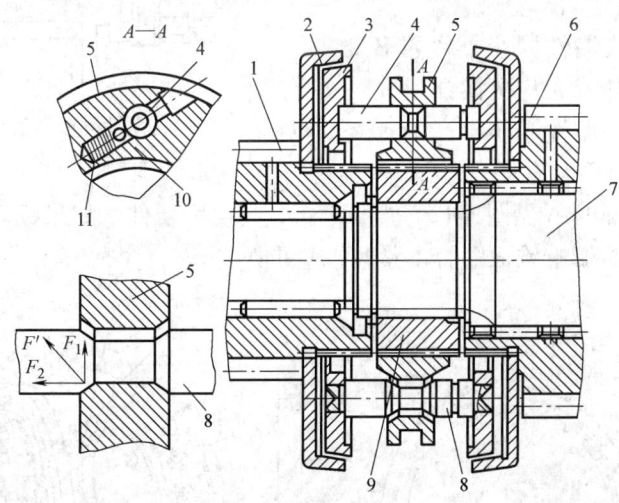

图3-10 锁销式惯性同步器

F'—法向力　F_1—切向力　F_2—轴向力

1—第一轴齿轮　2—摩擦锥盘　3—摩擦锥环　4—定位销　5—接合套
6—第二轴四挡齿轮　7—第二轴　8—锁销　9—花键毂　10—钢球　11—弹簧

【课堂互动】

锁销式同步器的工作原理与锁环式同步器基本相同,在由四挡换入五挡时,接合套 5 受到拨叉的轴向推力作用,通过钢球 10 和定位销 4 带动摩擦锥环 3 向左移动,使之与对应的摩擦锥盘接触。具有转速差的摩擦锥环与锥盘一经接触,靠接触面的摩擦使锥环连同锁销一起相对于接合套转过一个角度,因而锁销 8 的轴线相对接合套上销孔的轴线偏移,于是销锁中部倒角与销孔端的倒角互相抵触,以阻止接合套继续前移。此时锁止面上的法向压紧力 F' 的轴向力 F_2 作用在锥环上并使之与锥盘压紧,因而接合套与待接合的花键齿圈迅速达到同步。只有达到同步时,起锁止作用的第一轴齿轮 1 的惯性力矩消失,作用在锁销上的切向力 F_1 才能通过锁销使摩擦锥环 3、摩擦锥盘 2 和齿轮一同相对于接合套转过一个角度,使锁销重新与销孔对中,于是接合套便能轻易地克服钢球 10 的阻力,而沿锁销轴向移动,直至与齿轮 1 的花键齿圈啮合,实现挂挡。

同步器的工作过程:摩擦工作面接触产生摩擦力矩——锁环转动一个角度——锁止元件起锁止作用,阻止接合套前移——摩擦力矩增长至同步——惯性力矩消失——锁止作用消失——接合套进入啮合完成换挡

【技能训练】

同步器的检修:

1)检查同步器锥环锥面。其锥面应无明显擦痕,当锥环锥面 0.40 mm 深的螺纹油槽已磨损至 0.10 mm 时,应更换同步器总成。

2)如图 3-11 所示,锁销式惯性同步器锥环与同步锥的大端距离为 0~0.50mm,最大不得大于 3.00mm。否则,更换同步器总成。

3)锁销式惯性同步器锥环定位销和锁销不得过量磨损致配合松旷。否则,应更换同步器总成。

4)锁销式惯性同步器因锥环锥面磨损而贴合锥盘,应更换锥环。

5)锁环式惯性同步器啮合套不得过量磨损,不得有明显台阶和锥形,其上的锁止角(见图 3-12)严重磨损,应换用新件。如果锁环内锥面排油槽过量磨损导致影响锥面贴合不紧时,应更换。

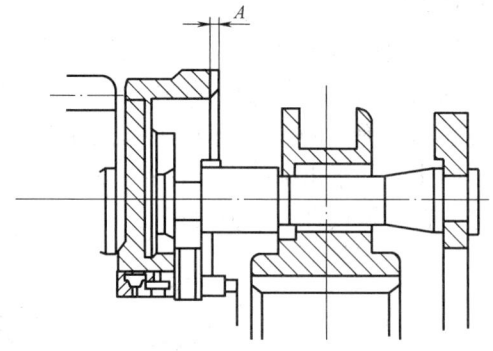

图 3-11 锁销式惯性同步器后备行程的检查

A—后备行程

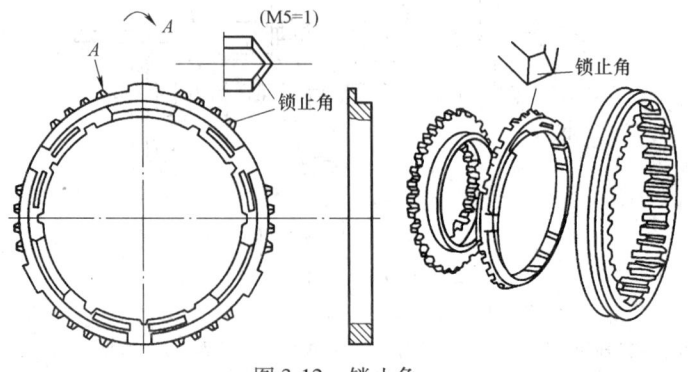

图 3-12 锁止角

6）锁环式惯性同步器，其同步锥与同步环配合靠紧，用塞尺测量时，其同步环大端面与同步锥接合齿前端面之间的距离一般应为 1.20～2.50mm，不得小于 0.20mm。否则，应更换同步锥或同步环，或两件同时更换。

解放 CA1092 型 LF06S-CB 变速器三、四、五、六挡锁环式惯性同步器，其同步锥与同步环紧放在一起，用塞尺测量同步环大端面与同步锥接合齿前端面之间的距离应为 1.20～1.80mm（见图 3-13），若小于 0.20mm 时，应更换同步锥或同步环。二挡锁销式惯性同步器锥盘大端和同步环大端面的高度差应为 0.50mm，最大不大于 2.00mm。

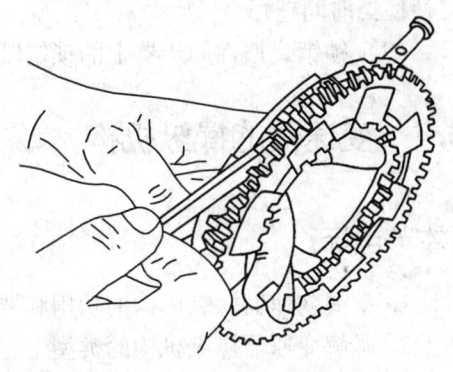

图 3-13 锁环式惯性同步器后备行程的检查

【课堂互动】

7）对更换同步锥或同步环的同步器，其内锥面与外锥面的接触面积，不得小于 80%。

【习题 3.3】

1. 填空题

（1）同步器的作用_____。

（2）桑塔纳轿车采用_____变速器，其特点是_____和_____平行，且无_____。

（3）锁环式同步器其锁环内锥面和滑块凸台的磨损，都会破坏换挡过程中的_____作用；锁环、接合套锁止角的磨损，会使同步器失去_____作用，这些都会出现换挡困难，发出机械撞击噪声。

2. 选择题

（1）同步器在待啮合齿轮未同步前挂不上挡的原因是（　　）。

A. 变速杆推力不够　　　　B. 作用在锁环上的惯性力矩产生的锁止作用

C. 摩擦锥角太小　　　　　D. 齿端锥角太小

（2）手动变速器一般由壳体、同步器、（　　）和操纵机构组成。

A. 齿轮　　　　　　　　　B. 输入轴

C. 输出轴　　　　　　　　D. 变速传动机构

（3）挂直接挡时，当锁环与变速器第一轴齿轮未达到同步时，接合套（　　）与第一轴齿轮啮合。

A. 能　　　　　　B. 不能　　　　　　C. 可能

（4）锁环式惯性同步器，在换挡过程中，未同步前锁环的转速（　　）。

A. 等于接合套转速　　　　B. 等于接合齿圈转速

C. 介于以上两者转速之间

3. 判断题

（1）使用装有惯性同步器的变速器，在操作时，驾驶员操作力越大，则

【课堂互动】可使换挡时间越短。   (   )

(2) 锁销式惯性同步器上的锁销既起锁止作用也起定位作用。   (   )

3.4 变速器的操纵机构

【本节目标】

1. 掌握变速器操纵机构的功用和要求。
2. 了解变速器操纵机构的类型。
3. 掌握变速器操纵机构的结构。
4. 理解锁止装置的工作原理。

【基本理论知识】

1. 变速器操纵机构的功用和要求

变速器操纵机构的功用在于保证驾驶员可根据使用条件的需要,将变速器挂上某个挡或退到空挡。为保证在任何情况下都能准确可靠地工作,变速器操纵机构必须满足下列要求:

1) 能防止自动挂挡及自动脱挡。在挡位上应保持传动齿轮全齿长啮合,挂挡时驾驶员对于是否挂入挡位应具有"手感"。为此,要有自锁(定位)装置。

2) 保证不会同时挂上两个挡,否则便会产生运动干涉,即相啮合的两个挡的齿轮系会互相卡住而不能旋转,甚至会使壳体和传动系零件损坏。为此,要有互锁装置。

3) 防止误挂倒挡。若汽车在前进过程中误挂倒挡便会产生极大的冲击而损坏零件。若在起步时误挂倒挡易发生安全事故。为防止误挂倒挡,要有倒挡锁。

2. 变速器操纵机构的构造

(1) 操纵机构的类型   变速器操纵机构按操纵杆距离变速器远近的不同可分为直接操纵式和远距离操纵式。

1) 直接操纵式。采用该形式操纵机构的变速器布置在驾驶员座位附近,变速杆由驾驶室底板伸出,驾驶员可直接操纵。操纵机构一般由变速杆、拨块、拨叉、拨叉轴以及锁止装置等组成,多装于变速器上盖或侧盖内。它具有换挡位置容易确定、换挡快、换挡平稳等特点,主要应用于发动机前置、后轮驱动的汽车,如解放 CA1092、东风 EQ1092F、广州标致等变速器的操纵机构。

图 3-14 为 CA1091 型汽车六挡变速器操纵机构示意图。变速杆 12 用球节安装在变速器盖顶部的球座内,球节上面用弹簧(图中未画出)压紧。固定于变速器盖的销钉伸入球节的纵槽内,防止变速杆转动,而不影响它的摆动。拨叉轴 7、8、9 和 10 的两端均支承在变速器盖的相应孔中,可以轴向滑动。所有的拨叉和拨块都以弹性销固定在相应的拨叉轴上。三/四挡拨叉 2 的上端有拨块。

拨叉 2 和拨块 3、4、14 的顶部有凹槽。变速器处于空挡时，各凹槽在横向平面内对齐。叉形拨杆 13 下端的球头伸入这些凹槽中。选挡时可使变速杆绕其中部球形支点横向摆动，则其下端推动叉形拨杆 13 绕换挡轴 11 的轴线转动，从而使叉形拨杆下端球头对准与所选挡位相应的拨块凹槽，然后使变速杆纵向摆动，带动拨叉轴及拨叉向前或向后移动，即可实现挂挡。

【课堂互动】

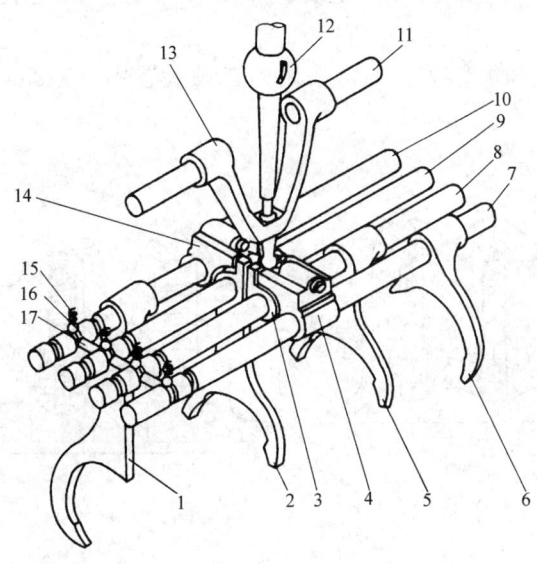

图 3-14　CA1091 型汽车六挡变速器操纵机构示意图

1—五/六挡拨叉　2—三/四挡拨叉　3—二挡拨块　4—倒挡拨块　5—二挡拨叉　6—倒挡拨叉
7—倒挡拨叉轴　8—二挡拨叉轴　9—三/四挡拨叉轴　10—五/六挡拨叉轴　11—换挡轴
12—变速杆　13—叉形拨杆　14—五/六挡拨块　15—自锁弹簧　16—自锁钢球　17—互锁销

2）远距离操纵式。平头汽车或发动机前置、前轮驱动及发动机后置、后轮驱动的汽车，由于其变速器距离变速杆较远，通常在变速杆与拨叉之间增加若干传动杆件，形成远距离操纵机构，图 3-15 为桑塔纳 2000 五挡变速器的操

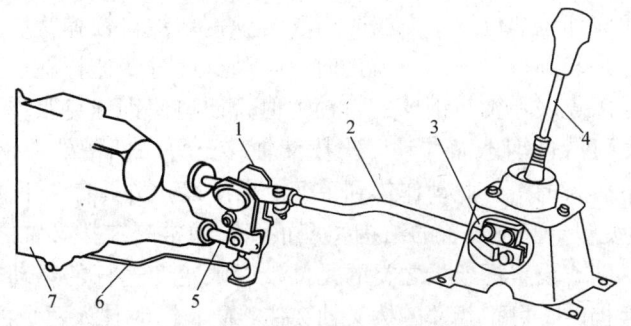

图 3-15　桑塔纳 2000 五挡变速器操纵机构示意图

1—换挡杆接合器　2—外换挡杆　3—倒挡保险挡块　4—变速杆
5—内换挡杆　6—支承杆　7—变速器

【课堂互动】纵机构示意图。它主要由支承杆、换挡杆接合器、外换挡杆、倒挡保险挡块、变速杆等组成。支承杆确定了换挡杆接合器底部的位置,换挡杆接合器起杠杆作用,使内换挡杆挂挡时移动距离变小。在变速杆支承中装有上、下半球和半轴瓦以及橡皮导套等零件,起到防松、防振作用。变速杆手柄通过变速杆、换挡杆接合器与变速器内换挡机构连接,从而实现换挡操纵。

(2)锁止装置　锁止装置主要包括自锁(定位)装置、互锁装置和倒挡锁。

1)自锁(定位)装置。通常采用的自锁装置由自锁钢球 1 和自锁弹簧 2 组成,如图 3-16 所示。

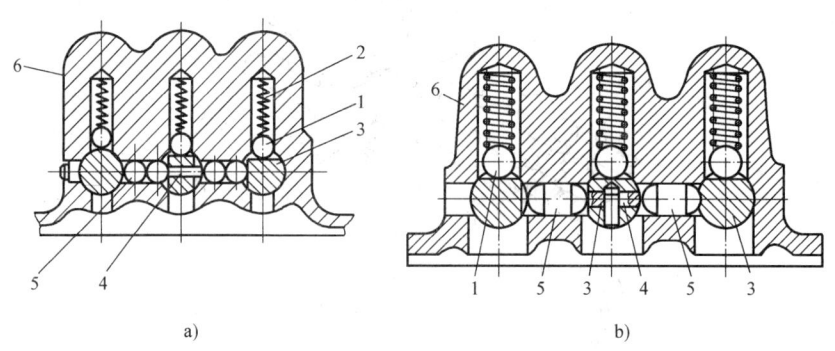

图 3-16　变速器的自锁装置
a)带自锁钢球的自锁装置　b)带自锁销的自锁装置
1—自锁钢球　2—自锁弹簧　3—拨叉轴
4—自锁顶销　5—自锁钢球(或自锁销)　6—变速器盖

这类自锁装置中,在变速器盖前端凸起部分中钻有三个深孔,其位置在三根拨叉轴 3 的正上方。每根拨叉轴对着钢球 1 的一面有三个凹槽,槽的深度小于钢球半径,中间的凹槽定空挡位置,中间凹槽至两边凹槽的距离正好等于滑动齿轮(或接合套)由空挡移至相应挡并保持全齿长啮合时的距离,所以两边凹槽就是两相应挡位的位置。空挡时由于自锁钢球被自锁弹簧压入拨叉轴的相应凹槽内,于是起到自锁作用。换挡时,驾驶员通过变速杆施加于拨叉轴上的轴向力大到足以克服弹簧与钢球的自锁力时,便迫使钢球克服弹簧的压力而升起,拨叉轴便可滑过钢球而移动。当拨叉轴移至另一凹槽处与钢球相对正时,钢球又被压下落入槽中,此动作传到手柄上,使驾驶员具有"手感"。

2)互锁装置。互锁装置的结构类型很多,通常是在拨叉轴之间加球、销、滑块之类的元件或设置框架板之类的元件,以限定变速杆的运动轨迹。当某一拨叉轴移动换挡时,可把相邻的拨叉轴锁住,防止同时挂入两个挡。

图 3-17 所示为锁球(销)式互锁装置。在变速器盖上三根拨叉轴所处的同一平面内,沿轴的径向钻出与拨叉轴孔相通的横向孔道。在每两根拨叉轴之间的孔道中各装有两个互锁钢球 4 或 6(见图 3-17a)或一个互锁顶销 5(见图 3-17b)。每根拨叉轴正对钢球(或互锁顶销)的侧面上都制有一个凹槽,中间拨

叉轴的两侧都有一个凹槽，各凹槽的深度都相等。任一拨叉轴处于空挡位置时，其侧面凹槽正好对准互锁钢球（或互锁顶销）。两个钢球直径之和（或一个互锁顶销的长度）正好等于相邻两拨叉轴圆柱表面之间的距离加上一个凹槽的深度。中间拨叉轴上两个侧面凹槽之间有孔相通，孔中有一根可以在其中滑动的顶销5，顶销的长度等于拨叉轴的直径减去一个凹槽的深度。

【课堂互动】

以锁球式为例说明其互锁原理如下：当变速器处于空挡位置时，所有拨叉轴的侧面凹槽同钢球、顶销都在一条直线上。当移动中间拨叉轴2时（见图3-17a），轴2两侧的钢球从其侧面凹槽中被挤出，而两侧面外钢球4和6则分别嵌入拨叉轴1和3的侧面凹槽中，因而将轴1和3刚性地锁止在空挡位置上。如欲移动拨叉轴3，则必须先将拨叉轴2退回至空挡位置。这样，在拨动拨叉轴3时，钢球4便从轴3的凹槽中被挤出，同时通过顶销5推动另两个钢球6向图中上方移动，从而使拨叉轴1和2均被锁止在空挡位置上（见图3-17b）。同理，如要移动拨叉轴1，则必须使另两根轴均在空挡位置（见图3-17c）。

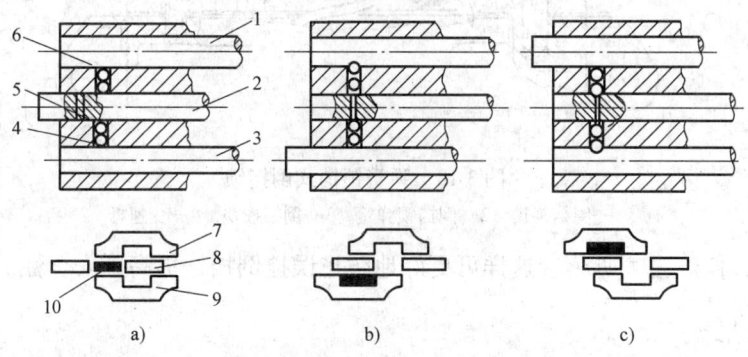

图3-17 锁球式互锁装置工作示意图
1、2、3—拨叉轴 4、6—互锁钢球 5—互锁顶销
7、8、9—拨叉（拨块） 10—变速杆下端球头

上述锁球（销）式互锁装置结构简单，工作可靠，被广泛应用在各种变速器中。

3）倒挡锁。由于有倒挡锁的作用，驾驶员挂入倒挡时必须施加比挂前进挡更大的力或进行与挂前进挡不同的操作，从而起到防止误挂倒挡的作用。

图3-18所示东风EQ1090型汽车变速器的倒挡锁为常见的弹簧锁销式倒挡锁。它由倒挡拨块3中的锁销1和弹簧2组成。锁销1杆身外套弹簧2穿过拨块3相应的孔，在其端部拧有螺母用以压缩弹簧2并调整锁销的长度，使大头球形端面与拨块的侧面齐平。当驾驶员要挂倒挡（或一挡）时，必须用较大的力向一侧摆动变速杆4，使其下端克服弹簧的张力将锁销推入孔中，才能进行挂挡。

1. 六速变速器有多少个前进挡位？
2. 什么是自锁？什么是互锁？

另外，现代汽车大都有倒挡指示灯（驾驶室里）和倒挡喇叭，其电开关装在变速器盖上倒挡拨叉轴相对处，只要挂入倒挡，其拨叉轴便把开关打开，接

【课堂互动】

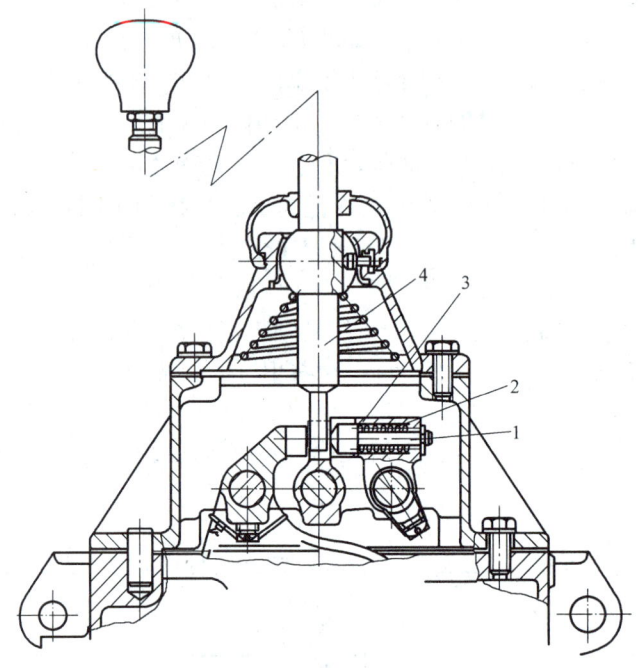

图 3-18 弹簧锁销式倒挡锁
1—倒挡锁销 2—倒挡锁弹簧 3—倒挡拨块 4—变速杆

通电路,使灯亮喇叭鸣。这样可更好地防止误挂倒挡,提高了安全性。

【技能训练】

1. 变速器操纵机构的拆卸

操纵机构如图 3-19 所示,其拆卸步骤如下:

1)将变速杆置于空挡位置,拆下变速器盖总成。

2)拆下变速杆防转销,取出锥形弹簧,将顶盖总成解体。

3)将上盖夹在台虎钳上,拆除变速叉和导块上的钢丝锁线,拧下变速叉止动螺栓。

4)依次从后向前冲出一、倒挡,二、三挡及四、五挡叉轴,取下变速叉及导块。当快要取出叉轴时,注意防止自锁弹簧和自锁钢球弹出。

2. 变速器的解体

变速器壳体和第一轴零件如图 3-20 所示。

1)先拆下操纵机构。

2)从变速器第一轴轴承盖上拆下分离轴承及座;拆下驻车制动鼓上的紧固螺栓,拆下驻车制动鼓。

3)拆下变速器第二轴后轴承盖。

4)从变速器前端拆下第一轴轴承盖的螺栓和钢丝锁线,取下轴承盖。

5)用铜棒轻轻敲击第一轴,用拉拔器将第一轴连同轴承一起从前端取出,

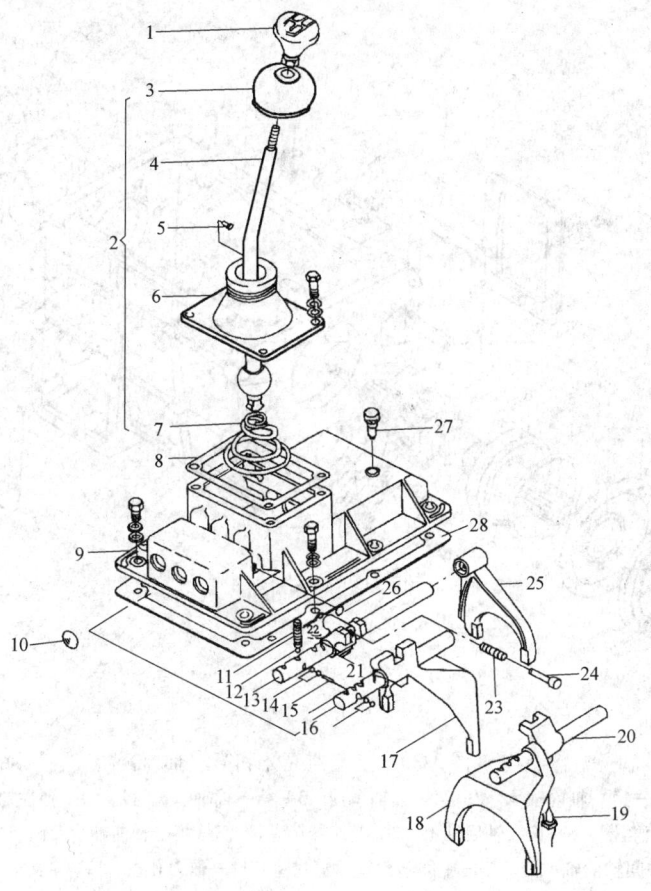

图 3-19 变速器操纵机构

1—操纵手柄 2—顶盖总成 3—防尘套 4—操纵杆 5—操纵杆限位销
6—顶盖带衬套总成 7—弹簧 8、28—衬垫 9—上盖 10、26—塞片
11—变速叉轴锁止弹簧 12—自锁钢球 13—倒挡变速叉轴 14—联锁钢球
15—联锁圆柱销 16—二、三挡变速叉轴 17—二、三挡变速叉 18—四、五挡变速叉
19—变速叉止动螺栓 20—四、五挡变速叉轴 21——、倒挡导块 22—挡圈
23—安全止柱弹簧 24—安全止柱 25——、倒挡变速叉 27—通气塞

再从第一轴中取出第二轴前轴承,变速器第二轴零件如图 3-21 所示。

6)用手托起第二轴前端上下晃动,并用铜棒左右敲击第二轴的后端,可将第二轴向后推出;再用拉器从第二轴上取下后轴承,然后,第二轴可从变速器壳体内部取出。

7)从第二轴上取下四、五挡同步器总成,拆下四、五挡固定齿座锁环,取下止推环,则第二轴上二、三挡同步器总成和它前面的零件可依次从轴上取下。从第二轴后端取下一挡、倒挡齿轮,将止推环锁销压住,转动止推环并将其取下。退出止推环时,应注意防止止推环锁销被弹簧弹出。

8)从壳体上拆掉中间轴承前后轴承盖,撬开后轴承锁片,旋下圆螺母,拆下倒挡检查孔盖,取下倒挡齿轮轴锁片,利用倒挡轴后端的螺纹孔,用专用工具将轴拔出,并从倒挡检查孔取出倒挡齿轮、轴承及隔套。用铜棒顶在中间

【课堂互动】

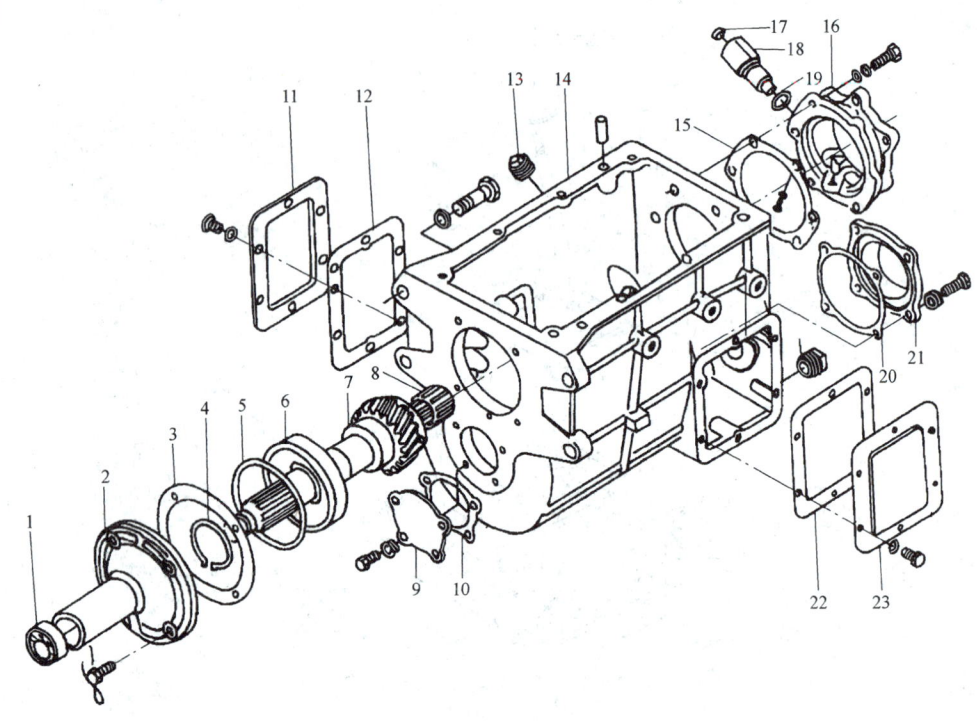

图 3-20 变速器壳体和第一轴

1—第一轴前轴承 2—第一轴轴承盖 3—第一轴轴承盖衬垫 4—弹性挡圈
5—钢丝挡圈 6—第一轴后轴承 7—变速器第一轴 8—第二轴前轴承及倒挡齿轮轴承
9—中间轴前轴承盖 10—中间轴前轴承盖衬垫 11—取力孔盖 12—取力孔盖衬垫
13—方头锥形螺塞 14—变速器外壳 15—第二轴后轴承盖衬垫 16—第二轴后轴承盖
17—里程表从动齿轮油封 18—里程表软轴接头 19—软轴接头 O 形橡胶密封圈
20—中间轴后轴承盖衬垫 21—中间轴后轴承盖 22—倒挡检查孔盖衬垫 23—倒挡检查孔盖

轴前端，敲击铜棒，于是中间轴总成带后轴承可以从壳体向后脱出。用拉器从轴上拉下后轴承，这样中间轴总成可以从壳体内取出。再用铜棒在壳体内顶住中间轴前轴承外圈，敲击铜棒，取出中间轴前轴承。变速器中间轴和倒挡轴零件如图 3-22 所示。

9）从中间轴上取下弹性挡圈，用压力机将常啮合齿轮压出，再取下弹性挡圈，用压力机将四挡、三挡、二挡齿轮及隔套依次压出。

【习题 3.4】

1. 判断题

（1）为了防止自动挂挡和自动脱挡，在变速器上设有互锁装置。（ ）

（2）变速器上的倒挡锁主要是用来防止驾驶员挂入倒挡。（ ）

2. 简答题

（1）自锁装置的作用是什么？

（2）变速器跳挡的定义是什么？

（3）变速器的换挡机构的定位锁止装置有哪些？

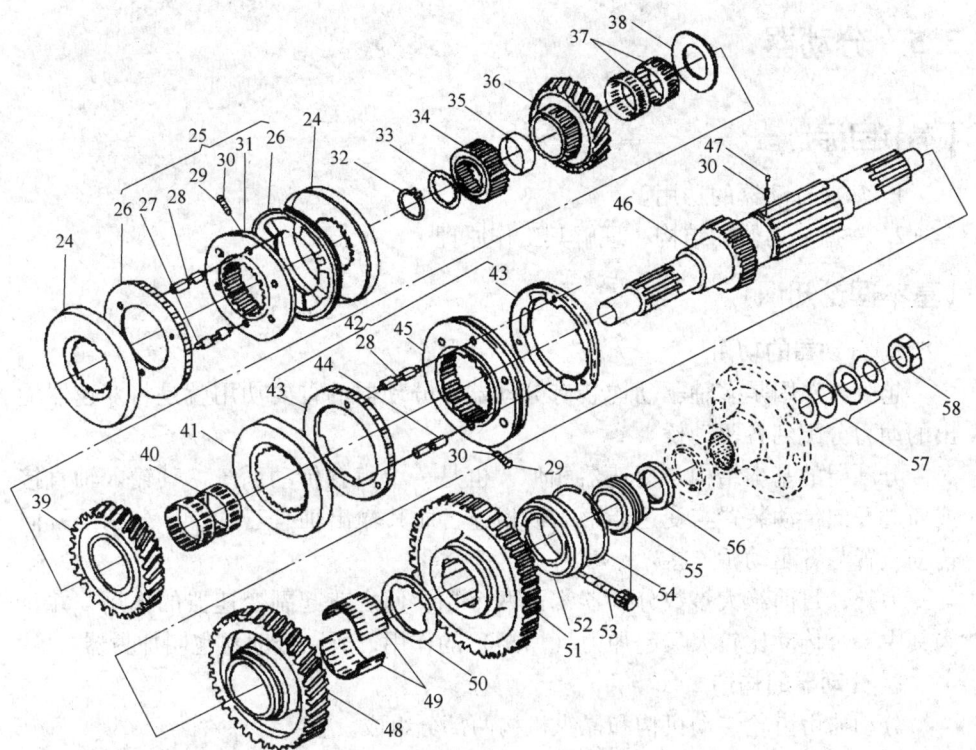

图 3-21 变速器第二轴（序号接图 3-20）

24—四、五挡同步器锥盘　25—四、五挡同步器锥环总成　26、43—锥环　27、44—锁销
28—同步器定位销　29—定位钢球　30—锁销定位弹簧　31—四、五挡滑动齿套
32—固定齿座锁环　33—固定齿座止推环　34—四、五挡固定齿座　35—四挡齿轮滚针轴承挡圈
36—四挡齿轮　37—四挡齿轮滚针轴承　38—四挡齿轮止推环　39—三挡齿轮
40—三挡齿轮滚针轴承　41—三挡同步器锥盘　42—二、三挡同步器锥环总成　45—二、三挡滑动齿套
46—第二轴　47—二挡齿轮止推环锁销　48—二挡齿轮　49—二挡齿轮滚针轴承
50—二挡齿轮止推环　51—一挡及倒挡齿轮　52—第二轴后轴承　53—里程表从动齿轮
54—第二轴后轴承外缘挡圈　55—里程表主动齿轮　56—隔套　57—碟形弹簧　58—凸缘锁紧螺母

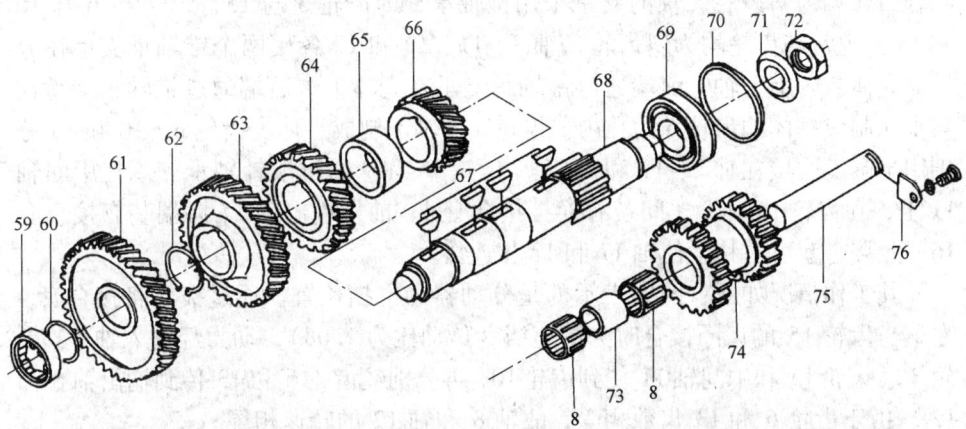

图 3-22 变速器中间轴和倒挡轴（序号接图 3-21）

59—中间轴前轴承　60—齿轮挡圈　61—中间轴常啮合齿轮　62—挡圈　63—四挡齿轮
64—三挡齿轮　65—隔套　66—二挡齿轮　67—半圆键　68—中间轴
69—中间轴后轴承　70—中间轴后轴承外缘挡圈　71—锁片　72—锁紧螺母
73—轴承隔套　74—倒挡齿轮　75—倒挡齿轮轴　76—倒挡齿轮轴锁片

【课堂互动】

3.5 分动器

【本节目标】

1. 掌握分动器的功用。
2. 掌握分动器的结构,理解其工作原理。

【基本理论知识】

1. 分动器的功用

越野汽车因是多轴驱动均装有分动器。分动器的首要功用就是将变速器输出的动力分配到各驱动桥。

分动器的基本结构与变速器相似,也是一个齿轮传动系统,其输入轴直接或通过万向传动装置与变速器第二轴相连,而其输出轴有若干个,分别经万向传动装置与各驱动桥连接。

另外,目前绝大多数分动器都是两个挡,使之兼起副变速器的作用,并且因其中一个传动比较大又起加力(增矩)的作用,所以分动器也叫加力器。

2. 分动器的构造

分动器由齿轮传动机构和操纵机构两部分组成。

(1)齿轮传动机构 分动器的齿轮传动机构与变速器相似,也是由一系列齿轮、轴和壳体等零部件所组成,有的也有同步器。

1)三轴越野汽车分动器。图3-23为东风EQ240型三轴越野汽车的两挡分动器。分动器单独安装在车架上,其输入轴1用凸缘通过万向传动装置与变速器第二轴连接。输出轴8、12和17分别经万向传动装置通往后、中、前驱动桥。

同大多数分动器一样,由于其降速增矩作用,比变速器的负荷大,它的常啮合齿轮均为斜齿轮,轴的支承采用锥轴承,即齿轮3与15,5与9,6与10和13三组常啮齿轮均为斜齿轮,轴8、11、12和17各用两个锥轴承支承在分动器壳体或盖上,轴1前端通过锥轴承支承在壳体上,后端通过锥轴承支承在与轴8制成一体的齿轮6的孔内。齿轮5与轴1制成一体。齿轮3、10和13分别用半圆键联接在轴1、11和12上。齿轮15和9通过滚针轴承支承在中间轴11上,在齿轮15和9之间装有换挡接合套4。前桥输出轴17后端装有接合套16,此接合套可右移,使轴17和12相连接。

其工作情况如下:图中表示的是分动器的空挡位置。通过拨叉将接合套4左移与齿轮15的齿圈接合时为高速挡(传动比为1.08),动力经输入轴1、齿轮3、齿轮15和中间轴11传到齿轮10,再分别经齿轮6和13传到输出轴8和12。由于齿轮6和13齿数相等,故轴8和轴12的转速相等。

通过拨叉先将前桥接合套16右移,使轴17与12相连接,便挂上了前驱动桥,再使换挡接合套4右移与齿轮9的齿圈接合时为低速挡(传动比为2.05),动力从输入轴1经齿轮5和9传到中间轴11和齿轮10,然后再分别传到输出轴8、12和17。

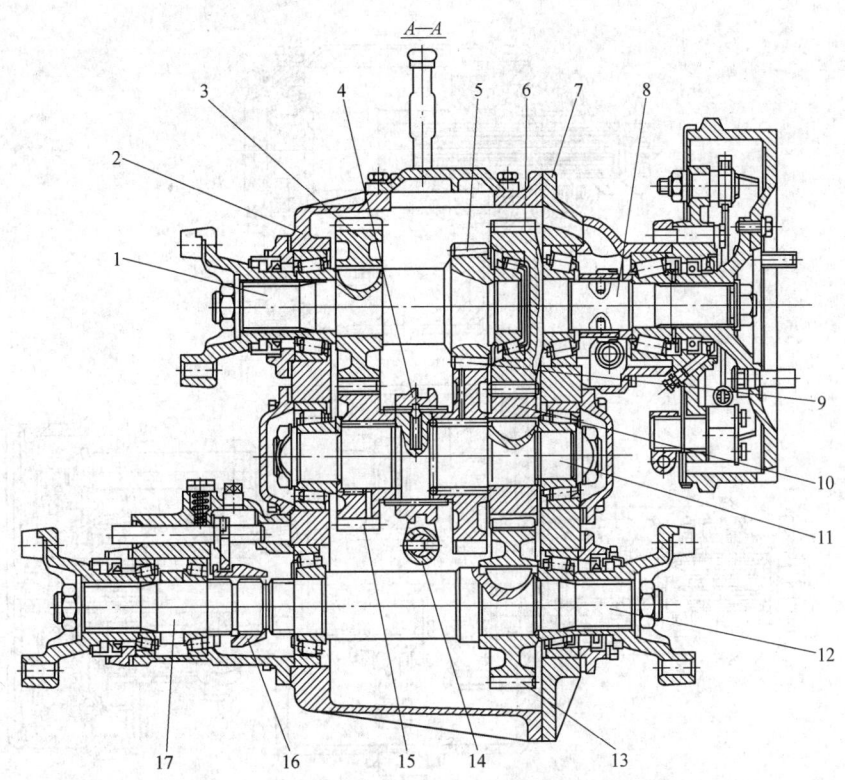

图 3-23 东风 EQ240 型三轴越野汽车的两挡分动器

1—输入轴 2—分动器壳 3、5、6、9、10、13、15—齿轮 4—换挡接合套 7—分动器盖 8—后桥输出轴 11—中间轴 12—中桥输出轴 14—换挡拨叉轴 16—前桥接合套 17—前桥输出轴

2）两轴越野汽车分动器。图 3-24 为两轴越野汽车分动器。它与前例的主要不同点是分动器后端只有一个后桥输出轴 5。其变速是通过拨动装在后桥输出轴 5 上的变速滑动齿轮 10 来实现的：当齿轮 10 向左（前）移动与常啮高速挡齿轮 9 上的齿圈接合时为高速挡（传动比为 1.20），动力经主动齿轮 2、中间轴大齿轮 11、常啮高速挡齿轮 9、变速滑动齿轮 10 传给后桥输出轴 5 向后桥输出；若先将前桥接合套 6 左移使前桥输出轴 8 与后桥输出轴 5 相连，再将变速滑动齿轮 10 右移与中间轴小齿轮 4 啮合，此时即为低速挡（传动比为 2.648），动力经主动齿轮 2、中间轴大齿轮 11 和小齿轮 4、变速滑动齿轮 10 传给后桥输出轴 5，向后桥输出。与此同时，后桥输出轴 5 经前桥接合套 6、前桥输出轴 8，将动力也传给前驱动桥。

（2）操纵机构

1）对操纵机构的要求：

① 由于分动器挂入低速挡工作时，其输出转矩较大，为避免中、后桥超载，此时前桥必须先参加驱动，分担一部分载荷。因此要求分动器的操纵机构必须保证：先挂上前桥，才能挂入低挡；先退出低挡，才能摘下前桥。因此要有互锁装置。

② 出于与变速器操纵机构类似的要求，也要有自锁装置。

2）操纵机构的构造。操纵机构也是由操纵杆、杠杆机构、拉杆、拨叉轴、

【课堂互动】

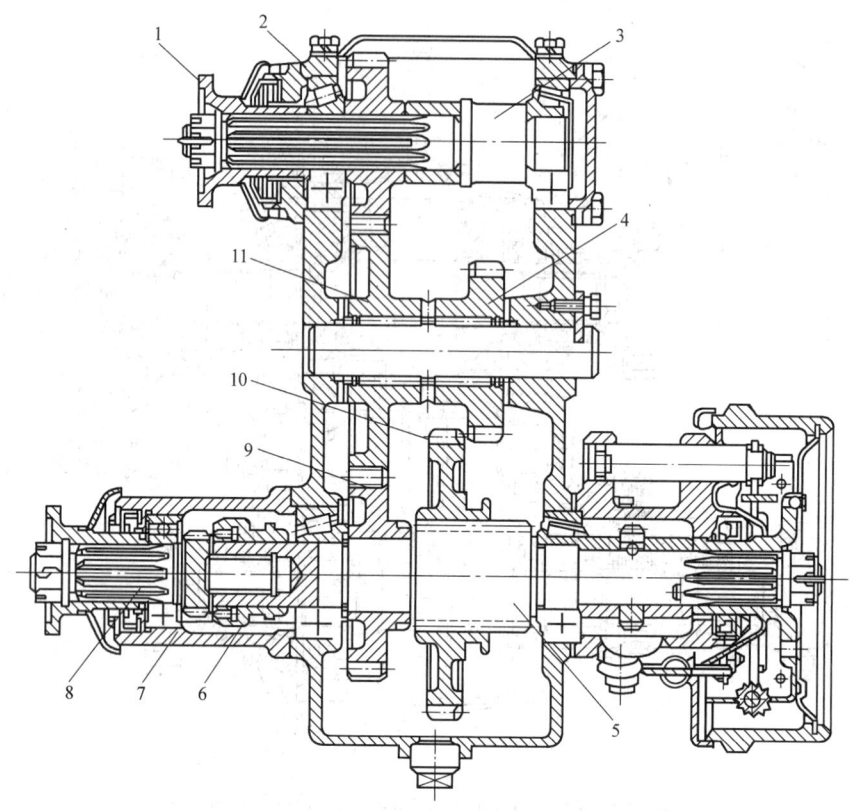

图 3-24 两轴越野汽车分动器

1—凸缘盘 2—主动齿轮 3—输入轴 4—中间轴小齿轮 5—后桥输出轴 6—前桥接合套
7—花键齿轮 8—前桥输出轴 9—常啮高速挡齿轮 10—变速滑动齿轮 11—中间轴大齿轮

拨叉、自锁及互锁装置等组成（见图3-25）。

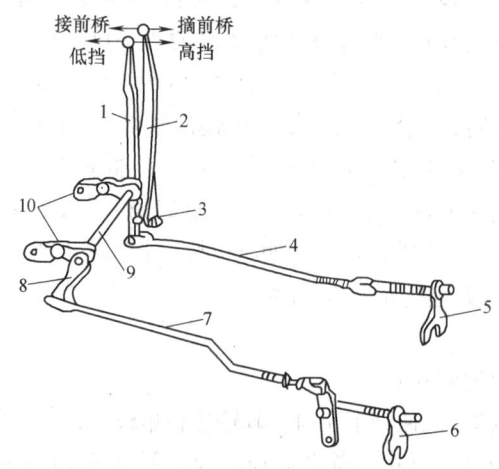

图 3-25 分动器操纵机构（螺钉式互锁装置）

1—换挡操纵杆 2—前桥操纵杆 3—螺钉 4、7—传动杆
5—换挡拨叉 6—前桥接合套拨叉 8—摇臂 9—轴 10—支承臂

【技能训练】

1. 三轴式变速器的装配

变速器在装配前应清洗变速器壳体以清除盖内的铁屑、油污及脏物等，并将变速器各轴、齿轮、轴承清洗干净，疏通齿轮上的油孔。装配时，宜使用压力机压入轴承及齿轮等，无压力机时，最好使用铜棒轻敲击轴承或齿轮。其装配顺序一般为：先装中间轴、倒挡轴，再装二轴、一轴，最后装上变速器盖总成。各密封垫处应涂上专用密封胶，防止漏油。

【课堂互动】
说说分动器的基本结构。

1）将变速器壳体固定在工作台上，将分装好的中间轴总成放入壳体内中间轴孔中，两端分别套上轴承。从倒挡齿轮窗口放入倒挡齿轮，将新轴承和隔套放入齿轮内孔中，从变速器后端装入倒挡齿轮轴。

2）用铜棒将中间轴前后轴承敲入轴承座孔，把倒挡轴敲到安装位置。中间轴后端轴承贴紧轴颈台阶后，套上锁片，并把螺母以147N·m力矩拧紧，然后用锁片把螺母锁止。在中间轴后轴承外圈外缘上套上挡圈，在中间轴前后端的变速器壳体上分别装上中间轴前后轴承盖及垫片，在变速器壳体左侧装上倒挡窗口盖板，并用涂胶的螺栓对称紧固。

3）装中间轴总成时，齿轮应依次压入，注意齿轮的键槽必须对准轴上的半圆键，以免零件压坏。

4）中间轴、倒挡轴装后的检查：检查中间轴上齿轮与倒挡轴上的齿轮接触是否灵活。

5）将装好的第二轴总成放入壳体内，将四、五挡同步器总成套在第二轴上。装二、三挡同步器时，要将滑动齿套凸出的一面朝向前端（第一轴的方向）。

6）从第二轴后端套上后轴承，并用铜棒轻轻敲击，使轴承靠到第二轴花键部分的台上，套入里程表主动齿轮和隔套，然后在轴承外圈上装上挡圈。

7）在变速器第一轴上压入轴承，装上挡圈。在内孔中装上轴承，然后把第一轴装到壳体前端轴承孔中，使第二轴前端轴颈对准第一轴轴承孔。用铜棒一边轻轻敲击，一边用手转动第一轴，使轴承平顺装入壳体座孔中。

8）在第一轴前端先将密封纸垫放在轴承盖贴合处，套上轴承盖，用螺栓对称紧固，并用钢丝线以"8"字形穿入螺栓头部的孔中拧紧（轴承盖左上方的螺栓上还应装有离合器分离轴承的回位弹簧钩环）。

9）在壳体上装上第二轴后轴承盖，并加上新纸垫，用螺栓对称紧固。装上甩油环，把已装好的驻车制动器总成固定在轴承盖上。把驻车制动器凸缘套在第二轴上，装上碟形垫圈，用锁紧螺母紧固（拧紧力矩为196～245 N·m）。

10）二轴及一轴装配后的检查：一轴装配后应转动灵活，其齿轮与中间轴常啮合齿轮啮合后转动正常，无发卡或单边现象。拨动同步器，进行挂挡试验，齿轮传动应正常。检查齿轮箱内有无异物掉入。

11）装复变速器盖。将变速叉轴装在变速器盖上相应的孔中。安装变速叉轴时，先将自锁弹簧、自锁钢球、互锁销及互锁钢球放入定位槽中，再将一导向轴的斜面插入，使钢球不被弹出。然后敲击叉轴，使叉轴抵住导向轴，快速通过后，取出导

【课堂互动】向轴（见图3-26），再装上二、三挡，四、五挡，一、倒挡变速叉及导块等。

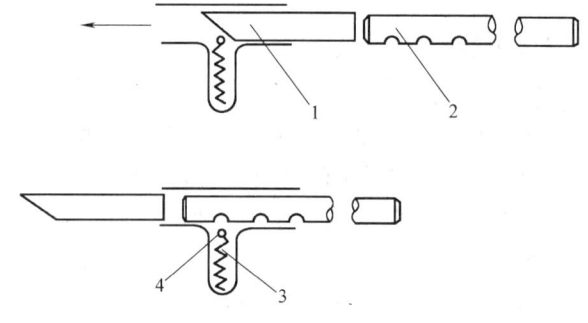

图 3-26 导向轴的使用
1—导向轴 2—叉轴 3—自锁弹簧 4—自锁钢球

拧入变速叉止动螺钉，拧紧后用钢丝锁线分别将螺钉锁紧在叉轴上。

在变速器盖前端轴孔上打入边缘上涂有密封胶的塞片。

2. 两轴式变速器总成的解体（主要是输入轴、输出轴解体）

1）拆卸整套齿轮：

① 把变速器壳体固定在修理架上。

② 放出变速器内变速器油。

③ 拆下变速器后盖。

④ 拆下整套齿轮。

2）拆卸输入轴：

① 如图3-27所示，拆下四挡齿轮的有齿锁环。取下四挡齿轮、同步环和滚针轴承。

② 拆下同步器锁环。

③ 取下三/四挡同步器、三挡同步环和齿轮，取下三挡齿轮滚针轴承。

④ 取下输入轴的中间轴承内圈。

3）拆卸输出轴：

① 如图3-28所示，拆下输出轴内后轴承和一挡齿轮，取下一挡齿轮滚针轴承和一挡同步环。

② 取下一挡齿轮滚针轴承内圈、一/二挡同步器、二挡齿轮和二挡齿轮滚针轴承。

③ 拆下三挡齿轮的锁环、三挡齿轮。

④ 拆下四挡齿轮的锁环、四挡齿轮。

⑤ 拆下输出轴的前轴承。

3. 两轴式变速器的装配与调整

变速器的装配应按解体的相反顺序进行。

（1）输入轴的装配

① 装上中间轴承内圈，将预先润滑过的三挡齿轮滚针轴承装上，把油槽转向二挡齿轮。

【课堂互动】

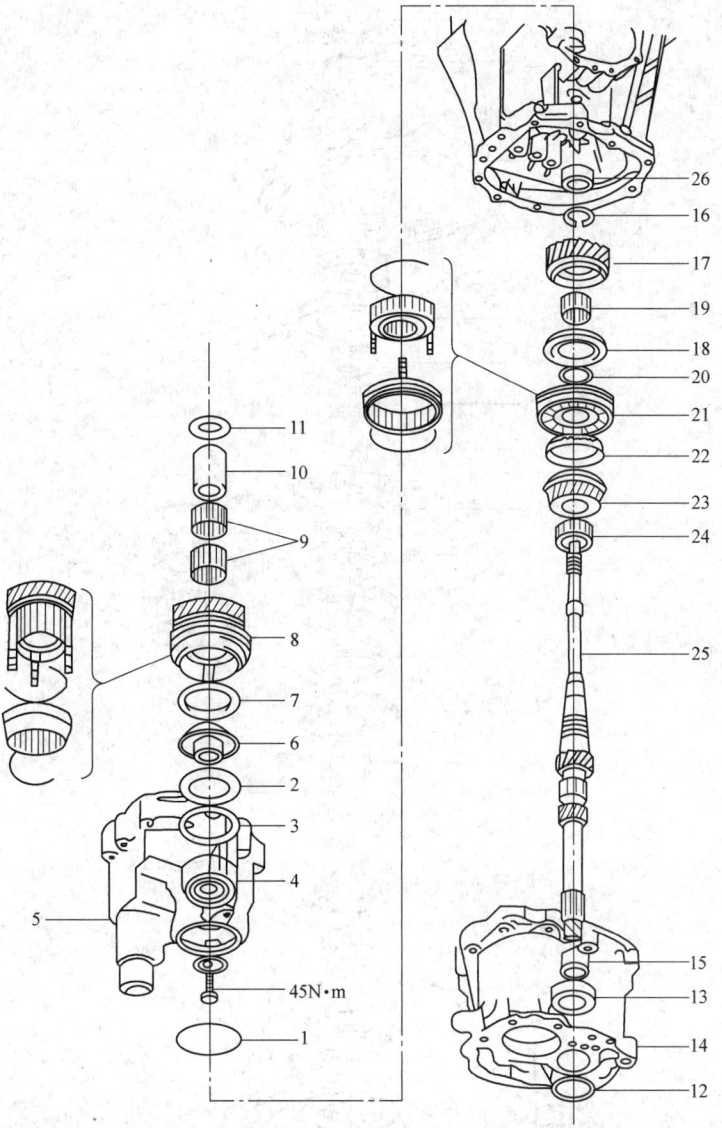

图 3-27 输入轴分解图

1—后轴承的罩盖 2—挡油圈 3—锁环 4—输入轴后轴承
5—变速器后盖 6—五挡同步器套管 7—五挡同步环
8—五挡同步器和齿轮 9—五挡齿轮滚针轴承
10—五挡齿轮滚针轴承内圈 11—固定垫圈 12—锁环
13—中间轴承 14—轴承支座 15—中间轴承内圈
16—有齿锁环 17—四挡齿轮 18—四挡同步环
19—四挡齿轮滚针轴承 20—锁环 21—三、四挡同步器
22—三挡同步环 23—三挡齿轮 24—三挡齿轮滚针轴承
25—输入轴 26—输入轴滚针轴承

【课堂互动】

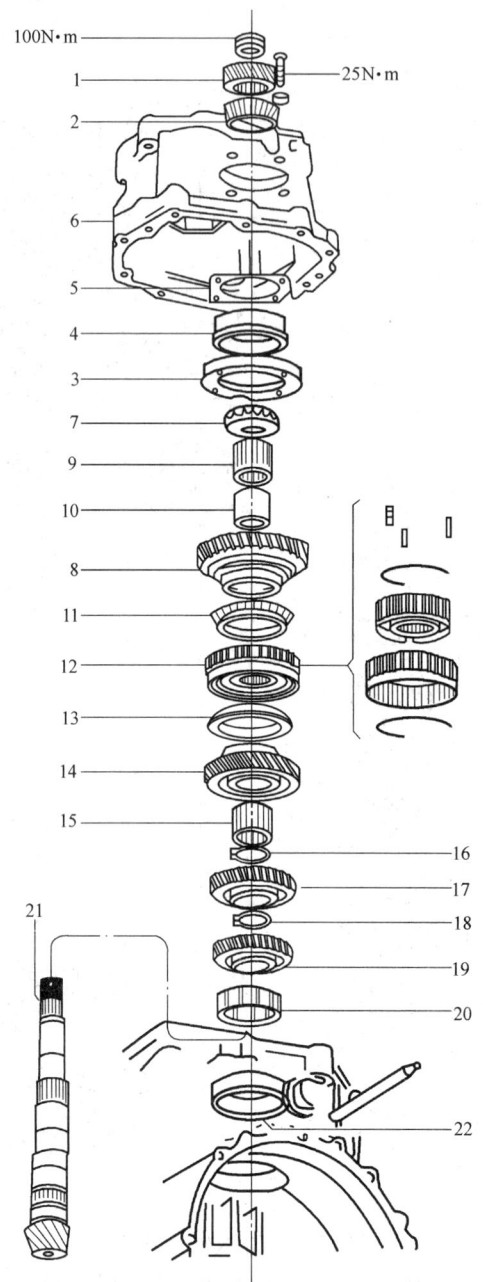

图3-28 输出轴分解图

1—五挡齿轮 2—输出轴外后轴承 3—轴承保持架 4—后轴承外圈
5—调整垫片 6—轴承支座 7—输出轴内后轴承 8—一挡齿轮
9—一挡齿轮滚针轴承 10—一挡齿轮滚针轴承内圈 11—一挡同步环
12—一/二挡同步器 13—二挡同步环 14—二挡齿轮 15—二挡齿轮滚针轴承
16—挡环（厚度应用测量薄板用的样板测定，可使用的厚度为1~6mm）
17—三挡齿轮（凸缘应转向四挡齿轮） 18—挡环 19—四挡齿轮（凸缘应转向主动锥齿轮）
20—输出轴前轴承 21—输出轴 22—输出轴前轴承外圈

② 组装三/四挡同步器，如图3-29所示。

③ 装上三挡齿轮及三/四挡同步器，装上锁环。

④ 装上同步环、滚针轴承和四挡齿轮，再装上有齿锁环。

⑤ 将三挡齿轮、同步器和四挡齿轮紧紧压在有齿锁环上，把总成固定好。

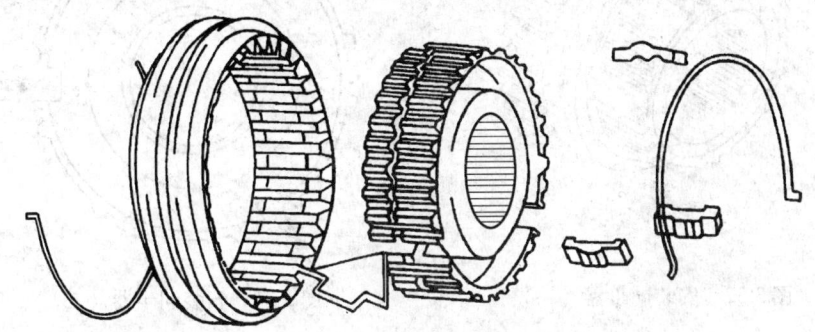

图3-29　组装三/四挡同步器

（2）输出轴的装配

① 将前轴承装在输出轴上。

② 装上四挡齿轮，齿轮有凸缘的一边应朝向轴承。

③ 利用可供使用锁环中的一个将四挡齿轮固定好。先从较厚的锁环开始，锁环厚度有：2.35mm、2.38mm、2.41mm、2.44mm、2.47mm 几种。

④ 安装三挡齿轮，凸缘应朝向四挡齿轮。

⑤ 利用塞尺测量将要装用锁环的厚度，如图3-30所示。根据测得的尺寸，选择适当的锁环装上，锁环厚度的选择见表3-3。

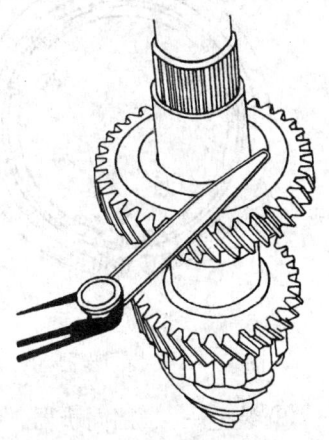

图3-30　测量锁环的厚度

表3-3　锁环厚度的选择　　　　　　　　　（单位：mm）

测得尺寸	锁环厚度
<1.6	1.5
1.6或>1.6	1.6

⑥ 安装滚针轴承、齿轮、二挡同步环。

⑦ 装配一/二挡同步器，如图3-31所示。

同步器凹槽中的细槽应转向装拨叉槽的对面一边，如图3-32所示。同步器壳体有三个凹口，凹口上有三个凹陷的内齿。在安装中，三个凹口和槽应吻合，这样可以安装锁环，然后装止动弹簧，相互间隔120°，弯的一

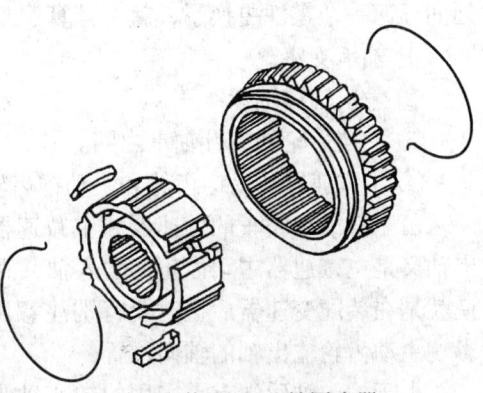

图3-31　装配一/二挡同步器

【课堂互动】 段锲入锁环中,如图 3-33、图 3-34、图3-35中箭头所示。

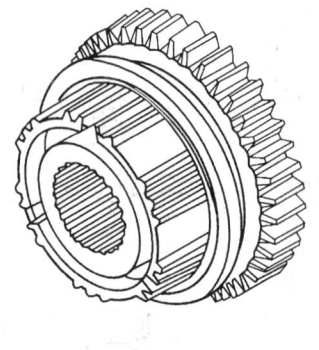

图 3-32 安装同步器(一)

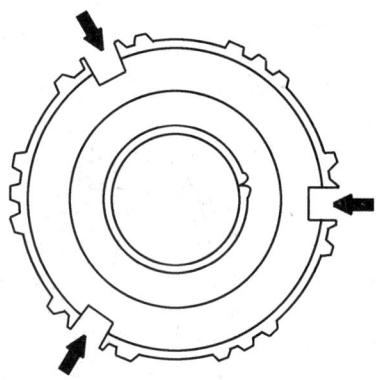

图 3-33 安装同步器(二)

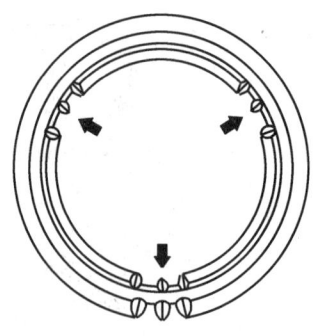

图 3-34 安装同步器(三)

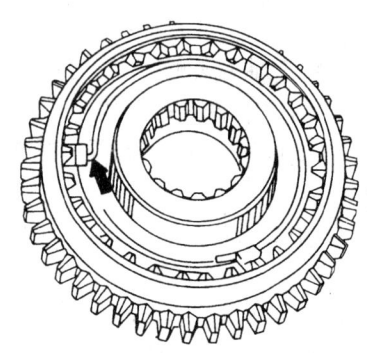

图 3-35 安装同步器(四)

⑧ 装上一/二挡同步器,同步器壳体的槽应朝一挡齿轮。

⑨ 装上一挡齿轮滚针轴承的内圈,再装上一挡同步环、一挡齿轮、一挡齿轮滚针轴承。

⑩ 装上后轴承。将输入轴和输出轴装在轴承支座上,再将轴承支座装在变速器壳体上,最后将变速器后盖装在变速器轴承支座上。

(3)轴承支座和变速器后盖之间的调整垫片和密封圈厚度的确定 只要下列的任何一个零件更换了,就要计算调整垫片。

① 轴承支座。

② 输出轴后轴承。

③ 一挡齿轮的滚针轴承内圈。

④ 主减速器从动锥齿轮和主动锥齿轮总成。

由于桑塔纳轿车的变速器和主减速器是合为一体的整体结构,其变速器输出轴又是主减速器主动齿轮的输入轴,因此轴的定位和预紧十分重要,具体来说就是在装配变速器后盖时要特别注意调整垫片和密封圈的厚度,因为它直接影响主动齿轮输出轴的轴向位置。

由于输入轴后端支承采用的向心轴承和组合轴承是两种型号,因而后盖的

尺寸不一样,调整垫片的厚度也不一样。下面分别介绍两种调整垫片的调整方 【课堂互动】
法和步骤。

1) 输入轴用向心滚动轴承时,调整垫片及密封圈厚度的确定。

① 用游标卡尺分别测量出图 3-36 中 a、b、c 的尺寸。

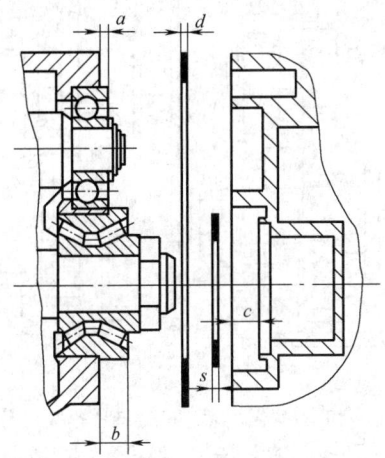

图 3-36 测量轴承支座和变速器后盖间的垫片厚度(向心滚动轴承结构)
a—输入轴轴承外座圈端面高度 b—输出轴轴承(双列圆锥滚子轴承)外座圈端面高度
c—变速器后盖的深度 d—密封圈厚度 s—调整垫片厚度

② 按 a 的大小查表 3-4 可确定密封圈厚度。

表 3-4　确定密封圈的厚度　　　　　　　　　　　(单位:mm)

轴承表面高度 a	密封圈的厚度 d
0.20 ~ 0.26	0.30
0.27 ~ 0.32	0.40

③ 按 $a + c - b$ 查表 3-5 可确定调整垫片厚度。

表 3-5　确定调整垫片厚度　　　　　　　　　　　(单位:mm)

$a + c - b$	调整垫片的厚度 s	$a + c - b$	调整垫片的厚度 s
0.10 ~ 0.13	0.15	0.74 ~ 0.78	0.80
0.14 ~ 0.18	0.20	0.79 ~ 0.83	0.85
0.19 ~ 0.23	0.25	0.84 ~ 0.88	0.90
0.24 ~ 0.28	0.30	0.89 ~ 0.93	0.95
0.29 ~ 0.33	0.35	0.94 ~ 0.98	1.00
0.34 ~ 0.38	0.40	0.99 ~ 1.03	1.05
0.39 ~ 0.43	0.45	1.04 ~ 1.08	1.10
0.44 ~ 0.48	0.50	1.09 ~ 1.13	1.15
0.49 ~ 0.53	0.55	1.14 ~ 1.18	1.20
0.54 ~ 0.58	0.60	1.19 ~ 1.23	1.25
0.59 ~ 0.63	0.65	1.24 ~ 1.28	1.30
0.64 ~ 0.68	0.70	1.29 ~ 1.33	1.35
0.69 ~ 0.73	0.75	1.34 ~ 1.38	1.40

【课堂互动】 2) 输入轴用组合式滚动轴承时,调整垫片厚度的确定。

① 用游标卡尺分别测出 a、b、c、d 四个尺寸,如图 3-37 所示。

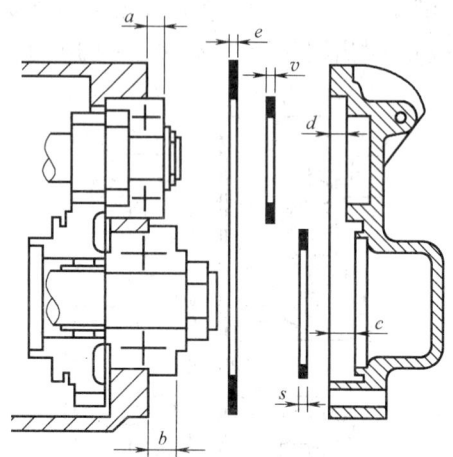

图 3-37 测量轴承支座和变速器后盖之间的垫片厚度(组合式滚动轴承结构)

a—输入轴轴承外座圈端面高度 b—输出轴轴承(双列向心)外座圈端面高度
c—变速器后盖的深度 d—变速器后盖的深度 e—密封圈厚度(0~40mm)
s—大调整垫片的厚度 v—小调整垫片的厚度

② 按 $c-b+0.30$ 查表 3-6 确定大调整垫片 s 的厚度。

表 3-6 确定大调整垫片 s 的厚度   (单位:mm)

$c-b+0.30$	大调整垫片厚度 s	$c-b+0.30$	大调整垫片厚度 s
0.13~0.17	0.15	0.78~0.83	0.80
0.18~0.23	0.20	0.84~0.87	0.85
0.24~0.27	0.25	0.88~0.93	0.90
0.28~0.33	0.30	0.94~0.97	0.95
0.34~0.37	0.35	0.98~1.03	1.00
0.38~0.43	0.40	1.04~1.07	1.05
0.44~0.47	0.45	1.08~1.13	1.10
0.48~0.53	0.50	1.14~1.17	1.15
0.54~0.57	0.55	1.18~1.23	1.20
0.58~0.63	0.60	1.24~1.27	1.25
0.64~0.67	0.65	1.28~1.33	1.30
0.68~0.73	0.70	1.34~1.37	1.35
0.74~0.77	0.75	1.38~1.43	1.40

③ 按 $d-a$ 查表 3-7 确定小调整垫片 v 的厚度。

表 3-7　确定小调整垫片 v 的厚度　　　　　　　（单位：mm）

$d-a$	小调整垫片厚度 v	$d-a$	小调整垫片厚度 v
1.20~1.25	1.55	1.31~1.35	1.65
1.26~1.30	1.60	1.36~1.39	1.70

（4）变速操纵机构的检查与调整　变速操纵机构一般很少出现故障，如需解体与装配，可参见图 3-38。

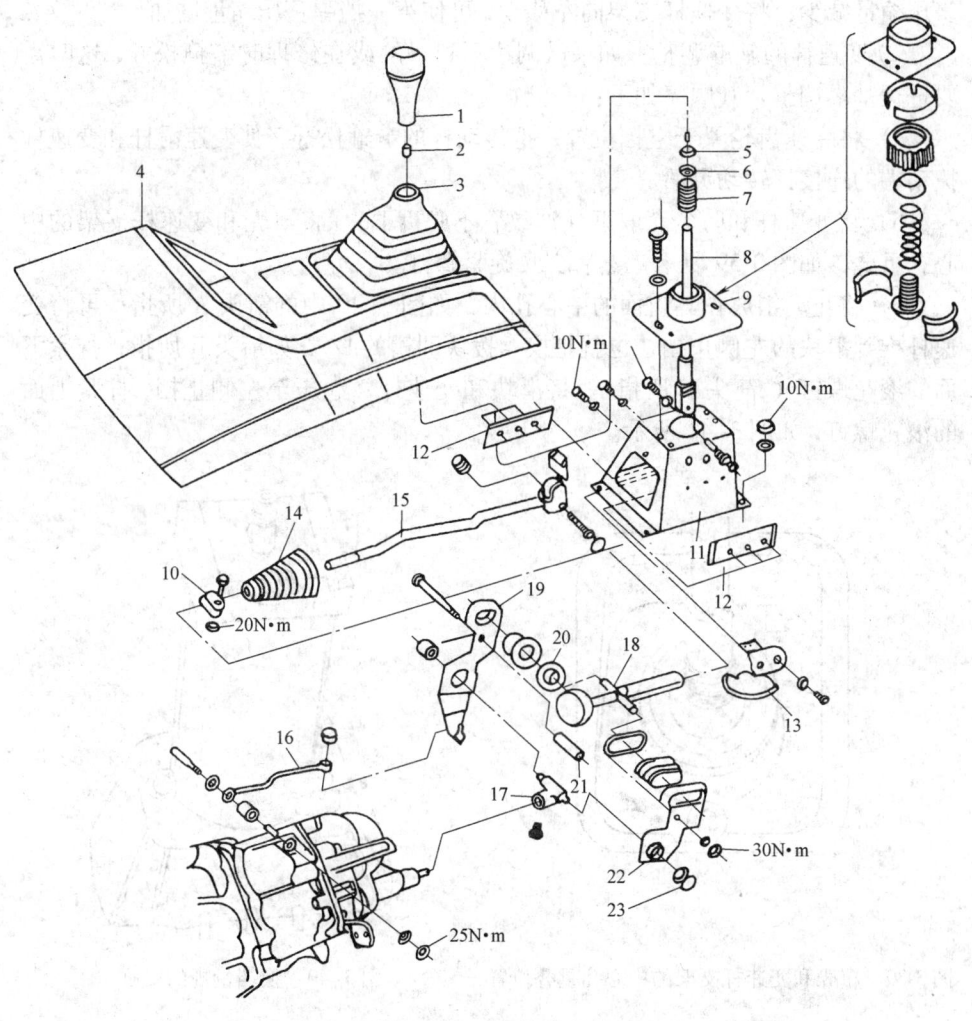

图 3-38　变速操纵机构分解图

1—变速杆　2—防尘套衬套　3—防尘套　4—仪表板　5—锁环
6—挡圈　7—弹簧　8—上换挡杆　9—换挡杆支架　10—夹箍
11—变速杆罩壳　12—缓冲垫　13—倒挡缓冲垫　14—密封罩
15—下换挡杆　16—支撑杆　17—离合块　18—换挡连接套
19—轴承右侧压板　20—罩盖　21—支撑轴　22—轴承左侧压板　23—塑料衬套

【课堂互动】 1) 换挡操纵性能检查。挂入一挡,将变速杆向左压。用一个手指将变速杆固定住,让它慢慢地弹回到压力点,在变速杆处测量弹簧的压缩量应为5~10mm。

2) 变速杆的调整。如果弹簧的压缩量达不到要求,调整变速杆。其方法如下:

① 变速杆的微调:如果弹簧压缩量达不到5~10mm,可将变速杆支架从侧面推向长形孔内,对变速控制器进行微调。变速杆支架向右移动,可使第一挡弹簧压缩量减少;将变速杆支架向左移动,可使第一挡弹簧压缩量增加。

② 变速杆的基准调整:如果微调达不到目的或在修理时卡箍松开,这时需要进行基准调整。其顺序如下:

a) 将变速齿轮置于空挡位置,把传动杆的卡箍松开,使变速滑杆和变速杆拨动端的连接杆转动灵活。

b) 将变速杆和防尘套取下(波纹管不必拆下)。将罩壳和变速杆支架的中心孔重叠,如图3-39所示,然后交叉旋紧螺钉。

c) 将止动销放在其前面的中心孔内,如图3-40中的箭头A所指;再将变速杆推到滑块的左侧止挡,也就是换挡拨块凹槽的1/2,如箭头B所指;拧紧下面的滚花螺钉(箭头C所指)。将滑块和变速杆一起压至左侧止挡,拧紧上面的滚花螺钉,如图3-41所示。

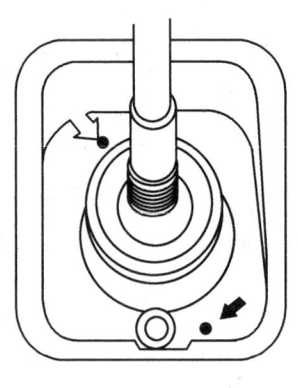

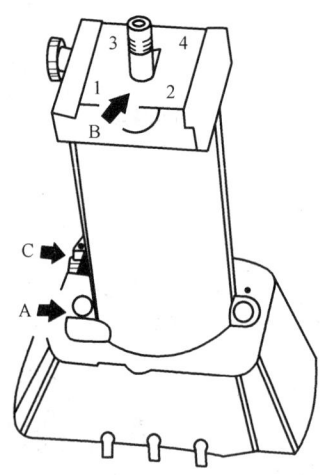

图3-39 罩壳和变速杆支架的中心孔重叠位置　　图3-40 换挡量规的安放

d) 将变速杆压至滑块右侧换挡位置(换挡拨块凹槽的3/4处),如图3-42所示。

e) 将变速杆置于空挡,校准变速杆,旋紧夹箍,拆掉量规。

f) 检查变速杆。所有挡位都应很容易挂入、退出,无卡住现象,特别注意倒挡拨块的有效性。

g) 安装防尘套和变速杆。

【课堂互动】

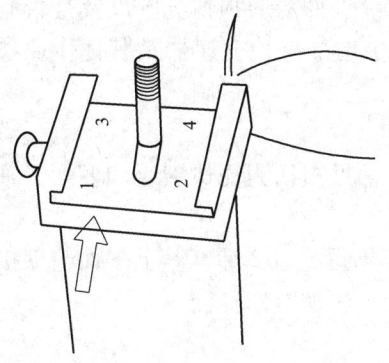
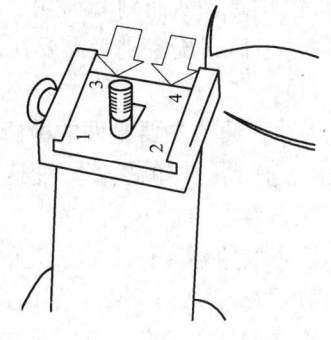

图 3-41　滚花螺钉拧紧（向左压）　　图 3-42　变速杆压至滑块右侧换挡位置

【习题 3.5】

1. 填空题

分动器的作用是_____。

2. 判断题

一辆汽车主变速器有五个挡位，副变速器有两个挡位，则该变速器共有七个挡位。　　　　　　　　　　　　　　　　　　　　　　　　　　（　　）

3. 选择题

换挡操纵机构调整不当可能造成（　　）故障。

A. 齿轮撞击　　　　　　　B. 换挡困难
C. 齿轮锁止　　　　　　　D. 都可能

3.6　手动变速器的维修

【本节目标】

1. 掌握手动变速器的一、二级维护内容。
2. 掌握手动变速器主要零部件的检修方法。
3. 熟悉变速器的磨合试验方法。

【基本理论知识】

1. 手动变速器的维护

（1）一级维护　对国产中型载货汽车，每次一级维护时应检查变速器油的油量，并清洗通气塞。油面应保持在变速器油检视口下沿不低于 15mm 的位置，通气塞应保持畅通。

（2）二级维护　对于某车型变速器的维护，应按照其使用说明书的要求进行。

二级维护时，应检查变速器第二轴凸缘螺母的紧固情况，其紧固力矩应达到要求。在二级维护前，应检查变速器是否有异响，并了解变速器已经发生的

【课堂互动】有规律性的小修,从而判断齿轮、轴、轴承等零件的磨损情况,以及是否有断裂的可能。最后,确定是否需要在二级维护中增加拆检变速器及其他作业项目和维修深度。

2. 手动变速器主要零件的检修

(1) 变速器壳体的检修 变速器壳体的常见损伤为壳体裂纹和变形、轴承座孔磨损、螺纹孔损伤等。

1) 检查变速器壳体上螺纹孔的螺纹损坏不得超过2牙。其上平面与盖接合面的平面度公差为 0.15mm,如超过 0.30mm,应加以修复。

2) 检查变速器壳第一、二轴轴承孔与中间轴轴承孔的公共轴线平行度误差,及倒挡轴的轴承孔中心线与上列轴线平行度误差,该误差值应不大于 0.10mm,检验方法如图 3-43 所示。

3) 检查变速器壳前端面对第一、二轴轴承孔公共轴线的端面圆跳动量,应不大于 0.10mm,后端面圆跳动量不大于 0.15mm。

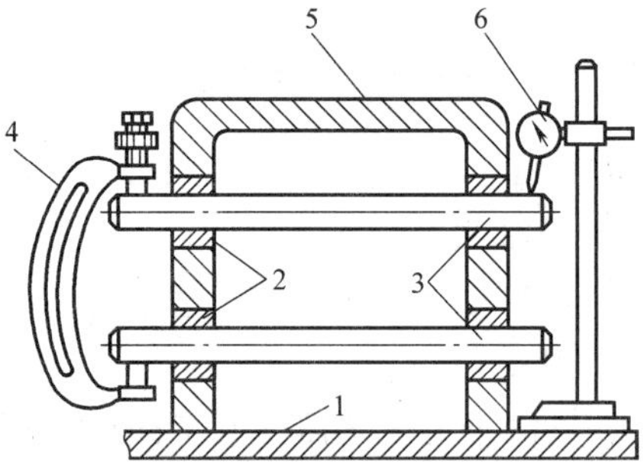

图 3-43 变速器壳体轴承孔平行度的测量
1—平板 2—定位套 3—试轴 4—千分尺
5—壳体 6—百分表

4) 检查变速器滚动轴承外径与壳体轴承孔的配合,应符合各车型变速器维修标准的规定。

5) 检查壳体上各轴承孔的圆度,公差为 0.008mm。

6) 检查变速器壳体轴承孔与倒挡轴轴颈的配合,应符合各车型变速器维修标准的规定。

7) 检查变速器壳体,不得有变形、裂损。

8) 壳体裂纹的检修。一般用磁力探伤或外部检视及轻轻敲击检验。

9) 壳体变形的检验。壳体的变形与轴承座孔的磨损,会破坏壳体与轴承的配合关系。

(2) 变速器盖的检修

1) 变速器盖不得有裂纹,螺纹孔不得有损伤或滑扣。

2) 检查盖体与壳体接合平面长度在 250mm 以内时,其平面度公差为 0.15mm;接合平面长度大于 250mm 时,平面度公差为 0.20mm,使用限度不大于 0.30 mm。检测时,将变速器盖支撑在平板上,用百分表测量与壳体的接合面,其平面度公差超过使用限度时,应修平。

3) 用百分表、外径千分尺检测变速器上盖体变速叉轴轴孔和变速叉轴的配合间隙,一般为 0.04~0.10mm,大修允许 0.20mm,使用限度不大于 0.30mm。

4) 检查顶盖变速杆球节限位销孔和限位销的配合,一般为 0.00~0.20mm,固定式为 -0.03~-0.01mm,活动式为 0.015~0.045mm,大修时允许为不大于 0.070mm。

5) 顶盖球节座孔磨损的检查。圆形的球节露出部分不得超过球高的 1/5,

半圆形球节顶部磨损不低于座平面2.00mm。

(3) 变速器齿轮的检修　变速器齿轮的主要损伤有：齿面磨损、齿端磨损、疲劳剥落、腐蚀斑点、轮齿破碎或折断、花键孔磨损等。

1) 检查齿轮工作面。齿轮不得有裂纹，齿轮工作面上不允许有疲劳性剥落或不规则磨损，不得有锐角、毛刺，工作面上的打击伤痕和缺口面积应不大于20%。若工作面上有轻微斑点、剥落、磨损，在保证其啮合间隙的情况下，允许用细油石修磨后使用。如果齿轮磨损严重，应换用新件。

2) 常啮合齿轮啮合间隙为0.01~0.05mm，使用极限应不大于0.06mm。接合齿轮的齿侧间隙为0.10~0.40mm，各齿轮的啮合印痕应在齿轮啮合面的中部，且不小于啮合的60%。

3) 齿轮端部磨损的检查。在齿高2/3处测量，接合齿不超过原齿长的30%，滑动齿不超过原齿长的15%，啮合套齿长的最大磨损不超过原齿长的15%。否则，应换用新件。

4) 检查齿轮开口环、垫圈、调整垫、齿轮凸缘处和止推垫片表面。如有刮伤及过量磨损，应换用新件。

5) 检查齿轮、轴承卡环，如有损伤、变形和弹力减弱现象，应换用新件。

6) 各轴花键与滑动齿轮键槽的配合间隙应符合本标准各车型变速器维修标准。

(4) 同步器的检修

1) 锁环式惯性同步器的检修。锥面角一般约为6°~7.5°，在使用中，锥面角变形增大而不能迅速同步，则应及时更换；同步器的锁环与接合齿轮端的间隙应符合要求；被同步的齿轮与同步器齿轮毂应有0.15~0.20mm的止推间隙。

2) 锁销式惯性同步器。锁销式惯性同步器主要损伤为锥环、锥盘磨损。当锥环斜面上0.40mm深的螺纹槽磨损至0.10mm深时，应更换。

(5) 变速器轴与轴承的检修。变速器轴常见损伤主要有轴颈磨损、键齿磨损、轴弯曲变形、螺纹损伤等。轴承的损伤主要是磨损过量。

1) 变速器轴装配滚球、滚柱和滚锥轴承的轴颈的磨损，一般不超过0.030mm。

2) 检查变速器滚针轴承与轴颈的配合间隙，一般为0.02~0.10mm，大修允许为0.02~0.13mm，各轴颈的磨损极限为0.30mm。同一组滚针轴承各滚针直径差不大于0.02mm。

3) 变速器第一轴前轴颈与轴承的配合为0.002~0.040mm，使用极限不大于0.10mm。

4) 检查变速器第一轴轴承盖外径的磨损，一般不大于0.225mm，其外径与分离轴承座孔的配合为0.05~0.15mm，大修时允许为不大于0.375mm。

5) 变速器第一轴键齿宽度磨损不大于0.20mm。

6) 第一、第二轴后轴颈滚球轴承的配合为-0.038~0.003mm。

7) 变速器第一、二轴和中间轴轴颈以两端轴承轴颈的公共轴线为基准，其

【课堂互动】

【课堂互动】 他各配合轴颈的径向圆跳动量不大于 0.050mm,大修允许为不大于 0.070mm,使用极限不大于 0.10mm。

8) 变速器第二轴花键齿不得有扭曲变形;凸缘键槽的配合侧隙,大修标准 -0.040~0.100mm,大修允许为 -0.040~0.150mm,使用限度不大于 0.300mm。

9) 中间轴轴颈与滚柱轴承的配合为 -0.032~-0.003mm,使用极限不大于 0.150mm。

10) 变速器轴弯曲变形的检查:变速器第一、二轴和中间轴轴颈径向圆跳动量,允许值为 0.030mm,使用极限为 0.06mm。

检查方法如图 3-44 所示,将变速器一、二轴和中间轴以两端轴颈为支承点,放在平板上的 V 形架上,用百分表测杆触头抵在中部轴颈上,轻转变速器轴,百分表的读数便是该轴的径向圆跳动量。若变形超过极限,可用压床冷压校正。

11) 倒挡轴与齿轮衬套内径的配合应符合各车型维修标准的规定,衬套外径与齿轮孔径的配合为过盈配合,不允许有间隙。

12) 倒挡轴轴颈与滚针轴承、倒挡齿轮孔径的配合间隙:大修标准 0.020~0.100mm。

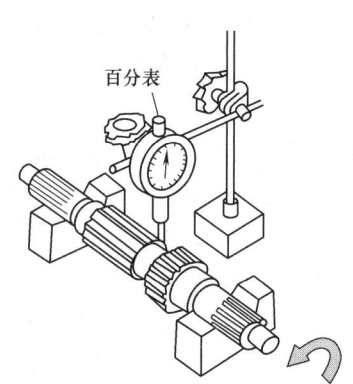

图 3-44 轴的径向圆跳动误差检查

13) 检测变速器花键轴键齿与齿轮键槽的配合间隙:应符合各车型维修标准要求,一般为 0.04~0.30mm。

14) 所有轴上的花键部分和凸缘盘键齿孔相啮合部位不得有明显台阶和向一侧偏磨的情况。

15) 检查变速器装配的滚球、滚柱轴承及轴承滚道:不得有严重磨损或烧蚀变绿色痕迹,也不得有裂纹、金属脱层、鱼鳞状剥落及大量腐蚀斑点,否则应换用新件。

16) 用百分表检测单列向心球轴承轴向、径向间隙:其径向、轴向间隙不得超过 0.30mm。否则,应换用新件。

17) 检测使用衬套的轴颈与衬套的配合间隙:一般为 0.03~0.10mm,使用极限不大于 0.20mm;衬套与齿轮孔径的配合为 -0.068~-0.012mm。

18) 检测油封轴颈:油封轴颈磨损不得有沟槽,轴颈磨损不得大于 0.30mm。否则,应对磨损轴颈的部位进行涂镀、镀铬或堆焊修复。修复后的油封轴颈应恢复其基本尺寸,油封轴颈与凸缘轴心线的径向圆跳动量不大于 0.10mm,表面粗糙度 Ra 不大于 $0.80\mu m$。

(6) 变速器操纵机构的检修

1) 变速杆不得有弯曲、裂纹,球节、定位槽不得有严重磨损。

2) 球节磨损超过 0.50mm,定位槽磨损变形与球头磨损超过 0.40mm,应修复。

3) 球节、球头磨损可用检测工具、模具、新旧对比及配合方法检验。

4) 根据变速杆磨损情况,对磨损部位可采取涂镀、镀铬、镀铁或堆焊后修复。

5) 变速叉不得有裂纹、缺口和弯曲、扭曲变形,如图 3-45 所示,若有弯曲、扭曲变形,可用冷压校正修复。

6) 变速叉端面厚度的磨损不大于 0.40mm,与滑动齿环槽的配合,大修标准为 0.20~0.80mm。

7) 变速叉两同侧端面,应分别位于同一平面内,两端面与叉孔中心线垂直度误差不大于 0.15mm,大修时允许为不大于 0.20mm。

8) 拨叉和滑套的拨叉槽不得过量磨损,不得因磨损而变色,滑套的接合齿不得在接触区偏斜。

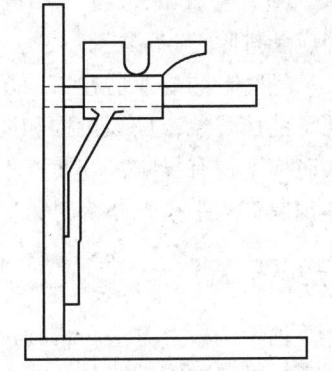

图 3-45 拨叉弯曲和扭曲变形检测

9) 变速叉轴上定位球凹槽及互锁凹槽沿轴向磨损不超过 0.50mm,磨损深度不超过 0.70mm,定位锁止钢球及弹簧应完好不变形。

10) 变速叉轴的直线度公差为 0.05mm,变速叉轴磨损不大于 0.10mm。变速叉轴与盖上叉轴座孔配合间隙为 0.01~0.10mm。

11) 定位球、互锁销如磨损严重,应换用新品;定位弹簧自由长度变短、弹力减弱或折断时,应换用新品。

3. 变速器的磨合试验

变速器经检修、装配完毕后,应在专用试验台上进行磨合试验。其目的,一是为改善各动配合副,特别是齿轮工作表面的状况,使其达到适合工作条件的要求,以延长变速器的使用寿命;二是检查变速器修理的质量,发现问题及时排除,以提高修复质量。

(1) 磨合与试验的规范 变速器的磨合分无负荷与有负荷两个阶段。先在无负荷情况下进行各挡位磨合,视各挡磨合情况再增加负荷试验。所增加负荷为传递最大转矩的 30% 左右。

磨合试验的转速各个车型都有规定。第一轴转速一般为 1000~2000r/min,如东风 EQ1092F 为 1450r/min。各挡运转时间应不少于 10~15min,总时间应不少于 1h。修复或换用齿轮时,相关挡位的运转时间还应适当增加。磨合时应加汽油发动机机油,磨合中油温不超过 85℃。磨合结束后应放掉机油,用煤油、柴油各 50% 的混合油清洗干净。

(2) 磨合与试验的设备 驱动装置可用电动机或车用发动机。加载装置有液压式、电力式、电涡流式及机械式等制动器。

液压式制动器即用油泵作负载,通过节流阀改变油泵输出油压而改变制动力矩;电涡流式制动器是通过改变励磁电流而改变制动力矩,它具有制动力矩变化范围较大、低速时制动力矩较大、制动力矩随转速变化较小等特点。上述两种制动器结构简单,工作可靠,适合一般修理厂使用。

电力式制动器的结构复杂,成本较高。机械式即靠摩擦力矩加载,虽结构

【课堂互动】简单、易于制造,但性能不稳。

(3) 检查试验 磨合中要注意检查,若有异常现象要查明原因,属装配不当应予排除。

经磨合的变速器在 15~65 ℃油温下加载试验,在任何挡位不允许有自动脱挡、乱挡现象;操纵机构和同步器换挡应轻便、灵活、迅速、可靠;运转和换挡时均不得有异响,变速杆不允许有明显的抖动现象;所有密封装置不得有漏油现象;双手推拉凸缘时,应无轴向间隙感觉。

【知识拓展】

轴承的检查方法:将轴承放在平圆柱台上,与内圈直径相等,使百分表测头顶在轴承外圈端面,此时向上移动外圈,表的读数便是轴承的轴向间隙;将轴承放在平板上,使百分表测头顶在轴承外圈表面,内圈固定不动,移动外圈,此时表的读数便是轴承的径向间隙。

【技能训练】

1. 变速器轴变形的检修

以两端轴颈为支承点,放在平板上的 V 形架上,用百分表测杆触头抵在中部轴颈上,轻转变速器轴,百分表的读数便是该轴的径向圆跳动量。检查方法如图 3-44 所示。

2. 壳体变形平面度的检修

将壳体接合面扣合在平板上,用塞尺测量壳体接合面与平板之间的间隙。一般平面度误差在 100mm 长度上应不大于 0.15mm。

【习题 3.6】

1. 判断题

(1) 变速器负荷实验时所加的负荷不应超过最大转矩的 30%。 ( )

(2) 为改善变速器的磨合质量,允许在齿轮面上涂放研磨膏。 ( )

2. 简答题

(1) 变速器的磨合试验需要检查哪些内容?

(2) 变速器油位的检查方法是什么?

3.7 机械式变速器的故障诊断

【本节目标】

1. 熟悉变速器的常见故障现象。
2. 掌握变速器常见故障的诊断与排除方法。

【基本理论知识】

变速器在工作负荷的作用下,随着汽车行驶里程的增加,内部各零件的磨

损、变形也随之加大，引起各零件间的配合关系变坏，出现异常响声、跳挡、【课堂互动】
乱挡和漏油等故障。

1. 变速器的异响

异响是指变速器内发生不正常的响声，这主要是由轴承磨损松旷和齿轮间不正常啮合而引起的噪声。

（1）现象

① 变速器空挡时有异响。

② 直接挡工作时无异响，在其他挡位工作时均有异响。

③ 在低速挡时有异响，高速挡时响声减弱或消失。

④ 变速器在个别挡时有异响。

⑤ 变速器在各挡时均有异响。

（2）原因

① 新更换的齿轮副不匹配。

② 常啮齿轮磨损成阶梯状牙齿损伤。

③ 齿轮磨损，齿侧间隙过大。

④ 变速器齿轮油不足或质量不佳。

⑤ 变速器壳前端面与第一、二轴轴线的垂直度或一、二轴与曲轴的同轴度误差太大。

⑥ 各轴的轴承磨损松旷或损坏。

⑦ 第二轴、中间轴弯曲。

⑧ 第二轴花键与滑动齿轮毂配合松旷。

⑨ 变速器总成定位不良。

⑩ 操纵机构不良：变速杆弯曲或接头松动，变速叉变形，固定螺栓松动。

（3）诊断与排除

① 变速器处于空挡位置，发动机怠速时，变速器有均匀的噪声，拉紧驻车制动器后响声更大，踏下离合器踏板响声消失，故障多为常啮齿轮啮合不良。空挡运转响声不明显，在汽车起步及换挡时，离合器在半接合状态下，突然发出强烈的金属摩擦声，而在离合器完全接合时异响声消失，则为第一轴前轴承损坏。

② 变速器在直接挡工作时无异响，在其他挡位时均有异响。这主要原因是在直接挡工作时，中间轴和第二轴前端滚针轴承并不承受负荷，而在其他挡位工作时均有负荷引起响声，所以该故障肯定在中间轴或第二轴前滚针轴承。

③ 低速挡有异响，高速挡响声减弱或消失。这时可将后桥支起，起动发动机，使变速器低挡或倒挡运转，听第二轴后轴承及倒挡齿轮处是否有响声。汽车静止时，变速器置于空挡，放松驻车制动器，径向晃动第二轴凸缘，若其径向间隙过大，说明第二轴后轴承磨损松旷或损坏。

④ 在某挡时有异响声。一般为该挡齿轮个别齿啮合不良或损坏。

⑤ 变速器在各挡工作时均有噪声。这多数因汽车在长期使用中，其基础件磨损变形或修理质量低而引起的。

【课堂互动】　　**2. 变速器跳挡**

（1）现象　汽车在某一挡位行驶时，变速杆自动跳回空挡。

（2）原因　变速器跳挡的主要原因是由于齿轮磨损过大，轮齿在长度上磨损不均匀，使齿轮形成锥形（特别是啮合齿轮的短齿）。此种齿轮啮合时便产生一个轴向推力，以及在工作过程中的振抖、转速变化的惯性等，使轴向推力变得足够大，迫使啮合的齿轮沿变速轴轴向脱开。具体原因分析如下：

① 齿轮、齿圈或齿套的齿啮入端沿齿长方向形成锥形。

② 齿轮啮入深度不足。

③ 第二轴花键齿与滑动齿轮花键槽磨损松旷。

④ 变速器第一轴的导向轴承磨损。

⑤ 变速器前后的轴承磨损。

⑥ 第一、二轴与中间轴不平行。

⑦ 变速器固定螺栓松动。

⑧ 变速杆弯曲变形或下端工作面磨损使齿轮实际位移不足（啮合长度不足）。

⑨ 变速叉轴自锁钢球或钢球凹槽磨损，使其位置失准，自锁弹簧太软。

⑩ 变速叉磨损或向一侧弯曲变形。

（3）诊断与排除　变速器跳挡多发生在直接挡或超速挡。

① 汽车在行驶中如发现某挡跳挡时，仍将变速杆挂入该挡，然后拆下变速器盖查看齿轮啮合情况，如齿轮啮合良好，应检查换挡机构。

② 用手推动跳挡的换挡叉检验自锁装置，如自锁不良，需拆下换挡叉轴检验自锁钢球及弹簧；如弹簧过软或折断应进行更换；如换挡叉轴凹槽磨损应予修理。

③ 如齿轮未完成全啮合，用手推动跳挡的齿轮或齿套能正确啮合，应检查换挡叉是否弯曲或磨损过大，换挡叉固定螺栓是否松动，叉端与齿轮槽间隙是否过大。如换挡叉弯曲应校正，如因换挡叉下端磨损与滑动齿轮槽过于松旷时应拆下修理。

④ 如换挡机构良好，而齿轮或齿套不能完全啮合时，应检查齿轮是否磨成锥形，轴承是否松旷，必要时拆下修理或更换。

3. 变速器乱挡

（1）现象　在离合器技术状况正常时，汽车起步时挂挡或行驶中换挡，变速器不能挂入所需要的挡位，或一次挂入两个挡位，有时挂入挡位后不能退回空挡。

（2）原因　乱挡的主要原因是变速器的操纵机构失效。具体原因有：

① 变速杆球头定位螺钉磨短或脱出，或变速杆球头磨损过大，失去控制作用，变速杆不能按正确方向移动。

② 变速杆下端工作面与拨叉顶端凹槽或导块凹槽接触处磨损过甚，甚至不能正确拨动叉或导块而乱挡。

③ 互锁装置、拨叉轴、顶销或钢球磨损过甚，失去了互锁作用。

④ 第二轴前端滚针轴承烧结，使第一轴和第二轴连成一体。

（3）诊断与排除

① 变速杆如能转动一周，表明其球头定位螺钉磨短或脱落失去控制作用。如摆动很大，说明定位螺钉磨损而引起乱挡。

② 变速器只能挂挡，不能退回空挡，且变速杆可以转动而引错挡，则属于变速杆下端工作面或导块凹槽、变速拨叉凹槽磨损过甚。若变速杆摆动量很大，所挂挡不能退回空挡，说明变速杆下端工作面已脱出导块凹槽或变速拨叉凹槽。

有的汽车变速器乱挡时，可拆下变速杆，将三个变速拨叉凹槽拨正对齐，然后装回变速杆，即可恢复正常。但要彻底排除此故障，必须恢复变速杆下端工作面、导块或拨叉凹槽的技术标准。

③ 若同时能挂两个挡，说明互锁顶销或钢球磨损过甚而使互锁装置失效。

④ 若直接挡可以正常工作，其他挡均不能驱动汽车，则应检查第二轴前端滚针轴承是否烧结而使第一、二轴连成一体。

4. 变速器漏油

（1）现象　变速器内的齿轮油从上盖、前后轴承盖或其他部位渗漏。

（2）原因

① 变速器各部位密封衬垫不良。

② 变速叉轴两端油堵密封不良。

③ 变速器第二轴后油封损坏。

④ 变速器第二轴后轴承盖油封不良，轴承亦与第二轴凸缘配合间隙过大。

⑤ 第一轴后轴承盖回油螺纹积污过多或磨损变浅。

⑥ 变速器壳破裂，加注齿轮油过多，变速器盖安装松动，通气孔堵塞。

（3）诊断与排除　可根据油迹部位来判断漏油原因。

5. 变速器挂挡困难

（1）现象

变速器不易挂上挡或挂上挡后不易脱出。

（2）原因

① 离合器分离不彻底。

② 拨叉轴弯曲或叉轴与导向孔严重锈蚀、拨叉固定螺栓松动。

③ 同步器磨损或弹簧安装不正确。

（3）诊断与排除

① 检查离合器能否分离彻底，操纵机构能否灵活移动。

② 拆开变速器盖，查看拨叉轴是否弯曲，如弯曲应校正或更换。若轴与导向孔锈蚀应除锈修复。若拨叉固定螺栓松动，应拧紧。

③ 若同步器磨损或损坏，应更换。

【知识拓展】

1. 桑塔纳轿车只能挂第四挡

一辆上海桑塔纳轿车在行车中，发现换挡时，只能挂第四挡。通过仔细试

【课堂互动】车,确实挂挡费力,但换第四挡时则较为顺利,偶尔能挂上其他挡位,但相当艰难。摘挡停车后,一松开离合器踏板,发动机即出现因负荷增加而费力的声音,汽车也微微动一下,像摘挡不利落一样。

经外部检查没有发现异常情况,为此拆下变速器总成。在空挡位置时,转动第一轴发现第二轴随动,用另一只手使劲握住第二轴,根本不管用。此后,还发现第四挡同步器锁环与第一轴在空挡位置时不分离。一边转动第一轴,一边用螺钉旋具将锁环扳开后,第二轴就不随第一轴转动了。用杠杆撬动接合套,挂上第四挡再摘至空挡,锁环与第一轴又不分离了。为此,拆下第一轴及锁环,发现锁环磨损较大,且锁环的前端面与第一轴常啮合齿轮端面已有所接触。

为保证汽车运行而采取应急修理方法,即在车床上车制一个厚 2mm 的圆垫圈,加在锁环与第一轴之间,效果良好,故障消失。

2. 捷达轿车变速器无法挂挡

某捷达轿车在使用中,挂上第三挡后无法起步。经检查,离合器不打滑,该挡位虽已挂进,但实际上变速器齿轮并未啮合。捷达轿车因变速器安装在前驱动桥处,驾驶员不能直接操纵变速器。它的操纵机构分内、外操纵两部分。外操纵机构由驾驶员座位附近的变速杆、铰链限位及防护装置和中间连杆(直到变速器壳体处)构成。变速器通过一系列中间连接杆件,操纵变速器内部机构,以进行选挡和换挡。内操纵机构由选挡换挡轴、换挡叉、锁止螺钉、倒挡锁止机构等组成。选挡换挡轴安装在变速器壳体的滚针轴承上,用带有螺纹的封盖锁住。同时,它也将换挡轴的拨叉支架定位。选择挡位时,锁止螺钉滚珠在选挡换挡轴卡槽中同拨叉支架一起横向移动,达到相应的位置。换挡时,带卡槽元件的选挡换挡轴会转动起来,它使锁住挡位的锁紧螺栓从中间槽内跳到相应的槽中,实现进挡。

该车发生上述无法挂挡现象时,一般应检查换挡操纵的连接情况。换挡轴的中间传动杆锁紧螺母容易松动,致使换挡传动杆伸长,所以虽然挂进挡位,但变速器齿轮实际上并未啮合,汽车也就不能运行。调整换挡传动杆,并将该锁紧螺母紧固后,故障即排除。

【技能训练】

变速器的养护:主要是检查其紧固情况,以及检查和更换润滑油、疏通通气塞等。

① 检查变速器与飞轮壳的连接,若固定螺栓松动,应逐个拧紧(检查前应先清洁其外表,擦净油泥);检查变速器盖的固定螺栓,若有松动,应逐个拧紧。

② 检查和清洗通气塞;检查润滑油平面时,将车停在平坦地面上,待润滑油冷却后再进行检查。油面以螺塞孔的下缘为准,夏季油面与螺塞孔下缘齐平,冬季略低即可,不足时应添加润滑油。

③ 检查润滑油的质量:用手捻搓润滑油,检查其粘度和有无杂质。如果有油质变色、稀释、结胶等异常现象时,均应更换。

④ 更换润滑油时，最好在汽车刚熄火，趁油尚热时进行放油；查看放出的油中是否有发亮的金属屑末，必要时分解变速器，检查齿轮有无严重磨损；用清洗油清洗变速器第一轴前轴承滑脂嘴内的油污，放干滤尽后装好放油塞，按生产厂家说明书所规定的牌号、规格和数量加注润滑油。

【课堂互动】

【习题 3.7】

1. 填空题

（1）变速杆摆转角正常，但挂不上挡或摘不下挡，则故障由＿＿＿＿引起，其原因是＿＿＿＿磨损或＿＿＿＿磨损。

（2）在汽车空挡滑行时，变速器内有"咯咯"响声，在挂挡的瞬间也伴有"咯咯"的响声，且挂挡明显困难，这主要是＿＿＿＿引起的。

（3）变速器常见的故障有＿＿＿＿、＿＿＿＿、＿＿＿＿、＿＿＿＿。

（4）变速器异响的实质：一是＿＿＿＿异响，二是＿＿＿＿异响。

（5）变速器齿轮磨损或＿＿＿＿，啮合时会产生一个＿＿＿＿推力，迫使啮合的齿轮沿变速器轴向脱开，导致跳挡。

2. 判断题

（1）变速器漏油故障可根据油迹的部位来诊断漏油原因。　　（　　）

（2）变速器异响的实质，一是轴承异响，二是齿轮啮合异响，三是同步器或接合套松旷异响。　　（　　）

（3）挂挡时，不能顺利挂入挡位，常发生齿轮撞击声，则为挂挡困难。
　　（　　）

（4）变速器自锁装置钢球或凹槽磨损严重、自锁弹簧疲劳过软或折断，将引起乱挡。　　（　　）

（5）同时挂上两个挡，则故障是由互锁装置失效引起的。　　（　　）

3. 简答题

（1）乱挡的原因是什么？

（2）变速器空挡发响的原因是什么？

模块 4　万向传动装置

【学习目标】

1. 掌握万向传动装置的功用、类型和组成。
2. 掌握万向节的类型，熟悉等速万向节的构造、等速原理。
3. 掌握万向传动装置主要机件的检修，了解万向传动装置的装配要点。
4. 掌握万向传动装置常见故障的现象、原因分析、诊断与排除方法。
5. 掌握万向传动装置的拆装方法、步骤及技术要求、注意事项。

【课堂互动】

4.1　概述

【本节目标】

掌握万向传动装置的功用和组成。

【基本理论知识】

1. 组成

万向传动装置一般由万向节和传动轴等组成。由于发动机与驱动装置之间的位置关系，有时需要将传动轴分成两端，在中部加装中间支承。汽车上任何一对轴线相交，并且相对位置经常发生变化的转轴之间进行动力传递，均需要使用万向传动装置。其主要部件有主传动轴、中间传动轴、中间支承、万向节、凸缘叉、滑动叉、花键轴，如图4-1所示。

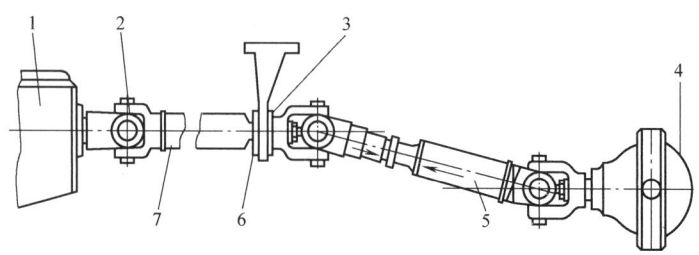

图4-1　变速器与驱动桥之间的万向传动装置

1—变速器　2—万向节　3—中间支承　4—驱动桥　5、7—传动轴　6—球轴承

2. 功用

万向传动装置的功用是在变速器和主减速器之间能适应轴线夹角变化和有轴向伸缩的前提下，可靠地传递动力。

在发动机前置、后轮驱动的汽车上,变速器常与发动机、离合器连在一体【课堂互动】
支承在车架上,而驱动桥则通过弹性悬架与车架连接(见图4-1),变速器输出轴轴线与驱动桥输入轴轴线很难布置得重合;并且在行驶过程中,弹性悬架受路面冲击而产生振动,使两轴相对位置经常发生变化。故变速器的输出轴与驱动桥的输入轴不能刚性连接,而必须采用由两个万向节和一根传动轴组成的万向传动装置。在变速器与驱动桥距离较远的情况下,应将传动轴分为两段(见图4-1),即主传动轴5及中间传动轴7,防止传动轴过长使自频率降低而发生共振。同时采用三个万向节,并且在中间传动轴上还设置了中间支承。载货汽车的传动系一般采用此种结构。

对于转向驱动桥,前轮既是转向轮又是驱动轮。作为转向轮,要求它能在最大转角范围内任意偏转一个角度;作为驱动轮,则要求半轴在偏转过程中把动力从主减速器传到驱动轮。因此,转向驱动桥的半轴不能制成一个整体,而要分成两段,中间有万向节相连,以适应汽车行驶时,半轴两端夹角不断变化的需要(见图4-2)。若采用非独立悬架,只需在转向轮附近装一个万向节;若采用独立悬架,则在靠近主减速器处也需要用万向节。轿车均采用这种结构。

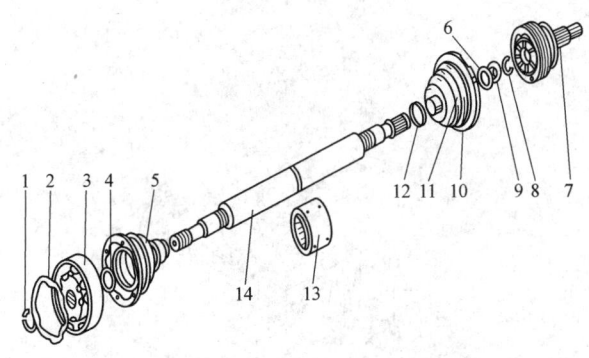

图4-2 断开式驱动桥的万向传动装置

1—弹性挡圈 2—垫片 3—内等角速万向节 4、6—碟形垫圈 5、11—万向节防尘套 7—外等角速万向节 8—挡圈 9—推力垫圈 10、12—卡箍 13—振动缓冲器 14—传动轴

万向传动装置除了用于汽车的传动系外,还可用于动力输出装置、转向操纵机构等。

前置前驱的轿车与前置后驱的货车的万向传动装置有何相同点及不同点?

【技能训练】

1. 万向传动装置的拆卸(前置后驱汽车)

1)把车辆停放在水平路面上,用挡块固定住前后车轮,在每个万向节叉的凸缘上做好标记。

2)将最后一个万向节凸缘叉与其所连接的凸缘分开,并把传动轴拉向后侧(见图4-3)。

3)拆开前万向节凸缘叉与驻车制动鼓之间的连接(见图4-4)。

4)拆下图4-4中的中间支承支架9,将整个万向传动装置从汽车上取下。

【课堂互动】

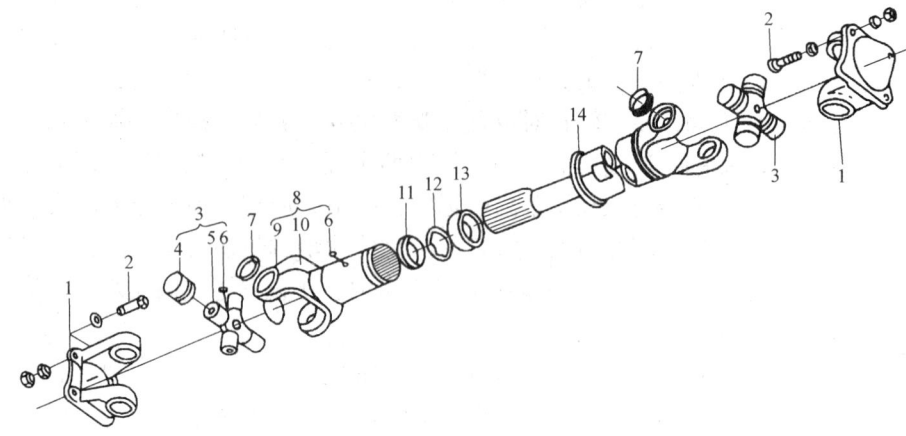

图 4-3　传动轴及滑动叉总成

1—凸缘叉　2—螺栓　3—十字轴及滚针轴承总成　4—滚针轴承总成
5—十字轴　6—润滑脂嘴　7—弹性挡圈　8—套管叉总成　9、10—套管叉
11—油封　12—油封垫片　13—油封盖　14—传动轴

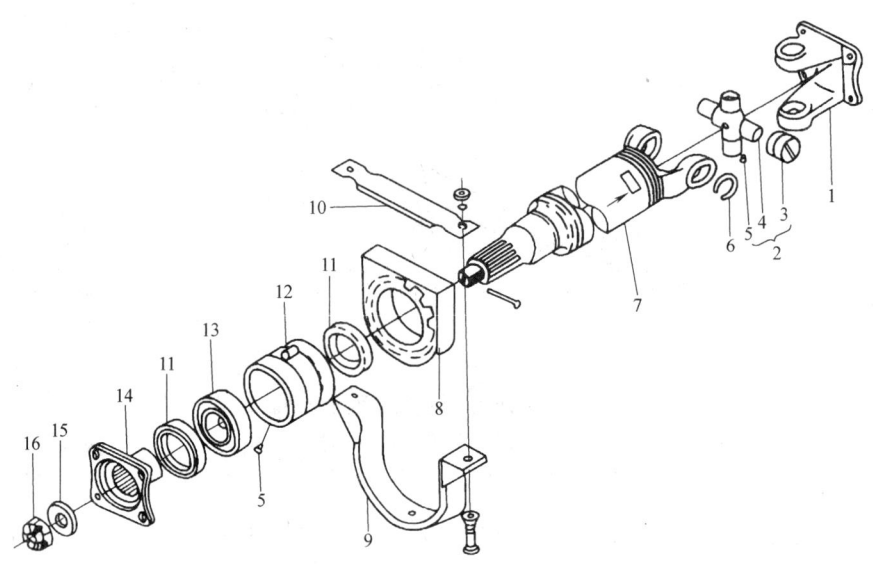

图 4-4　中间传动轴及中间支承

1—凸缘叉　2—十字轴及滚针轴承总成　3—滚针轴承　4—十字轴　5—润滑脂嘴
6—弹性挡圈　7—中间传动轴　8—中间支承橡胶垫环　9—中间支承支架
10—上盖板　11—油封　12—轴承座　13—中间支承轴承　14—凸缘
15—垫圈　16—槽形螺母

2. 桑塔纳轿车的万向传动装置的拆卸

上海桑塔纳轿车的万向传动装置的拆卸如图 4-5 所示。

1）在车轮着地的情况下，拆下传动轴与轮毂的紧固螺母。

2）旋下传动轴与半轴凸缘上的紧固螺栓，将传动轴与凸缘分开。

3）从车轮轴承壳内拉出传动轴，或者利用专用的拉出器将传动轴拉出。

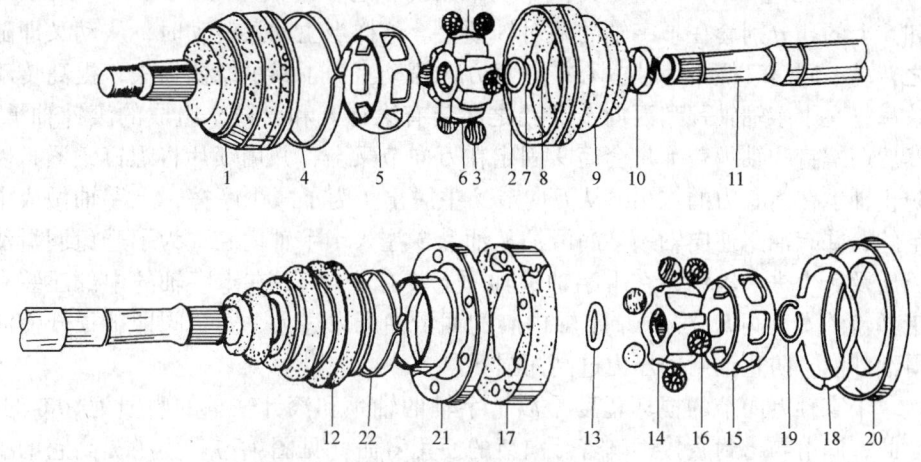

图 4-5 上海桑塔纳轿车万向传动装置的拆卸
1—外万向节壳体 2、19—弹簧锁环 3、16—钢球 4、10、22—卡箍
5—外万向节球笼 6—外万向节星形套 7—止推垫圈 8、13—碟形垫圈
9、12—防尘套 11—传动轴 14—内万向节星形套 15—内万向节球笼
17—内万向节壳体 18—密封垫片 20—护罩 21—内万向节护盖

【习题 4.1】
万向传动装置的功用和组成是什么？

4.2 万向节

【本节目标】

1. 掌握万向节的类型。
2. 熟悉等速万向节的构造、等速原理。

【基本理论知识】

1. 万向节的类型

万向节按扭转方向是否有明显的弹性，可分为刚性万向节和挠性万向节（见图 4-6）。前者是靠零件的铰链式连接传递动力的；而后者则靠弹性连接来传递动力，且有缓冲减振作用。刚性万向节又可分为不等速万向节（普通十字轴万向节）和等速万向节。

2. 普通十字轴万向节

普通十字轴万向节是载货汽车传动系上用得最多的一种，它允许相连两轴的最大夹角在 15°～20° 范围内。

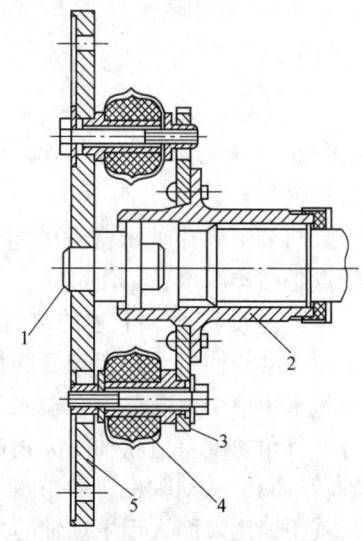

图 4-6 挠性万向节
1—中心轴 2—花键毂 3—连接圆盘
4—弹性连接件 5—大圆盘

【课堂互动】　（1）构造　图4-7所示为汽车上常用的普通十字轴万向节。两万向节叉2和6上的孔分别套在十字轴的两对轴颈上。这样当主动叉转动时，从动叉即随之转动，同时又绕十字轴中心在任意方向摆动。为了减少摩擦损失，提高传动效率，在十字轴轴颈和万向节叉孔之间装有滚针8和套筒9组成的滚针轴承，然后用螺钉和轴承盖1将套筒9固定在万向节叉上，并用锁片将螺钉锁紧，以防止轴承在离心力的作用下从万向节叉中脱出。为了减少摩擦，十字轴做成中空的，并有油路通向轴颈，润滑油从油嘴3注入十字轴内腔。为了避免润滑油流出及灰尘进入轴承，在十字轴的轴颈上装有油封7。在十字轴的中部还装有带弹簧的安全阀5，如果十字轴内腔的润滑油压力过大，安全阀即被顶开使润滑油外溢，防止油封因压力过高而损坏。

十字轴万向节的损坏程度是以十字轴的轴颈和滚针轴承的磨损为标准的，因此，润滑与密封直接影响着万向节的使用寿命（见图4-7）。为了提高它的密封性能，现有的十字轴万向节多采用橡胶密封圈。当油腔内的润滑油压力大于允许值时，多余的润滑油就从橡胶油封内圈表面与十字轴颈处溢出，故在十字轴上无需安装安全阀。

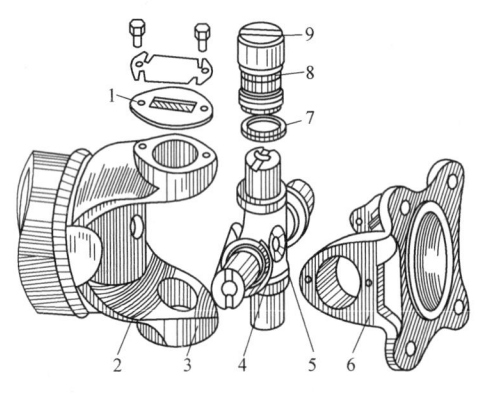 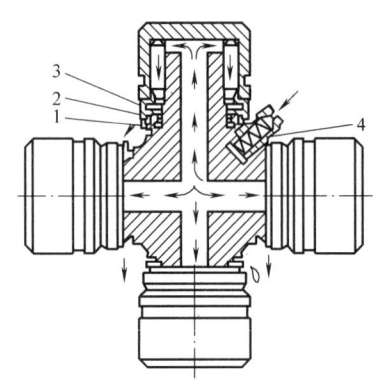

图4-7　普通十字轴万向节　　　　　　　图4-8　十字轴润滑油道及密封装置
1—轴承盖　2、6—万向节叉　3—油嘴　4—十字轴　　　1—油封挡盘　2—油封
5—安全阀　7—油封　8—滚针　9—套筒　　　　　　　　3—油封座　4—润滑脂嘴

万向节中滚针轴承常见的定位方式除盖式外，还采有内、外挡圈固定式。其特点是结构简单，工作可靠。

（2）速度特性　上述的刚性万向节可以保证在轴向交角变化时可靠地传动，由于结构简单，并有较高的传动效率，因此在汽车上得到广泛的运用。其缺点是采用单个万向节，在输入、输出轴有夹角的情况下，其两轴的角速度不相等，且角速度差值随轴间夹角的增大而增大。但两轴的平均速度相等，即主动轴转一圈，从动轴也转动一圈。所谓"传动的不等速性"是指从动轴在一圈内，其角速度时而大于主动轴的角速度，时而小于主动轴的角速度的现象。

（3）等速排列　单十字轴刚性万向节的不等速性，将使从动轴及与其相连的传动部件产生扭转振动，从而产生附加交变载荷，加剧零件的损坏。为了避免这一缺陷，在汽车上均采用两个十字轴刚性万向节，且中间以传动轴相连，

利用第二个万向节的不等速效应来抵消第一个万向节的不等速效应，从而实现 【课堂互动】
输入轴与输出轴等速传动。但要达到这一目的，还必须满足两个条件：

1）第一个万向节的从动节叉与第二个万向节的主动节叉在同一平面内，即传动轴上的两个节叉在同一平面内。

2）第一个万向节两轴之间的夹角与第二个万向节两轴之间的夹角相等。

第一个条件可以通过正确装配传动轴与万向节予以保证，而后一个条件只有在驱动桥采用独立悬架时才能实现（见图4-9）。若驱动桥采用非独立悬架，由于驱动桥随悬架一起振动，不可能在任何时候都保证，因此只能做到尽量减小传动的不等速性。

十字轴刚性万向节虽然具有上述诸多优点，但因受轴向尺寸及轴间夹角的限制，难以实现转向驱动桥和断开式驱动桥的要求，在转向驱动桥和断开式驱动桥上多采用等速万向节。

3. 等速万向节

等速万向节多用于采用前驱动桥和断开式驱动桥轿车的半轴上。常用的等速万向节有球叉式、球笼式和三叉式。等速万向节的基本原理是从结构上保证万向节在传动过程中，传力点始终处于两轴交角的平分面上。这一原理可以用一对大小相等的锥齿轮传动原理来说明，如图4-10所示。两齿轮夹角为 α，两齿轮啮合点为 P，位于夹角的平分面上，由点到两轴的距离都等于 r。在 P 点处两齿轮的圆周速度相等，因此两个齿轮的角速度也相等。

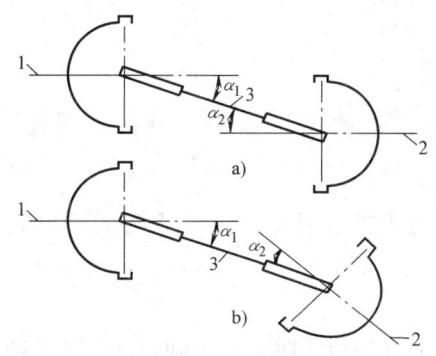
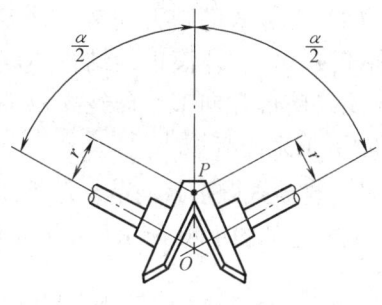

图4-9　双万向节的等速排列方式
　a）平行排列　b）等腰式排列
　1—输入轴　2—传动轴　3—输出轴

图4-10　等速万向节工作原理

（1）球叉式等速万向节

1）构造：如图4-11所示，球叉式等速万向节由主动叉3、从动叉1、四个传力钢球2和定心钢球4组成。其主动叉3、从动叉1分别与内、外半轴制成一体，叉内各有四条曲面凹槽，装合后，形成两条相交的环槽，作为钢球2的滚道，四个传力钢球装在槽中，定心钢球4装在两叉中心凹槽内，以定中心。

2）等速原理：球叉式等速万向节等速传动的原理如图4-12所示，主、从动叉曲面凹槽的中心线分别是为 O_1、O_2 圆心的两个半径相等的圆，且圆心 O_1、

【课堂互动】

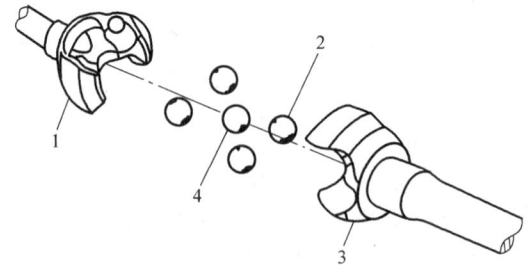

图 4-11 球叉式等速万向节
1—从动叉 2—传力钢球 3—主动叉 4—定心钢球

O_2 到万向节中心 O 的距离相等（即 $O_1O = O_2O$）。这样，无论主、从动叉以任何角度相交，四个钢球只能位于两交叉凹槽的交点处，从而保证所有传力钢球始终位于两轴交角 α 的角平分面上，因而保证了等速传动。

球叉式等速万向节结构简单，允许轴间夹角最大交角为 $32°\sim38°$。但由于工作时只有两个钢球传力，而另两个钢球在反转时传力，因此钢球与滚道之间的接触压力大，磨损快，影响其使用寿命。所以，球叉式万向节通常使用在中、小型越野汽车转向驱动桥上。

（2）球笼式等速万向节 球笼式等速万向节按其内、外滚道的结构不同又可分为球笼式碗形万向节、球笼式双补偿万向节和 VL 形万向节等。

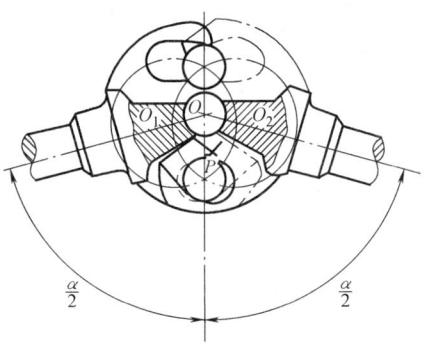

图 4-12 球叉式等速万向节等速传动的原理

1）球笼式碗形万向节。球笼式碗形万向节又称球笼式碗形万向节的固定式，其构造如图 4-13 所示，主要由内球座 6、球笼 3、碗形外球座 1 及钢球 4 等组成。

内球座通过花键与中半轴 9 相联接，用卡环 2、隔套 7 和碟形垫圈 8（轴向有弹性）轴向限位。内球座 6 的外表面有六条曲面凹槽，形成内滚道。外球座 1 与带花键的外半轴制成一体，内表面制有相应的六条曲面凹槽，形成外滚道。球笼上有六个窗孔。装合后六个钢球分别置于六条曲面凹槽内，并用球笼 3 使之保持在一个平面内，动力由中半轴 9 传至内球座 6，经六个钢球 4、外球座 1 及半轴输出（传给转向驱动轮）。球笼式碗形万向节等速传动的原理如图 4-14 所示。其内球座的外球面、球笼的内球面和外球面以及外球座的内球面均以万向节中心 O 点为球心，球笼使六个钢球的中心所在的平面通过中心 O 点，外滚道中心 A 与内滚道中心 B 不重合，分别位于中心 O 的两侧且 $OA = OB$；当两轴交角 α 变化时，球面之间绕 O 点相互滑转，钢球则在内外滚道上滚动且始终与内外滚道相切，即钢球中心 C 到 A、B 两点的距离均相等，从而保证了外半轴

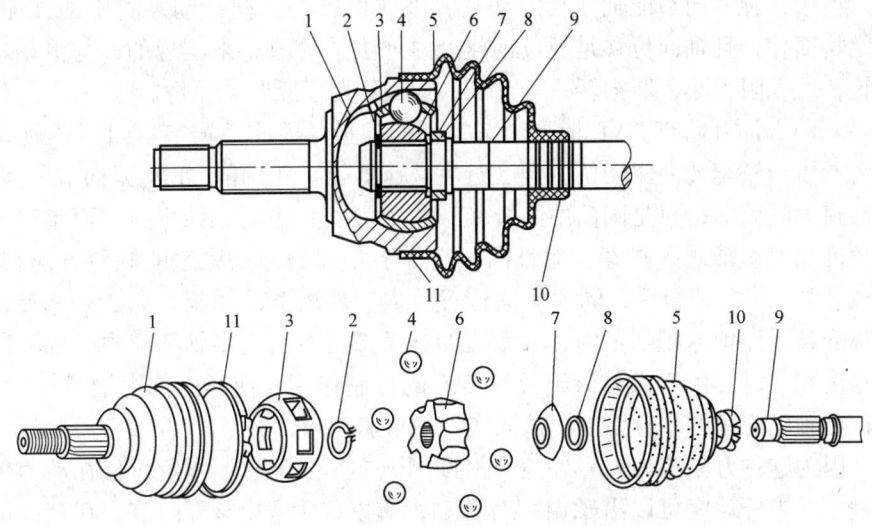

图 4-13 上海桑塔纳轿车前桥球笼式碗形万向节
1—外球座（外滚道） 2—卡环 3—球笼（钢球保持架） 4—钢球
5—防尘套 6—内球座 7—隔套 8—碟形垫圈 9—中半轴 10、11—箍带

与内半轴以相等的角速度旋转。

这种万向节允许在轴间最大交角为42°的情况下传递转矩，且在工作时，所有钢球全部传力，与球叉式万向节相比，其承载能力大，磨损小，结构紧凑，拆装方便，因此运用非常广泛。

2）球笼式双补偿万向节。球笼式双补偿万向节又称球笼式万向节的滑动式，如图4-15所示。其外球座4为圆筒形，内、外滚道是与轴线相平行的直线凹槽（即圆筒形），在传递转矩过程中，内球座2与外球座4可以相对移动。球笼3的内、外轴线方向是偏心的，内球面中心B与外球面中心A分别位于万向节中心O的两边，且$OA=OB$。同样，钢球中心C到A、B的距离相等，以保证万向节作等角速运动。

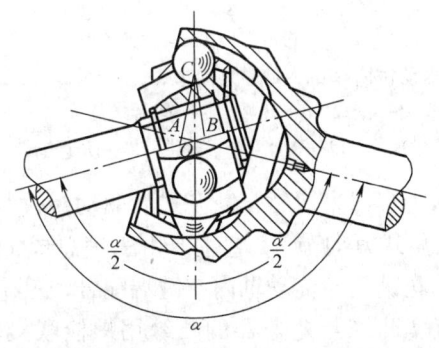

图 4-14 球笼式碗形万向节等速原理
O—万向节中心 A—外滚道中心 B—内滚道中心
C—钢球中心 $α$—两轴交角（钝角）

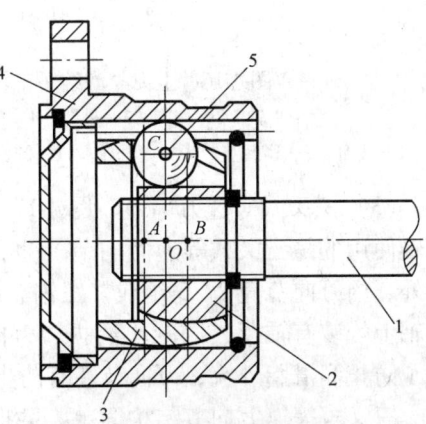

图 4-15 球笼式双补偿万向节
1—主动轴 2—内球座
3—球笼 4—外球座 5—钢球

【课堂互动】　由于这种万向节能轴向相对移动,因此可省去万向传动装置中的伸缩节,使结构简化,且轴向位移是通过钢球沿内外滚道的滚动来实现的,与滑动花键相比,滚动阻力小,磨损轻,寿命长,故最适用于断开式车桥。

3) VL形万向节。VL形万向节又称伸缩型球笼式万向节。图4-16所示为上海桑塔纳轿车转向驱动桥内侧(近主减速器处)所用的VL形万向节。其内、外滚道为圆筒形,只是圆筒中心线(滚道中心线)不与轴线平行,而是以相同的角度相对于轴线倾斜着,而且同一零件上相邻的两条滚道的倾斜方向相反,即成"V"形。装合后,同一周向位置处内、外滚道的倾斜方向正好相反,即对称交叉,而钢球则处于内、外滚道的交叉部位。当内半轴7与中半轴1以任意角度相交时,由于内外滚道及球笼6的控制作用,使所有传力钢球(六个)都位于轴间交角的平分面上,从而实现等角速传动。

因为这种万向节的内、外滚道沿圆周方向呈"V"形布置,且在动力传递过程中,内外球座可以沿轴向相对移动,所以称为VL形万向节,其允许最大的轴间夹角为22°,轴向伸缩量达45mm。

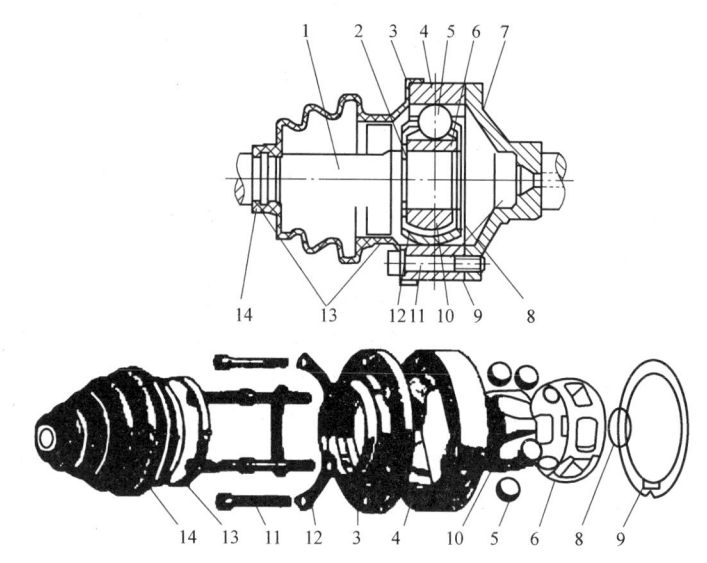

图4-16　上海桑塔纳轿车转向驱动桥所用的VL形万向节
1—中半轴　2—挡圈　3—外罩　4—外球座　5—钢球　6—球笼　7—内半轴
8—卡环　9—密封垫　10—内球座　11—圆头内六角螺栓　12—锁片　13—箍带　14—防尘套

(3) 三叉式等速万向节　图4-17所示为丰田皇冠轿车断开式后驱动桥,其半轴使用的是三叉式等速万向节(也称三角式万向节)。它主要由三销总成11和外、内万向节套2、5组成。三销总成的花键孔与传动轴内花键端配合,三个销轴上均装有轴承,以减小磨损。万向节套凸缘与差速器的凸缘用螺栓联接。为了防止润滑脂外流,万向节装有防尘套7,并用两个卡箍10和12紧固。

三叉式等速万向节结构简单,磨损小,并且可轴向伸缩,在轿车上应用逐渐广泛,富康轿车前转向驱动桥就采用了这种万向节。

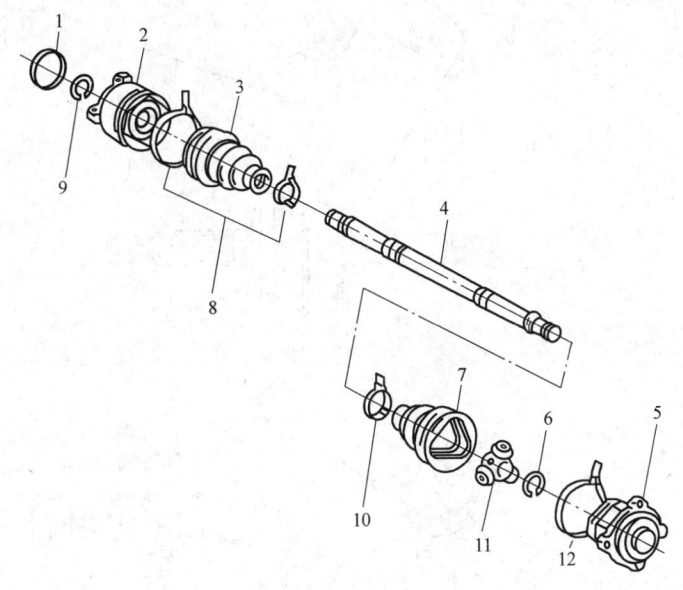

图 4-17 三叉式等速万向节

1—端盖 2—外万向节套 3—外万向节防尘套 4—传动轴（中半轴）
5—内万向节套 6、9—卡环 7—内万向节防尘套 8、10、12—卡箍 11—三销总成

【课堂互动】

1. 利用模型讲述普通十字轴万向节不等速的原因。
2. 怎样才能实现等速传动？

传动轴两端的万向节叉应位于同一平面内（核对记号）。输入轴、输出轴与传动轴的夹角相等 $\alpha_1 = \alpha_2$。

【技能训练】

1. 普通十字轴万向节的拆卸（见图 4-4）

1）用卡簧钳分别取出各万向节轴承座孔内的弹性挡圈 6。
2）依次用锤子轻击万向节叉座孔部，振出滚针轴承总成。
3）取出十字轴。

2. 球笼式万向节的拆卸

1）用钢锯将外万向节的金属卡箍锯开（见图 4-18），取下防尘套。用锤子用力将外万向节从传动轴上敲下，并作好记号（见图 4-19a、b）。

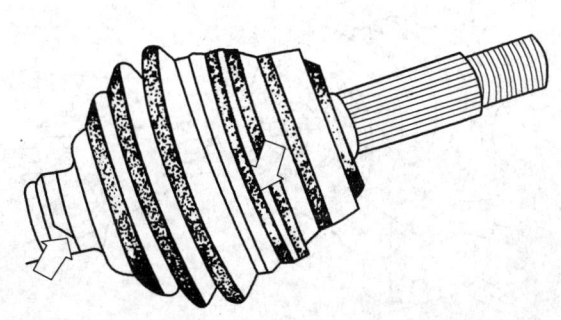

图 4-18 锯开卡箍

【课堂互动】

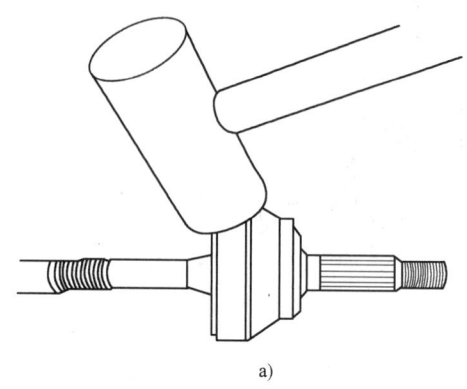

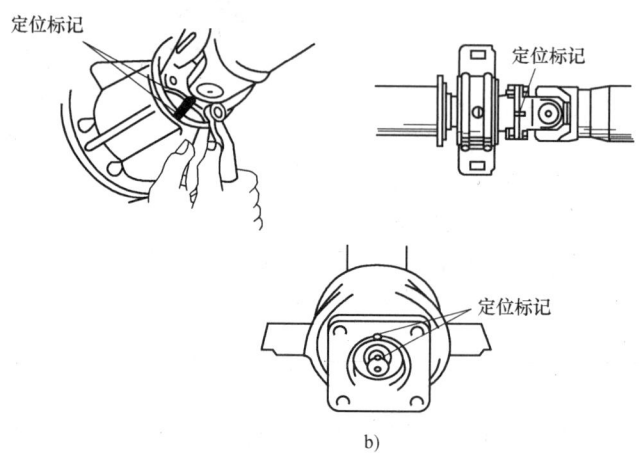

图 4-19 拆卸万向节并做好标记
a) 敲下外万向节 b) 传动轴拆卸前的标记

2) 用卡簧钳拆下弹簧锁环（见图 4-20），然后用专用工具将内万向节从传动轴上压出（见图 4-21）。

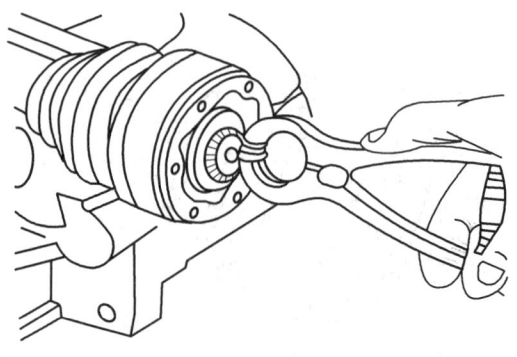

图 4-20 拆下弹簧锁环

3）外万向节的的分解：

① 旋转球笼与星形套，依次取下6个钢球（见图4-22）。

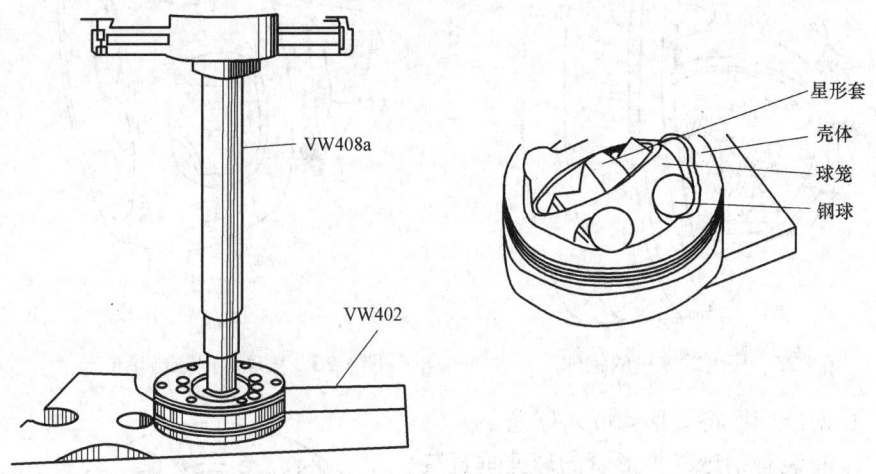

图4-21　压出内万向节　　　图4-22　依次取出6个钢球

② 用力转动球笼，直至球笼上的两个方孔与球壳垂直时，连同星形套一起从球壳中拆下（见图4-23）。

③ 如图4-24所示，把星形套的扇形齿旋入球笼的方孔，然后从球笼中取下星形套。

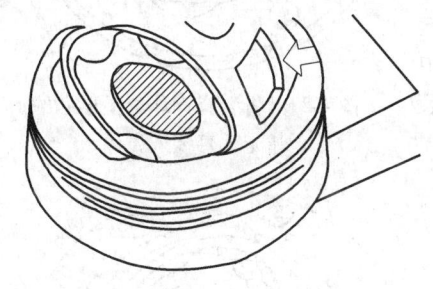 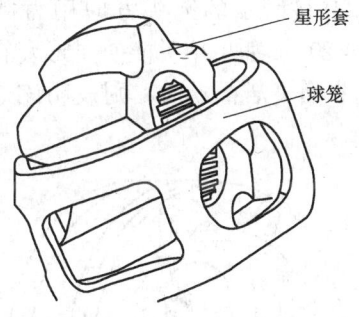

图4-23　拆出球笼和星形套　　　图4-24　取出星形套

4）内万向节的分解：

① 如图4-25所示，转动星形套与球笼，按一定方向压出球笼和星形套，然后取出钢球。

② 如图4-26所示，转动星形套，使其与球笼分开。

5）安装外等速万向节：

① 将说明书规定的润滑脂总量的一半注入万向节内。

② 将球笼连同星形套一起装入壳体，对角交替地压入钢球，必须保持球壳以及球笼壳体内的原有位置。

③ 将弹簧锁环装入星形套，并将剩余的润滑脂压入万向节。

6）安装内等速万向节：

【课堂互动】

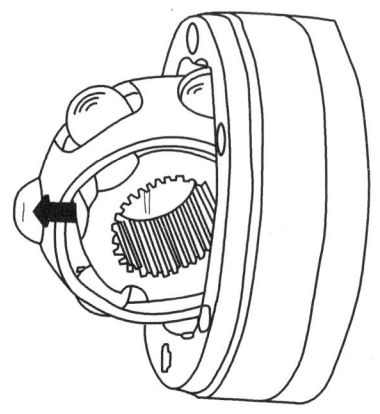

图 4-25 压出球笼里的钢球

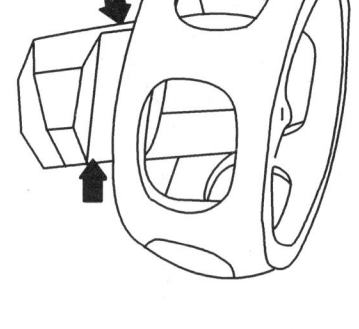

图 4-26 从球笼内取出星形套

① 对准凹槽将星形套嵌入球笼。

② 将装有钢球与星形套的球笼垂直装入壳体。安装时应注意旋转之后，球笼上的宽间隙 a 应对准星形套上的窄间隙 b，如图 4-27 所示，且球壳内径上的倒角必须对准球笼的大端直径。

③ 扭转星形套（见图 4-28），使钢球在与壳体中的球槽配合时有足够的间隙。

④ 按所示的箭头方向用力撅压球笼（图 4-29），如果用手能使星形套在轴向范围内来回灵活推动时，则表明该球笼组装正确。

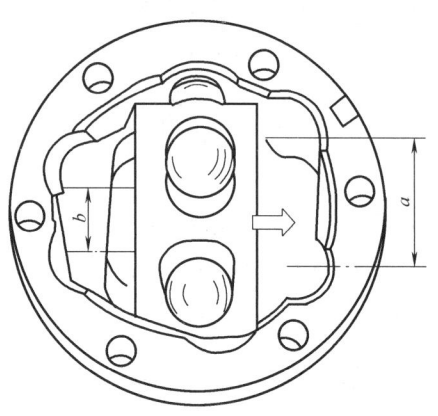

图 4-27 将装有钢球与星形套的球笼垂直装入壳体

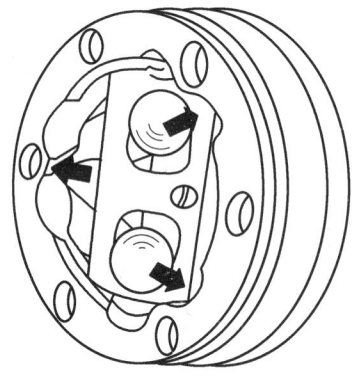

图 4-28 扭转星形套

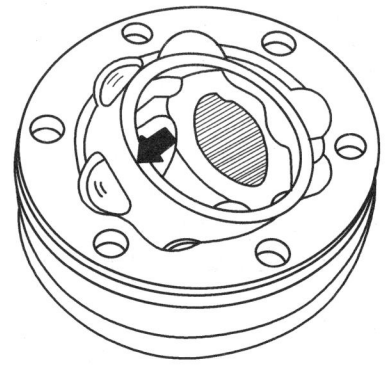

图 4-29 撅压球笼

【习题 4.2】

1. 选择题

（1）普通刚性万向节传动时，所产生的不等速旋转，这种不等速的变化程度，甲认为："它跟主动轴与从动轴之间的夹角大小有关，夹角越大，不等速程度越严重。"乙认为:"它与发动机的转速大小有关,与夹角大小无关,转速越高,不等速程度越严重。"那么(   )。

A. 甲对　　　　B. 乙对　　　　C. 甲、乙都对　　　D. 甲、乙都不对

（2）用两个万向节加一根传动轴实现等角速传动,必须满足的两个条件是(   )。

A. 输入轴、输出轴和传动轴夹角不相等,两端万向节叉不在同一平面
B. 输入轴、输出轴和传动轴夹角不相等,两端万向节叉在同一平面
C. 输入轴、输出轴和传动轴夹角相等,两端万向节叉在同一平面
D. 输入轴、输出轴和传动轴夹角相等,两端万向节叉不在同一平面

（3）球叉式万向节每次传力时(   )。

A. 只有两个钢球传力　　　　B. 只有三个钢球传力
C. 只有四个钢球传力　　　　D. 五个钢球传力

（4）以下具有角度和距离双补偿功能的是(   )。

A. 刚性十字轴万向节　　　　B. 球笼式碗形万向节
C. 球叉式万向节　　　　　　D. VL形万向节

2. 简答题

（1）十字轴万向节等速传动的条件是什么?
（2）等速万向节有什么好处?有哪些类型?
（3）什么是等速万向节?

4.3　传动轴与中间支承

【本节目标】

1. 熟悉传动轴及中间支承的功用。
2. 掌握万向传动装置的拆装方法、步骤及技术要求、注意事项。

【基本理论知识】

1. 传动轴

在发动机前置、后轮驱动的汽车上,连接变速器与驱动桥的传动轴部件,由传动轴及其两端焊接的花键轴和万向节叉组成(见图4-30)。

汽车行驶过程中,由于加速、制动与道路的颠簸,使驱动桥与变速器的相对位置经常变化,为了避免运动干涉,在传动轴中设有由滑动叉和花键轴组成的伸缩节,以实现传动轴长度的变化。传动轴在高速旋转时,由于离心力的作用将产生剧烈振动,而影响汽车使用性能。因此,传动轴与万向节装配以后,必须满足动平衡的要求,图4-30中的零件3即为平衡用的平衡片。平衡后,一般在滑动叉或万向节叉与传动轴上刻有记号,以便拆卸后重装时保持两者之间的位置不变。

（1）传动轴构造　传动轴多做成中空的,一般用厚度为1.5~3.0mm的薄

【课堂互动】

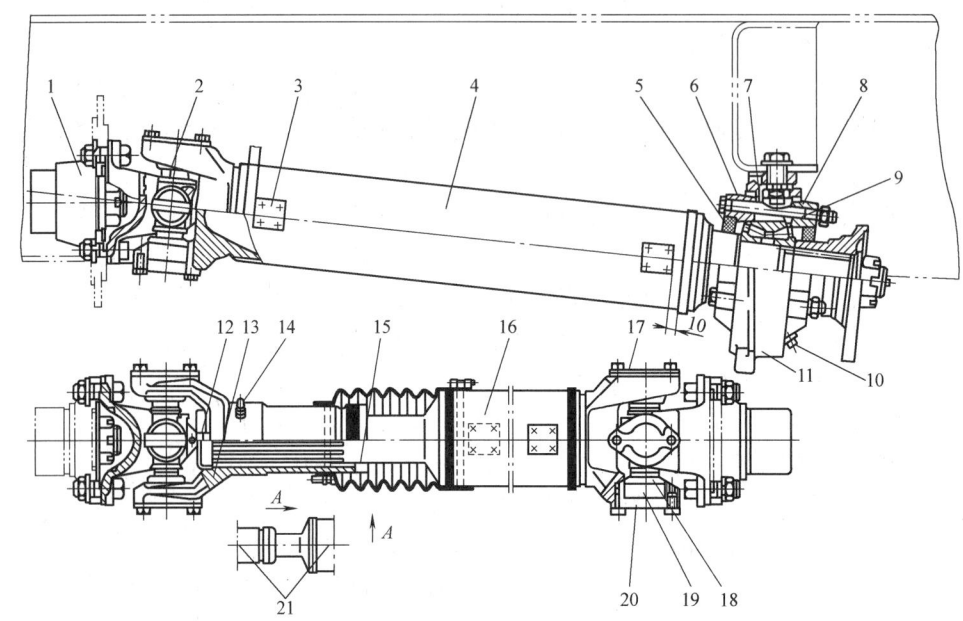

图 4-30 前置、后驱型汽车传动轴与中间支承
1—凸缘叉 2—万向节十字轴 3—平衡片 4—中间传动轴 5、15—油封
6—中间支承前盖 7—橡胶垫环 8—中间支承后盖 9—双列圆锥滚子轴承
10、14—注油嘴 11—支架 12—堵盖 13—万向节滑动叉 16—主传动轴
17—销片 18—滚针轴承油封 19—万向节滚针轴承 20—滚针轴承轴承盖 21—装配位置记号

钢板卷焊而成。在转向驱动桥和断开式驱动桥的万向传动装置中,传动轴通常制作成实心轴。

当传动轴过长时,其自振频率会降低,高转速下容易发生共振。为了防止传动轴的共振,常将传动轴分成两段,并装有中间支承以提高传动轴的刚度,如图4-30所示。传动轴分成两段时,一般把前端称为中间传动轴,后端称为主传动轴。中间传动轴前端通过万向节与变速器相连,后端用中间支承悬挂在车架上。主传动轴前端通过万向节与中间传动轴相连,后端与驱动桥的输入端相连。由于采用了两根传动轴,缩短了传动轴的长度,其临界转速提高,从而保证了传动轴的安全性和可靠性。

(2) 伸缩节 花键啮合长度应保证传动轴在各种工作情况下,既不脱开又不顶死。

2. 中间支承

(1) 功用 减小传动轴长度,增加刚度,工作平稳;承受径向载荷,改善变速器后轴承的工作条件;补偿传动轴轴向和角度方向的安装误差,并能适应行驶过程中由于发动机窜动或车架变形所引起的位移。

(2) 组成 它主要有轴承支架、橡胶垫环、轴承支架前后盖板、轴承和油封等。

【知识拓展】

传动轴上平衡片的作用：传动轴总成动平衡状态被破坏，会在运转中受离心力造成的附加动载荷作用，易产生弯曲变形，引起传动轴振动并产生噪声，增大动载荷，传动效率下降，加速零件的损坏。使用中传动轴意外撞击、拆装时敲击变形等，均将使传动轴总成的旋转质量中心偏离旋转轴线，破坏其平衡性能。

【技能训练】

1. 传动轴、中间支承的分解

1）如图 4-4 所示，仔细检查万向节、传动轴、滑动叉等处的装配标记，若标记不清或者不全，应在拆解前重新做出标记。

2）取出开口销。拧下槽形螺母 16，取出垫圈 15，用锤子轻轻敲出凸缘 14 的边缘，松动后将凸缘从中间花键轴上拔出来。

3）在轴承座 12 的前端放置一块垫板，用锤子敲击垫板，将整个中间支承从轴上打出来。

4）从轴承座 12 上压出中间支承橡胶垫环 8。

5）将轴承座夹在台虎钳上，用铜棒、锤子把两边的油封 11 打出，然后取出中间支承轴承 13。

6）松开传动轴及滑动叉总成的油封盖，将传动轴从套管叉中拉出，取下油封 11、油封垫片及油封盖。

2. 万向传动装置的动平衡检验

将组装完毕的传动轴总成安装在动平衡试验机上（见图 4-31），安装传动轴时应初步调整好右摆架的位置，将试件两端凸缘叉的配合面仔细擦净和修除毛刺，然后使其中两个螺钉孔正对夹具的两个紧固螺钉，再慢慢移动右摆架，使其两端上口完全配合，插上开口垫块和紧固螺母。

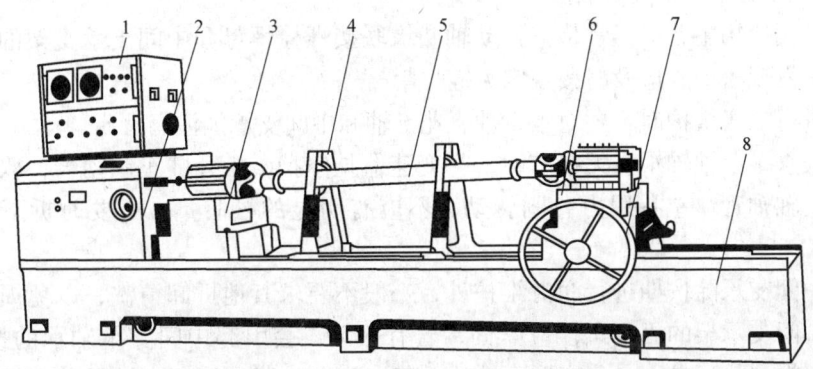

图 4-31 传动轴动平衡试验机
1—电测箱 2—车头箱 3—左摆架 4—安全架
5—试件 6—右摆架 7—操纵柄 8—机身

【课堂互动】　　试件与左、右摆架连接时，应尽可能使两摆架刻度盘方向一致。如果两刻度盘所指示的角度不同，则应以左摆架刻度盘为基准来调整右摆架刻度盘，使两者指示的角度相一致。

校正时，按照动平衡试验机所指示的不平衡量大小及相应位置，在传动轴管上焊接平衡片，每端最多不超过三片，最后剩余的不平衡量应不大于100g·cm。

【习题4.3】

1. 选择题

一般货车的传动轴分为两根，其目的是（　　）。

A. 为了缩短传动轴长度，提高刚度，以免高速时发生扭转共振。

B. 为了减轻质量，以减小惯性力

C. 为了安装方便，以使维修简单

D. 为了结构简单，以便于制造，且易保持平衡

2. 简答题

（1）传动轴的功用是什么？

（2）中间支承有什么作用？

4.4　万向传动装置的维修

【本节目标】

1. 掌握万向传动装置主要机件的检修。
2. 掌握万向传动装置的装配要点。

【基本理论知识】

1. 万向传动装置的维护

车辆使用中，应经常检查传动轴凸缘联接螺栓螺母和中间支承支架的紧固情况，发现松动，应及时按规定力矩拧紧。

进行二级维护时，要对十字轴、花键轴和中间支承加注润滑脂。

检查十字轴轴承有无松旷时，将变速器挂空挡，松开驻车制动器，双手紧握传动轴轴管，左右用力急剧转动，不应有明显的松旷量，必要时拆下分解修复。

中间支承除按期进行润滑维护外，一般不要求其他拆卸清洗，以免损坏轴承；中间支承架的固定螺栓应紧固，若有松动，会引起中间支承轴承的损坏；应检查橡皮垫环是否老化变形而松动，若有松动，可在垫环与轴承盖之间加垫片即可。

花键槽套上的橡皮套应完整无损，并牢固地紧固在叉和轴上，若其损坏，易导致花键槽联接迅速磨损。

2. 万向传动装置的检修

（1）传动轴的检修

1）传动轴不得有裂纹、凹陷，严重时要更换。

2）传动轴弯曲程度的检查方法如图4-32所示。用V形架支起传动轴，用百分表在轴的中部测量径向圆跳动量。传动轴轴长的径向全跳动公差应符合表4-1中的规定，轿车传动轴相应减小0.2mm。

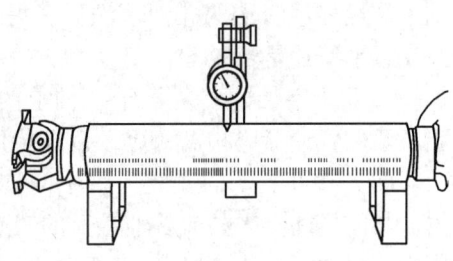

图4-32 传动轴弯曲程度检查

表4-1 不同传动轴轴长的径向全跳动公差

轴长/mm	< 600	600~1000	> 1000
径向全跳动公差/mm	0.6	0.8	1.0

3）检查传动轴、花键轴与滑动叉的侧隙，轿车应不大于0.15mm，其他类型的汽车不大于0.30mm，装配后要滑动自如，否则应更换。

（2）十字轴万向节的检修

1）万向节叉和十字轴不得有裂纹，否则应更换。

2）十字轴轴颈表面有疲劳剥落、磨损沟槽或压痕深大于0.1mm以上时，应更换。

3）检查十字轴轴承是否磨损或损坏，否则应更换。按图4-33所示的方法检查轴承配合间隙，轿车应小于0.05mm，货车应小于0.25mm，否则应更换轴承。

4）滚针轴承的油封老化、滚针断裂应更换。

（3）中间支承的检修 检查中间支承轴承的旋转是否灵活，有无异响；油封和橡胶衬垫是否损坏，否则应更换。拆下

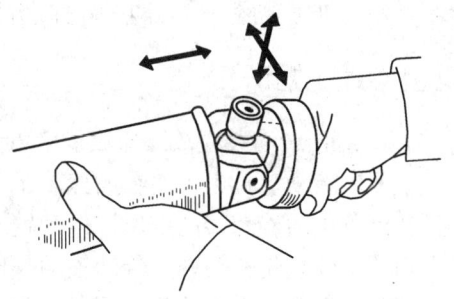

图4-33 十字轴轴承配合间隙的检查

中间支承前，可以在中间支承附近摇动传动轴，检查中间支承轴承的松旷程度。分解后，可进一步检查轴承的轴向和径向间隙，其轴向间隙应小于0.5mm，径向间隙应小于0.05mm。

（4）等速万向节的检修

1）检查球壳、球笼、星形套及钢球有无凹陷、磨损、裂纹、麻点等，如有则更换。

2）检查防尘套是否有刺破、撕裂等损坏现象，如有则更换。

【技能训练】

万向传动装置的装配

（1）清洗零件 待装零件应彻底清洗，特别是十字轴的油道、轴颈和滚针

【课堂互动】 轴承，最好用清洁的煤油清洗后，再用压缩空气吹干。装配时，应防止磕碰，并注意平衡片是否脱落。

（2）十字轴的安装　十字轴上的加油孔，要朝向传动轴，以便加注润滑脂；两偏置油嘴应相隔180°，以保持传动轴的平衡；螺栓应按规定力矩拧紧。

（3）中间支承的安装　将中间支承轴承对正压入中间传动轴的花键凸缘内。紧固中间支承的前后轴盖上的三个螺栓时，应支起后轮，边转动驱动轮边紧固，以便自动找正中心。

（4）加注润滑脂　用油枪加注汽车通用的锂基2号或二硫化钼基脂。加注时，既要充分又不过量，以从油封口处或中间支承的气孔能见到少量润滑脂被挤出为止。

【习题4.4】
（1）万向传动装置装配时要注意哪些问题？
（2）如何检修传动轴？

4.5　万向传动装置的故障诊断

【本节目标】

1. 熟悉万向传动装置常见故障的现象。
2. 掌握原因分析、诊断与排除方法。

【基本理论知识】

1. 万向传动装置故障原因及危害

万向传动装置不仅要在高速下承受较大的转矩和冲击负荷，而且要适应车辆在行驶中随着悬架的变形，传动轴与变速器输入轴及主减速器输出轴之间的夹角的不断变化；另外，传动轴的长度也会随着悬架的变形而变化，使伸缩节不断产生滑磨。由于装置在汽车的底部，泥土、灰尘极易进入各个机件，在这样的工作条件下，各部件容易出现磨损、传动轴弯曲、凹陷等损坏现象，从而导致传动轴出现摆振、发响等故障，使传动效率降低，并会加剧离合器、变速器及驱动桥内部零件的损坏。

球笼式、球叉式等速万向节经长期使用后，主要损伤是钢球和滚道表面的磨损。由于球笼式等速万向节是利用钢球来传递动力的，车辆转向时（特别是转向驱动桥），钢球会受到较大的压力而沿滚道滚动，这就不可避免地造成钢球及滚道的磨损，使万向节传动的间隙增大，导致其工作时发响。

2. 万向传动装置的常见故障

（1）传动轴振动和噪声

1）故障现象：汽车在行驶过程中，传动轴产生振动并传递给车身，从而引起车身振动和噪声。其振动一般与车速成正比。

2）故障原因：

① 万向节严重磨损。

② 传动轴产生弯曲或扭转变形。

③ 传动轴不平衡，或联接部件松动。

④ 变速器输出轴花键齿磨损严重。

⑤ 中间支承齿轮磨损，或中间支承松动。

（2）起动撞击和滑行异响　万向传动装置在汽车起步时产生异响，其主要原因及排除方法如下：

1）万向节产生磨损或损伤，应更换零件。

2）变速器输出轴花键磨损，应更换相关零件。

3）滑动叉花键磨损或损伤，应更换零件。

4）传动轴联接部件松动，拧紧螺栓即可消除故障。

【知识拓展】

学习如何养护传动轴。

检查前传动轴的角度，必须保持在规定的范围内，否则应调整前桥控制臂下的垫片数量；后传动轴的角度调整，通过调整后桥半轴套管上钢板弹簧座和钢板弹簧间的楔形垫片来进行该车型传动轴的养护，主要是在 12000km 左右向各个万向节加油嘴内加注润滑油脂。尤其应注意的是，前传动轴的双十字轴万向节有三处加油嘴，前后两处是润滑两个十字轴承的，中间一处是润滑这种万向节中间的球窝和中心球的接触面的。

【技能训练】

传动轴振动和噪声故障的排除方法：

1）首先检查万向节磨损情况，如果磨损严重，对于普通十字轴万向节，应更换十字轴轴承；对于等速万向节，应更换整个万向节。

2）传动轴弯曲和扭转变形也常常引起振动和噪声，在高速行驶时还有可能造成花键脱落的危险。检查传动轴直线度误差，如果超过极限，应进行校正或更换。

3）在排除上述故障后，传动轴工作仍不正常，应对传动轴进行平衡检验，重新对平衡进行调整。

4）如果由于传动轴联接部件松动引起振动，只需拧紧安装螺栓即可。

5）检查花键齿磨损情况，超过规定极限时，应更换相关部件。

6）中间支承轴承磨损、缓冲橡胶垫损坏时，应予以更换。如果安装松动，需按规定力矩拧紧。

【习题4.5】

1. 填空题

（1）万向传动装置的常见故障有_____、_____。

（2）汽车行驶中传动装置发出周期性的响声，车速越高响声越大，严重时伴随有车身振抖，则主要原因是_____，其次是_____或_____使传动

【课堂互动】

【课堂互动】 轴偏斜。

2. 判断题

（1）传动轴弯曲或传动轴管凹陷会导致车身振抖，握转向盘的手有麻木感。（　　）

（2）要求按记号原位装复万向传动装置，其目的是安装方便。（　　）

3. 简答题

（1）简述传动轴产生振动和噪声的原因。

（2）万向传动装置在汽车起步时产生异响的原因分析。

模块 5 驱 动 桥

【学习目标】

1. 掌握主减速器的结构、类型。
2. 掌握单级主减速器的结构和工作原理。
3. 掌握差速器的组成、类型、结构特点。
4. 掌握半轴和桥壳的构造。
5. 了解四轮驱动系统的构造和工作原理。
6. 掌握驱动桥常见故障的现象、原因分析、诊断与排除方法。
7. 掌握驱动桥的装配与调整。
8. 掌握主减速器的装配与调整、主减速器磨合与试验。

【课堂互动】

5.1 概述

【本节目标】

掌握驱动桥的功用、组成和类型。

【基本理论知识】

1. 组成与功用

驱动桥是传动系的最后一个总成。整体式驱动桥结构示意图如图 5-1 所示。它由主减速器 7、差速器 5、半轴 4 和桥壳 6 等组成。万向传动装置传来的动力依次经主减速器、差速器和半轴最后传给驱动轮。

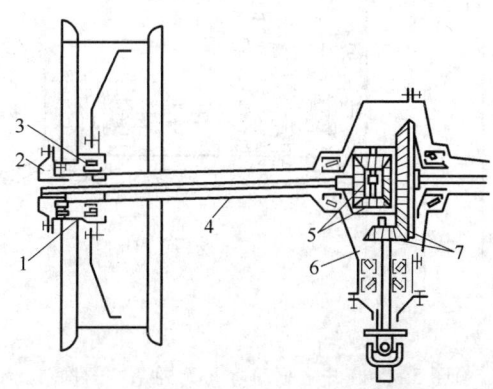

图 5-1 整体式驱动桥结构示意图

1—轮毂 2—凸缘 3—轴承 4—半轴 5—差速器 6—桥壳 7—主减速器

【课堂互动】 驱动桥的功用是将万向传动装置输入的动力经降速增矩、改变动力传递方向后，分配到左右驱动轮，并允许左右驱动轮以不同的转速旋转而驱动汽车行驶。

2. 结构类型

按结构不同，驱动桥分为整体式驱动桥和断开式驱动桥两种。

整体式驱动桥（见图5-1）采用非独立悬架，其驱动桥壳为一刚性的整体，驱动桥两端通过悬架与车架联接，左右半轴始终在一条直线上，即左右驱动桥不能相互独立地跳动。当某一侧车轮因地面升高或下降时，整个驱动桥及车身都要随之发生倾斜。

断开式驱动桥（见图5-2）采用独立悬架，其主减速器4固定在车架上，驱动桥壳1分段制成并用铰链联接，半轴2也分段并用万向节6联接。驱动桥两端分别用悬架与车架联接。这样，两侧的驱动轮7及桥壳1可以彼此独立地相对于车架上下跳动。

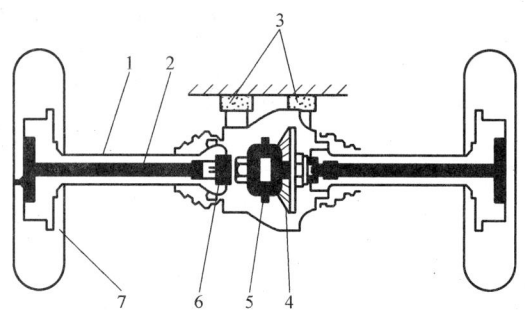

图 5-2　断开式驱动桥结构示意图

1—桥壳　2—半轴　3—支架　4—主减速器　5—差速器　6—万向节　7—驱动轮

另外，有些汽车断开式驱动桥还省去了桥壳，如图5-3所示。主减速器1与驱动轮5之间通过摆臂6铰链联接，半轴2分段并用万向节相联接。

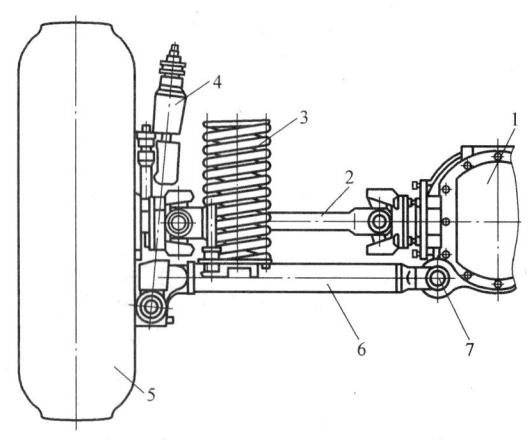

图 5-3　断开式驱动桥（无桥壳）的构造

1—主减速器　2—半轴　3—弹性组件　4—减振器　5—驱动轮　6—摆臂　7—摆臂轴

发动机前置、前轮驱动轿车的驱动桥，将变速器、主减速器和差速器均安装于一个三件组合的外壳（常称为变速器壳）之内，图 5-4 所示为其传动示意图。这样传动系的体积有效地减少，由于取消了贯穿前后的传动轴，简化结构，使轿车自重减轻，而且动力直接传给前轮，提高了传动效率。

【课堂互动】

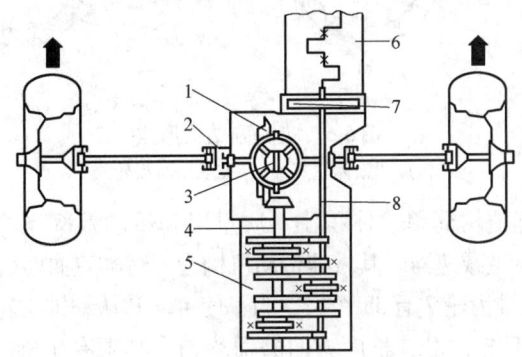

图 5-4 奥迪 100 轿车驱动桥示意图
1—主减速器 2—半轴 3—差速器 4—变速器输出轴
5—变速器 6—发动机 7—离合器 8—变速器输入轴

【习题 5.1】
驱动桥的功用和基本组成是什么？

5.2 主减速器

【本节目标】

1. 掌握主减速器的结构、类型。
2. 掌握单级主减速器的结构和工作原理。
3. 了解双级主减速器的结构和工作原理。

【基本理论知识】

1. 主减速器的功用

主减速器的功用是将输入的转矩增大并相应降低转速，以及当发动机纵置时可改变旋转方向，然后传递给驱动轮。

2. 主减速器的结构形式

按参加减速传动的齿轮副数目分，有单级式主减速器和双级式主减速器。

按主减速器传动比挡数分，有单速式和双速式。前者的传动比是固定的，后者有两个传动比供驾驶员选择，以适应不同行驶条件的需要。

按齿轮副结构形式分，有圆柱齿轮式、圆锥齿轮式和准双曲面齿轮式，如图 5-5 所示。

3. 单级主减速器

目前，轿车和一般轻、中型货车均采用单级主减速器，即可满足汽车动力

丰田威驰车驱动桥的类型是：断开式驱动桥

五菱微型车驱动桥的类型是：整体式驱动桥

【课堂互动】

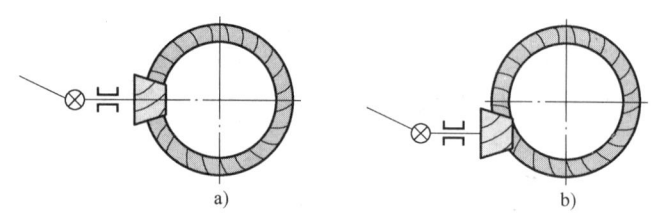

图 5-5 齿轮副结构形式
a）圆锥齿轮式 b）准双曲面齿轮式

性的要求。它具有结构简单、体积小、质量轻和传动效率高等优点。

图 5-6 为单级主减速器。其减速传动机构为一对准双曲面齿轮和。主动锥齿轮 18 有 6 个齿，从动锥齿轮 7 有 38 个齿。为了使主动和从动锥齿轮之间啮合传动时冲击小、噪声低，而且轮齿沿其长度方向磨损均匀，必须有正确的相对位置。为此，在结构上一方面要使主动和从动锥齿轮有足够的支承刚度，使其在传动过程中不至于发生较大变形而影响正常啮合；另一方面，应有必要的啮合调整装置。

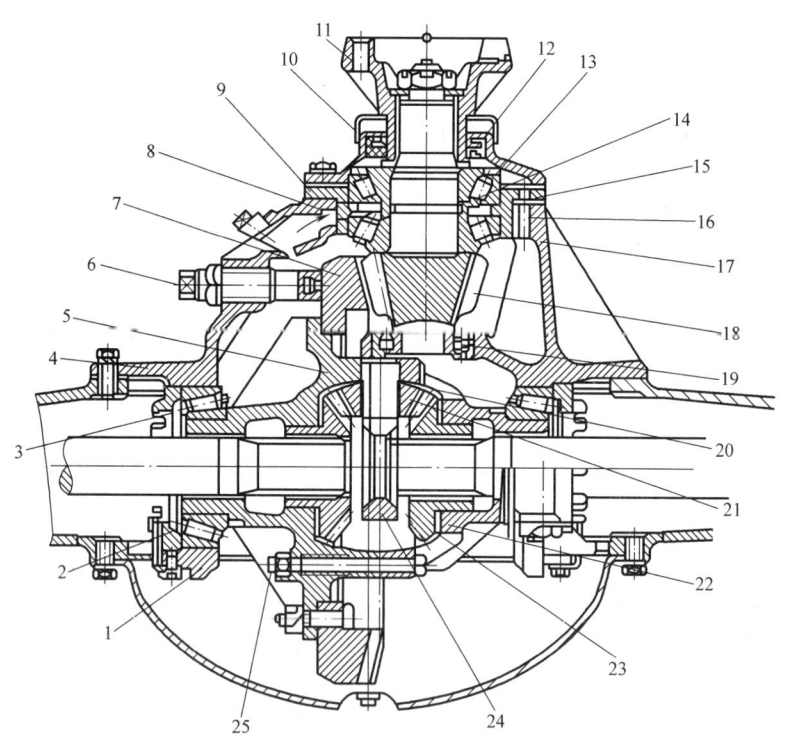

图 5-6 东风 EQ1090E 型汽车单级主减速器

1—差速器轴承盖 2—轴承调整螺母 3、13、17—圆锥滚子轴承 4—主减速器壳 5—差速器壳
6—支承螺栓 7—从动锥齿轮 8—进油道 9、14—调整垫片 10—防尘套 11—叉形凸缘
12—油封 15—轴承座 16—回油道 18—主动锥齿轮 19—圆柱滚子轴承 20—行星齿轮球面垫片
21—行星齿轮 22—半轴齿轮推力垫片 23—半轴齿轮 24—行星齿轮十字轴 25—螺栓

为保证主动锥齿轮有足够的支承刚度，主动锥齿轮 18 与轴制成一体，前端支承

在互相贴近而小端相向的两个圆锥滚子轴承 13 和 17 上，后端支承在圆柱滚子轴承 【课堂互动】
19 上，形成跨置式支承。环状的从动锥齿轮 7 连接在主减速器壳 4 的座孔中。在从动锥齿轮的背面，装有支承螺栓 6，以限制从动锥齿轮过度变形而影响齿轮的正常工作。装配时，支承螺栓与从动锥齿轮端面之间的间隙为 0.3~0.5mm。

为了减小驱动桥的外形尺寸，主减速器中采用弧齿锥齿轮。在同样传动比的情况下，主动锥齿轮齿数可以做得少些，主减速器的结构就比较紧凑，而且运动平稳，噪声小。在准双曲面齿轮广泛用于轿车的基础上，也越来越多地应用在中、重型汽车上。这是因为它与弧齿锥齿轮相比，不仅齿轮的工作平稳性好，弯曲强度和接触强度好，而且，其主动锥齿轮的轴线相对从动锥齿轮的可以偏移。在保证一定的离地间隙的情况下，主动锥齿轮的轴线向下偏移，可降低主动锥齿轮和传动轴的位置，因而使车身和整个汽车的重心降低，提高了汽车的行驶稳定性。

准双曲面齿轮工作时，由于齿面间的相对滑移量大，且齿面间的压力也大，齿面油膜易被破坏。为了减少摩擦，提高效率，必须使用专门级别的齿轮油，绝不允许用普通齿轮油代替，否则会使齿面迅速擦伤和磨损，大大降低主减速器的使用寿命。

主减速器壳中所贮存的齿轮油，靠从动锥齿轮转动时甩到各齿轮、轴承和轴上进行润滑。为了保证主动锥齿轮前端的圆锥滚子轴承 13 和 17 得到可靠的润滑，在主减速器壳体中铸有进油道 8 和回油道 16。齿轮转动时，飞溅起的润滑油从进油道 8 通过轴承座 15 的孔进入两圆锥滚子轴承小端之间，在离心力的作用下，润滑油从小端流向大端。流出圆锥滚子轴承 13 大端的润滑油经回油道流回主减速器内。在主减速器壳体上装有通气塞，防止壳内的气压过高而使润滑油渗漏。

轿车上使用的都是单级主减速器，图 5-7 所示为上海桑塔纳轿车单级主减速器。因采用发动机纵向前置、前轮驱动，整个传动系都集中布置在汽车的前部，主减速器装于变速器壳体内，没有专用的主减速器壳体。变速器的输出轴

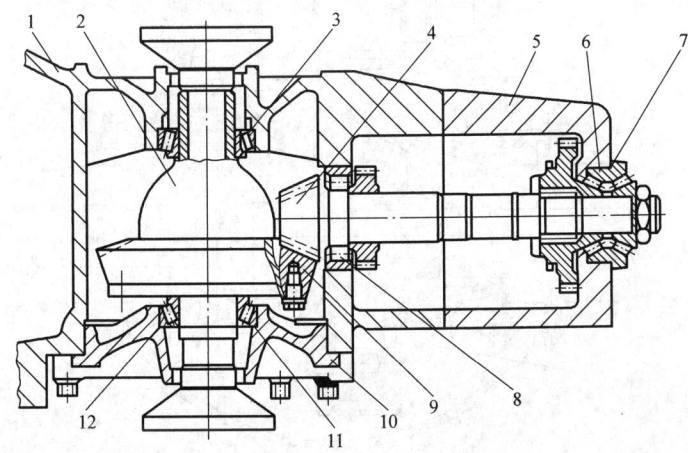

图 5-7　上海桑塔纳轿车单级主减速器
1—变速器前壳体　2—差速器　3、7、11—调整垫片　4—主动锥齿轮
5—变速器后壳体　6—双列圆锥滚子轴承　8—圆柱滚子轴承
9—从动锥齿轮　10—主减速器盖　12—圆锥滚子轴承

【课堂互动】 即为主减速器的主动轴,动力由变速器直接传递给主减速器。

主减速器由一对双曲面主动锥齿轮4和差速器2等组成。主动锥齿轮4与变速器输出轴制成一体,用双列圆锥滚子轴承6和圆柱滚子轴承8支承在变速器壳体内。环状的从动锥齿轮9靠凸缘定位,并用螺钉和差速器壳连接,差速器壳由一对圆锥滚子轴承12支承在变速器壳体上。

奥迪100轿车的主减速器在结构上与上海桑塔纳轿车相同,其主动锥齿轮齿数是9,从动锥齿轮的齿数是37,主减速器的传动比为4.11。

4. 双级主减速器

当汽车主减速器需要较大的传动比时,若仍采用单级主减速器,由于主动锥齿轮受强度、最小齿数的限制,其尺寸不能太小,相应的从动锥齿轮尺寸将增大,这不仅使从动锥齿轮刚度降低,而且会使主减速器壳及驱动桥外形轮廓尺寸增大,难以保证足够的离地间隙,因此需要采用双级主减速器。

图5-8所示为解放CA1092型汽车双级主减速器。第一级传动为一对弧齿锥

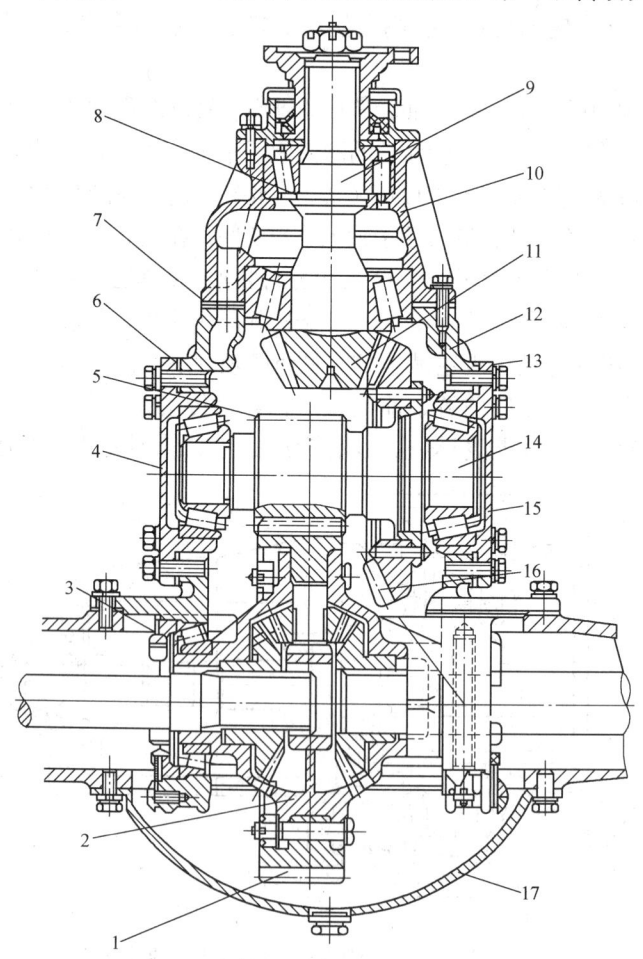

图5-8 解放CA1092型汽车双级主减速器

1—第二级从动圆柱齿轮 2—差速器壳 3—调整螺母 4、15—轴承盖 5—第二级主动圆柱齿轮 6、7、8、13—调整垫片 9—第一级主动齿轮轴 10—轴承座 11—第一级主动锥齿轮 12—主减速器壳 14—中间轴 16—第一级从动锥齿轮 17—后盖

齿轮 11 和 16，第二级为一对斜齿圆柱齿轮。主减速器的传动比等于两级齿轮传动比的乘积。

【课堂互动】

主动锥齿轮 11 和主动齿轮轴 9 制成一体，用两个圆锥滚子轴承支承在轴承座 10 的座孔中，因主动锥齿轮悬伸在两轴承之后，故称为悬臂式支承。这种支承形式结构简单。

从动锥齿轮 16 用铆钉铆接在中间轴 14 的凸缘上。第二级传动的主动圆柱齿轮 5 与中间轴 14 制成一体，用两个圆锥滚子轴承支承在支承两端轴承盖 4 和 15 的座孔中，轴承盖用螺钉与主减速器壳 12 固定联接。从动圆柱齿轮 1 夹在左右两半差速器壳之间，并用螺栓将它们固定在一起。

单级主减速器的传动比 $i_0 =$ 从动锥齿轮的齿数/主动锥齿轮的齿数

【技能训练】

单级主减速器的拆卸：
1）拆下从动锥齿轮轴承盖螺栓，取下左、右轴承盖。
2）取出从动锥齿轮总成。
3）固定主动锥齿轮的凸缘，拆下锁紧螺母，取下主动锥齿轮，依次取出轴承、挡圈，取出油封。

【习题 5.2】

1. 填空题

某单级主减速器，其主动锥齿轮的齿数为 6，从动锥齿轮的齿数为 38，则传动比为_____。

2. 选择题

汽车后桥主减速器的作用是（　　）。
A. 增大功率　　　　　　B. 增大转矩
C. 增大转速　　　　　　D. 增大附着力

5.3　差速器

【本节目标】

1. 掌握差速器的组成、类型、结构特点。
2. 了解差速器的工作原理及其运动特性和转矩特性。

【基本理论知识】

1. 差速器的功用

差速器的功用是将主减速器的动力传给左、右两半轴，并在必要时允许两半轴以不同的转速旋转，以满足两车轮差速的要求。

汽车转向时，内外两侧车轮在同一时间内转动的距离显然不相等，外侧车轮移动的距离要大于内侧车轮移动的距离。对于驱动轮来说，驱动桥上的两侧车轮若用一根刚性轴联接，两侧车轮只能以相同的速度转动，转向时，内侧车

【课堂互动】轮会边滚边滑转，外侧车轮会边滚边滑移，因而导致车轮与地面之间不能作纯滚动。同样，即使汽车直线行驶，由于路面不平或者诸多原因造成的车轮半径不相等，都会使两侧车轮移动的距离不相等，从而造成上述滑移和滑转的现象。

车轮相对于地面的滑移和滑转，不仅会加速车轮的磨损，而且还会增加汽车的功率消耗和燃油消耗，并导致转向困难、制动性能恶化和行驶稳定性差等。为了消除以上的不良现象，保证车轮与地面作纯滚动，必须将车轮的驱动轴分成两段，即左右各一根轴（半轴），并在其间装有差速器。此外，多桥驱动的汽车各驱动桥之间也同样存在上述驱动轮与地面之间的相对滑移和滑转，为此，有些汽车在驱动桥之间也装有差速器。

2. 差速器类型

差速器按用途分为轮间差速器和轴间差速器，按其工作特性均可分为普通差速器和防滑差速器。

3. 普通齿轮式差速器

普通齿轮式差速器有锥齿轮和圆柱齿轮式两种，由于锥齿轮差速器结构简单、紧凑，工作平稳，因此，应用最为广泛。

（1）基本组成　如图 5-9 所示，它由行星锥齿轮 4、十字形行星锥齿轮轴 8、两个半轴锥齿轮 3、两个差速器壳 1 和 5 及垫片 2 和 7 组成。

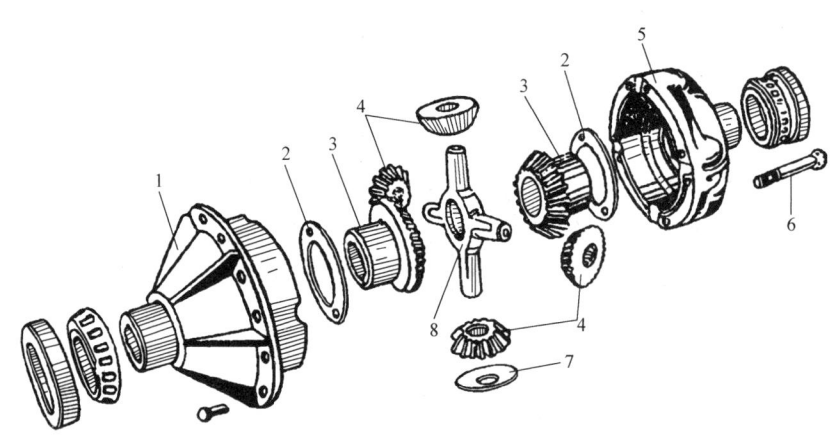

图 5-9　行星锥齿轮差速器零件分解图

1、5—差速器壳　2—半轴锥齿轮垫片　3—半轴锥齿轮　4—行星锥齿轮
6—螺栓　7—行星锥齿轮垫片　8—行星锥齿轮轴（十字轴）

主减速器的从动锥齿轮夹在两个差速器壳 1 和 5 之间，用螺栓将它们固定在一起，十字轴的两个轴颈嵌在两个差速器壳端面半圆槽所形成的孔中，行星锥齿轮 4 分别套在四个轴颈上，两个半轴锥齿轮 3 分别与行星锥齿轮啮合，以其轴颈支承在差速器壳中，并以花键孔与半轴联接。十字轴的四个装配孔是在左、右两半轴装合后加工而成的，装配时不能周向错位。

差速器靠主减速器壳内的润滑油来润滑，因此差速器上开有供润滑油进出的窗孔。为了保证行星锥齿轮和十字轴轴颈之间的润滑，在十字轴轴颈上铣有平面，并在行星锥齿轮的齿间钻有油孔与其中心孔相通。同样，半轴锥齿轮上也钻有油孔，与其背面相通，以加强背面与差速器壳之间的润滑。

工作时，主减速器的动力传至差速器壳，依次经十字轴 8、行星锥齿轮 4、半轴锥齿轮垫片 2 传给半轴，由半轴传给车轮。

在中型以下的货车或轿车上，因传递的转矩较小，故可采用两个行星齿轮，相应的行星齿轮轴是一根直轴。图 5-10 所示为上海桑塔纳轿车的差速器，差速器壳为一整体框架结构。行星齿轮轴 5 装入差速器壳后用止动销 6 定位，半轴锥齿轮 2 背面也制成球形，其背面的推力垫片与行星齿轮背面的推力垫片制成一个整体，称为复合式推力垫片。螺纹套 3 用来紧固半轴锥齿轮。

【课堂互动】

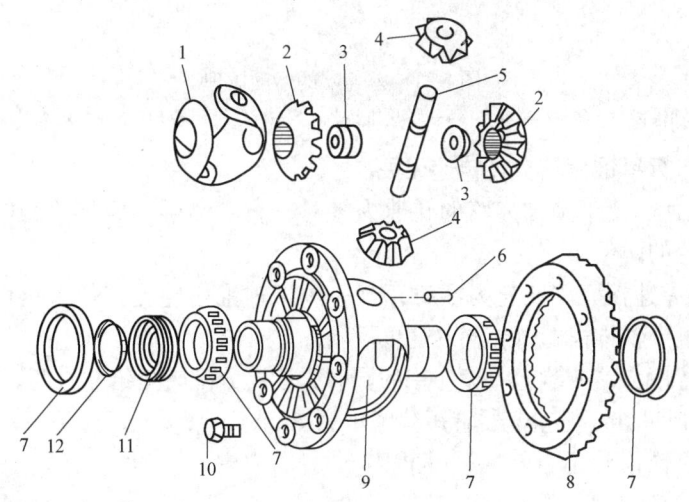

图 5-10　上海桑塔纳轿车差速器
1—复合式推力垫片　2—半轴锥齿轮　3—螺纹套　4—行星锥齿轮　5—行星齿轮轴
6—止动销　7—圆锥滚子轴承　8—主减速器从动锥齿轮　9—差速器壳
10—螺栓　11—车速表齿轮　12—车速表齿轮锁紧套筒

(2) 工作原理　图 5-11 所示为差速器的运动原理图。如图 5-11a 所示，差速器壳 3 与行星锥齿轮轴 5 连成一体，并由主减速器从动锥齿轮 6 带动一起转动，是差速器的主动件。A、B 两点分别为行星锥齿轮 4 与半轴锥齿轮 1 和 2 的啮合点。C 为行星锥齿轮 4 的中心。A、B、C 到差速器旋转轴线的距离相等。

差速器行星齿轮有三种运动状态，即公转、自转和既公转又自转。

当汽车直线行驶时，行星锥齿轮相当于一个等臂的杠杆保持平衡，即行星锥齿轮不自转，而只随行星锥齿轮轴 5 及差速器壳体一起公转，所以两半轴无转速差（见图 5-11b），差速器不起差速作用。

当汽车转弯行驶时，行星锥齿轮 4 除了随差速器壳体一起公转外，还绕行星锥齿轮轴自转，设其自转的速度为 n，方向见图 5-11c，则半轴锥齿轮 1 的转速加快，半轴锥齿轮 2 的转速减慢，因 $AC = CB$，所以，半轴锥齿轮 1 转速的增加值等于半轴锥齿轮 2 的转速减小值。这就是差速器的差速作用。

即汽车在转弯或其他情况下行驶时，两侧车轮可以不同的转速在地面上滚动，差速器无论差速与否，两半轴锥齿轮转速之和始终等于差速器壳体转速的

【课堂互动】

图 5-11 差速器的运动原理
1、2—半轴锥齿轮 3—差速器壳 4—行星锥齿轮 5—行星锥齿轮轴 6—主减速器从动锥齿轮

两倍,而与行星锥齿轮自转转速无关。

1)任何一侧半轴锥齿轮的转速为零时,另一侧半轴锥齿轮的转速为差速器壳体转速的两倍。

2)当差速器壳体转速为零时,若一侧半轴锥齿轮受其他力矩作用而转动时,另一侧半轴锥齿轮以相同的速度反转。

转矩特性:差速器起差速作用的同时,还要分配转矩给左右两侧的驱动轮。图 5-12 为行星锥齿轮差速器转矩分配示意图。

当行星锥齿轮不自转时,其相当于一个等臂杠杆,均衡拨动两半轴锥齿轮转动,所以,差速器将转矩平均分配给两半轴锥齿轮。

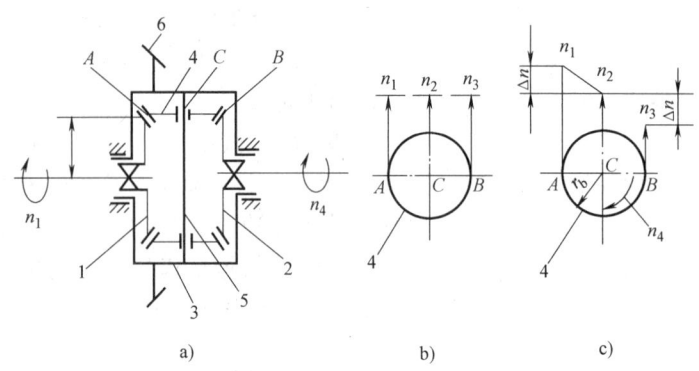

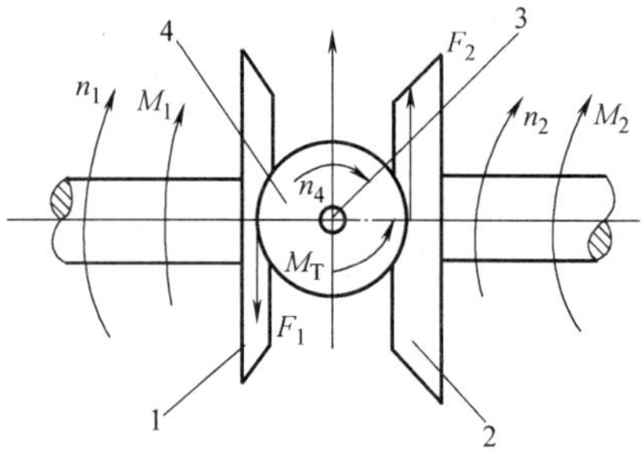

图 5-12 行星锥齿轮差速器
转矩分配示意图
1、2—半轴锥齿轮 3—行星锥齿轮轴
4—行星锥齿轮

当行星锥齿轮自转时,两边轮速不同。转得慢的车轮分配到的转矩大于转得快的车轮分配到的转矩,差值为差速器内部摩擦力矩。因差速器内部摩擦力矩较小,可以忽略不计。

无论差速器工作与否,对于普通行星齿轮,差速器具有转矩等量分配的特性。

4. 防滑差速器

当汽车的一个驱动轮处于泥泞的路面因附着力小而打滑时,即使另一个车轮处于附着力大的路面上未滑转,此时附着力小的路面只能对驱动轮作用一个很小的反作用力矩。由于差速器等量分配转矩特性,附着力大的驱动轮也只能同样分配小的转矩,以至于总的驱动力不足以克服行驶阻力,因此汽车便陷入泥泞的路中不能行驶。

普通锥齿轮差速器,限制了汽车通过坏路面的行驶能力。为了提高汽车在坏路面上的通过能力,一些越野汽车、高速小客车和载重汽车装用了防滑差速器。

汽车上常用的防滑差速器有人工强制锁止式和自锁式两大类。前者通过驾

驶员操纵差速锁，人为地将差速器暂时锁住，使差速器不起差速作用。后者是在汽车行驶过程中，根据路面情况自动改变驱动轮间的转矩分配。自锁式差速器又有摩擦片式、滑块凸轮式和托森式等多种结构。

（1）强制锁止式差速器　强制锁止式差速器就是在普通行星锥齿轮差速器上设计了差速锁。当汽车在好路面上行驶不需要锁止差速器时，此时为普通行星锥齿轮差速器。

当汽车通过坏路面需要锁止时，通过驾驶员的操纵，压缩空气由进气管进入气动活塞缸，拨动滑动接合套与固定接合套接合，将左半轴与差速器壳连成一个整体，则左右两半轴被连锁成一体转动，即差速器被锁止，不起差速作用。这样，转矩可全部分配给好路面上的车轮。

当需要解除差速器的锁止时，通过操纵结构，放掉气动活塞缸内压缩空气，滑动接合套复位，差速器恢复差速作用。

强制锁止式差速器结构简单，易于制造，但操纵不便，一般要在停车时进行。

（2）摩擦片式自锁差速器　图5-13所示为摩擦片式自锁差速器。它是在普通行星锥齿轮差速器的基础上发展而成的。两半轴锥齿轮背面与差速器壳1之间各安装了一套摩擦式离合器，用以增大差速器的内部摩擦阻力矩。摩擦片式差速器由推力压盘3及主、从动摩擦片2组成。推力压盘内花键与半轴相联，而其外花键与从动摩擦片的内花键联接，主动摩擦片的外花键与差速器壳1的内花键联接。主、从动摩擦片及推力压盘均可做微小的轴向移动。两根互相垂直的行星锥齿轮轴4组成十字轴，其轴颈的端部均切有凸V形斜面6，差速器壳1上的配合孔较大，相应地也加工有凹V形斜面。两根行星锥齿轮轴是反向安装的。

【课堂互动】

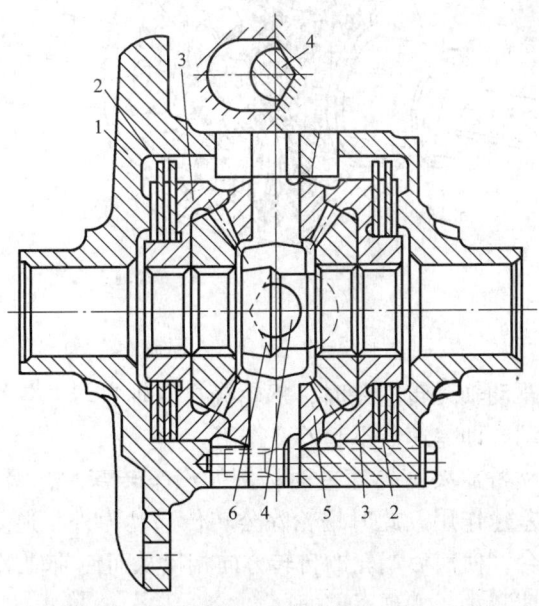

图5-13　摩擦片式自锁差速器
1—差速器壳　2—主、从动摩擦片　3—推力压盘
4—行星锥齿轮轴　5—行星锥齿轮　6—V形斜面

【课堂互动】 当汽车直线行驶，两半轴无转速差时，转矩平均分配给两半轴。由于差速器壳通过V形斜面驱动行星锥齿轮轴，在传递转矩时，斜面上产生的平行于差速器轴线的轴向分力迫使两根行星锥齿轮轴分别向左、右方向略微移动，通过行星锥齿轮推动推力压盘压紧摩擦片。此时转矩经两条路线传给半轴：一路经行星锥齿轮轴，行星锥齿轮和半轴锥齿轮将大部分转矩传给半轴；另一路则由差速器壳、主从动摩擦片、推力压盘传给半轴。

当一侧车轮在坏路面上滑转或转弯时，差速器起差速作用，使两半轴转速不相等，即一侧半轴的转速高于差速器壳的转速，另一侧低于差速器壳的转速。这样，由于转速差及轴向力的存在，主、从动摩擦片间将产生摩擦力矩，且经从动摩擦片及推力压盘传给两半轴的摩擦力矩方向相反：与快转半轴的转向相反，而与慢转半轴的转向相同。因而使得慢转半轴所分配到的转矩大于快转半轴所分配到的转矩。摩擦作用越强，两半轴的转矩差越大，最大可达5~7倍。

摩擦片式自锁差速器结构简单，工作平稳，多用于轿车或轻型货车。

（3）托森式差速器 图5-14所示为奥迪80和奥迪90全轮驱动的轿车，其前、后驱动桥之间采用的是托森式差速器。"托森"表示"转矩—灵活"，它是一种轴间自锁差速器，装在变速器后端。转矩由变速器输出轴传给托森差速器，再由差速器直接分配给前驱动桥和后驱动桥。

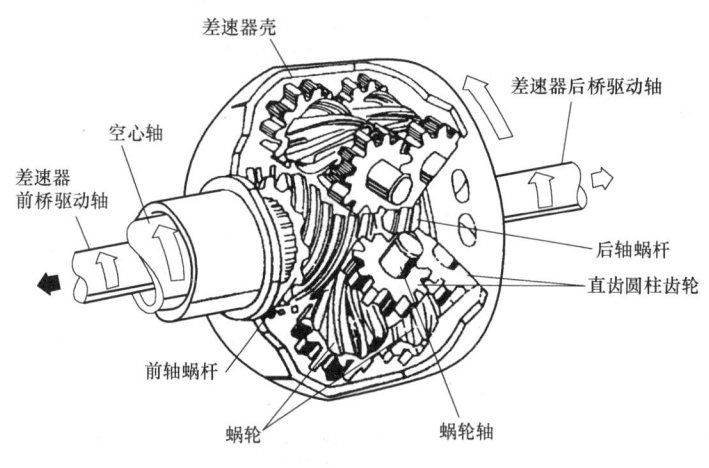

图5-14 托森式差速器

当前、后桥驱动轴无转速差时，蜗轮绕自身轴自转。各蜗轮、蜗杆与差速器壳一体等速转动，即差速器不起差速作用。

当前、后驱动桥需要有转速差时，例如汽车转弯时，因前轮转弯半径大，故要求差速器起差速作用。此时蜗轮除公转传递动力外，还要自转。由直齿圆柱齿轮的相互啮合，使前后蜗轮的自转方向相反从而使前轴蜗杆轴的转速增加，后轴蜗杆轴的转速减小，实现了差速。

托森式差速器起差速作用的同时，由于蜗杆蜗轮啮合副之间的摩擦作用，转速较低的后驱动桥比转速较高的前驱动桥分配到的转矩大，若后驱动桥分配到的转矩大到一定程度而出现滑转时，则后桥转速升高一点，转矩又立刻重新分配给前桥一些，所以驱动力的分配可根据转弯的要求自动调节，使汽车转弯具有良好的驾驶性能。

同理，当前、后驱动桥中某一桥因附着力而出现滑转时，差速器起作用，将转矩大部分分配给附着力好的另一驱动桥（最大可达3.5倍），从而提高了汽车通过能力。

【课堂互动】

滑移——边滚动边抱死

滑转——边滚动边空转

差速器行星齿轮的三种运动状态：即公转、自转和既公转又自转。

【技能训练】

差速器的解体（丰田）：
1）对称拆下从动锥齿轮上固定螺栓，取下从动锥齿轮。
2）打出差速器一字轴上的定位销，取下一字轴。
3）旋动半轴锥齿轮，取下行星锥齿轮，再取出半轴锥齿轮。

【习题5.3】

1. 填空题

（1）普通行星齿轮式差速器由_____、_____、_____、_____、_____等组成。

（2）某汽车单级主减速器从动锥齿轮的转速为200r/min，已知此时左驱动轮的转速为250r/min，则右驱动轮的转速为_____ r/min，此时汽车应向_____转向。

2. 选择题

（1）差速器的主要作用是，甲说：汽车在转向行驶时，防止左右两驱动轮以不同转速旋转。乙说：起到降速增矩的作用。（　　）

A. 甲对，乙不对　　　　　B. 甲不对，乙对
C. 甲乙都对　　　　　　　D. 甲乙都不对

（2）如将一辆汽车的后驱动桥架起来，并挂上挡，这时转动一侧车轮，另一侧车轮（　　）。

A. 同向并以相等速度转动　　B. 反向并以相等速度转动
C. 不转动　　　　　　　　　D. 反向并以不相等速度转动

（3）差速器的运动规律是，设一个半轴齿轮的转速为 n_1，另一个半轴齿轮的转速为 n_2，差速器壳的转速为 n_0，则（　　）。

A. $n_2 + n_1 = n_0$　　　　B. $n_2 + n_1 = 2n_0$
C. $n_2 - n_1 = n_0$　　　　D. $n_1 - n_2 = n_0$

5.4　半轴与桥壳

【本节目标】

掌握半轴和桥壳的构造。

【课堂互动】【基本理论知识】

1. 半轴

(1) 半轴的功用　半轴是将差速器传来的动力传递给驱动轮。其内端与差速器的半轴齿轮相连,而外端则与驱动轮的轮毂相连。因其传动的转矩较大,常制成实心轴。半轴的结构受到悬架和驱动桥的结构影响。非独立悬架且发动机前置、后轮驱动的汽车,半轴是一根长轴,它直接将动力从差速器传递给驱动轮。断开式驱动桥和发动机前置、前轮驱动的汽车,如奥迪100和上海桑塔纳轿车,半轴分段,并用等速万向节联接,中半轴常被称为传动轴。

(2) 半轴支承形式　其包括全浮式半轴支承和半浮式半轴支承两种形式。

1) 全浮式半轴支承。全浮式半轴支承广泛应用在各种货车上。图5-15所示为解放CA1092型汽车全浮式半轴支承形式的驱动桥。轮毂通过两个距离较远的圆锥滚子轴承3和5支承在半轴套管7上。半轴1外端锻出凸缘,借螺栓2与轮毂4联接,半轴内端用花键与差速器的半轴齿轮联接,半轴齿轮的毂部支承于差速器壳两侧轴颈的内孔内,而差速器壳又以两侧轴颈直接支承在桥壳上。

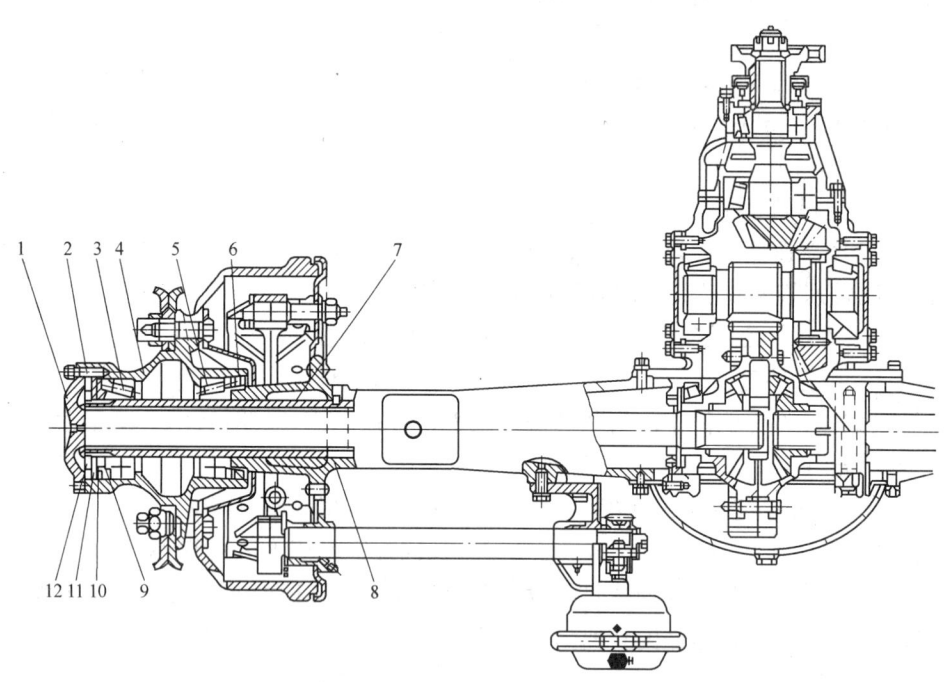

图5-15　解放CA1092型汽车全浮式半轴支承形式的驱动桥
1—半轴　2—螺栓　3、5—圆锥滚子轴承　4—轮毂　6、10—油封　7—半轴套管
8—桥壳　9—调整螺母　11—锁紧垫圈　12—锁紧螺母

图5-16为全浮式半轴支承形式驱动桥示意图。在外端,路面对驱动轮的作用力(垂直力F_z、切向力F_x和侧向力F_y)以及由它们形成的力矩,直接由轮毂6通过两个锥轴承传给桥壳1,完全不由半轴承受。同样,在内端,作用在主减速器从动锥齿轮上的力及力矩全部由差速器壳直接承受,与半轴无关。因

此这样的半轴支承形式,使半轴只承受转矩,而两端均不承受任何力和力矩,【课堂互动】故称为全浮式半轴支承形式。所谓"浮"是对卸除半轴的弯曲负荷而言。

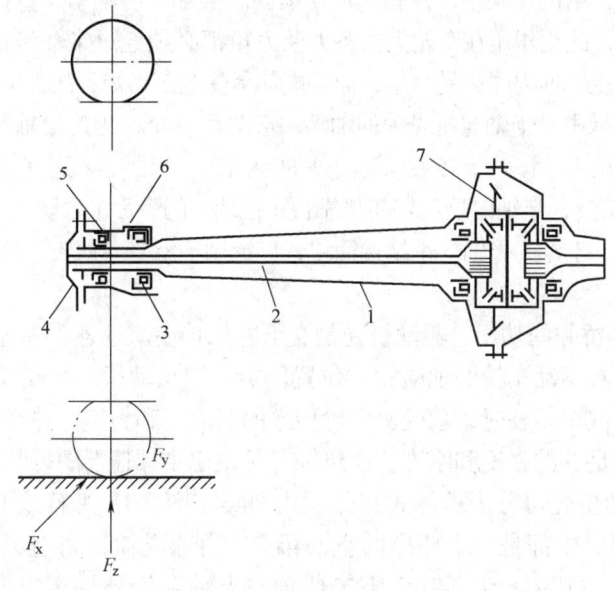

图 5-16　全浮式半轴支承形式驱动桥示意图
1—桥壳　2—半轴　3、5—轴承　4—半轴凸缘　6—轮毂　7—主减速器从动锥齿轮

为防止轮毂及半轴在侧向力作用下发生轴向窜动,轮毂内的两个锥轴承的安装方向必须使它们能分别承受向内和向外的轴向力。

全浮式支承的半轴易于拆装,只需拧下半轴凸缘上的螺钉,就可将半轴从半轴套管中抽出,而车轮和车桥照样能支撑住汽车。

2)半浮式半轴支承。图 5-17 所示为红旗 CA7560 型高级轿车半浮式半轴支承形

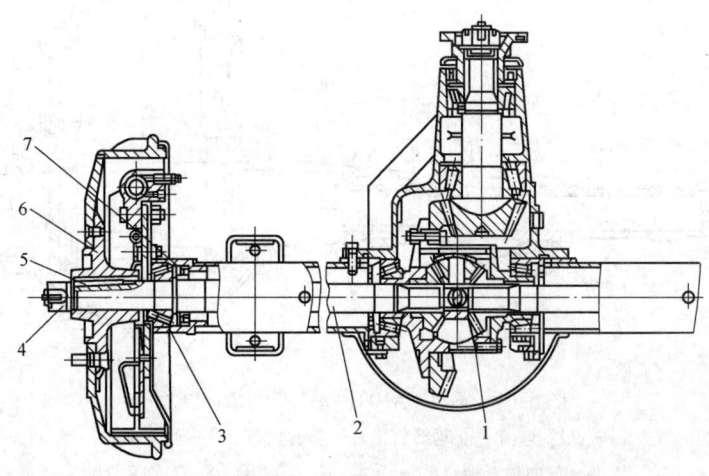

图 5-17　红旗 CA7560 型高级轿车半浮式半轴支承形式的驱动桥
1—止推块　2—半轴　3—圆锥滚子轴承　4—锁紧螺母　5—键　6—轮毂　7—桥壳凸缘

【课堂互动】式的驱动桥，其半轴2的内端支承方式与上述相同，即半轴内端不承受力及力矩。半轴的外端是锥形的，锥面上切有纵向键槽，最外端有螺纹。轮毂6有相应的锥形孔与半轴配合，用键5联接，并有螺母4紧固。半轴2有轴承3直接支承在桥壳凸缘7内。显然，此刻作用在车轮上的各力及力矩都必须经过半轴传给驱动桥壳。因这中半轴只能使半轴内端免受力矩，而外端却承受全部力矩，故称为半浮式。

半浮式支承中，半轴与桥壳中的轴承一般只用一个，为使半轴和车轮不至于被向外的侧向力拉出，该轴承必须承受向外的轴向力。另外，在差速器行星齿轮的中部浮套着止推块1，半轴内端正好能顶靠在止推块1的平面上，防止半轴在侧向力作用下向内窜动。半浮式半轴支承结构简单，广泛用于承受载荷较小的轿车上。

2. 桥壳

（1）驱动桥壳的功用 驱动桥壳是支承并保护主减速器、差速器和半轴等的部件。其使左右驱动车轮的轴向相对位置固定；同从动桥一起支承车架及其上面的各种总成；汽车行驶时，承受由车轮传递的路面力和力矩，并经悬架传给车架。驱动桥壳须有足够的强度和刚度，质量轻，并便于主减速器的拆装和调整。

（2）驱动桥壳可分为整体式和分段式两类 图5-18为解放CA1091型汽车的整体式桥壳。中部是一个环形的空心梁7，用球墨铸铁铸造，两端压入钢制的半轴套管8，并用止动螺钉2限定位置，半轴套管外端用以安装轮毂轴承。凸缘盘1用来固定制动底板。主减速器和差速器预选装合在主减速器壳内，然后用固定螺钉4将其固定在空心梁的中部前端面上。空心梁后端面的大孔，供检查驱动桥内主减速器和差速器的工作情况用。后盖6上装有检查油面用的螺塞5。主减速器壳上另有加油孔和放油孔。

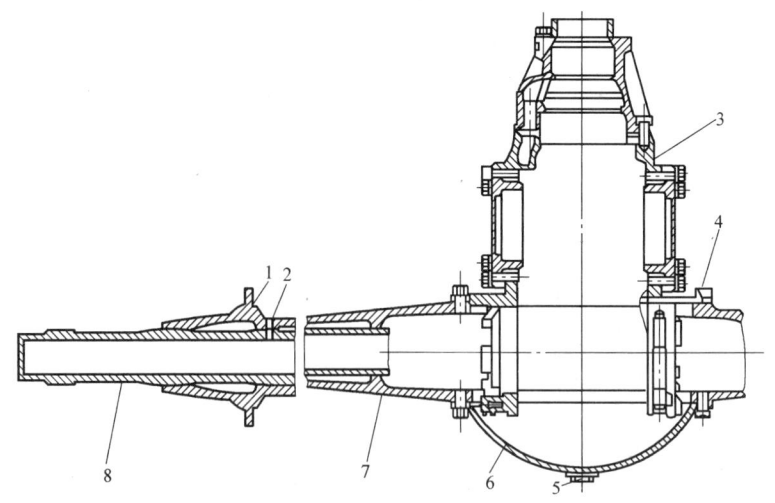

图5-18 解放CA1091型汽车的整体式桥壳
1—凸缘盘 2—止动螺钉 3—主减速器壳 4—固定螺钉
5—油面检查螺塞 6—后盖 7—空心梁 8—半轴套管

整体式桥壳具有较大的强度和刚度，且便于主减速器的装配、调整和维修。因此普遍用于各类汽车上。

图 5-19 为汽车分段式驱动桥壳的结构。

【课堂互动】

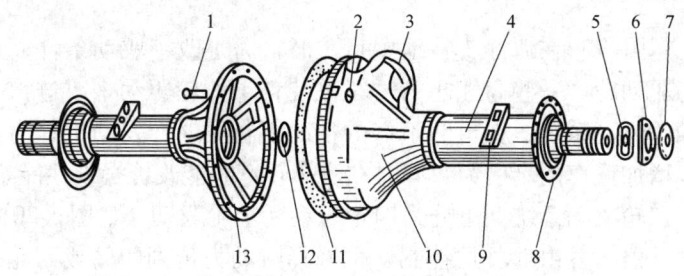

图 5-19 分段式驱动桥壳的结构

1—螺栓 2—注油孔 3—主减速器壳颈部 4—半轴套管 5—调整螺母 6—止动垫片
7—锁紧螺母 8—凸缘盘 9—弹簧座 10—主减速器壳 11—垫片 12—油封 13—盖

1. 半轴与传动轴的区别及相同点是什么？

2. 桥壳上面的通气孔有什么作用？

【技能训练】

1. 全浮式半轴的拆装

1）用工具拆下半轴凸缘上面的螺栓、螺母。

2）抽出半轴。

2. 半浮式半轴的拆装

1）先拆下车轮。

2）拆下制动鼓。

3）拆下主减速器后盖，拧出一字轴的锁紧螺钉，取出一字轴、行星齿轮。

4）将半轴朝内推动，取出半轴的锁片。

5）取出半轴。

【习题 5.4】

1. 选择题

半浮式半轴支承，其半轴的外端受力为（　　）。

A. 只承受转矩，不承受力及力矩

B. 除承受转矩外，还承受部分力及全部力矩

C. 承受转矩及全部力和力矩

D. 转矩、力和力矩均不承受

2. 简答题

（1）全浮式半轴支承的定义。

（2）驱动桥壳有哪些作用？可分为哪几种类型？

5.5　四轮驱动系统

【本节目标】

1. 了解四轮驱动系统的类型、特点。

2. 理解四轮驱动系统的工作过程。

【课堂互动】【基本理论知识】

特点：越野汽车在泥泞、雪地中行驶时，为了改善驱动条件，可将四个车轮全部变为驱动轮。一些高性能的轿车也装备了四轮驱动来改进汽车的操纵性能。对于四轮驱动系统，在道路不好的情况下行驶时，发动机动力可以流向四个车轮，以增加汽车的牵引力，同时在汽车转弯时能改善操纵性能。

类型：四轮驱动系统又可分为四轮驱动和全轮驱动，如图 5-20 所示。四轮驱动装有分动器，并由驾驶员控制，可选择将动力传到两轮或四轮；全轮驱动不使用分动器，驾驶员不能选择两轮或四轮驱动，发动机的动力通过轴间差速器、粘液耦合器把动力同时送给前驱动桥和后驱动桥，永远以四轮驱动行驶。

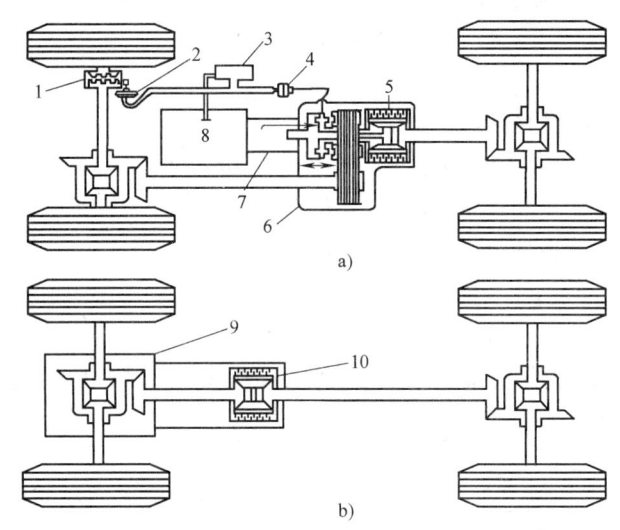

图 5-20　四轮驱动和全轮驱动
a）四轮驱动　b）全轮驱动
1—前桥离合器　2、4—真空马达　3—开关　5—带离合器组件的差速器
6—分动器　7—变速器　8—2WD 和 4WD 选择器　9—前驱动桥　10—轴间差速器

1. 四轮驱动

典型四轮驱动如图 5-21 所示，由前置发动机、变速器、前后传动轴、前后驱动桥总成及分动器等组成。

分动器有一电子开关或操纵杆，用来由驾驶员选择控制分动器将动力传至四个车轮、两个车轮或不传递至任何一个车轮。为了改善汽车的驱动条件，许多分动器均设有高低挡。

2. 全轮驱动

典型的全轮驱动如图 5-22 所示，由发动机、变速器、轴间差速器、传动轴及前后驱动桥总成组成。

在全轮驱动中，驾驶员不能在两轮驱动或四轮驱动之间选择，而始终是四个驱动车轮。全轮驱动车型不适用于越野行驶，而是设计成在不良附着力情况

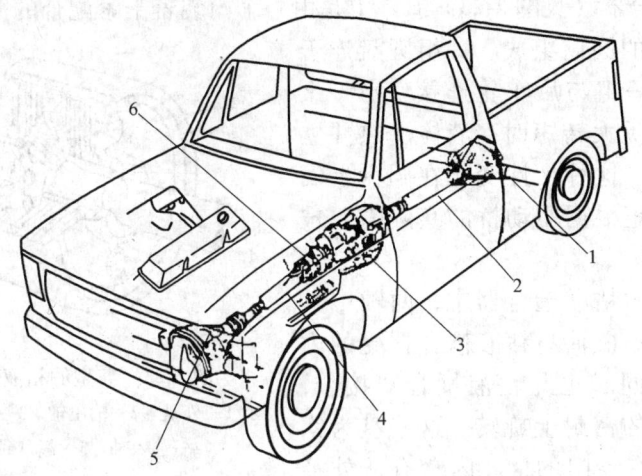

图 5-21 典型四轮驱动汽车主要部件的位置
1—后驱动桥总成 2—后传动轴 3—分动器 4—前传动轴 5—前驱动桥总成 6—变速器

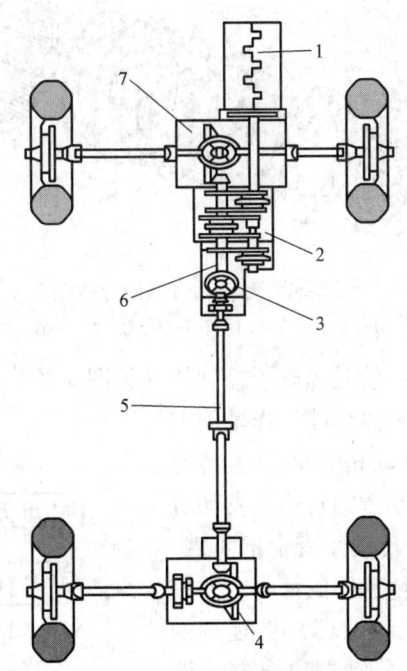

图 5-22 典型的全轮驱动
1—发动机 2—五挡手动变速器 3—轴间差速器 4—后驱动桥总成
5—传动轴 6—变速器第二轴 7—前驱动桥总成

下（如在有冰或雪的道路上）行驶时来增加汽车的性能，把大部分发动机动力传递到有最大附着力的驱动桥上。

大多数全轮驱动用一个轴间差速器来分流前、后驱动桥之间的动力。轴间差速器可自动锁定，或者由驾驶员用开关手动锁定。全轮驱动也可使用粘液耦合器来使驱动桥的转速产生变化。

【课堂互动】　　粘液耦合器（见图5-23）基本上是由一个内装若干紧配合的薄圆钢盘、充满粘稠液体的圆筒组成。一组圆盘连于前车轮，另一组与后车轮连接。当一个桥明显要求更大转矩时，液体变热并立刻改变粘度。这种粘性变化在圆盘上发生反应，转矩根据驱动桥的实际需要被分流。

在典型的粘液耦合器中，两轴中具有外花键的一根轴与粘液耦合器壳的内花键接合，同时也与粘液耦合器接合，另一轴在壳的密封上旋转。这些盘为钢制，上面开有专门的槽。内盘有从外径边缘开的槽，外盘有从其内径边缘开的槽。粘液耦合器分解图如图5-24所示。

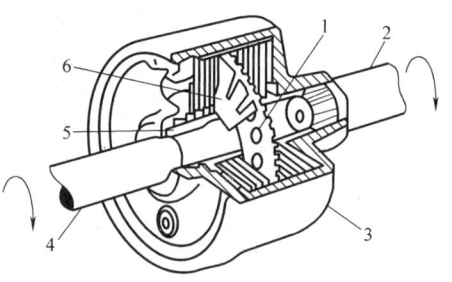

图5-23　典型的粘液耦合器
1—外盘　2—输出轴　3—联接器壳
4—输入轴　5—毂　6—内盘

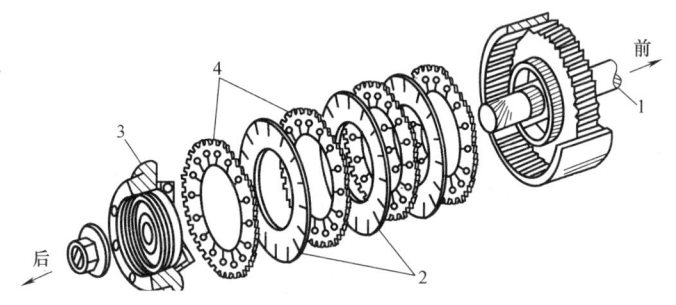

图5-24　粘液耦合器的分解图
1—输入　2—内盘　3—输出　4—外盘

许多自动全轮驱动系统是由电子控制的（见图5-25）。为把动力传递到后部，使用了多盘离合器，这种离合器用作轴间差速器，并使得前、后驱动桥之间产生转速差。传感器监视前后驱动桥的转速、发动机转速以及发动机和动力传动系统上的负载。电子控制装置接收来自传感器的信号，并控制在负载循环（也称跳动循环）上运行的螺线管，从而控制接合分动器离合器的液流。负载线管的脉动非常迅速地循环开、关，这种循环产生一种受控的分离状况。结果，分动器的运行有如一个轴间差速器，使得动力从95%前轮驱动和5%后轮驱动分流至50%前轮驱动和50%后轮驱动。按需求启动的四轮驱动系统仅在第一驱动桥开始分离之后才向第二驱动桥供给动力。全系统电子控制装置亦称为变速器控制装置。

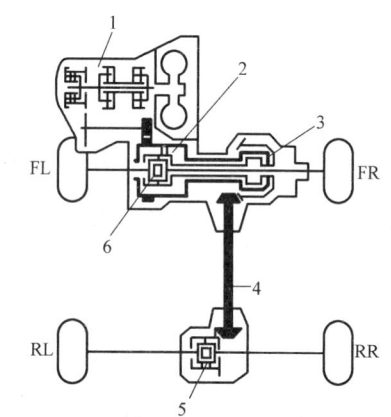

图5-25　电控式全轮驱动系统
1—变速器　2—多盘离合器　3—中央差速器
4—传动轴　5—后差速器　6—前差速器

【技能训练】

1. 驱动桥一级维护

一级维护时，对驱动桥和车轮应进行下述的维护作业。

1）检查后桥壳是否有裂纹及不正常的渗漏。如有渗漏，应查明原因，予以排除。

2）检查各部螺栓、螺母的联接是否可靠。

3）后桥壳体内的润滑油量是否合适，其油面应不低于检视孔下沿15mm处。

4）后桥壳的通气塞应保持畅通。

5）用推动轮毂来检查轴承的松紧度时，应无明显手感的旷量。

6）检视轮胎和半轴上的外露螺栓、螺母，不得有松动。

7）对前轮驱动汽车的半轴总成还应进行以下作业内容：

① 外端球笼万向节用手感检查应无径向间隙，否则应更换。

② 内侧万向节可沿轴向滑动，但无明显的径向间隙感，否则更换。

③ 防尘套是否有老化破裂，卡箍是否有效可靠，如失效更换。

2. 驱动桥二级维护

二级维护除进行一级维护的所有项目外，还应要进行以下内容：

1）检查半轴。半轴应无弯曲、裂纹，键槽无过度磨损。如有可视的键槽磨损时，应进行左右半轴的换位。

2）拆下轮毂，检查半轴套管是否有配合松旷和裂纹，各螺纹的损伤不得超过两牙。

3）检视后桥壳是否有裂纹。

4）放油后，拆下后桥壳盖，清除油污并检视齿轮、轴承及各部螺栓紧固情况，必要时可以更换齿轮和轴承。

5）检视主减速器的油封有无漏油，凸缘螺母是否松动，检查主减速器的联接螺栓的紧固。

6）检查轮毂轴承的紧固情况，必要时按技术条件的要求拧紧。

二级维护时，还要根据有无下列现象，决定后桥维护的附加作业项目：

1）主减速器有无异响，主减速器的啮合间隙是否过大。如有上述现象，说明轮齿磨损或啮合间隙过大，应调整啮合间隙并检查齿面接合状况。

2）检查后桥在正常工作时的油温是否超过60℃并伴有异响。如有此现象，说明齿轮啮合不当或轮齿有断齿，也可能是由于轴承预紧度过大，应拆检主减速器和差速器。

上述作业结束后，装复后桥壳后盖，按规定加注符合原厂规定的齿轮油至规定油面。

【习题5.5】

1. 判断题

（1）分动器的主要作用是把变速器传递的转矩平均分配给各驱动桥。（ ）

【课堂互动】

四轮驱动与全轮驱动的区别。

【课堂互动】（2）汽车在平坦路面上行驶，分动器应在高速挡位置，也不必使前桥驱动。（　　）

2. 简答题

（1）四轮驱动汽车有什么优点？

（2）全轮驱动由哪些总成组成？

5.6 驱动桥的故障诊断与主要零件的检修

【本节目标】

1. 熟悉驱动桥常见故障的现象。
2. 掌握常见故障的诊断与排除方法。
3. 掌握驱动桥主要零件的检修方法。

【基本理论知识】

1. 驱动桥常见故障的现象

汽车行驶时，驱动桥的受力情况特别复杂。各传递动力的零件，由于接近最终传动，其所受的各种应力远远大于传动系的其他部件。后轮驱动的汽车，其驱动桥壳要承受相当一部分的载重量；前轮驱动的轿车，其半轴暴露在外，两端万向节的防尘套长期使用后的老化都会使驱动桥的技术状态发生变化，造成传动间隙增大而出现异响、主减速器和差速器壳温度过高、漏油等现象，影响汽车的正常使用。

驱动桥常见故障有异响、发热和漏油。

（1）异响

1）现象。当汽车以 40km/h 以上的速度行驶时，驱动桥会发生一种不正常的响声，且车速越高响声越大，而当滑行时或低速时响声减小或消失。

2）原因

① 齿轮或轴承严重磨损或损坏。

② 主、从动齿轮配合间隙过大。

③ 从动齿轮铆钉或螺栓松动。

④ 差速器齿轮、半轴内端或半轴齿轮花键磨损松旷。

（2）发热

1）现象。汽车行驶一段时间后，用手触摸驱动桥时有烫手的感觉。

2）原因

① 轴承装配过紧。

② 齿轮啮合间隙过小。

③ 齿轮油太少或粘度不对。

3）诊断与排除。应结合发热部位，逐项检查予以排除。轮毂轴承过紧时，常伴有起步费劲，行驶中发沉，滑行不良等现象。

(3) 漏油:

1) 现象。齿轮油从驱动桥处向外渗漏。

2) 原因:

① 主减速器油封损坏。

② 半轴油封损坏。

③ 与油封接触的轴颈磨损,使之表面有沟槽。

④ 衬垫损坏或紧固螺栓松动。

⑤ 齿轮油加注过多。

3) 诊断与排除:

① 齿轮油经半轴凸缘周围渗漏,为半轴油封不良,应更换半轴油封。无半轴油封的汽车(CA1091 型)则是因为汽车加注齿轮油过多或汽车在横向坡较大的路面上行驶。

② 主减速器主动锥齿轮凸缘处漏油,说明该处油封不良或凸缘轴颈表面磨损产生沟槽,则应更换油封。

③ 其他部位漏油可根据油迹查明原因。

2. 驱动桥主要零件的检修

(1) 后桥壳和半轴套管

1) 桥壳和半轴套管不允许有裂纹存在,半轴套管应进行探伤处理。各种螺纹损伤不得超过两牙。

2) 整体式桥壳以半轴套管的两内端轴颈的公共轴线为基准,两外轴颈的径向圆跳动误差超过 0.30mm 时应进行校正,校正后的径向圆跳动不得大于 0.08mm。

3) 分段式桥壳以桥壳的结合圆柱面、结合平面为基准,轮毂的内外轴颈的径向圆跳动误差超过 0.25mm 时应进行校正,校正后的径向圆跳动不得大于 0.08mm。

4) 桥壳承孔与半轴套管的配合及伸出长度应符合原厂规定。如半轴套管的承孔的磨损严重,可将座孔镗至修理尺寸,更换相应修理尺寸的半轴套管。

5) 滚动轴承与桥壳的配合应符合原厂规定。

(2) 半轴

1) 半轴应进行隐伤检查,不得有任何形式的裂纹存在。

2) 半轴花键应无明显的扭转变形。

3) 以半轴轴线为基准,半轴中段未加工圆柱体径向圆跳动误差不得大于 1.3mm;花键外圆柱面径向圆跳动误差不得大于 0.25mm;半轴凸缘内侧端面圆跳动误差不得大于 0.15mm。径向圆跳动误差超限,应进行冷压校正;端面圆跳动误差超限,可车削端面进行修正。

4) 半轴花键的侧隙增大量较原厂规定不得大于 0.15mm。

(3) 轮毂

1) 轮毂应无裂纹,否则更换,轮毂各部位螺纹的损伤不得多于两牙。

2) 轮毂和半轴凸缘及制动鼓的结合端面对轴承承孔公共轴线的端面圆跳

【课堂互动】

【课堂互动】 动公差均为 0.15mm，超限可车削修复。

3) 轮毂轴承孔与轴承的配合应符合原厂规定。

（4）主减速器壳

1) 壳体应无裂纹，各部位螺纹孔的损伤不得多于两牙，否则应更换。

2) 差速器左、右轴承孔同轴度公差为 0.10mm。

3) 圆柱主动齿轮轴承（或侧盖）孔轴线对减速器壳体前端面的平行度公差：当轴线长度在 200mm 以上，其值为 0.12mm；当轴线长度小于或等于 200mm，其值为 0.10mm。

4) 主减速器壳纵轴线对横轴线的垂直度公差：当纵轴线长度在 300mm 以上，其值为 0.16mm；当纵轴线长度小于或等于 300mm，其值为 0.12mm；纵、横轴线应位于同一平面（准双曲面线齿轮除外），其位置度公差为 0.08mm。

5) 主减速器壳与侧盖的配合及轴承与壳体的配合应符合原厂规定。

（5）主减速器锥齿轮副

1) 齿轮工作表面不得有明显的斑点、剥落、缺损和阶梯形磨损。

2) 主动锥齿轮：轮齿锥面的径向圆跳动公差为 0.05mm；前后轴承与轴颈、承孔的配合应符合原厂规定。从动锥齿轮与差速器壳的连接应牢固可靠。

3) 齿轮必须成对更换。

（6）差速器

1) 差速器壳产生裂纹，应更换。

2) 差速器壳与行星锥齿轮、半轴锥齿轮垫片的接触面应光滑，无沟槽。如有小的沟槽可用砂纸打磨，并更换新半轴锥齿轮垫片。

3) 行星锥齿轮、半轴锥齿轮不得有裂纹，工作表面不得有明显的斑点、剥落、缺损。

4) 差速器壳体与轴承，差速器壳体与行星齿轮轴的配合应符合原厂规定。

（7）滚动轴承 轴承的钢球（或滚柱）和滚道上不得有伤痕、剥落、严重黑斑或烧损变色等缺陷，否则应更换。

轴承架不得有缺口、裂纹、铆钉松动（或滚柱）脱出现象，否则应更换。

掌握半轴圆跳动测量方法。

【技能训练】

驱动桥异响故障诊断及排除：

1) 停车检查，发现驱动桥有不正常的响声时，可将驱动桥架起，起动发动机并挂上挡后，急剧改变车速，查听驱动桥响声来源，以判断故障所在部位。随即熄火并放入空挡，在传动轴停止转动后，用手转动传动轴凸缘，若有松旷感觉，则为啮合间隙过大；如感到一点活动量没有，则说明啮合间隙过小。此时应调整啮合间隙。

2) 汽车在行驶中，如车速越高则响声越大，而滑行时减小或消失，一般是轴承磨损松旷；齿轮啮合间隙失常；如急速改变车速或上坡时发响，则为齿轮啮合间隙过大，应予调整。

3) 如汽车在转弯时发响，多为差速器行星齿轮啮合间隙过大或半轴齿轮及键槽磨损。

4）在行驶中听到驱动桥有突然响声，多为齿轮损坏，应立即停车检查排除。如继续行驶，将会打坏齿轮，使汽车停驶。

【习题5.6】

1. 填空题

（1）若异响来自驱动桥，但异响会时有时无，或有时呈周期性变化，则故障一般由_____引起。

（2）汽车起步或突然变速时发出"吭"的一声，或汽车缓速时，发出"咔啦咔啦"的撞击声，则故障由_____引起。

（3）驱动桥常见的故障有_____、_____、_____。

2. 简答题

（1）分析驱动桥过热的现象、原因。

（2）分析驱动桥漏油的原因。

5.7 驱动桥的装配与调整

【本节目标】

1. 掌握差速器的装配与调整。
2. 掌握主减速器的装配与调整
3. 了解驱动桥的磨合试验。

【基本理论知识】

驱动桥的装配精度要求高、装配质量对总成性能影响大，当内部机件配合不当时，将会发生不正常的响声、加速机件的磨损，严重时甚至会打坏齿轮，烧坏轴承。

驱动桥装配时应进行检查和调整，其中主要是轴承预紧度及齿轮的啮合间隙、啮合印痕的检查和调整。对于单级主减速器，应先进行差速器的装配，然后调整主、从动锥齿轮轴承预紧度，最后调整齿轮的啮合间隙、啮合印痕。对于双级主减速器，应先调整主、从动锥齿轮轴承预紧度，然后调整齿轮的啮合间隙、啮合印痕，最后进行差速器的装配及差速器轴承预紧度的调整。

1. 差速器的装配与调整

差速器装配时，应按下列顺序进行，并注意各步骤的注意事项。

（1）安装差速器轴承　安装差速器轴承内圈时，应用压力机平稳地压入，不得用锤子敲击，以免损伤轴承的工作表面或刮伤轴颈表面。

（2）安装齿轮　在与行星齿轮和半轴齿轮配合的工作表面上涂上机油，先装入一侧垫片和半轴齿轮，然后装入已装好的行星齿轮及垫片的十字轴，并使行星齿轮和半轴齿轮啮合。

在行星齿轮上装入另一侧垫片和半轴齿轮，扣上另一侧的差速器壳。装入

【课堂互动】另一侧壳体时，应使两侧壳体上的位置标记对正，以免破坏齿轮副的正常啮合。

（3）从动锥齿轮与差速器的装合　将主减速器从动锥齿轮装在差速器壳体上，将固定螺栓按规定方向穿过壳体，套入垫片，用规定力矩交替拧紧螺母，锁死锁片。

2. 主减速器的装配与调整

主减速器的调整包括主、从动锥齿轮轴承预紧度的调整，主、从动锥齿轮啮合印痕和啮合间隙的调整等。在进行调整作业时必须遵守主减速器的调整原则：

1）先调整轴承预紧度，再调整啮合印痕，最后调整啮合间隙。

2）主、从动锥齿轮轴承预紧度必须按原厂规定的数值和方法进行调整和检查，在主减速器的调整过程中，轴承预紧度不得变更，始终应符合原厂规定的数值。

3）在保证啮合印痕合格的前提下，调整啮合间隙。啮合印痕、啮合间隙的变化量都必须满足技术条件，否则成对更换齿轮副。

（1）轴承预紧度的调整

轴承预紧度调整的目的：主减速器主、从动锥齿轮的支承对其能否正常工作至关重要，其原因在于，一是主动齿轮采用锥齿轮，而锥齿轮对啮合的精度要求很高；二是因为主减速器主动齿轮在工作中会受到轴向力，装配时，先给轴承一定的预紧，这有利于加强锥齿轮的刚度，抑制齿轮的径向抖动和轴向窜动，提高了齿轮在工作中的定心能力，保护润滑油膜，保证了啮合间隙，从而提高了齿轮副的啮合精度。通过改善锥齿轮副的啮合精度，减轻齿轮工作表面的磨损和降低传动噪声，可以延长锥齿轮副的寿命。

1）主动锥齿轮轴承预紧度的调整。主动锥齿轮轴承预紧度的调整方法有两种（见图5-26、图5-27），第一种方法是在前轴承内圈下加减调整垫片，当按规定力矩拧紧万向节凸缘螺母时，垫片越薄，轴承内外圈压得越紧，即预紧度越大。国产汽车大多数采用这种方法调整，如解放CA1091型、东风EQ1090型汽车。此种方法的调整是否符合要求，可用测量万向节凸缘盘的转动力矩来判断。检查时，在不装油封的情况下，先按规定的力矩拧紧万

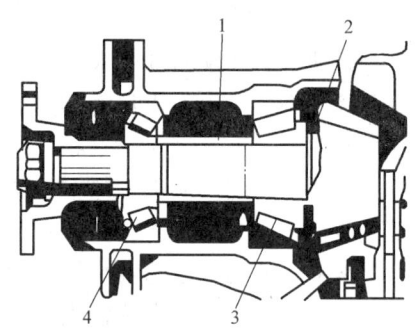

图5-26　主动锥齿轮轴承预紧度的调整
1—弹性隔套　2—调整垫片
3—后轴承　4—前轴承

向节凸缘盘的紧固螺母，用弹簧秤沿凸缘的切线方向测量转动主动锥齿轮轴所需的拉力，如解放CA1091型为17~30N（相当于力矩1.4~3.5N·m）。若大于标准值，说明轴承预紧度过大，应增加调整垫片的厚度，反之则减小调整垫片的厚度。注意测量时，轴承须润滑，并在同一个方向转动不少于5圈后进行。

另一种方法是用一个弹性隔套来调整主动锥齿轮轴承预紧度。装配时在前后轴承内圈之间放置一个可压缩的弹性薄壁隔套，按规定的力矩拧紧万向节凸

缘盘的紧固螺母时，隔套产生弹性变形，其张力自动适应对轴承预紧度的要求。【课堂互动】但采用这种方法，因隔套的弹性衰退，每次都必须更换新的隔套。轿车主减速器多采用这种结构，如北京切诺基。

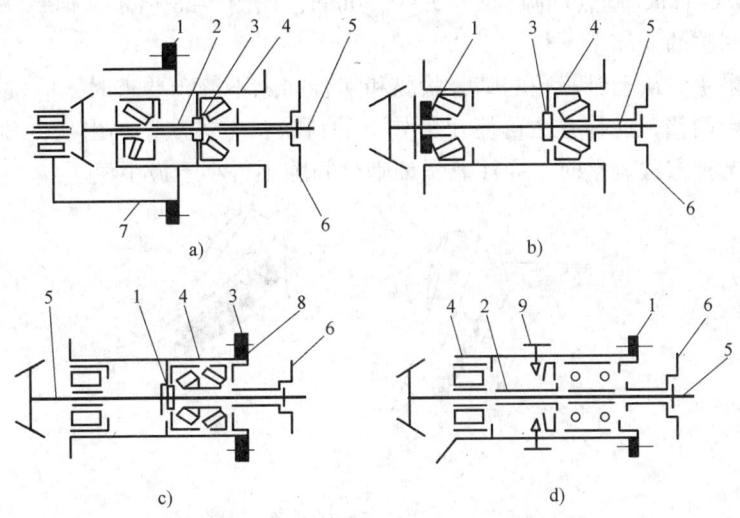

图5-27　主动锥齿轮的支承形式及调整
a）跨置式　b）、c）、d）悬臂式
1—主动锥齿轮啮合状况调整垫片　2—隔套　3—轴承预紧度调整垫片　4—主动锥齿轮轴承座
5—主动锥齿轮轴　6—凸缘叉　7—主减速器　8—油封盖　9—调整螺栓

2）从动锥齿轮轴承预紧度的调整。从动锥齿轮轴承预紧度的调整因驱动桥的结构不同分为两种。第一种是采用单级主减速器，其从动锥齿轮固定在差速器壳上，调整从动锥齿轮轴承预紧度就是调整差速器轴承预紧度。

差速器轴承两侧有调整螺母。装配时先将差速器外圈套在轴承上，把差速器总成装入主减速器壳内，再将两侧调整螺母对好螺纹放在座孔内，使两侧轴承盖也对好螺纹后安装（注意两轴承盖不能互换），然后装上锁片紧固轴承盖。

调整轴承预紧度时，慢慢转动两侧调整螺母，同时慢慢转动差速器总成，使滚柱处于正确位置。正确的预紧度可用转动差速器总成所需的力矩来衡量。

有些汽车从动锥齿轮轴承预紧度调整可通过轴承与差速器壳之间的垫片厚度来进行。增加垫片的厚度，轴承预紧度增加。

第二种是采用双级主减速器。从动锥齿轮与二级减速的主动圆柱齿轮固定在同一根轴上，两端用轴承支承在主减速器壳上。轴承预紧度通过调整垫片来调整，可参照前图。选择适当厚度的调整垫片，安装在主减速器与轴承盖之间。拧紧轴承紧固螺栓后，用转动锥齿轮的力矩来衡量预紧度是否合适。解放CA1091型汽车的标准是：转动从动锥齿轮的力矩为$1.47 \sim 3.43\text{N} \cdot \text{m}$，如所需力矩过大，说明预紧度过大，应增加垫片的厚度。

(2) 主、从动锥齿轮啮合印痕与啮合间隙的调整　主、从动锥齿轮应沿齿长方向接触，其位置控制在轮齿的中部偏向小端。检查时在从动锥齿轮上，沿

【课堂互动】 圆周大致均布的3个齿的凸面上,均匀地涂上一薄层红丹,用手转动主动锥齿轮凸缘,带动从动锥齿轮旋转。接触痕迹应离小端端部2～4mm,其长度不小于齿长的50%,齿高方向的接触印痕应不小于齿高的50%,一般应距齿顶0.80～1.60mm,啮合间隙为0.15～0.50mm,如图5-28所示。但每一对锥齿轮副啮合间隙的变动量不得大于0.15mm。

如果主、从动锥齿轮的啮合状况和啮合间隙不符合要求时,应按图5-28的方法进行调整,这种方法可简化为如下的口诀:大进从、小出从;顶进主、退出主。这种方法调整时,要注意保证啮合间隙不得小于最小值。

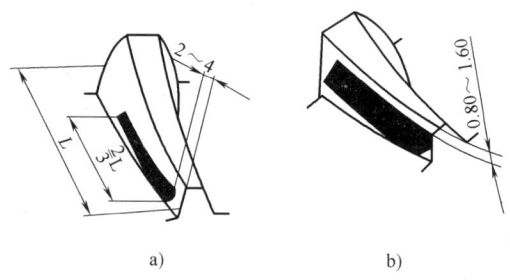

图5-28 从动锥齿轮的正确接触情况

1) 主动锥齿轮的移动。对于解放CA1091型、东风EQ1090型汽车的主减速器,其主动锥齿轮安装在单独的轴承座中,增减轴承座与减速器之间的垫片,可使轴承座连同主动锥齿轮的轴向位置发生变化。而有些汽车没有单独的主减速器壳,可用增加或减小后轴承内圈与主动锥齿轮之间的垫片来实现主动锥齿轮的轴向移动。

2) 从动锥齿轮的移动。对单级主减速器,从动锥齿轮轴承就是差速器的轴承,将轴承两侧的调整螺母按左进右退或左退右进的原则转动相等的圈数,就可以在不改变轴承预紧度的前提之下,改变从动锥齿轮的轴向位置。

3. 驱动桥的磨合试验

磨合试验的目的:在于改善零件相互配合表面的接触状况和检查修理装配的质量。驱动桥的修理和装配质量可从三个方面进行检验:齿轮的啮合噪声、轴承区的温度和渗漏现象。

驱动桥装合后,应按规定加注润滑油进行磨合试验。磨合转速一般为1400～1500r/min。在此转速下进行正、反转试验,各项试验的时间不得少于10min。在试验过程中,各轴承区的温升不得超过25℃,齿轮的啮合不允许有敲击声和高低变化的响声,各结合部位不允许有漏油现象。试验后,应进行清洗并换装规定的润滑油。

> 主减速器的调整原则是什么?

【技能训练】

1. 主动锥齿轮的装配与调整

1) 按相反顺序装上主动锥齿轮上的所有零件(除油封及油封座),按规定力矩(196～294N·m)拧紧槽形螺母。

2) 用弹簧秤拉住凸缘的螺纹孔，使主动锥齿轮转动，读数应为 16.7～ 【课堂互动】
29.4N 之间，如过紧，则加垫片，过松，则减垫片。

3) 完成后装上油封与油封座。

2. 从动锥齿轮的装配与调整

按照先拆后装的顺序装复。注意对准螺纹，调整螺母应能灵活转动，调整轴承预紧度，用手转动齿轮，应能灵活转动无卡滞，用撬棒左右撬动从动锥齿轮，无明显的轴向移动。

3. 主、从动锥齿轮啮合间隙的检调

用百分表测量，啮合间隙应为 0.15～0.40mm，若不合格，调整主动锥齿轮前的调整垫片或移动从动锥齿轮左右的位置（注意左右转动进退量应相等）。

4. 主、从动锥齿轮啮合印痕的检调

在从动锥齿轮上涂上红丹油（2～3个齿），转动主动锥齿轮，查看印痕情况，不合格则按"大进从、小出从；顶进主、退出主"的原则进行调整。

【习题5.7】

1. 填空题

（1）对驱动桥的修理质量，可以从 _____、_____ 和 _____ 来衡量。

（2）对驱动桥进行磨合的目的在于 _____ 和 _____。

2. 简答题

（1）主减速器的调整原则是什么？

（2）如何调整主、从动锥齿轮啮合印痕与啮合间隙？

模块 6 汽车行驶系

【学习目标】

1. 掌握汽车行驶系的功用及组成。
2. 掌握车架和车桥的功用及结构形式和分类。
3. 掌握转向车轮定位的概念以及前轮定位的检查与调整方法。
4. 掌握转向驱动桥的功用和结构组成。
5. 掌握悬架的功用、组成和类型，悬架的常见故障和维修方法。
6. 了解电控悬架系统的故障诊断与检修。
7. 熟悉车轮的组成与结构，轮胎的分类与结构特点。
8. 掌握车轮和轮胎的使用维护与故障诊断，车轮平衡度检查。

【课堂互动】

6.1 车架

【本节目标】

1. 掌握汽车行驶系的功用及组成。
2. 掌握车架的功用、类型。
3. 了解边梁式车架、无梁式车架的构成与结构特点。
4. 掌握车架的检修方法。

【基本理论知识】

汽车行驶系一般由车架、车桥、车轮和悬架四部分组成。其主要的作用是将传动系传来的转矩转化为汽车行驶的驱动力；将汽车构成一个整体，支承汽车的总质量；承受并传递路面作用于车轮上的力和力矩；减小振动、缓和冲击，保证汽车平顺行驶；与转向系配合，以正确控制汽车的行驶方向。

1. 车架的功用和要求

汽车车架是连接于各车桥，形似桥梁的一种结构，是整个汽车的基础。其功用是支承连接汽车的各零部件和总成，并使它们保持正确的相对位置；承受来自车上和地面上的各种静、动载荷。

2. 车架的类型和构造

汽车的车架按结构形式可分为边梁式、中梁式和综合式三种类型。汽车绝大多数的车架为独立的，有些客车和轿车车身同时具有车架的作用即承载式车身（也称为无梁式车架）。

（1）边梁式车架　边梁式车架由两根位于两边的纵梁和若干根横梁组成，

用铆接法或焊接法将纵梁与横梁连接成坚固的刚性构架。纵梁通常用低合金钢 【课堂互动】
钢板冲压而成，断面一般为槽形，也有的做成 Z 字形或箱形断面。根据汽车形式不同和结构布置的要求，纵梁可以在水平面内或纵向平面内做成弯曲的，以及等断面或非等断面的。横梁不仅用来保证车架的扭转刚度和承受纵向载荷，而且还用以支承汽车上主要部件。图 6-1 为 CA1091K2 型汽车车架，它由两根纵梁和八根横梁铆接而成。

某些越野汽车在车架纵梁前端两侧装有加长梁，以便在加长梁前端安装绞盘装置和专用的保险杠。在未装有加长梁的纵梁上，其前端两侧备有一组冲孔，以便需要加装绞盘等装置时，可以紧固左、右加长梁。

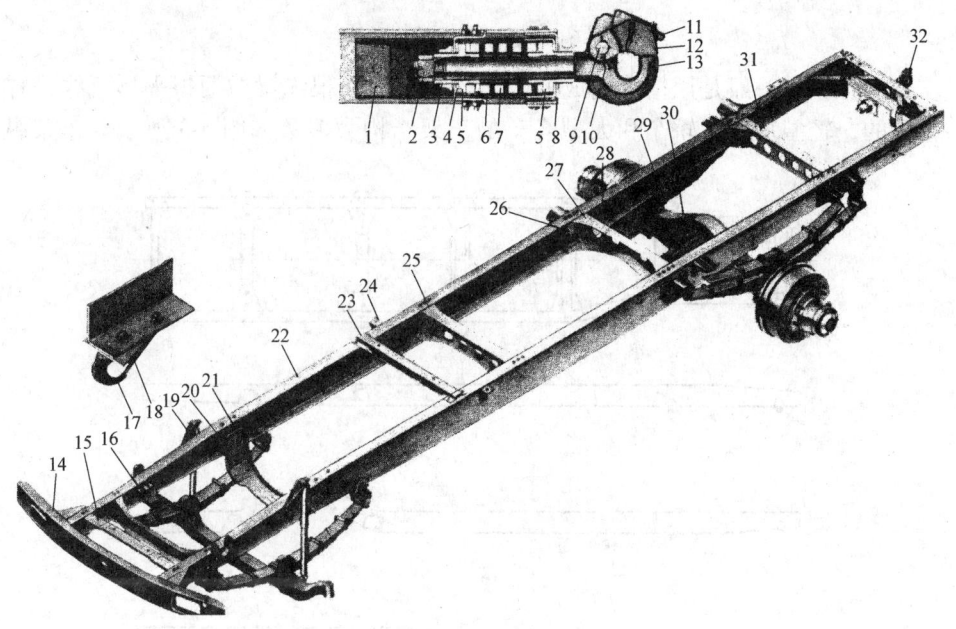

图 6-1　CA1091K2 型汽车车架

1—角撑　2—拖曳钩螺母　3—后拖曳钩支承座　4—弹簧座片　5—衬套　6—角撑横梁
7—拖曳钩弹簧　8—后横梁　9—拖曳钩锁扣轴　10—链锁总成　11—拖曳钩锁块　12—拖曳钩锁扣
13—拖曳钩　14—前保险杠　15—前横梁　16—发动机前悬置托架　17—拖曳钩
18—拖曳钩弹簧锁片　19—前减振器上支架　20—发动机后悬置横梁　21—发动机后悬置横梁支架
22—车架纵梁　23—驾驶室后悬置横梁　24—车厢前悬置下支架　25—中横梁
26—后簧前支架垫板　27—后簧前横梁　28—辅助钢板弹簧垫板　29—后簧软垫支架
30—后桥　31—后簧后横梁总成　32—拖曳钩总成

轿车车速较高，为保证其稳定地高速行驶，应使其重心高度尽量降低，即需要降低车架的位置。同时，为不影响前轮转向时的转角空间和悬架变形时轿车的跳动，把车架的前端做得比较窄，后端局部向上曲，即采用横梁 X 形，以提高车架的扭转刚度，如图 6-2 所示。

大型客车的车架，在前后两车桥的上面有较大的弯度，保证了汽车重心和底板都较低，因此，提高了汽车行驶时的稳定性，同时又给旅客的上下车带来方便。

【课堂互动】

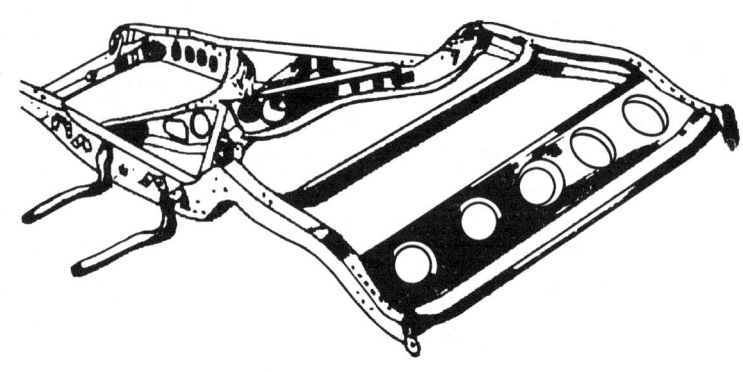

图 6-2 轿车（X形）车架

车架纵梁一般是用槽钢制成的。大型货车的两根纵梁像两根平形直线一样布置的，轻型货车、轿车和大型客车的车架结构大多数如图 6-3 所示。车架纵

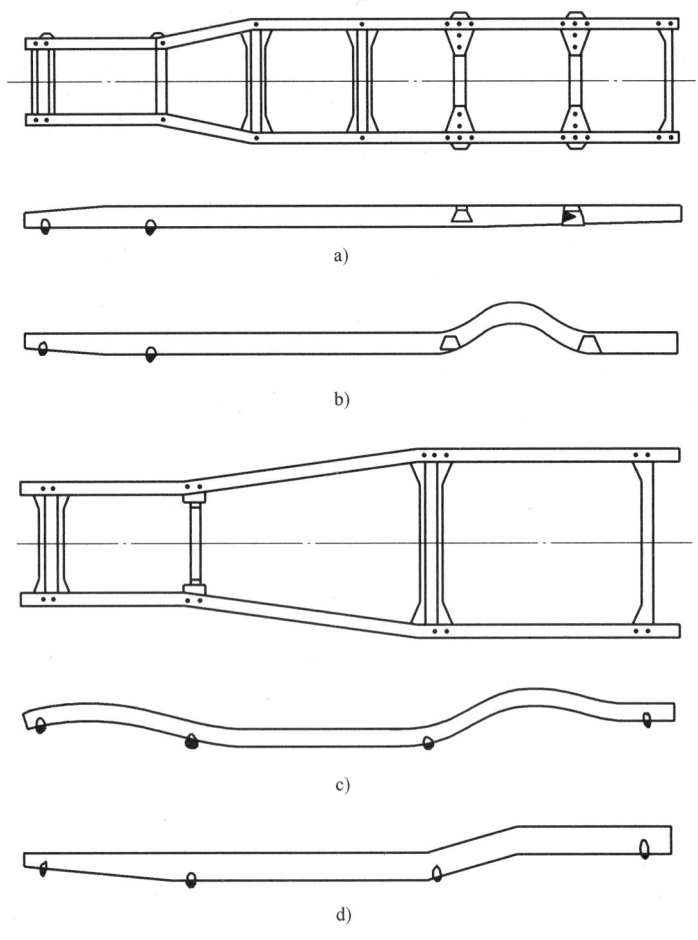

图 6-3 车架的结构形式
a）大型货车车架　b）大型客车车架　c）轿车车架　d）轻型货车车架

梁剖面形状如图 6-4 所示，在应力很大的地方常采用图中的 b、c 所示的剖面形【课堂互动】
状来加强。在有些汽车车架，为将车架局部加强，可装上加强板或在某处槽形
断面内嵌入板件。

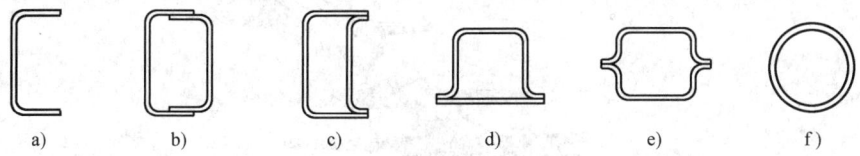

图 6-4 车架纵梁的剖面形状
a) 槽形　b) 叠槽形 1　c) 叠槽形 2　d) 礼帽箱形　e) 对接箱形　f) 管形

（2）中梁式车架　中梁式车架只有一根位于中央贯穿前后的纵梁，因此亦称为脊骨式车架，中梁的断面可做成管形或箱形。这种车架有较大的扭转刚度并使车轮有较大的运动空间，因此被应用在某些轿车和货车上。

中梁式车架的优点是：能使车轮有较大的运动空间，便于采用独立悬架，从而可提高汽车的越野性；与同吨位的货车相比，其车架较轻，减小了整车质量；同时重心也较低，因此行驶的稳定性好；车架的刚度和强度较大；中梁还能起封闭传动轴防尘套作用。但是这种车架的制造工艺复杂，精度要求高，而且给保养和修理造成诸多不便。

图 6-5 为具有中梁式车架的汽车底盘示意图。

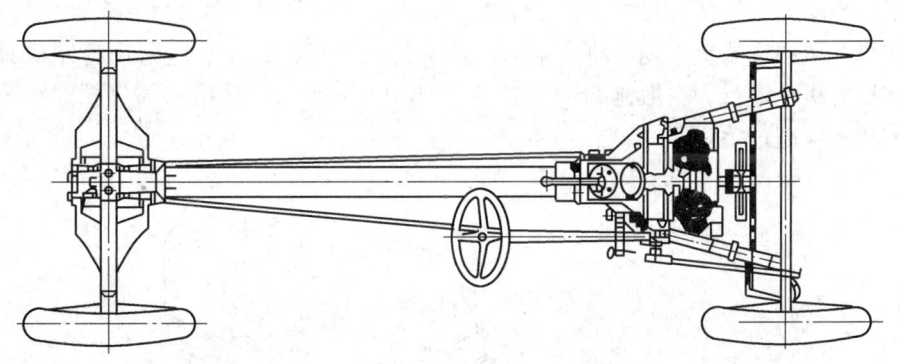

图 6-5 具有中梁式车架的汽车底盘示意图

（3）综合式车架　综合式车架是中梁式车架的一种变形。纵梁前段是边梁式的，用以安装发动机；中后段是中梁式的，其伸出来的支架可用以固定车身（见图 6-6）。

近年来车架结构形式也出现多样化和复杂化。如立体结构式，该车架主要用于竞赛汽车及特种汽车，它由钢管组合焊接而成，这种车架兼有车身的作用。

3. 车架的维修

（1）车架变形的检验　检查弹簧钢板销中心距及其对角线，沿车架纵面测量钢板支架销孔中心前后左右的距离，左右相差不超过 1～2mm，对角线差不应超过 4mm；检查车架纵梁的平直度和垂直度，平面最大弯曲不应超过 4mm；

【课堂互动】

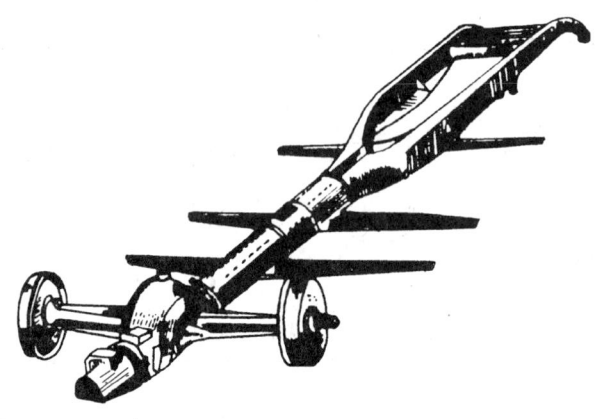

图6-6 综合式车架

用90°角尺检查垂直度,其下沿最大离缝不应超过0.5mm。用于检测钢板销等直径的两根长轴,分别从左右钢板支架孔穿入,对接时,测量中心偏差,不应超过1mm。对于无弹簧钢板的前、后桥,测量时应选用前、后桥定位孔。对于形状复杂的车架,为了安装发动机驾驶室(车身)、散热器方便,以免车架变形的影响,可按不同车型图样标准制作铁皮样板,按发动机座孔位置来比较车架变形情况。发动机座孔对角线长度不得超过2~3mm。

(2)车架的校正 车架经检验后,如有弯曲、歪扭超过极限,应进行校正。当车架总的情况良好,仅个别部位有不大的变形时,可直接在车架上校正。如果车架损坏严重,则应将车架部分拆解校正。车架的校正应采用特制机具或在压力机上进行,一般施行冷压校正,如图6-7所示。采用局部热校时,车架加热不应超过700℃。

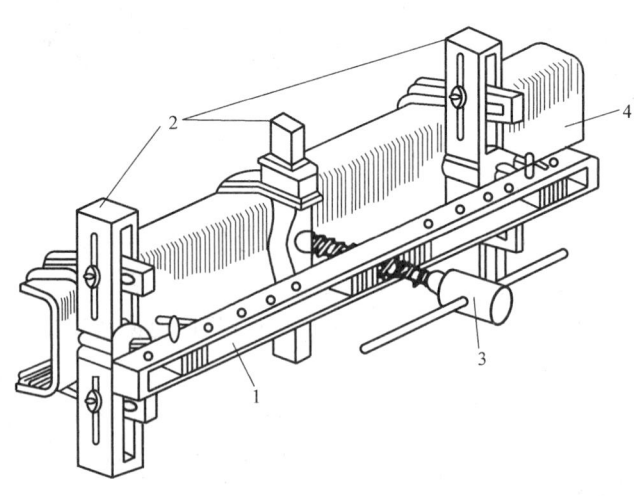

图6-7 车架的校正
1—横挡 2—夹持器 3—螺杆 4—纵梁

【习题6.1】
1. 填空题
汽车行驶系由_____、_____、_____和_____组成。
2. 简答题
（1）为什么边梁式车架应用比较广泛，其结构有哪些特点？
（2）车架的纵剖面有哪些类型，其中哪些应用较广泛？
（3）中梁式车架与边梁式车架有什么区别？

6.2 车桥

【本节目标】
1. 掌握转向桥与转向驱动桥各自的特点。
2. 掌握转向驱动桥的拆装方法。

【基本理论知识】

1. 车桥的功用

车桥是用来传递车架（或承载式车身）与车轮之间各方向作用力及其所产生的弯矩和扭矩。

2. 类型

根据悬架结构不同，车桥可分为整体式和断开式两种。非独立悬架车桥中部为刚性的实心或空心（管状）梁，这种车桥即为整体式，如图6-8所示。断开式车桥为活动关节式结构，与独立悬架配用。

【课堂互动】
五菱车的车架类型及威驰轿车的车架类型是什么？
边梁式车架多用于货车和大多数的特种汽车上。中梁式车架的优点是：能使车轮有较大的运动空间，便于采用独立悬架、车架较轻、重心也较低、车架的刚度和强度较大。综合式车架是由中梁式车架的一种变形。

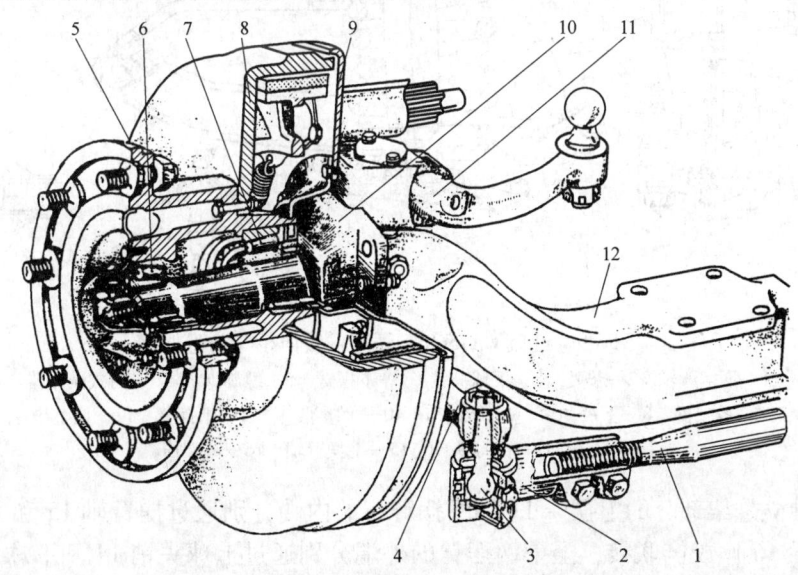

图6-8 非独立悬架汽车转向桥
1—转向横拉杆 2—横拉杆接头 3—横拉杆球头销 4—梯形臂 5—轮毂 6—轮毂轴承
7—前轮毂内轴承 8—制动鼓 9—制动底板 10—转向节 11—转向节臂 12—前轴

【课堂互动】 按其性质,车桥又可分为转向桥、驱动桥、转向驱动桥和支持桥四种类型。

(1) 转向桥 转向桥通常位于汽车前部,因此也常称为前桥。

转向桥功用:

① 通过转向节使车轮可以偏转一定角度以实现汽车的转向。

② 承受一定的载荷。即转向桥既承受垂直载荷,同时承受纵向力和侧向力以及这些力产生的力矩,因此,转向桥必须有足够的强度和刚度。

③ 应具有正确的定位角度与合适的转向角。

④ 在车轮转向的过程中内部部件之间的摩擦力应该尽可能减少,使汽车转向轻便;同时保证方向的稳定性。

转向桥可与独立悬架匹配也可以与非独立悬架匹配。汽车非独立悬架转向桥的结构大体相同,主要由前梁、转向节、转向主销等几部分组成。断开式转向桥的作用与非断开式转向桥一样,所不同的是断开式转向桥与独立悬架匹配。图6-9所示为红旗CA7560型轿车的转向桥与前悬架,其转向桥为活动关节式结构。

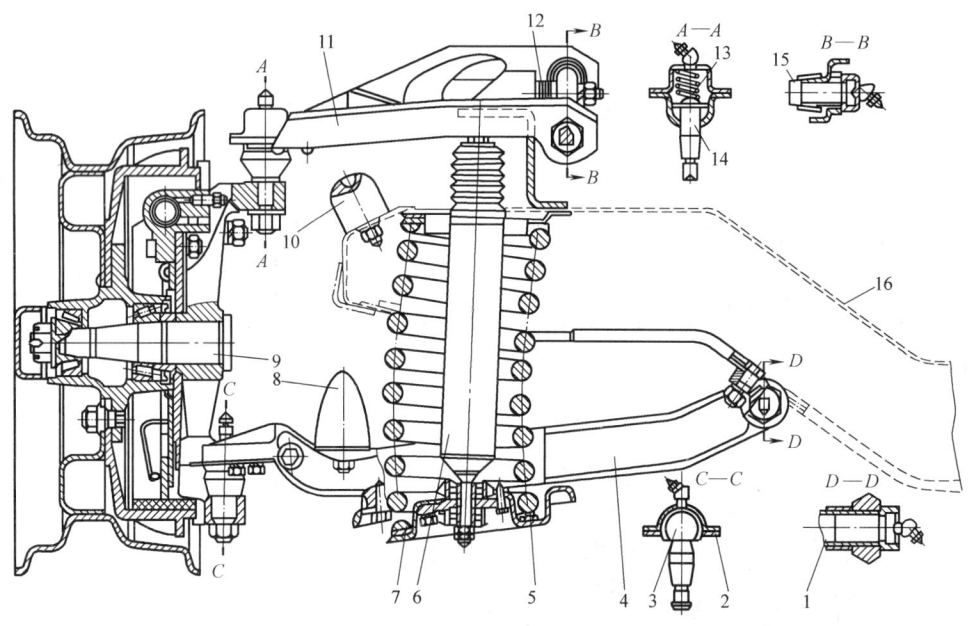

图6-9 红旗CA7560型轿车的转向桥与前悬架
1—下摆臂轴 2—垫片 3—下球头销 4—下摆臂 5—螺旋弹簧 6—筒式减振器
7—橡胶垫圈 8—下缓冲块 9—转向节 10—上缓冲块 11—上摆臂 12—调整垫片
13—弹簧 14—上球头销 15—上摆臂轴 16—车架横梁

独立悬架部分的上摆臂11和下摆臂4的内端分别通过摆臂轴15和1与车架横梁16作铰链联接,上下两摆臂的外端分别通过上球头销14和下球头销3与转向节9相联。悬架采用弹性元件的螺旋弹簧和双向作用筒式减振器并联安装,加速振动的衰减,提高行驶平顺性。上摆臂与上球头销是铆接的,不能拆卸,其中装有弹簧13,当球头销与销座磨损后,自动消除二者的间隙。下摆臂

与下球头销是可拆的,磨损后可以通过减薄垫片 2 调整间隙。该车转向桥主销 【课堂互动】
似球头结构代替,即上下球头销的连接相当于主销轴线,转向时车轮绕此轴线
偏转实现转向。路面对车轮的垂直作用力通过转向节、下球头销、下摆臂和螺
旋弹簧传到车架,属于无主销式转向桥。纵向力、侧向力及其力矩均由转向节
上下摆臂和上下球头销来传递。转向节与车轮轮毂连接形式与其他转向桥连接
形式相似。

图 6-10 所示为一种客车前转向桥和悬架。纵向与横向推力杆外端与转向
节铰接,内端与车架铰接,承担来自车轮的力并传给车架。

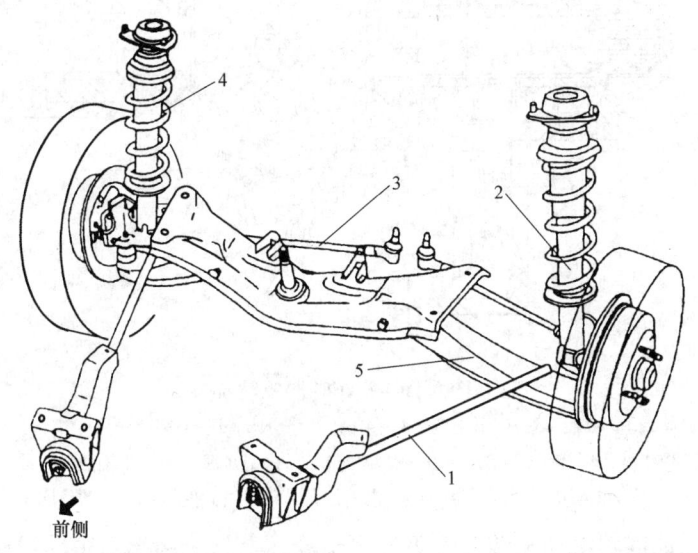

图 6-10 客车前转向桥和悬架
1—纵向推力杆 2—减振器 3—横向推力杆 4—螺旋弹簧 5—下悬臂

(2) 转向驱动桥 有些汽车的前桥既作为转向桥,同时兼有驱动桥的作
用,故称为转向驱动桥 (见图 6-11),一般用于全轮驱动和一些轿车上。

转向驱动桥通常有主减速器和差速器。但由于在转向时转向车轮需要绕主
销偏转过一个角度,故与转向轮相联的半轴必须分成内外两段(内半轴 2 和外
半轴),其间用万向节(一般多用等速万向节)联接,同时主销 6 也分成上下
两段。转向节轴颈部分做成中空的,以便外半轴穿过其中。

内半轴 2 和外半轴通过等速万向节联接在一起,外半轴的外端制有花键,
与半轴凸缘 12 相啮合传递转矩。当前桥驱动时,转矩由主减速器、差速器传给
内半轴、万向节、外半轴、半轴凸缘,最后传到轮毂 13 上而驱动车轮。球形支
座 3 与半轴套管 1 焊接成一体。

主销衬套 17 的两个主销座 4 分别压入球形支座 3 的上、下两端。主销 6 分
为上、下两段分别插在主销座 4 的孔内。转向节由转向节轴颈 11 和转向节外壳
9 组成,两者用螺栓和锥形衬套 8 分别固定在转向节外壳 9 的上、下两端,用
止动销 14 固定防止主销相对于转向节外壳转动。

汽车转向时,通过转向节臂 7 带动转向节及主销绕轴相对于球形支座 3 转

【课堂互动】

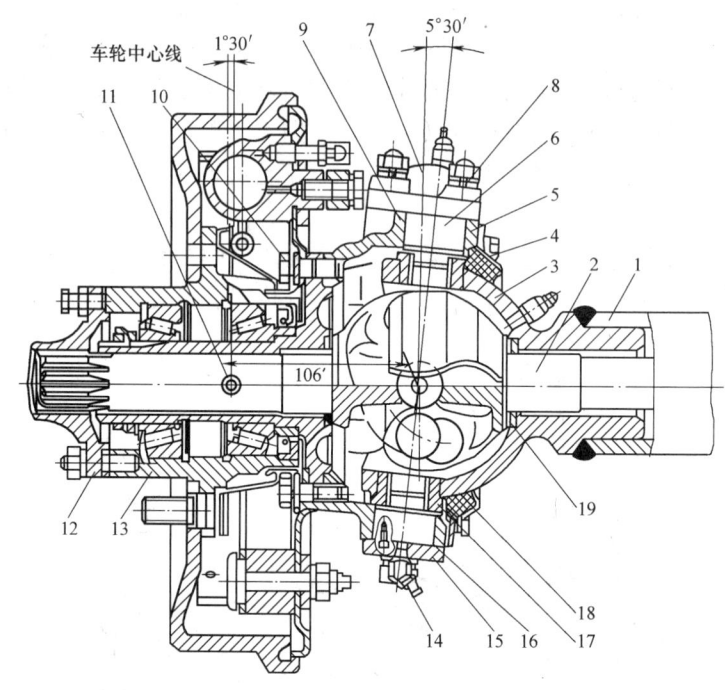

图 6-11 汽车转向驱动桥

1—半轴套管 2—半轴 3—球形支座 4—主销座 5、16—调整垫片 6—主销 7—转向节臂
8—锥形衬套 9—转向节外壳 10—螺栓 11—转向节轴颈 12—半轴凸缘 13—轮毂
14—止动销 15—下盖 17—主销衬套 18—密封圈 19—止动垫圈

动。为了保证前轮滚动和转向时不发生干涉,上、下两端主销轴线必须在一条轴线上,并通过万向节的中心。为此,设置止动垫圈 19,防止万向节轴向窜动,用以调整主销轴向间隙和转向节上、下位置的调整垫片 5、16,其厚度应相同,以使万向节中心位于转向节外壳轴线上。润滑脂由上、下主销盖处的加油嘴注入,进入主销中心油道后,通过两个侧孔进入主销 6 与衬套 17 之间,实现润滑;润滑万向节的润滑脂由球形支座 3 上的加油嘴注入,为了防止润滑脂外漏及外界尘污侵入,球形支座上套有油封和密封圈 18。

轿车多采用发动机前置前驱的布置形式,其前桥既是转向桥又为驱动桥。此种类型的转向驱动桥多采用麦弗逊式独立悬架(见图 6-12),其特点是结构简单,布置紧凑,具有良好内接近性,便于维修,而且转弯直径小,机动性好。

说说前桥、后桥、转向桥、驱动桥、转向驱动桥、支持桥的区别。

【技能训练】

转向驱动桥(前悬架总成)的拆卸:

① 拆下车轮装饰罩,拆卸轮毂与传动轴紧固螺母。
② 举起汽车,拆下车轮紧固螺母,拆下车轮。
③ 拆下制动卡钳紧固螺栓,取下制动盘,拆下制动软管支架,用铁丝挂勾将制动卡钳固定于车身上。
④ 拆下球头与车轮转向节的紧固螺栓,用专用工具压出横拉杆接头。

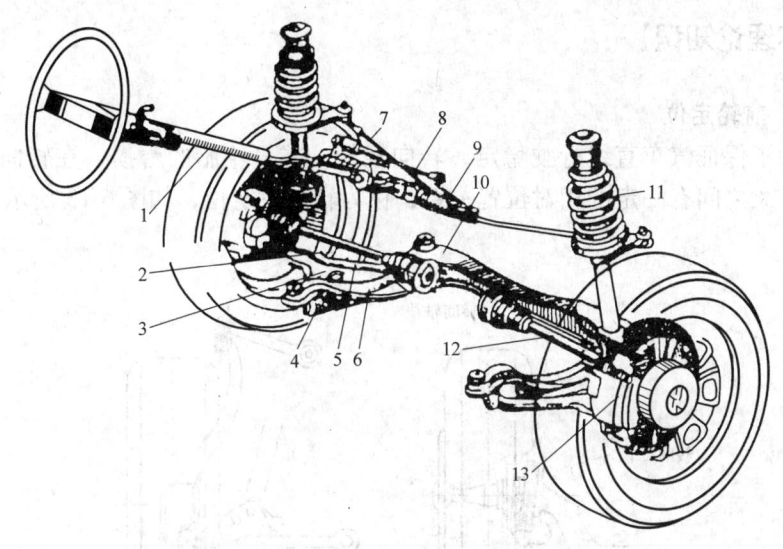

图 6-12　桑塔纳 2000 轿车转向驱动桥的构造
1—转向柱　2—联接螺栓　3—悬架臂　4—悬架臂后端　5—稳定杆　6—发动机悬架
7—横拉杆　8—转向减振器　9—齿轮齿条式转向器　10—橡胶金属支架
11—减振支柱　12—驱动轴　13—制动钳

⑤ 拆下稳定杆的紧固螺栓。

⑥ 拆下传动轴与轮毂的固定螺母，向下按压下臂，从车轮传动轴壳内拉出传动轴。

⑦ 取下支承柱盖子，用内六角扳手防止活塞杆转动，从下面撑住悬架支承轴或沿反方向固定，旋下活塞杆螺母。

⑧ 拆下副车架与车身的紧固螺栓，拆下下臂与稳定杆组合件。

⑨ 旋松副车架与下臂联接橡胶轴套的螺栓、螺母，取出下臂。

⑩ 旋松稳定杆与下臂及副车架的联接螺栓，拆下稳定杆。用专用工具压出副车架前后橡胶支承及下臂两端橡胶支承。

【习题 6.2】

（1）转向桥的结构是由_____、_____、_____和轮毂组成。

（2）按车桥的性质分，车桥可分为_____、_____、_____和支持桥。

（3）转向桥的作用是使装在前轴两端的车轮_____，以实现汽车转向，同时它还_____和_____车轮与车架之间的各向力及其产生的力矩。

6.3　车桥的维修

【本节目标】

1. 了解前轮定位。
2. 掌握车桥的检修方法。

【课堂互动】【基本理论知识】

1. 前轮定位

为了保证汽车直线行驶稳定,转向轻便,减轻轮胎的磨损,在转向节、主销、前梁之间有一定的相对位置关系,称为转向轮定位,如图6-13所示。

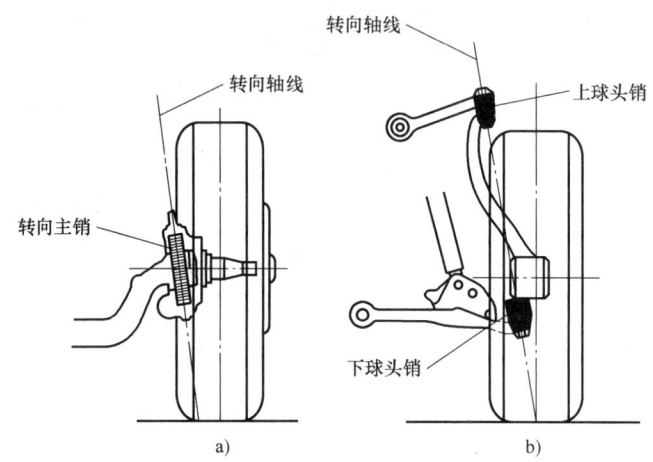

图6-13 前轮定位

前轮定位包括主销后倾、主销内倾、前轮外倾和前轮前束。

(1) 主销后倾 主销后倾是指主销上部向后倾斜一个角度(γ),如图6-14所示。

1)作用:保持汽车直线行驶稳定,使偏转的车轮自动回正。一般$\gamma < 3°$,γ太大会导致转向沉重。

2)形成:由钢板弹簧、车桥、车架装配时保证,一般不可调。

(2) 主销内倾 主销内倾是指主销上部向内倾斜一个角度(β),如图6-15所示。

1)作用:使车轮自动回正,转向轻便。

2)原理:前轮偏转,使汽车前部抬起,汽车重力使前轮回正。此外,主销的内倾还使得主销轴线与路面交点到车轮中心平面与地面交线的距离c减小,阻力臂减小,使转向轻便。但c不能过小,否则会导致前轮转向不稳而摆动,一般为5°~8°。

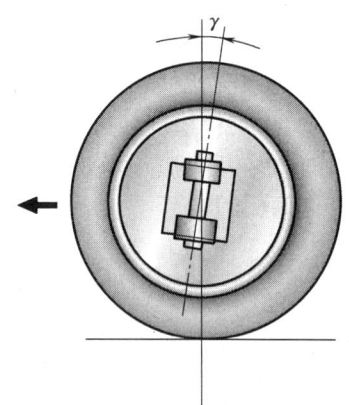

图6-14 主销后倾

3)形成:制造时由前轴的主销孔向内倾斜形成。非独立悬架不可调。

(3) 前轮外倾 前轮外倾是指车轮向外倾斜一个角度(α),如图6-16所示。

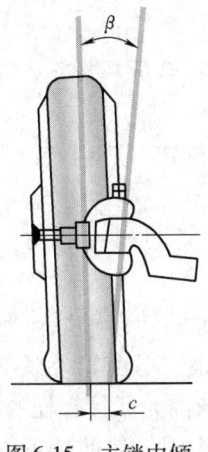 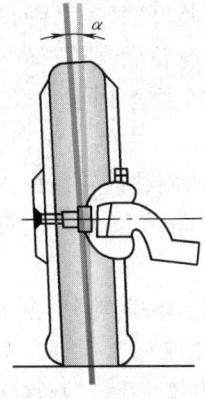

图6-15 主销内倾　　　　图6-16 前轮外倾

1）作用：减少轮胎的偏磨损，使磨损均匀，减少轮毂外轴承的负荷。

2）形成：转向节轴颈外端向下倾斜。非独立悬架不可调。

（4）前轮前束　前轮前束是指前轮前端向内收束，$A-B$ 为前束值，如图 6-17 所示。

1）作用：减少轮胎的偏磨损。

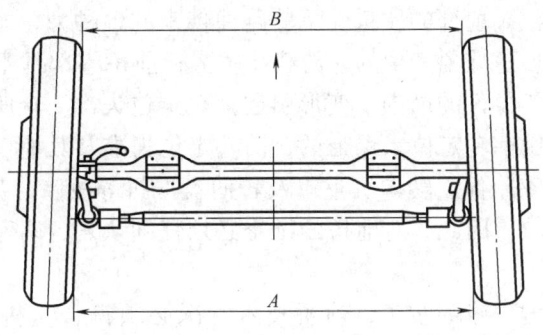

图6-17 前轮前束

2）调整：改变横拉杆的长度。

（5）前轮定位调整　前轮定位是保证汽车操纵稳定性的关键，同时影响制动过程中汽车方向的稳定性和轮胎的磨损。转向系、前桥、悬架，乃至车架的故障都会综合影响前轮定位的准确性，造成汽车操纵性能变差。因此，前轮定位的检查与调整是汽车总装后的一项极为重要的作业。汽车二级维护时必须检查调整前轮定位。

1）整体式车桥前束的调整。车桥前轮定位中的主销内倾、前轮外倾完全由前桥结构来保证，是不可调的。而主销后倾多数由前钢板弹簧在空载状态下的弧度或由钢板弹簧与前轴间的楔形垫铁保证的，一般情况之下也是不能调整的，只有前束通过旋转横拉杆进行调整。前桥和转向系各部位配合间隙，前轮轮胎的气压，主销后倾、主销内倾、前轮外倾的准确程度都会影响前束值或前

【课堂互动】 束的作用。因此，调整前束之前应作好以下工作：

① 检查调整好前轮、转向系各配合间隙。

② 两侧前轮轮胎气压、气压差以及平衡性能应符合原厂规定，车辆左、右同名点的离地高度应相同。

③ 主销后倾、主销内倾和前轮外倾应符合原厂规定，否则应进行修理。修复后方能准确地调整前轮前束。

④ 调整前轮前束前，应按技术文件的规定，紧固相关部位，确保连接可靠。

2) 断开式车桥前轮外倾的调整。断开式转向桥的转向轴线内倾以及转向轴线后倾一般由结构来保证，不需要也不能进行调整，但前轮外倾是可以调整的。以桑塔纳轿车为例，调整时，先松开下悬架臂与前轮联接螺栓的固定螺母，将专用前轮外倾调整杆插入调整孔中，横向移动球头销，使前轮下方作轴向移动，调整前轮外倾角达到规定值（$-30' \pm 20'$），且两侧前轮外倾角差不得大于15′，插入专用调整杆时，右侧的调整杆从前方插入，左侧的调整杆从后方插入。调整完之后，再检查调整前束，前束的调整仍然靠调整横拉杆的长度来实现，前束值为 $-1 \sim -3$mm。待前束值调整合格后紧固并锁止球销螺母。维护时，发现轮胎单侧磨损严重，则应尽早检查调整前束。

2. 转向桥主要零件的检修

转向桥支承汽车前部的质量，承受路面传来的各种力，尤其是在不良路面上或高速行驶时，这些力产生的冲击载荷很大；前桥零部件不但数量多而且多处采用铰接配合，零件的磨损、变形引起前轮定位失准。众所周知，汽车的操纵稳定性主要是由前轮定位来保证的，前轮定位失准及其他零件的耗损必然引起前轮摆动、前轮跑偏、转向沉重以及转向盘振抖等故障，甚至发生"甩轮"引起重大交通事故。因此，对前桥的维修必须仔细认真，确保恢复汽车的操纵稳定性。

汽车各级维护、修理竣工，前桥技术状况必须符合《机动车安全技术条件》。

(1) 前轴的检修 前轴的耗损包括主销孔、钢板弹簧座与定位孔的磨损，前轴变形与裂纹等。

1) 前轴的磨损

① 钢板弹簧座平面磨损大于2mm，定位孔磨损大于1mm，堆焊加工修复或更换新件。

② 主销孔的磨损。孔与主销的配合间隙：轿车不大于0.10mm，载货汽车不大于0.02mm，磨损过限后，可采用镶套法或修理尺寸法修复。主销孔端面的磨损可采用堆焊加工修复或更换新件。

2) 前轴变形的检修。前轴不但容易变形，而且几何形状复杂，变形后影响汽车的操纵稳定性。在检验、校正前轴变形时，合理的选择检验、校正基准尤为重要又比较困难。

① 前轴变形的检验设备。大型的检验校正设备是"光把式液压检验校正

机"。检验时,把光筒固定在前轴主销孔内。先把前轴固定在校正机上,再校正好光筒的安装角度。此时,光影投射到光把上,以光影对于光把的位置度误差判断前轴的变形量。校正机上有相当于公共平面和辅助平面的定位要素,由液压夹具把前轴夹紧,校正由另外的液压机械手完成。这种设备把检验与校正并为一个工序进行,生产率高,校正质量好,缺点是投资大。小型企业多用"角尺检验法"检验前轴变形,而变形的校正需用另外的设备进行。

【课堂互动】

② 前轴变形校正方法。前轴变形校正必须在钢板弹簧座和定位孔、主销孔磨损修复后进行,以便减少检验、校正的积累误差,提高生产率。采用冷压校正法为佳,但冷压校正一次将使前轴疲劳强度降低 10% 左右,除合理选择冷压校正工艺参数外,前轴的冷压校正次数不宜超过 2~3 次。另外,现代汽车前轴已不允许在自由锻造加热炉中局部加热后锤击校正了,这样的校正工艺由调质状态改变成正火状态,使前轴的强度大幅度降低。

(2) 转向节的检修　转向节的重点检修内容是磨损与隐伤。

1) 隐伤的检验。转向节的油封及轴颈处,因其断面的急剧变化,应力集中,是一个典型的危险断面,容易产生疲劳裂纹,以致造成转向节疲劳断裂,酿成重大交通事故。因此,二级维护和修理时必须对转向节进行隐伤检验,一旦发现疲劳裂纹,只能更换,不许焊修。转向节常用 40MnB 钢制成。

2) 磨损的检修

① 转向节轴磨损的检修。轴颈与轴承的配合间隙:轴颈直径不大于 40mm 时,配合间隙为 0.040mm;轴颈直径大于 40mm 时,配合间隙为 0.055mm。转向节轴轴颈磨损超标后应更换新件。

② 转向节轴锁止螺纹的检验。损伤不多于两牙。锁止螺母只能用扳手拧入,若能用手拧入,说明螺纹中径磨损松旷,应予以修复或更换转向节。

③ 转向节上面锥孔的检验。与转向节臂等杆件配合的锥孔的磨损,应使用塞规进行检验,其接触面积不得小于 70%,与锥孔配合的锥颈的推力端面沉入锥孔的沉入量不得小于 2mm。否则,更换转向节。

3) 主销衬套的加工

① 主销衬套的更换。主销衬套与主销的配合间隙大于标准必须更换。

② 主销衬套孔的加工。上耳衬套孔与下耳衬套孔的同轴度公差为 0.02mm。为了保证两衬套孔的同轴度,最好以转向节轴为基准,用导向镗削法加工衬套孔。若用手动铰刀铰削,应选用有导向装置的专用铰刀;或在通用手动铰刀上加装导向轴铰削衬套孔。衬套与主销的配合间隙一般为 0~0.10mm。

(3) 轮毂的检修

1) 轮毂轴承孔磨损的检修。轮毂轴承孔与轴承的过盈配合不得小于 0.009mm。

2) 轮毂变形的检修。轮毂变形会引起车轮的不平衡,加大制动鼓的跳动误差,影响汽车的操纵性能和制动效能。轮毂变形后,以两轮毂轴承外座圈的锥面为基准,车削接合凸缘,凸缘的圆跳动公差为 0.15mm。

【课堂互动】

γ—主销后倾 β—主销内倾

γ、β 都可自动回正，γ 与车速有关，β 与车速无关，高速时 γ 作用大，低速时 β 作用大。

【技能训练】

前轮前束的调整方法如下：

(1) 确定两前轮上的同名点　检查前束时，必须测量两前轮上位置相同且完全对称的两个点之间的距离，两个点简称"同名点"。同名点选择必须符合原厂规定，多数制造厂家规定的同名点处在两轮轮胎内侧胎体或外侧胎体上，还有的规定同名点在轮毂内侧边缘上。

(2) 调整前束尺

1) 首先调整前束尺两条链条的长度，这一长度应等于前轮轴线的离地高度。

2) 用前束尺测量前束。先伸缩前束尺两个测量管，使两个水平指针指到同名点上。在通过两前轮公共轴线的水平面内，分别测量出两同名点在轮轴前方的距离 B 和在轮轴后方的距离 A，$A - B$ 即为前束值。

(3) 调整前束　若前束值不符合原厂规定时，松开横拉杆接头，旋转横拉杆，待前束值正确后，按原厂规定的拧紧力矩紧固横拉杆接头的紧固螺栓。

双横拉杆的转向桥在调整前束时，左右横拉杆应转动同样的角度，也就是左右横拉杆各自的伸长量或收缩量必须相等，否则会影响左右最大转角的正确性。

一般情况下使用普通斜交轮胎时，前束值为 (5±2) mm；使用子午线轮胎时，前束值为 (4±2) mm；而欧洲型汽车使用子午线轮胎的前束值多为 (0±2) mm。

【习题 6.3】

1. 填空题

(1) 主销的作用是_____，使_____绕着主销摆动，以实现_____。

(2) 前轮定位包括_____、_____、_____和_____四项内容。

(3) 主销后倾的作用是_____，主销内倾的作用是_____和_____。

(4) 因前轮外倾的存在，在汽车行驶时，两前轮向前滚动的同时向_____侧滑。因前轮前束的存在，在汽车行驶时，两前轮向前滚动的同时向_____侧滑。

2. 选择题

(1) 前轮定位指的是 (　　)。

A. 转向节与前轮之间安装时，二者保持一定的相对位置。

B. 转向节与前轴之间安装时，二者保持一定的相对位置。

C. 转向节、前轮、前轴与车架之间安装时，保持一定的相对位置。

D. 前轮与车架之间保持一定的相对位置。

(2) 主销后倾角是 (　　)。

A. 使前轴上的主销孔向后倾斜而获得。

B. 使前轴、钢板弹簧和车架三者在装配时，使前轴向后倾斜而获得。

C. 转向节叉上主销孔轴向后倾斜而获得。

(3) 前轮前束值的调整，是通过调整（　　）实现的。
A. 转向节臂　　　　　　B. 横拉杆
C. 转向梯形臂　　　　　D. 转向节

(4) 主销内倾能使转向车轮自动回正的原因是（　　）。
A. 有了稳定力矩　　　　B. 减小了转臂
C. 汽车前部重力的作用　D. 汽车牵引力的作用

(5) 前轮外倾角是由（　　）来确定的。
A. 转向节轴向下倾斜　　B. 主销孔轴线向外倾斜
C. 前轴两侧向下倾斜　　D. 主销安装后向外倾斜

3. 判断题

(1) 主销后倾角越大，汽车直线行驶稳定性越好，因此汽车上应用尽可能大的主销后倾角。（　　）

(2) 主销后倾角是在加工前轴主销孔时形成的。（　　）

(3) 前轮外倾角可以提高前轮工作的安全性，所以前轮外倾角越大越好。（　　）

(4) 转向驱动桥主销上下两段的轴线必须在同一轴线上，而且应通过等速万向节的中心。（　　）

6.4　车轮、轮胎

【本节目标】

1. 掌握车轮的功用、组成、类型及结构。
2. 掌握辐板式车轮和辐条式车轮的结构与用途。
3. 了解汽车的轮胎花纹形式和适用范围。
4. 熟悉汽车轮胎的种类、结构形式和特点。
5. 掌握轮胎规格的表示方法。

【基本理论知识】

1. 车轮

(1) 组成　由轮毂、轮辋以及这两元件间的连接部分（称轮辐）所组成。

(2) 分类　按照轮辐的结构，车轮可分为辐板式和辐条式。根据轮辋形式不同，又可分为组装轮辋式、可调式、对开式、可反装式车轮。根据车轮材质不同，又有铝合金、镁合金、钢车轮之分。

按轮辋和辐板连接形式，车轮可分为组合式结构和整体式结构。组合式结构将轮辋与辐板用焊接或铆接方式进行连接，整体式结构将轮辋与辐板用铸造成形或锻造成形进行连接。前者主要用于钢制车轮，而后者则用于合金制车轮。目前在轿车和货车上广泛采用辐板式车轮。

【课堂互动】

1）辐板式车轮。辐板式车轮由挡圈、辐板、轮辋和气门嘴伸出口组成，如图 6-18 所示。辐板为钢质圆板，它将轮毂和轮辋连接为一体，大多是冲压制成的，少数是与轮毂铸成一体，后者多用于重型汽车上。辐板与轮辋是铆接或焊接在一起的，对于采用无内胎轮胎的车轮，宜采用焊接法，可提高轮辋的密闭性。

轿车的辐板所用材料较薄，常冲压成起伏多变的形状，以提高其刚度。货车辐板式车轮如图 6-19 所示。辐板 4 上的孔 3 可以减轻质量，有利于制动鼓的散热，方便于接近气门嘴，同时可作为安装时的把手处。六个孔加工成锥形，以便在用螺栓把辐板固定在轮毂上时对正中心。

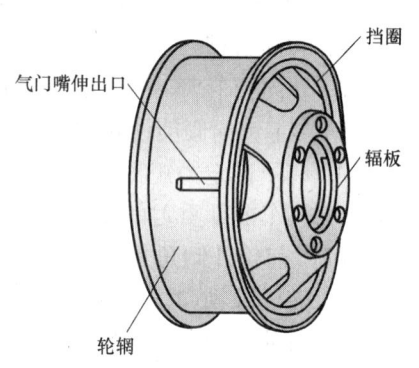

图 6-18 辐板式车轮

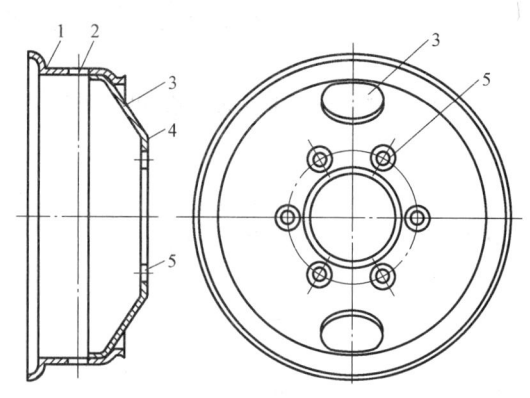

图 6-19 货车辐板式车轮

1—轮辋 2—气门嘴伸出口 3—辐板孔 4—辐板 5—螺栓孔

由于货车后轴负荷比前轴大得多，为使后轮轮胎不致过载，后桥一般装用双式车轮（见图 6-20）。采用这种双螺母固定形式（见图 6-21a）时，为了防止汽车在行驶中固定辐板的螺母自行松脱，汽车两侧车轮上的辐板固定螺栓一般采用旋向不同的螺纹，左侧用左旋螺纹，右侧用右旋螺纹。一些载货汽车上，后桥双式车轮采用了单螺母的固定形式（见图 6-21b），由于在该结构中采用了球面弹簧垫圈，可以防止螺母的自行松脱，故汽车左右车轮上固定辐板的螺母均可用右旋螺纹，从而减少了零件。

2）辐条式车轮。这种车轮的轮辐是钢丝辐条或者是用轮毂铸成一体的铸造辐条。钢丝辐条式车轮由于价格昂贵、维修安装不便，故仅用于赛车和某些高级轿车上；铸造辐条式车轮用于重型货车上。在这种结构的车轮上，轮辋是用螺栓和特殊形状的衬块固定在辐条上，为使轮辋与辐条对中好，在轮辋和辐条上都加工出配合锥面。

【课堂互动】

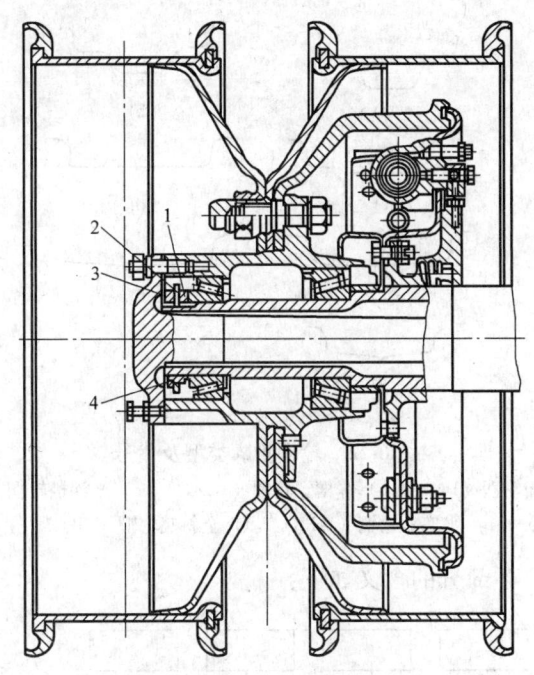

图 6-20 载货汽车双式车轮
1—调整螺母 2—锁止垫片 3—锁紧螺母 4—销钉

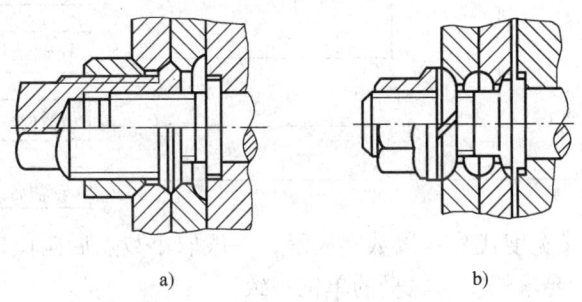

图 6-21 双式车轮辐板的固定
a) 双螺母固定形式 b) 单螺母固定形式

3) 轮辋。

① 轮辋结构形式。轮辋按其断面结构形式分为深槽式轮辋、平底式轮辋和对开式轮辋。图 6-22 为轮辋轮廓类型及代号。

其中，深槽轮辋，代号 DC，这种轮辋多用于小轿车及越野车上。其易于装卸，因而它的轮辋一般都采用钢板冲压成形的整体结构。

平底宽轮辋，代号 WFB，主要用于中、重型载货汽车，自卸汽车和大客车上。

对开式轮辋（对拆平底式轮辋），代号 DT。它由左右可分的两半轮辋组成。两部分轮辋可以是等宽度，也可以不等宽，它们之间用螺栓固紧在一起。

② 国产轮辋结构及规格代号。国产轮辋规格用一组数字、符号和字母表

【课堂互动】

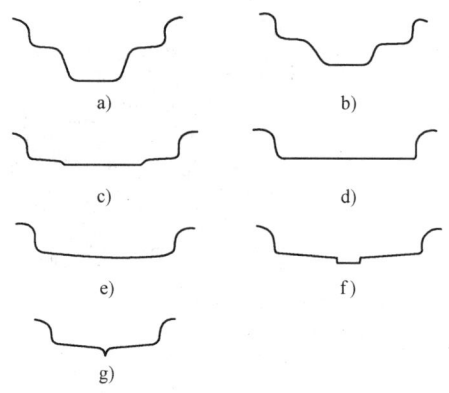

图 6-22 轮辋轮廓类型及代号
a）深槽轮辋（DC） b）深槽宽轮辋（WDC） c）半深槽轮辋（SDC）
d）平底轮辋（FB） e）平底宽轮辋（WFB） f）全斜底轮辋（TB） g）对开式轮辋（DT）

示，分为五部分，各部分的含义如下：

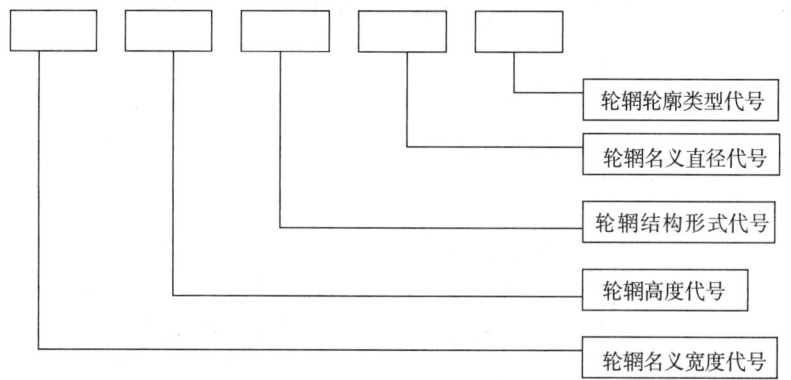

A. 轮辋名义宽度代号：以数字表示，一般取小数点后两位，单位为 in（当以 mm 表示时，要求轮胎与轮辋的单位一致）。

B. 轮辋高度代号：用一个或几个拉丁字母表示，如 C，D，E，F，JJ，JK，L，V 等。常用代号及相应高度值如表 6-1 所示。

表 6-1 常用代号及相应高度值　　　　　　　　单位：mm

C	D	E	F	G	H	J	K
15.88	17.45	19.81	22.23	27.94	33.73	17.27	19.26
L	P	R	S	T	V	W	
21.59	25.40	28.58	33.33	38.10	44.45	50.80	

C. 轮辋结构形式代号：用符号"×"表示一件式轮辋，用"-"表示多件式轮辋。

D. 轮辋名义直径代号：以数字表示，单位为 in（当以 mm 表示时，要求轮胎与轮辋的单位一致）。

E. 轮辋轮廓类型代号：用几个字母表示，每个代号所表示的轮辋轮廓类型如图 6-22 所示。

例如，北京 BJ2020 型汽车轮辋为 $4.50E \times 16$，表明该轮辋名义宽度 4.5in，名义直径 16in，轮辋高度代号为 E 的一件式深槽轮辋。对于平底宽轮辋只有表示轮辋名义宽度和名义直径的数字，而没有表示轮辋高度的拉丁字母代号，如解放 CA1091 型汽车轮辋规格为 6.5－20。

2. 轮胎

（1）作用

轮胎安装在汽车轮辋上，直接与路面结触，它的作用是：

1) 和悬架共同来缓和汽车行驶时所受到的冲击，并衰减由此而产生的振动。

2) 保证车轮和路面有良好的附着性，以提高汽车的牵引性、制动性和通过性。

3) 承受汽车的重力。

因此，轮胎必须具有适宜的弹性和承受载荷的能力。同时，在其与路面直接接触的胎面部分，应采用以增强附着作用的花纹。

轮胎作为汽车与道路之间力的支承和传递部分，它的性能对汽车行驶性能影响很大。轮胎的性能与其结构、材料、气压、花纹等因素有关。

（2）结构 轮胎主要由胎冠、胎肩、胎侧、胎体和胎圈等部分组成。

1) 胎冠 胎冠是指外胎两胎肩夹的中间部位，包括胎面、缓冲层（或带束层）和帘布层等。

① 胎面是指胎冠最外层与路面接触带有花纹的外胎胶层。作用是保护胎体，防止其早期磨损和损伤。

② 缓冲层是指斜交轮胎胎面和胎体之间的胶布层。作用是缓和并部分吸收路面对轮胎的冲击。

③ 带束层是指在子午线轮胎和带束斜交轮胎的胎面基部下，沿胎面中心线圆周方向箍紧胎体的材料层。作用是增强轮胎的周向刚度和倾向刚度，并承受大部分胎面的应力。

④ 帘布层是指胎体中由覆胶平行帘线组成的布层，它是胎体的骨架，支撑外胎各部分。

2) 胎肩。胎肩是较厚的胎冠与较薄的胎侧间的过渡部分，一般制有花纹，以利散热。

3) 胎侧。胎侧是指胎肩到胎圈之间的胎体侧壁部位上的橡胶层。作用是保护胎体，承受侧向力。

4) 胎体。胎体是由一层或数层帘布与胎圈组成整体的充气轮胎的受力结构。斜交轮胎的胎体帘线彼此交叉排列，子午线的胎体帘线互相平行。

5) 胎圈。胎圈是指轮胎安装在轮辋上的部分，由胎圈芯和胎圈包布等组成。作用是防止轮胎脱离轮辋。

（3）种类 汽车轮胎按胎体结构不同可分为充气轮胎和实心轮胎。汽车上常用的汽车轮胎是充气轮胎。实心轮胎目前仅用于在沥青混凝土路面的干线道路上行驶的低压汽车或重型挂车上。充气轮胎按结构不同可以分为有内胎和无

【课堂互动】

【课堂互动】内胎两种。有内胎的充气轮胎主要由外胎、内胎、垫带组成。内胎中充满压缩空气，外胎用来保护内胎不受损伤且具有一定弹性；垫带放在内胎下面，防止内胎与轮辋硬性接触受损伤。

按帘布材料可分为棉帘布轮胎、人造线轮胎、尼龙轮胎、钢丝轮胎、聚酯轮胎、玻璃纤维轮胎、无帘布轮胎。

按胎面花纹可分为普通花纹轮胎、越野花纹轮胎、混合花纹轮胎。

按胎内空气压力大小可分为高压胎（气压 0.49～0.69MPa）、低压胎（气压 0.147～0.49MPa）、超低压胎（气压 0.147MPa 以下），现今，载重车、轿车大都采用低压胎，因为低压胎弹性好、断面宽、与路面接触面积大、胎壁薄散热性好，这些性能使轮胎寿命延长。

按帘布层结构可分为斜交轮胎、子午线轮胎。

下面着重介绍在汽车上应用比较广泛的普通斜交轮胎和子午线轮胎。

1）普通斜交轮胎。帘布层和缓冲层各相邻层帘线交叉，且与胎面中心线呈小于 90°角排列的充气轮胎为普通斜交轮胎，常称斜交轮胎。

图 6-23 为有内胎的普通斜交轮胎的构造。外胎由胎面、帘布层、缓冲层及胎圈组成。帘布层是外胎的骨架，用以保持外胎的形状和尺寸，通常由成双数的多层挂胶布（帘布）用橡胶贴合而成，帘布的帘线与轮胎子午断面的交角（胎冠角）一般为 52°～54°，相邻层帘线相交排列。帘布层数越多者强度越大，但弹性降低。在外胎表面上注有帘布层数。

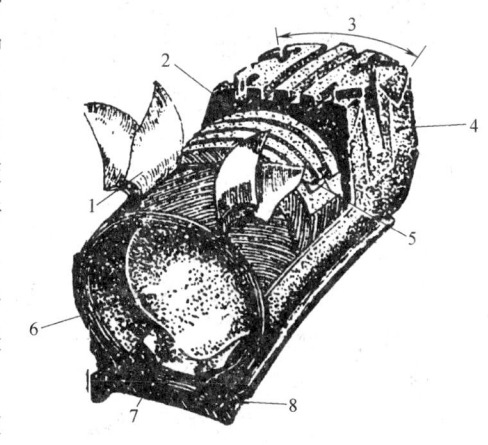

图 6-23 有内胎的普通斜交轮胎的构造
1—帘布层 2—胎肩 3—胎冠
4—胎侧 5—缓冲层 6—内胎
7—垫带 8—胎圈

帘布层由纵向的强韧的经线和放在各经线之间的少数纬线织成。帘线可以是棉线、人造丝线、尼龙线和钢丝。当采用人造丝、尼龙线或钢丝帘线时，在轮胎的承载能力相同的情况下帘布层数可以减少，此时在外胎表面上标注的是层级（相当于棉线帘布层的层数，而不是实际的帘布层数）。

缓冲层位于胎面与帘布层之间，是用胶片和两层或数层帘布制成，故弹性较大，能缓和汽车在行驶时所受到的不平路面的冲击，并防止汽车在紧急制动时胎面与帘布层脱离。

胎面是外胎最外的一层，可分为胎冠、胎侧和胎肩三部分。胎冠用耐磨的橡胶制成，它直接承受摩擦和全部载荷，能减轻帘布层所受冲击，并保护帘布层和内胎免受机械损伤。为使轮胎与地面有良好的附着性能，防止纵横向滑移等，在胎面上有着各种形状的凹凸花纹（见图 6-24），主要有普通花纹、混合花纹和越野花纹等。

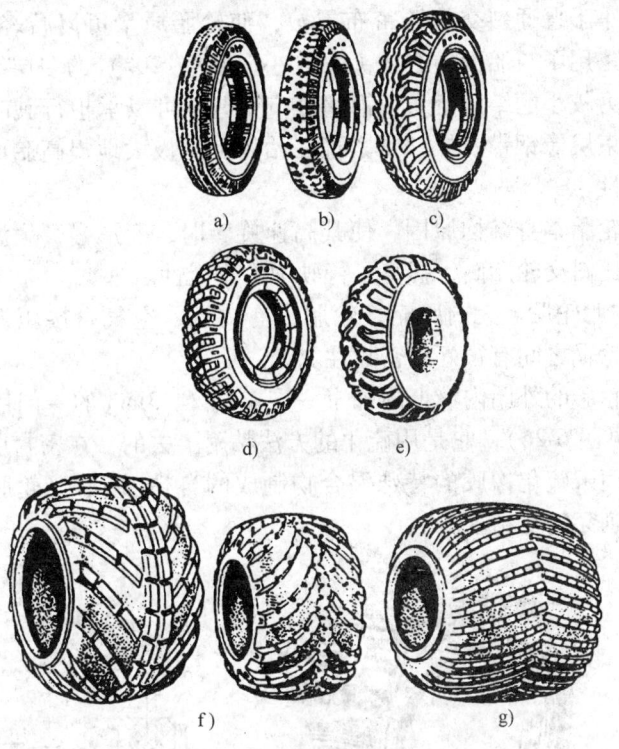

图 6-24 轮胎花纹

a)、b) 普通花纹 c) 混合花纹 d)、e) 越野花纹 f) 拱形胎花纹 g) 低压特种花纹

胎肩是较厚的股冠与较薄的胎侧间的过渡部分，一般也制有花纹，以利散热。

胎侧橡胶层较薄，它用以保护帘布层侧壁免受潮湿和机械损伤。

胎圈使外胎牢固地装在轮辋上，有很大的刚度和强度，由钢丝圈、帘布层包边和胎圈包布组成。

内胎是一个环形橡胶管，应具有良好的弹性，并能耐热和不漏气。为使内在充气状态下不产生皱折，内胎的有效尺寸应稍小于外胎内壁尺寸。

内胎上装有充放气用的气门嘴，其构造如图 6-25 所示。当轮胎被充气时，阀门 4 被空气压力压下，充气完毕后，套在杆 5 上的弹簧 6 便将它紧密地压在阀座上。

2) 子午线轮胎。这种轮胎的胎体帘布层线与胎面中心线呈 90°或接近 90°角排列，帘线分布如地球的子午线，因而称为子午线轮胎。子午线轮胎帘线强度得到充分利用，它

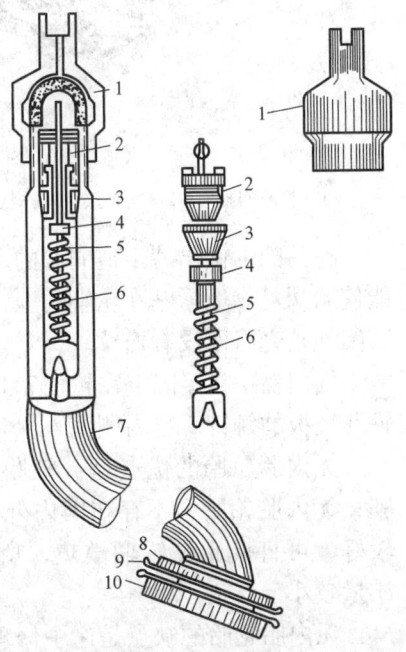

图 6-25 有内胎的气门嘴

1—盖 2、8—螺母 3—衬套
4—阀门 5—杆 6—弹簧
7—座筒 9—垫片 10—凸缘

【课堂互动】的帘布层数小于普通斜交轮胎帘布层数，使轮胎质量可以减轻，胎体较柔软。子午线轮胎采用了与胎面中心线夹角较小（10°~20°）的多层缓冲层，用强力较高、伸张力较小的结构帘布或钢丝帘布制造，可以承担行驶时产生的较大的切向力。带束层像钢带一样，紧紧箍在胎体上，极大地提高胎面的刚性和驱动性以及耐磨性。

子午线轮胎本身结构原因，使其高速旋转时，变形慢，生温低，产生驻波的临界速度比斜交轮胎高，提高了行驶中的安全性。

3）无内胎轮胎。无内胎充气轮胎没有内胎，空气直接压入外胎中，因此要求外胎和轮辋之间有很好的密封性。

无内胎轮胎的外胎内壁上附加了一层厚约2~3mm的专门用来封气的橡胶密封层1（见图6-26），它是用硫化的方法粘附上去的。在密封层正对着胎面下面贴着一层用未硫化橡胶的特殊混合物制成的自粘层2，当轮胎穿孔时，自粘层能自行将刺穿的孔粘合。

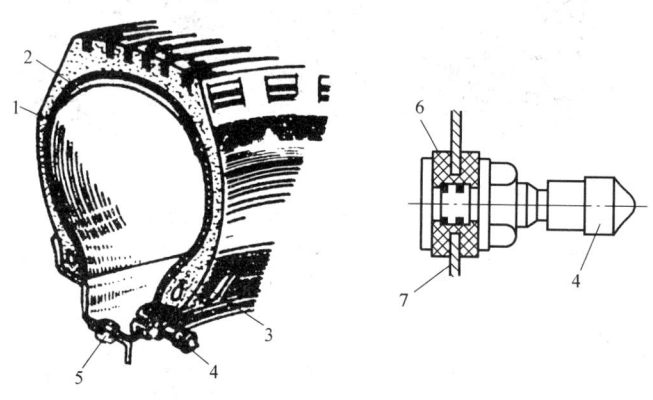

图6-26 无内胎轮胎

1—橡胶密封层 2—自粘层 3—槽纹 4—气门嘴 5—铆钉 6—橡胶密封衬垫 7—轮辋

在胎圈上做出若干道同心的环形槽纹3。在轮胎内空气压力作用下，槽纹3能使胎圈可靠地紧贴在轮辋边上，以保证轮胎与轮辋之间的气密性。但也有的胎圈外是光滑而没有槽纹。

气门嘴4直接固定在轮辋7上，其间垫以密封用的橡胶密封衬垫6。铆接轮辋和辐板的铆钉5自内侧塞入，并涂上一层橡胶。

无内胎轮胎的优点是：轮胎穿孔时，压力不会急剧下降，能安全继续行驶；无内胎轮胎中不存在因内外胎之间摩擦和卡住而引起损坏；它的气密性较好，可直接通过轮辋散热，所以工作温度低，使用寿命较长；结构简单、质量较小。

无内胎轮胎的缺点是途中修理较为困难。此外，自粘层只有在穿孔尺寸不大时方能粘合。天气炎热时自粘层可能软化而向下流动，从而破坏车轮平衡。因之，一般多采用无自粘层的无内胎轮胎。它的外胎内壁只有一层密封层，当轮胎穿孔后，由于其本身处于压缩状态而紧裹着穿刺物，故能长期不漏气。即使将穿刺物拔出,亦能暂时保持胎内气压。可见,无内胎轮胎只有在轮胎爆破【课堂互动】时才会失效。

(4) 轮胎规格表示方法 充气轮胎尺寸的标记方法如图 6-27 所示。充气轮胎一般习惯用英制表示,但欧洲国家则常用米制,个别国家也有用字母作代号来表示轮胎规格尺寸。我国充气轮胎规格表示方法采用的是英制表示法。

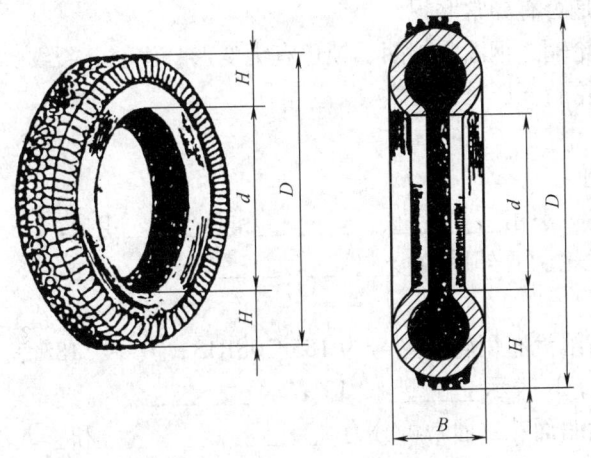

图 6-27 充气轮胎尺寸的标记方法

高压胎一般用 $D \times B$ 来表示。其中 D 为轮胎的名义外径,B 为轮胎的名义断面宽度,单位均为 in;"×"表示高压胎。高压胎在汽车上很少采用。

汽车上常用的是低压胎,其尺寸标记用 $B - d$ 表示。B 为轮胎名义断面宽度,d 为轮辋名义直径,单位均为 in;"—"表示低压胎。例如标记为 9.00 - 20,表示轮胎名义断面宽度 9in,轮辋名义直径 20in 的低压胎。

随着子午线和扁平形轮胎的问世,又有许多新的表示方法。对于一般的汽车轮胎,$B \approx H$,断面呈圆形。对于扁平形轮胎断面 $B < H$。通常以轮胎断面高和宽的比值 H/B 作为一个参数标注在轮胎上,称为扁平率;有的把用途标在最前面,也有的轮胎还标出所适应的车速。

【知识拓展】

子午线轮胎:180/70R1386T,其中 180 表示轮胎名义断面宽度 205mm;70 表示轮胎系列(70 系列);R 为子午线轮胎代号;13 表示轮辋名义直径为 13in (英寸);86 表示负荷指数(最大负荷为 5300N);T 表示速度级别(最高行驶速度为 190km/h)。

斜交轮胎:6.70 - 13 - 6PR,其中 6.70 表示轮胎名义断面宽度为 6.7in;13 表示轮辋名义直径为 13in;轮胎的层级数用"PR"表示,它不代表实际层数,只表示可承受载荷,6PR 表示可承受相当于 6 层级的棉帘线的负荷。

【课堂互动】【技能训练】

轮胎检查:
1) 清除轮胎花纹、双胎间及其他处石子和夹杂物。
2) 轮胎胎冠、胎肩、胎侧花纹等不得有明显的损坏、割裂、变形现象。
3) 检查轮胎的花纹深度:轿车轮胎花纹深度不得小于1.6mm,其他车辆不得小于3.2mm。
4) 轮胎是否有异常磨损。
5) 检查轮辋、钢圈、挡圈、锁环有无变形、生锈、裂纹。
6) 检查轮胎气压是否正常。

【习题6.4】

1. 填空题

(1) 车轮一般由_____、_____和_____组成。

(2) 普通轮胎的外胎由_____、_____、_____、_____等四部分组成。

(3) 桑塔纳汽车用轮胎型号为185/70SR13,其中:185表示_____,70表示_____,R表示_____,13表示_____。

(4) 轮胎胎面花纹通常可分为_____、_____和_____三种。

(5) 普通充气轮胎由_____、_____和_____等组成。

(6) 某一轮胎其规格表示法为9.00-20,其中9.00表示_____,20表示_____。

2. 判断题

(1) 轿车一般采用平底式轮辋,而货车则一般采用深槽式轮辋。( )
(2) 轮胎螺母的一端制成凸起的球面,其目的是增加轮胎的压紧力。
( )
(3) 在轮胎外胎的胎体与胎面之间有弹性的缓冲层。( )
(4) 混合花纹轮胎适用于各种路面。( )
(5) 在安装人字形越野花纹时,人字的尖端应在汽车前进时先着地。
( )

3. 简答题

(1) 常见的车轮有哪几种?为什么辐板式车轮应用比较广泛?
(2) 轮辋轮廓类型及代号有哪些?其结构形式又有几种?轮辋的规格是如何表示的?
(3) 普通斜交轮胎与子午线轮胎相比,有什么区别和特点?
(4) 无内胎轮胎是如何实现密封的?
(5) 常见的轮胎规格表示方法是什么?

6.5 轮胎的正确使用、检修

【本节目标】

1. 掌握轮胎维护的基本知识。
2. 了解轮胎的修补、储存。
3. 掌握轮胎的磨损检查与换位。
4. 掌握轮胎的平衡检查方法。

【基本理论知识】

1. 轮胎的正确使用

1）轮胎必须装配在规定的车型和轮辋上，且应装配相同规格、结构、花纹和层级的轮胎。

2）装配有方向花纹轮胎时，应使轮胎的旋转方向标志与车辆行驶前进方向一致。

3）双胎并装时，应搭配相同规格、结构、层级、花纹、成色的轮胎，普通斜交轮胎和子午线轮胎不得混装，两胎气门嘴应按180°对称排列，并与制动鼓观察孔呈90°。

4）换装新胎时，应尽量做到整车或同轴轮胎同时更换。

5）转向轮不得装用翻新胎。

6）新胎与翻新胎不得混装在同一轴上，高压胎与低压胎不得混装。

7）轮胎应严格按照汽车制造厂规定的气压充气。

8）车辆在运行时，应经常检查轮胎气压，以保证轮胎能够时常处在正常的气压下工作。

9）轮胎充气后应检查气门嘴垫、气门芯、轮辋与轮胎接触部和O形圈等处是否漏气。

10）车辆应按规定吨位装载，不得超载运行，以保证行车安全和延长轮胎的使用寿命。

2. 轮胎的二级维护

轮胎二级维护应结合汽车二级维护进行：

1）检查轮胎外观情况，轮胎胎冠、胎肩、胎侧花纹等不得有明显的损坏、偏磨、割裂、变形现象。

2）检查轮胎的花纹深度：轿车轮胎花纹深度不得小于1.6mm，其他车辆不得小于3.2mm。二级维护时，应视情况进行轮胎解体检查。

3）检查外胎胎冠、胎肩、胎侧、胎内有无内伤、夹空、碾线、折断、起瘤和变形等现象。

4）检查内胎、垫带有无咬伤、折皱现象，气门嘴、气门芯是否完好。

5）检查轮辋、钢圈、挡圈、锁环有无变形、生锈、裂纹。

【课堂互动】

6）检查轮辋螺栓、承孔有无过度磨损或损裂现象。

轮胎各部若有故障，应予以排除，如钢圈锈蚀严重，应进行钢圈防锈漆的涂装。各部排除故障后，应按规定装合、充气。按规定视情况进行轮胎换位、更换、修补、翻新、前后轮定位调整和轮胎平衡作业。若轮胎技术状况已不能维持正常的车辆运行且无再利用价值时，应及时进行轮胎报废。

3. 轮胎的修补、储存

（1）外胎小损伤修补　当轿车外胎发生小于6mm和载货汽车外胎发生小于10mm的损伤，可按小损伤修复方法修补。

1）拆卸修补（用于有内胎轮胎的修补）

① 修补用品。当采用途中拆卸修补时，应备有下列用品：橡胶塞、涂有粘着层的衬垫、硫化胶浆、磨锉工具、压棍和插入器等用品。修补胎冠损伤可使用橡胶塞与衬垫连在一起的蘑菇形修补垫。

② 修补方法。修补时，应先将轮胎放气，并用专用工具拆下，检查损伤部位及损伤情况，确定修补方法。对于小穿洞用修补插入器由胎内向胎外插入直至穿出，将空心筒留入胎体内。将修补垫拉线穿入空心筒，并拉出压平。特殊情况下对于较大的损伤如达到直径70mm时，可使用复合修补衬垫修补。

2）不拆卸修补（用于无内胎轮胎的修补）

① 修补用品。当采用途中不拆卸修补时，应备有下列用品：帘线塞、推杆、条形修补塞、空心筒等。

② 修补方法。修补时，应先将空心筒用推杆推入穿孔，然后，通过空心筒将帘线塞塞入穿孔。对于较大穿孔，可用V形割口的条形修补塞，修补时亦可进行加热。

3）用密封胶修补（适用于各种轮胎的途中修补）

① 修补用品。用密封胶修补时，应必备下列用品：密封胶、注射器等。

② 修补方法。修补时，应先将穿孔周围胎里部分，打磨粗糙，然后涂上溶液，并视穿孔大小用注射器向穿孔内注射50~200g密封胶。

（2）内胎小损伤修补　内胎小损伤修补主要有火补、自动堵漏两种方法。

1）火补。内胎火补应使用内胎火补胶和专用夹具。火补只适用于修补内胎的钉眼、砂眼等小损伤。

2）自动堵漏。自动堵漏是一种预防轮胎刺穿的内胎修补方法。自动堵漏剂应具有较好的自动堵漏性能，应能自动堵漏直径小于5mm的内胎穿洞，且不影响内胎的正常使用寿命。

（3）轮胎的储存

1）新购进短期不用或修后的周转胎应一律入库保存，胎库室温应保持在-15~30℃，相对湿度应保持在50%~80%。

2）避免日光直接照射在轮胎上。

3）保持适当的空气流通，不应与油漆、酸碱等具有腐蚀性的物品混存。

4）在寒冷地区，可适当增加采暖设施，以保持库内温度，但不可使用具有明火的热源。放置轮胎的胎架应距采暖设施1m以外。

5）轮胎放置在胎架上应定期转动其支点，以防其变形，不可平置堆垒或穿心悬挂。　　　　　　　　　　　　　　　　　　　　　【课堂互动】

6）内胎可以成套包装在轮胎内，也可单独存放。单独存放时，应在少量充气状态下，挂在特制的半圆形木架上，并定期转动其支点，以防变形和损伤。

4. 轮胎的磨损检查与换位

（1）轮胎的磨损检查　检查轮胎的磨损，看其是否被割破、擦伤，是否有硬伤、隆起或物体嵌入胎面中。作为胎面状况的直观标记，胎面磨损指示标记被模压在胎面纹槽的底部，横贯胎面宽为13mm的带形区，当轮胎磨损到磨损指示标记显露，此时轮胎花纹深度为1.6mm，这时应更换轮胎，否则会产生轮胎打滑，使行车危险。

轮胎上有可修理区域，若在可修理区域其他部位有裂缝或损坏，不可修理，应更换新轮胎。检查轮胎时，只能用淡肥皂水清洗，并用清水冲净，不要使用腐蚀性液体或研磨材料清洗轮胎。清洗白色胎臂和凸起字符时，只能使用被认可的清洗物，不要使用带矿物油基的清洗液（如汽油、油漆稀料和松节油），这些液体对轮胎有害，并将使白色胎臂和凸起字符上的数字变色。有下列损伤的轮胎不能修理：胎肩或胎侧穿孔，直径大于6.5mm的穿孔；胎圈断裂或开裂；隆起或鼓包；胎体帘布开裂或割断、分离；轮胎磨损到胎体纤维或磨损标记已可见等。只有轮胎胎面部位的穿孔才能修理。

（2）轮胎换位　为使轮胎的磨损均衡，经过一段时间的使用，应进行轮胎换位。第一次换位对于提高轮胎寿命、胎面均衡磨损尤为重要。换位后，按照轮胎充气压力表所规定的值，调整充气压力。

1）车辆在使用时，应结合二级维护根据车辆使用情况，适时视情进行轮胎换位，并作好记录。

2）当整车轮胎处于完好状态，没有损伤，未经翻修时，轮胎换位一般有三种方法：交叉换位法、循环换位法和混合换位法。其中循环法又分大循环和小循环。

3）当整车轮胎成色不一样，后轮装用翻修胎，不能调到前轮使用时，轮胎换位可采用分轴交叉换位法和左、右互调换位法。

子午线轮胎换位的方式与前述轮胎换位方式不同。子午线轮胎采用同侧换位，即不交叉，由前到后和由后到前换位。子午线胎、宽胎面轮胎必须成套安装，对用于深槽式轮辋的轮胎最好进行充分清洗，不同宽度的轮胎，千万不能混用。

5. 轮胎的平衡检查

轮胎更换后，必须进行平衡检查。检查车轮的平衡：当车速在46~64km/h之间产生车轮回转振动时，应做静平衡；当车速在64km/h以上产生车轮偏摆振动时，应做动平衡。

未装轮胎时，轮辋的不平衡度应在0.04~0.05N·m之间；装上轮胎后，车轮的不平衡度，应在0.10~0.12N·m之间。轮辋边缘允许的平衡块质量不大于70g。

【课堂互动】【知识拓展】

需做静平衡时，是当质量分布不均匀，产生的静态不平衡集中于轮胎、车轮上一个小区域。这样导致振动型的敲击运动，即轮胎的回转振动或车轮跳动。若使质量在整个轮胎、车轮圆周均匀分布，就可以实现静平衡。

需做动平衡时，是当质量分布不均匀，偏向车轮的内侧或外侧，引起车轮中高速时产生偏摆振动。若使质量均匀分布就必须实现动平衡。

【技能训练】

轮胎的拆装：

1）拆装轮胎时，要用专用工具或器械（如撬棒、胎圈脱卸器、轮胎拆装机等）来拆装，不得使用钝器、锐器等其他器械撬砸轮胎。

2）装内胎时，应在外胎内壁和内胎表面涂上滑石粉，内胎气门嘴须对正轮辋气门嘴孔。

3）安装无内胎轮胎时，应检查轮辋是否有变形、裂口等缺陷。如有，应及时进行修理或更换。

4）在安装带有 O 形圈的轮胎时，应更换新的 O 形圈。装用新 O 形圈前应检查其是否有缺陷，确定完好后，将其在植物油中浸泡片刻，然后安装。

5）在装配胎冠上装有钢带的无内胎轮胎时，应先把轮胎装在轮辋上，并充入压缩空气使气压值达到大约 150kPa，然后小心将钢带剪断除下。

【习题 6.5】

1. 填空题

（1）胎肩处迅速磨损，主要是由于轮胎_____所致；胎面中央迅速磨损，主要是由于轮胎_____所致。

（2）胎面干裂，多为_____或_____所致。胎面单侧边缘磨损，多为前轮_____或_____所致。胎面磨损呈羽状斜面，多为_____所致。

（3）胎面局部磨出秃点，多为车轮_____所致。轮胎某一部位早期严重磨损，多为_____或_____所致。

（4）汽车车轮是高速旋转元件，若_____与_____不重合，则会产生静不平衡；当车轮_____相对于车轮_____不对称时，会造成车轮的动不平衡。

（5）轮胎换位方法常用的有_____、_____和_____。子午线轮胎的旋转方向始终不变，故适宜用_____。

2. 选择题

（1）子午线轮胎在汽车二级维护进行换位时，应（　　）。
A. 交叉换位　　　　　　B. 循环换位
C. 单边换位　　　　　　D. 无所谓

（2）轮胎出现单边磨损，其可能原因是（　　）。
A. 气压过高　　　　　　B. 气压过低

C. 前轮外倾角失准　　　D. 车速太快

（3）（　　）主要用于轿车及轻型越野车。
A. 深槽式轮辋　　　　　　　B. 平底式轮辋
C. 对开式轮辋

3. 判断题

（1）某些高速轿车采用超低压胎，由于轮胎气压很低，弹性大，故主销后倾角为负值。（　　）

（2）胎面局部磨出秃点，多为前轮前束不正确所致。（　　）

（3）胎面干裂，多为胎压过高所致。（　　）

（4）经常频繁紧急制动，会使轮胎出现干裂。（　　）

（5）经常超速行驶，会使轮胎出现干裂。（　　）

（6）静平衡的车轮一定动平衡。（　　）

（7）动平衡的车轮一定静平衡。（　　）

4. 简答题

（1）试述导致轮胎异常磨损的原因。
（2）导致车轮动不平衡的原因是什么？
（3）轮胎性能包括哪些内容？分别有什么影响？
（4）轮胎常见故障有哪些？

6.6　轮胎的故障诊断

【本节目标】

理解掌握轮胎的故障原因及排除方法。

【基本理论知识】

1. 轮胎的故障原因及排除方法

（1）前车轮轮胎偏磨

故障现象如图6-28所示。

故障原因：车桥定位及操纵特性失调。轮胎以极限横向偏离角滚动时终将导致轮胎偏磨，并伴有纹槽磨凿特征，胎面出现细缝。在路面行驶时间长后，轮胎最终将发生"磨光"效应。

在多弯道路段上高速行驶时，轮胎外胎肩的磨损尤其严重。外胎肩磨光及外侧花纹的严重磨损可归于高速转弯。因此，驾驶方式不正确是这种磨损类型的直接原因。

为使操纵特性达到最佳状态，必须将行驶系统的车轮定位的车轮外倾值调整到规定值。如果轮胎在偏离规定值的条件下运转，势必导致单侧严重磨损。

尤其在车轮定位外倾值失调的情况下，轮胎偏磨尤其严重，同时将加剧轮胎对角线磨蚀。

【课堂互动】

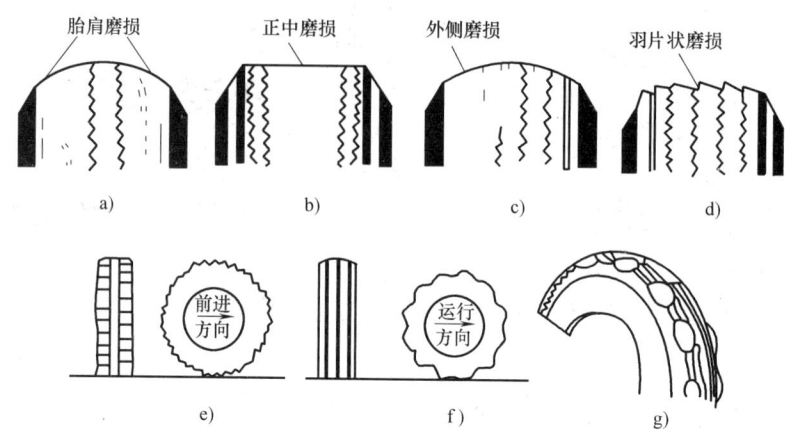

图 6-28　前车轮轮胎的偏磨

a）胎肩磨损　b）正中磨损　c）外侧磨损　d）羽片状磨损
e）锯齿状磨损　f）波浪状磨损　g）胎肩碟片状磨损

排除方法：为避免车轮偏磨，必须使车轮定位角调整正确，停车时不要使车轮碰撞马路边缘。

（2）轮胎中央磨损严重

故障现象：此种磨损，常出现在长距离高速行驶的驱动轴上。

故障原因：高速行驶时，在离心力的作用下，胎面中央的轮胎直径伸长量大于胎肩的伸长量，因此使胎面中央与地面的磨损加剧。此种磨损在宽基轮胎上尤为明显，不能通过采用低气压来缓减此种磨损，充气压力不能低于规定值，否则会影响行车安全。

排除方法：使驱动车轮适时地与非驱动车轮的轮胎进行换位。

（3）轮胎对角线磨蚀

故障现象：对角线磨蚀通常与轮胎轴向成 45°角，大多数情况下，仅有一处对角线磨蚀，但也可能沿圆周形成多处对角线磨蚀。

故障原因：发生此类磨损的 90% 是前驱动车辆的非驱动轮上，外倾角越大，此种磨损越严重。

排除方法：适当降低轮胎气压，可以减小此种磨损，两后轮的车轮定位角保持一致，若发生此种磨损，应将轮胎换至驱动轮上。

（4）轮胎的锯齿形磨损

故障现象：如图 6-29 所示，轮胎的锯齿形磨损是指花纹块形成阶梯形磨损。

故障原因：轮胎着地面时，花纹块不均匀变形是锯齿形磨损的主要原因，非驱动车轮比驱动车轮严重，新轮胎产生锯齿形磨损较多，这是因为花纹

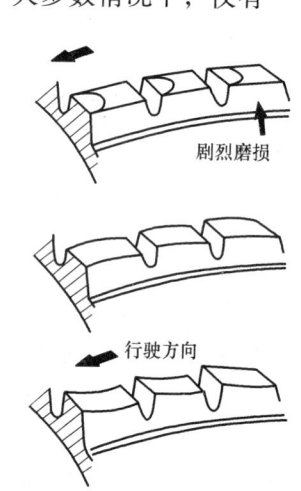

图 6-29　轮胎的锯齿形磨损

块高度越大,弹性变形越大。从行驶方向上看,花纹块前端比后端高。

下列因素均可能导致严重的锯齿形磨损:

车桥定位值偏高(整车);轮胎充气压力不符合规定(保养);粗糙的开式花纹(轮胎);使用磨损率低和力传递小的轮胎,即前轮驱动的车辆,其后轮更易形成锯齿形磨损;极端转弯(驾驶方式)。

排除方法:

对于非单一运转方向的轮胎:一旦形成锯齿形磨损,则必须改变轮胎运转方向。锯齿形磨损及滚动噪声严重的车辆,必须将两轮交叉换位,这可迅速减缓轮胎锯齿形磨损。前轮驱动的车辆,由于前轮磨损相对较严重,因此车轮换位后的效果更为明显。换位后,轮胎滚动噪声可能略有增大,但行驶 50～100km 后,滚动噪声即可恢复到正常水平。

对于单一运转方向的轮胎:后轮轮胎锯齿形磨损严重的情况下(前轮驱动车辆居多),则必须将前后轮换位。若某一车桥轮胎外缘锯齿形磨损严重的情况下,则须将两车轮轮胎沿轮辋转动一角度,改变其相对车桥的位置。

(5)车轮轮胎滚动噪声

故障现象:轮胎滚动噪声较大。

故障原因:潮湿路面比干燥路面的噪声大;与轮胎轴向成 90°角的横向槽花纹轮胎,其滚动噪声高于斜交槽轮胎;小花纹块易于变形形成噪声;宽断面轮胎噪声较大;为排除花纹槽内的水,需要设置很多排水纹槽,造成噪声;轮胎锯齿状磨损形成滚动噪声。

排除方法:选择合理形状花纹的轮胎,避免轮胎锯齿状磨损。

(6)由于轮胎的原因产生的跑偏

故障现象:由于轮胎在滚动中产生的侧向力,使车辆跑偏。

故障原因:如图 6-30 所示,轮胎偏心将导致轮胎内外肩刚度不同,两肩的路面接触压力发生差异,也就是说,两肩以不同的压力 F_1、F_2 压在路面上,从而使轮胎呈圆锥形。轮胎以一定速度滚动时将产生一侧向力 F_k,当该力达到一定程度时,车辆将产生跑偏现象。

如果某一车桥的一轮侧向力 F_k 为 50N,另一轮的 F_k 也为 50N,并且两力作用于同一方向,则合力为 100N,这种情况下即产生车辆跑偏。

排除方法:将两轮换位即可消除跑偏现象。

由于无法用肉眼发现轮胎侧向力作用方向,因此只能通过路试及车轮、轮胎换位来确定引起车辆跑偏的轮胎。其方法是:

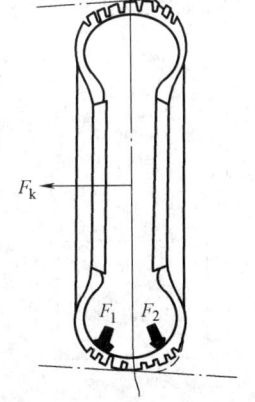

图 6-30 轮胎产生跑偏的原因

目测检查车桥转向机构、转向横拉杆、后桥等是否损坏;检查轮胎充气压力是否符合规定;检查轮胎表面损坏状况(胎侧穿孔、割伤、鼓包,胎面是否有制动磨损点或损伤);检查各轮花纹磨损状态及深度是否一致;所有轮胎的牌号均须相同(生产厂、花纹类

【课堂互动】 型)。

注意对于非单一运转方向的轮胎,其"DOT-"标记(制造日期)应在轮胎外侧,如果不在外侧,则表明该车的轮胎、车轮已调换过位置,必须更换新轮胎。

最后,进行轮胎换位前后的跑偏试验,花纹较深的轮胎应始终装在前轮上。

2. 轮胎故障的排除程序

1)图6-31为前车轮不正常磨损的排除程序。

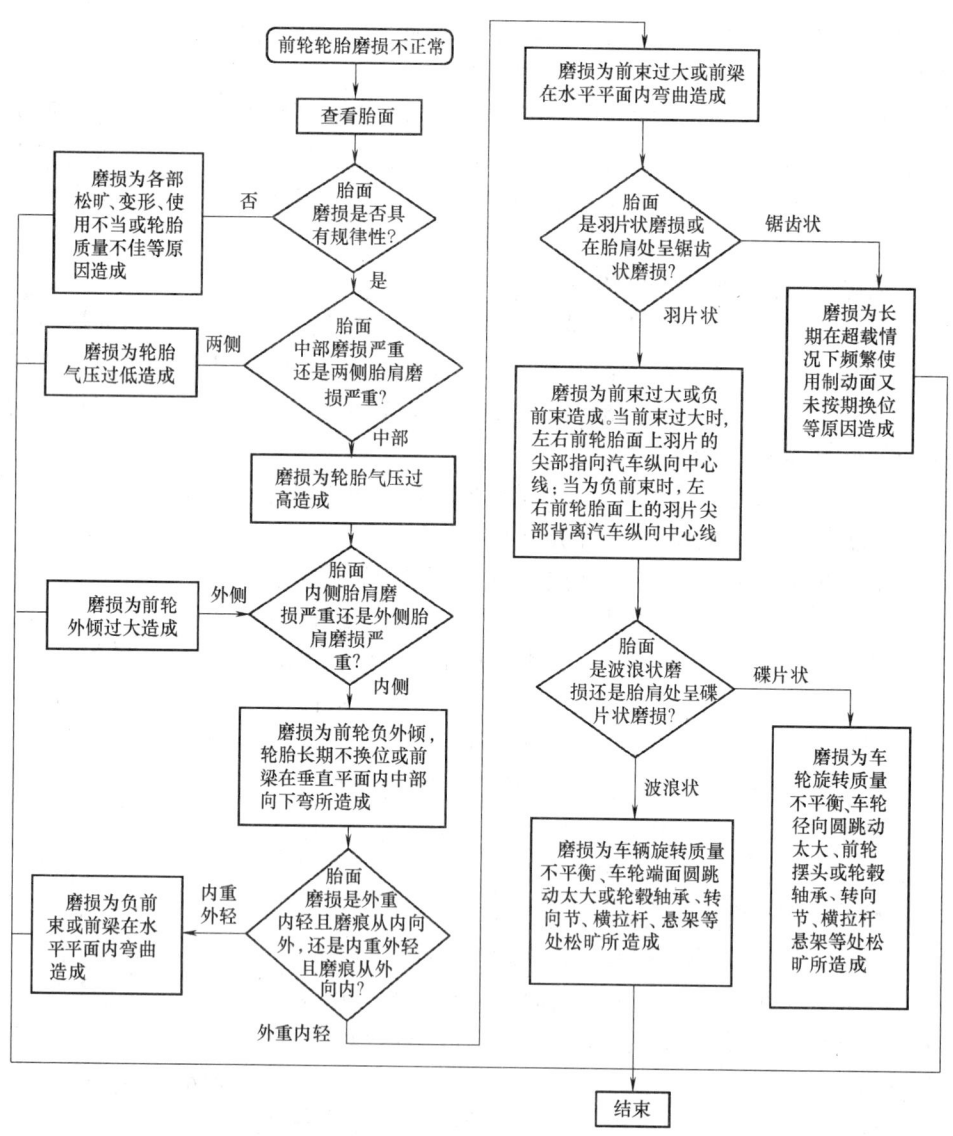

图6-31 前车轮不正常磨损的排除程序

2)由于轮胎原因使车辆跑偏的排除程序如图 6-32、图 6-33 所示。【课堂互动】

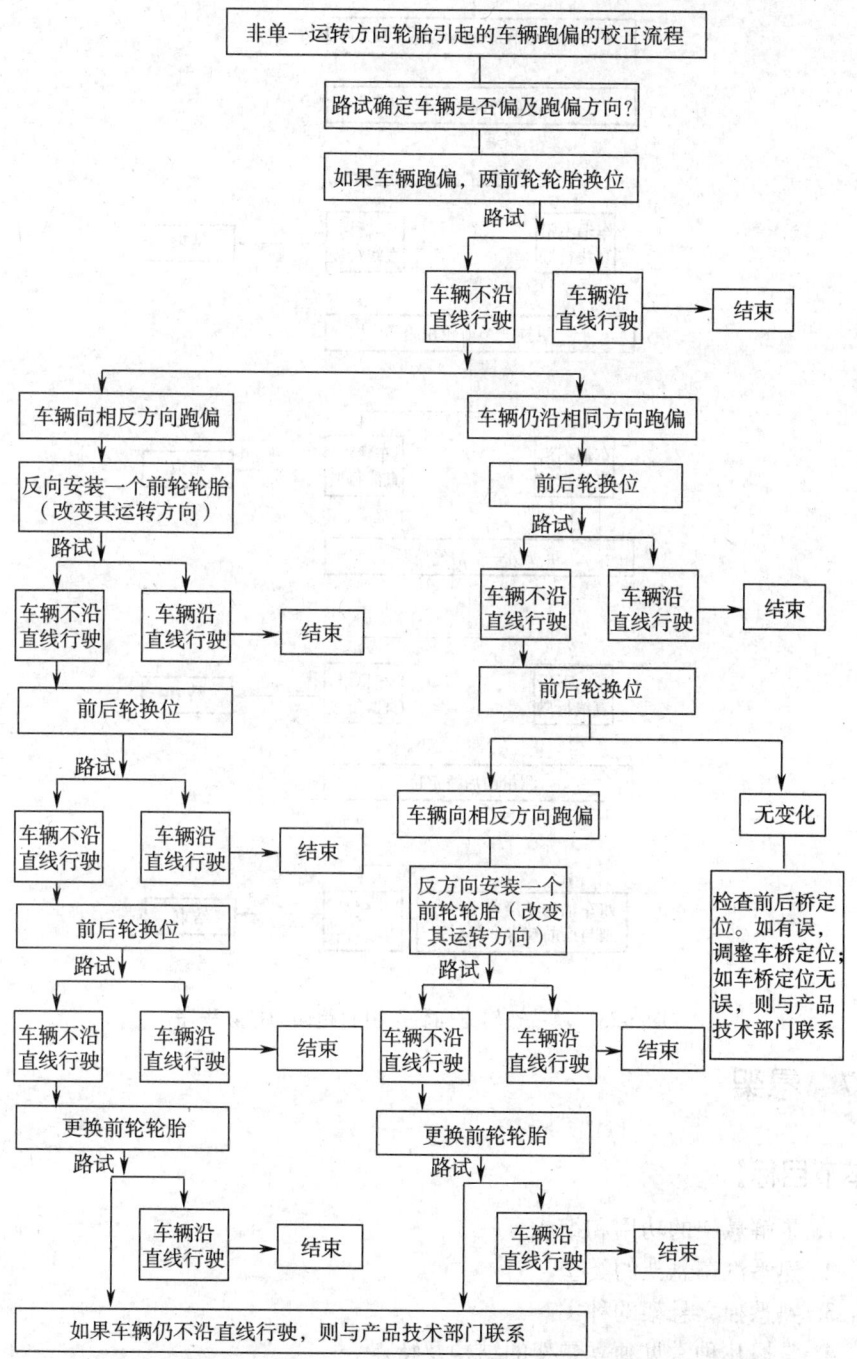

图 6-32 非单一运转方向轮胎引起跑偏的排除程序

【课堂互动】

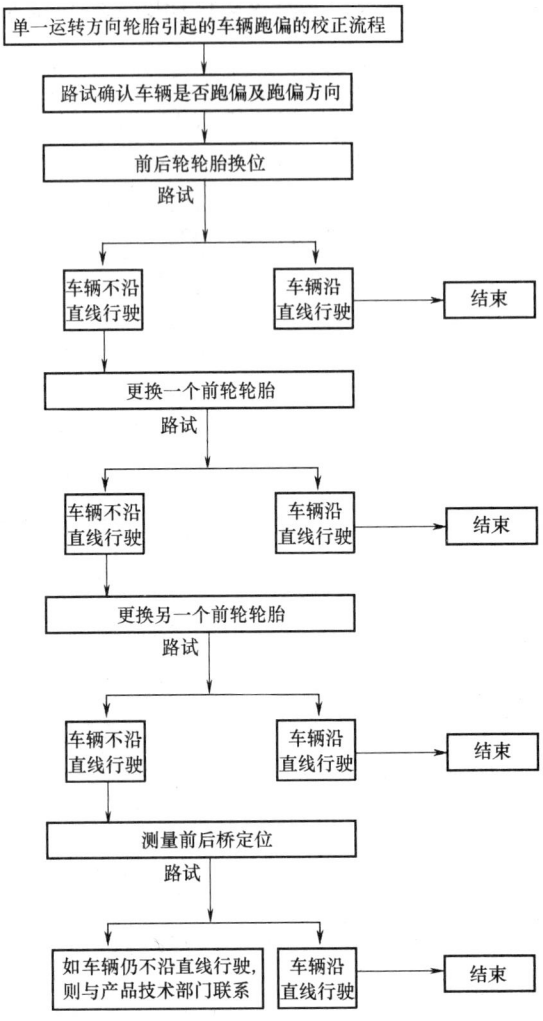

图 6-33 单一运转方向轮胎引起跑偏的排除程序

6.7 悬架

【本节目标】

1. 了解悬架的功用和组成。
2. 熟悉汽车悬架的类型。
3. 熟悉独立悬架的种类。
4. 掌握几种常见独立悬架的结构及特点。

【基本理论知识】

1. 概述

汽车悬架组成如图 6-34 所示。

汽车悬架是车架（或承载式车身）与车桥（或车轮）之间弹性联接的部件。

汽车悬架主要由弹性元件、减振器和导向机构三个基本部分组成。【课堂互动】

弹性元件使车架（或车身）与车桥（或车轮）之间实现弹性联接，用来承受并传递垂直载荷，缓和不平路面、紧急制动、加速和转弯引起的冲击。

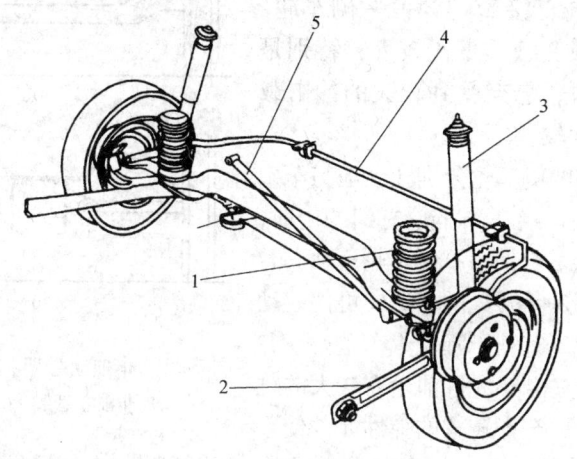

图6-34　汽车悬架组成示意图
1—弹性元件　2—纵向推力杆　3—减振器　4—横向稳定器　5—横向推力杆

减振器用来衰减由于弹性系统受到冲击后引起的振动，很多汽车在悬架中设有专门的减振器。

导向机构是用来使车轮（特别是转向轮）按一定运动轨迹相对于车身运动，同时以上三者兼有传递力的作用。

若钢板弹簧作为弹性元件时，它本身兼有导向作用可不另设导向机构。在多数的轿车和客车上，为防止车身的转向等情况发生过大的横向倾斜，在悬架中还设有辅助弹性元件——横向稳定器，用以提高侧倾的刚度，使汽车具有不足转向特性，改善汽车的操纵稳定性和行驶的平顺性。

2. 汽车悬架的功用

1）抑制、缓和由不平路面引起的振动和冲击。

2）传递汽车垂直力以外，还传递其他两个方向的力和力矩。

3）保证车轮和车身（或车架）之间有确定的运动关系，使汽车具有良好的驾驶性能。

3. 汽车悬架的分类

（1）按照控制形式不同分　可分为被动式悬架和主动式悬架两大类。

被动式悬架的含义是，汽车状态只能被动地取决于路面行驶状况和汽车的弹性元件、导向装置以及减振器这些机械零件。

主动式悬架可以根据路面和行驶工况自动调整悬架刚度和阻尼，从而使车辆能主动地控制垂直振动及其车身或车架的姿态。该系统通常由传感器、控制阀、执行机构和悬架系统组成。

（2）按照汽车导向装置的不同分　可分为非独立悬架和独立悬架，如图6-35所示。

【课堂互动】　非独立悬架的特点是两侧车轮安装于一整体式车桥上，车轮连同车桥一起通过弹性元件悬挂在车架或车身上。当一侧车轮受到冲击时会直接影响到另一侧车轮。非独立悬架由于簧载质量比较大，特别是汽车高速行驶时，悬架受到较大的冲击载荷，汽车平顺性较差。

独立悬架的两侧车轮分别独立地与车架或车身弹性联接，当一侧车轮受到冲击时，其运动不会直接影响到另一侧车轮。独立悬架所采用的车桥是断开式的，这样可使发动机降低安装位置，有利于降低汽车重心，并使结构紧凑。独立悬架允许前轮有较大的跳动空间，这样便于选择较软的弹性元件使平顺性得到改善。同时，独立悬架簧载质量小，可提高汽车车轮的附着性能。

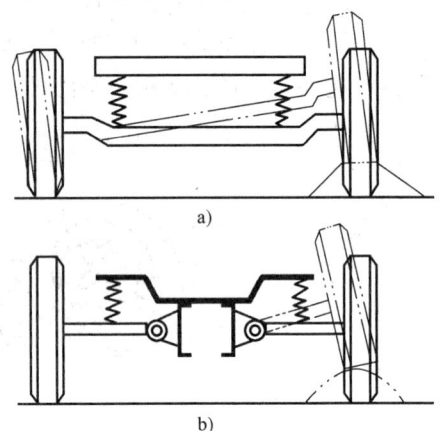

图 6-35　非独立悬架和独立悬架示意图
a) 非独立悬架　b) 独立悬架

4. 独立悬架

独立悬架中多采用螺旋弹簧和扭杆弹簧作为弹性元件，其结构特点是两侧的车轮各自独立地与车架或车身弹性联接，因而具有以下优点：

① 在悬架弹性元件一定的变形范围内，两侧车轮可以单独运动，而互不影响，这样在不平道路上行驶时可减少车架和车身的振动，同时有助于消除转向轮不断偏摆的不良现象。

② 独立悬架比用非独立悬架减少了汽车的非簧载质量（即不由弹簧支承的质量）。若道路条件和车速相同，非簧载质量越小，则悬架所受到的冲击载荷也越小。故采用独立悬架可以提高汽车的平均行驶速度。

③ 采用断开式车桥，发动机总成的位置便可以降低和前移，降低了汽车重心，提高了汽车行驶稳定性。采用独立悬架时车轮较大的上下运动的空间，可使悬架刚度设计得较小，从而降低汽车振动频率，以改善行驶平顺性。

轿车的转向轮普遍地采用了独立悬架。但是，独立悬架结构复杂，制造成本高；保养维修不便；在一般情况下，车轮跳动时，由于车轮外倾角与轮距变化较大，轮胎磨损较严重。某些越野汽车全部车轮采用独立悬架。

独立悬架的结构类型很多，可按车轮运动形式分成以下三类：

① 车轮在汽车横向平面内摆动的悬架（横臂式独立悬架，见图 6-36a）。
② 车轮在汽车纵向平面内摆动的悬架（纵臂式独立悬架，见图 6-36b）。
③ 车轮沿主销移动的悬架，其中包括：烛式悬架（见图 6-36c）和麦弗逊式悬架（滑柱连杆式悬架，见图 6-36d）。

在有的独立悬架中，车轮是在汽车的斜向平面内摆动的。

（1）横臂式独立悬架　横臂式独立悬架分为单横臂式和双横臂式两种。

1）单横臂式独立悬架。其特点是当悬架变形时，车轮平面将产生倾斜而改变两侧车轮与路面接触点间的距离——轮距，致使轮胎相对于地面侧向滑移，

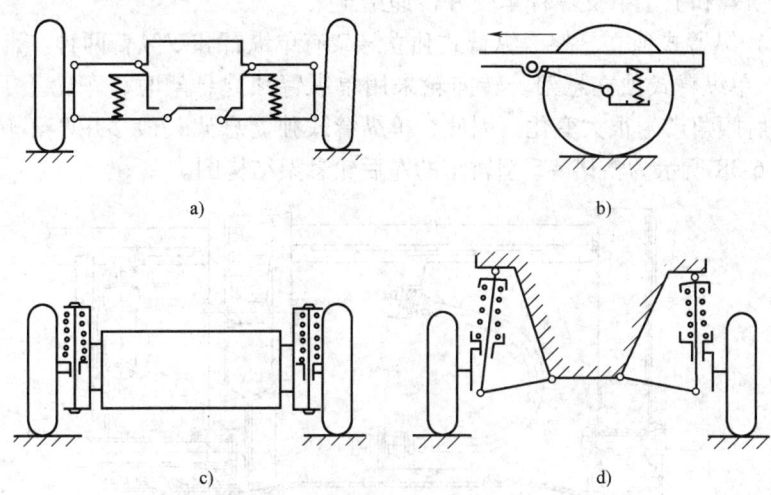

图6-36 三种基本类型的独立悬架示意图
a) 横臂式　b) 纵臂式　c) 烛式　d) 麦弗逊式

破坏轮胎和地面的附着。此外,这种悬架用于转向轮时,会使主销内倾角和车轮外倾角发生较大的变化,对于转向轮操纵有一定影响,目前很少采用。

2) 双横臂式独立悬架。这种悬架的优点是设定前轮定位参数的变化及侧倾中心位置的自由度大,若很好的设定汽车顺从转向性,可以得到最佳的操纵性和平顺性;发动机罩高度低、干摩擦小。但其结构复杂、造价高。故不等长的双横臂式独立悬架在轿车的前轮上应用得较广泛。

双横臂是用上下摆臂分别将左、右车轮和车架(或车身)连接起来的悬架形式,如图6-36a所示。

其弹性元件一般都是螺旋弹簧,但也有采用横置钢板弹簧或扭杆弹簧作为弹性元件的,如南京依维柯S系列轻型货车的前悬架属于不等长双横臂式扭杆弹簧独立悬架,其结构如图6-37所示。车轮所受的纵向力、侧向力及其力矩由

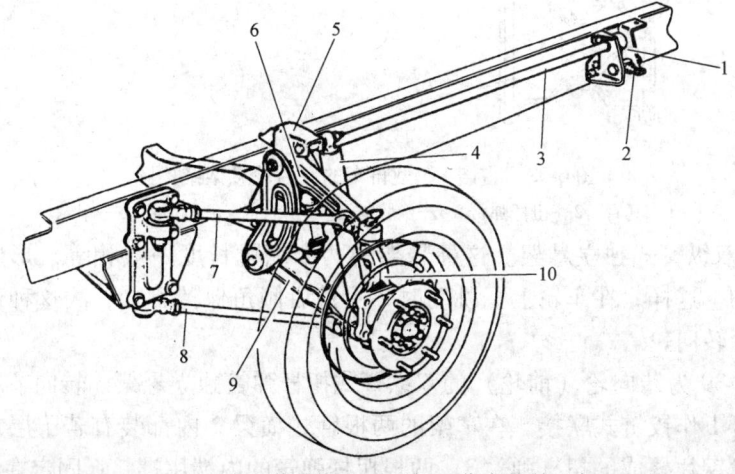

图6-37 南京依维柯S系列轻型货车的前悬架
1—扭杆弹簧固定支架　2—扭杆弹簧预加载荷调整螺栓　3—扭杆弹簧　4—减振器
5—减振器上支架　6—上横臂　7—上支撑杆　8—下支撑杆　9—下横臂　10—车架

【课堂互动】 上、下横臂和上、下支撑杆承受并传递给车架。

（2）纵臂式独立悬架　纵臂式独立悬架有单纵臂和双纵臂两种。

1）单纵臂式独立悬架。转向轮采用单纵臂独立悬架时，车轮上下跳动将使主销后倾角产生很大变化。因此，单纵臂式独立悬架一般多用于不转向的后轮。图6-38所示为雷诺-5型轿车的左后轮悬架结构图。

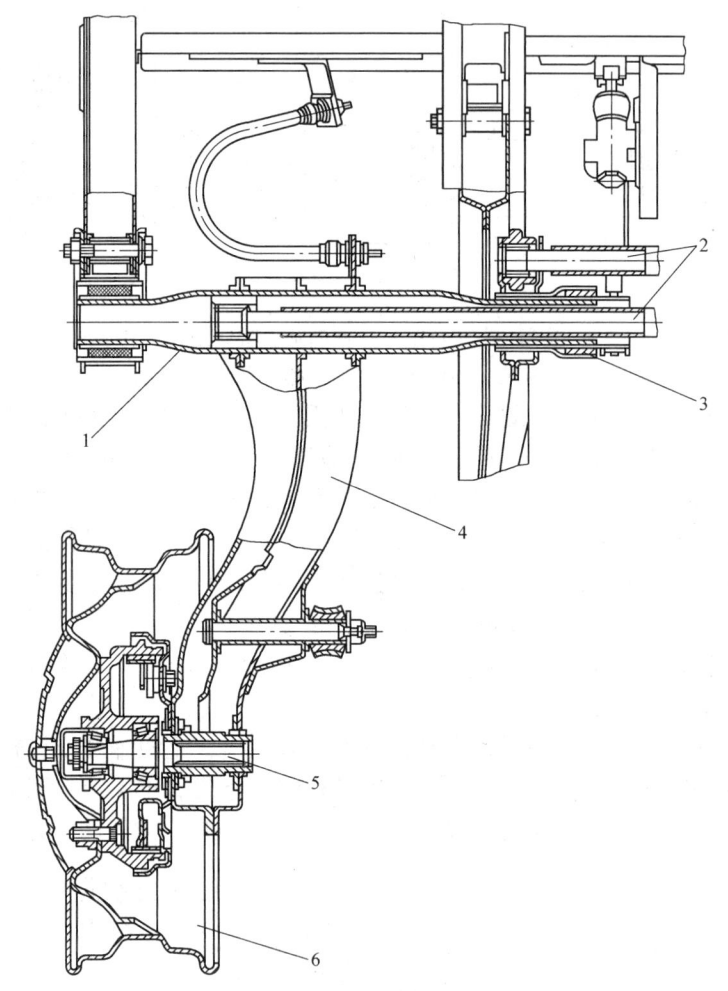

图6-38　雷诺-5型轿车的左后轮悬架结构图
1—套管　2—扭杆弹簧　3—橡胶衬套　4—纵臂　5—心轴　6—车轮

2）双纵臂式独立悬架。这种悬架的两个纵臂长度一般相等，形成平行四连杆机构。这样，在车轮上下跳动时，主销后倾角保持不变，故这种形式的悬架适用于转向轮。

图6-39为转向轮（前轮）的双纵臂式扭杆弹簧独立悬架。转向节和两个等长的纵臂1作铰链式联接。在车架的两根管式横梁2内都装有若干层矩形断面的薄弹簧钢片叠成的扭杆弹簧3。两根扭杆弹簧的内端用螺钉6固定在横梁2的中部，而外端则插入纵臂轴4的矩形孔内。纵臂轴用衬套5支承在管式横梁内。纵臂轴4和纵臂刚性地相联。另一侧车轮的悬架与之完全相同而且对称。

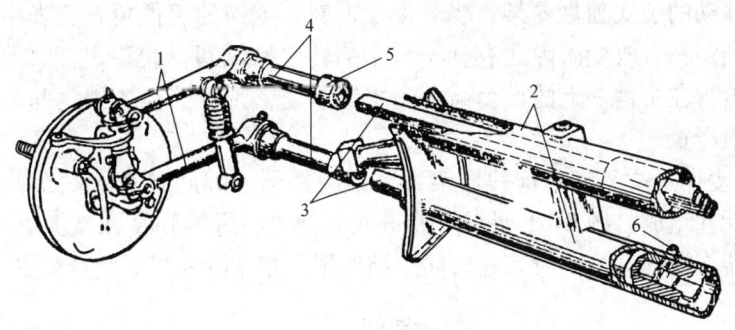

图 6-39 双纵臂式扭杆弹簧独立悬架
1—纵臂 2—横梁 3—扭杆弹簧 4—纵臂轴 5—衬套 6—螺钉

(3) 车轮沿主销移动的悬架 目前车轮沿主销移动的悬架大致可分为两种形式,一种是烛式悬架,另一种是麦弗逊式悬架。

1) 烛式悬架。图6-40所示为车轮的转向节沿着刚性的固定在车架上的主

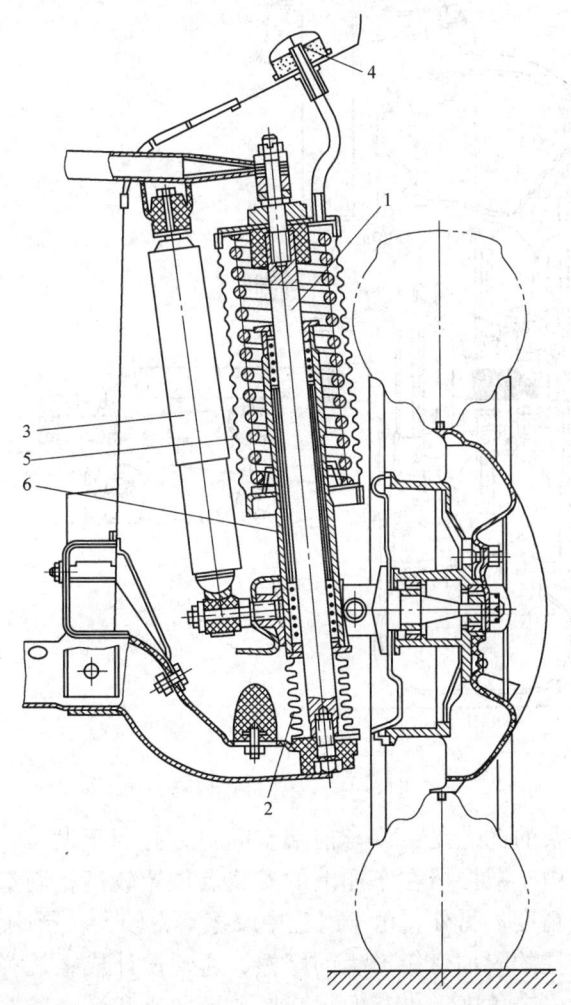

图 6-40 烛式悬架
1—主销 2、5—防尘套 3—减振器 4—通气管 6—套筒

【课堂互动】销上下移动的烛式独立悬架。当悬架变形时，主销的定位角不会发生变化，仅轮距、轴距稍有改变。因此有利于汽车的转向操纵和行驶稳定性。但是，侧向力全部由套在主销 1 上的长套筒 6 和主销承受，则套筒与主销之间的摩擦阻力大，磨损严重。

2）麦弗逊式悬架。这种悬架主要由减振器、螺旋弹簧、横摆臂和横向稳定杆等元件组成。图 6-41 所示麦弗逊式悬架是将螺旋弹簧和减振器装于一体，用减振器作滑动立柱同时兼起转向主销作用，减振器并与下摆臂组成的悬架。

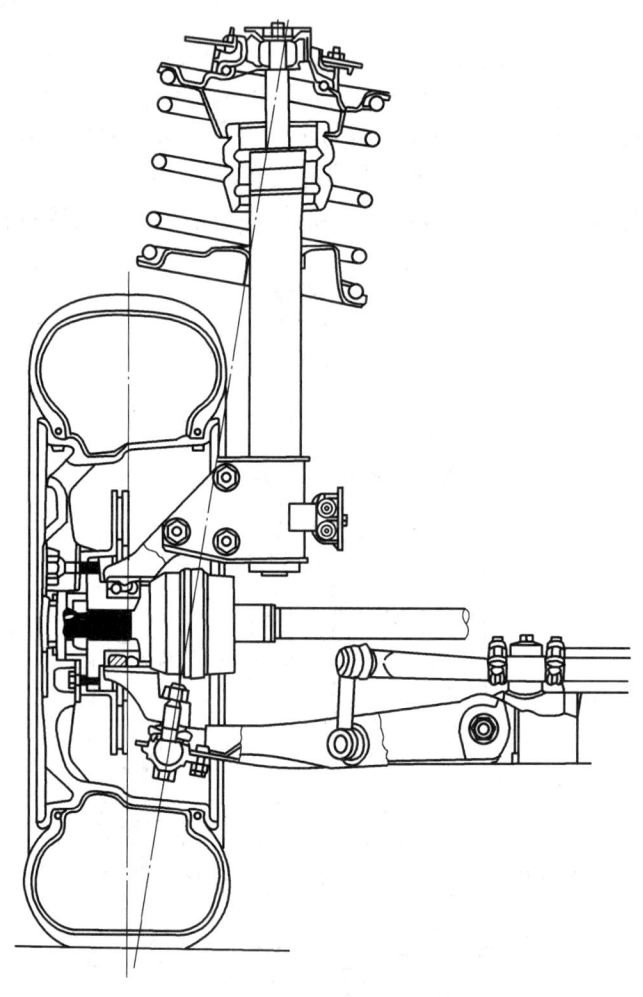

图 6-41 麦弗逊式悬架

采用这种悬架的优点是：汽车前端空间大，有利于发动机布置，并可降低整车的重心；由于减振器在车厢上的安装点位置较高，制造中容易保证主销定位角的位置精度。另外，由于滑柱中摩擦阻力较大，影响汽车的平顺性。为减少作用于滑柱的附加弯矩产生的摩擦，通常设计成螺旋弹簧和滑柱的中心不重合而偏离一个角度，也有的将减振器导向座和活塞的摩擦表面用耐磨材料制成。

由于麦弗逊式悬架性能好、结构简单、制造成本低，广泛应用于发动机前【课堂互动】置前轮驱动轿车的前悬架中。

【习题6.7】

1. 填空题

（1）汽车悬架由_____、_____和_____组成，它们分别起_____、_____和_____作用。

（2）悬架所用的弹形元件类型有_____、_____、_____和_____等形式。

2. 选择题

对于平顺性要求较高的轿车，其悬架常采用的是（　　）。

A. 独立悬架　　　　　　B. 非独立悬架
C. 平衡悬架　　　　　　D. 相关悬架

3. 判断题

（1）对于行驶平稳性要求高的汽车，通常采用平衡悬架。（　　）
（2）螺旋弹簧只能承受汽车的垂直载荷，所以必须装有导向装置。（　　）
（3）在汽车剧烈振动时，要求减振器的阻尼力最大。（　　）
（4）减振器的主要工作原理是利用减振液流动的阻尼力变为热能散发出去，以消耗振动能量。（　　）
（5）行车中用手触摸减振器，如果不发热，表示减振器不起作用。（　　）

6.8 悬架系统的检修

【本节目标】

1. 了解前减振器的检查。
2. 理解掌握前轮毂与转向节的检查。
3. 掌握后悬架零件的检修。

【基本理论知识】

1. 前减振器的检查。

（1）前减振器阻尼器的检查　如图6-42所示，检查时应固定住前减振器阻尼器，并且上下运动活塞杆时应有一定阻力，而且向上比向下的阻力要大一些。若阻力过大，应检查活塞杆是否弯曲；若无阻力，则表示前减振器阻尼器油已漏光或失效，必须更换。

车辆行驶时，有缺陷的减振器会发出冲击噪声，因此应更换减振器。减振器为免保养机构，其外面有轻微的油迹，此时不必更换减振

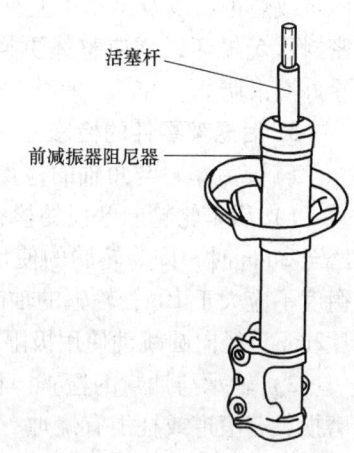

图6-42　前减振器阻尼器的检查

【课堂互动】器。如有大量漏油现象，减振器在压缩到底或拉开时，会产生跳动现象，因为减振器不能加油，这时只能整体更换前减振器阻尼器。

（2）前减振器悬架轴承和橡胶挡块的检查　如图 6-43 所示，一是检查前减振器悬架轴承的磨损与损坏情况，应能灵活转动，更换时只能整体更换。二是检查橡胶挡块的损坏与老化情况，若损坏，应及时更换。

（3）前减振器螺旋弹簧的检查　如图 6-44 所示，应检查减振器螺旋弹簧有无损坏与变形，并测量螺旋弹簧的自由长度 A。若比标准弹簧长度减少 5%，即表示螺旋弹簧已产生永久变形，必须更换。同时应更换左右两侧的两个弹簧，以保持车辆两侧相同的高度。若螺旋弹簧上有裂纹也要更换。

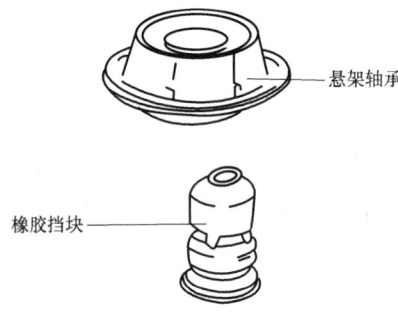

图 6-43　前减振器悬架轴承和橡胶挡块的检查

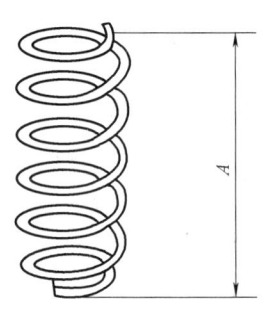

图 6-44　前减振器螺旋弹簧的检查

2. 前轮毂与转向节的检查

（1）前轮毂与转向节的检查　检查转向节、前轮毂有无变形和裂纹，若有应及时修整或更换。

（2）轮毂轴承的检查　如图 6-45 所示，该车轮毂轴承为双内圈双列向心推力球轴承，并带有密封条。若在内圈 2 或 3 和外圈 1 的滚道上发现麻坑或烧蚀，以及钢球 4 上有严重的损伤或磨痕，密封片 5 损坏，均应整体更换轴承，并在轴承内涂好润滑脂。

3. 后悬架零件的检修

（1）后车轮与短轴的检查

1）后车轮轮胎磨损的检查。轮胎花纹深度 P 磨至 2mm 时，即为轮胎的使用极限；轮胎的不平衡度不应大于 10g；轮辋的轴向圆跳动使用极限为 1.2mm，径向圆跳动使用极限为 0.8mm。

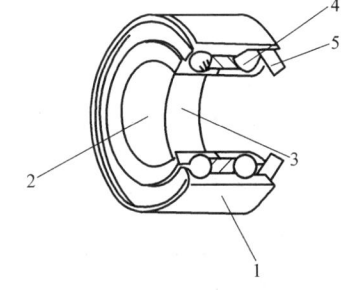

图 6-45　轮毂轴承的检查
1—轴承外圈　2、3—内圈
4—钢球　5—密封片

2）轴承与油封的检查。检查内圆锥滚子轴承、外圆锥滚子轴承的损坏与磨损。若滚道或柱上有烧蚀、磨痕均应更换。还应检查油封的磨损、损坏与老化情况，一般大修时应更换油封。

（2）后桥体的检查
1）检查后桥体的变形。用直尺检查后桥体横梁的变形，若有明显变形和开焊，不允许焊击和校正，必须更换。
2）检查后桥体橡胶支承。检查后桥体橡胶支承的损坏与老化，一般大修时应更换橡胶支承。
（3）后减振器的检查　与前减器阻尼器、螺旋弹簧的检查相同。

6.9　悬架系统的故障诊断

【本节目标】

1. 了解非独立悬架系统常见故障。
2. 掌握独立悬架和减振器常见故障。
3. 理解掌握减振器常见的故障。

【基本理论知识】

1. 非独立悬架系统常见故障

1）钢板弹簧折断时，尤其是主片折断，会因弹力不足等原因，使车身歪斜。前钢板弹簧一侧第一片折断时，车身在横向平面内倾斜；后钢板弹簧一侧第一片折断时，车身在纵向平面内倾斜。
2）钢板弹力过小或刚度不一致。当某一侧的钢板弹簧由于疲劳导致弹力下降，或者更换的钢板弹簧与原弹簧刚度不一致时，会使车身倾斜。
3）钢板弹簧销、衬套和吊耳磨损过量。此时，会出现以下故障现象：① 车身倾斜（不严重）；② 行驶跑偏；③ 汽车行驶摆振。
4）U形螺栓松动或折断（或钢板弹簧第一片折断）。此时，会由于车辆移位倾斜，导致汽车跑偏。

2. 独立悬架和减振器常见故障

（1）独立悬架总成常见故障　独立悬架总成主要由螺旋弹簧、上下摆臂、横向稳定杆及减振器等组成。总成铰接点多，其常见的故障有如下几项：
1）异响，尤其在不平路面上转弯时。
2）车身倾斜，汽车在转弯时车身过度倾斜等。
3）前轮定位参数改变。
4）轮胎异常磨损。
5）车辆摆振及行驶不稳。

独立悬架总成故障产生原因：
1）螺旋弹簧弹力不足。
2）稳定杆变形。
3）上、下摆臂变形。
4）各铰接点磨损、松旷。

【课堂互动】

【课堂互动】　当汽车产生上述现象时，应对悬架系统进行仔细检查，即可发现故障部位及原因。

（2）减振器常见的故障　减振器常见的故障为衬套磨损和泄漏。衬套磨损后，因松旷易产生响声。减振器轻微的泄漏是允许的，但泄漏过多，会使减振器失去减振作用。

【习题 6.9】

1. 填空题

（1）汽车行驶跑偏主要是由于汽车_____或_____不相等所致。

（2）若汽车摆振随车速提高而增大，多为车轮_____和_____所致。

（3）减振器常见的故障为_____和_____。

2. 选择题

筒式减振器失效的原因是（　　）。

A. 活塞与缸体间配合间隙太小　　　　B. 减振器中渗入空气

C. 连接杆脱落或橡胶软垫磨损破裂

3. 判断题

（1）减振器失效会导致汽车局部摆振。　　　　　　　　　　　　（　　）

（2）车架变形，既会导致汽车跑偏，又会导致汽车高速摆振。　　（　　）

（3）钢板弹簧两边弹力不一致，会使车身倾斜。　　　　　　　　（　　）

（4）当两前轮的气压不一致时，可能会引起自动跑偏的故障。　　（　　）

4. 简答题

（1）采用螺旋弹簧和扭杆弹簧的悬架上为什么必须装有减振器？

（2）汽车悬架中的弹性元件和减振器为什么要并联安装？

6.10　电控悬架系统

【本节目标】

1. 了解电控悬架系统的基本原理。
2. 了解电控悬架系统的故障诊断与检修。

【基本理论知识】

随着电子技术的发展，出现了电控汽车悬架。它是通过电子控制单元（ECU）来控制相应的执行元件，改变悬架特性以适应各种复杂的行驶工况对悬架系统的不同要求，从而使舒适性、平顺性和操纵稳定性同时得到改善。电控悬架可以调节悬架刚度和阻尼系数，突破被动悬架的局限区域，因此，电控悬架是一种主动悬架。

根据调节悬架的刚度和阻尼系数分为半主动悬架系统和全主动悬架系统。

1. 半主动悬架系统

半主动悬架是对悬架的刚度和阻尼系数其中之一进行实时调节控制的悬架。为了减少执行机构需要的功率，半主动悬架系统通常不考虑调节悬架刚度，而只对悬架的阻尼系数进行调节。半主动悬架系统又根据调节阻尼系数的特点分为：有级式半主动悬架和无级式半主动悬架两种。因半主动悬架控制系统较简单，而且又能达到与全主动悬架相近的性能，因此使用较广泛。

图 6-46 为半主动悬架系统简图。传感器将速度、位移、加速度等信号，经过输入电路进行转换后，以数字的形式送入系统的微处理器，微处理器经过计算处理后发出指令，经输出电路控制步进电动机动作，经阀杆调节阀门，从而调节阻尼系数，达到控制车身振动的目的。

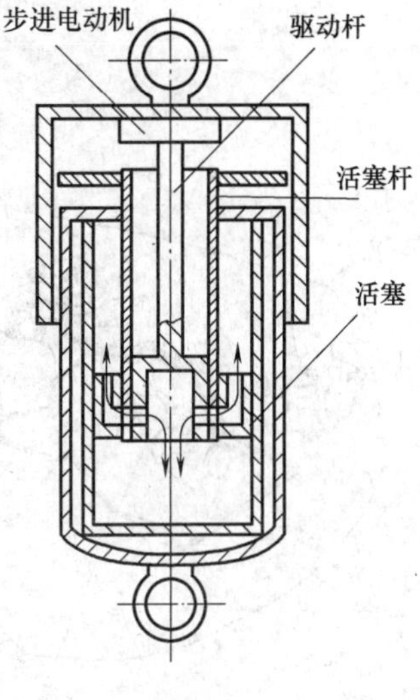

图 6-46 半主动悬架系统简图

2. 全主动悬架系统

全主动悬架系统是对悬架的刚度和阻尼系数均能进行实时调节。其系统的示意图如图 6-47 所示。它采用油气悬架和空气悬架取代被动悬架的弹性元件和减振器。

根据控制的介质，全主动悬架系统可分为主动空气悬架、主动油气悬架和主动液力悬架三种。

全主动悬架一般包括控制机构和执行机构。控制机构是由 ECU 和传感器等组成的闭环控制系统，通过传感器监测道路条件、汽车的运行状态和驾驶员的需求，按照设定的控制规律向执行机构（空气弹簧、动力源等）适时地发出控制信号，以调节悬架刚度和阻尼系数。

全主动悬架与被动悬架相比，全主动悬架驱动执行机构需要的功率较大。该类装置分为油压式和气压式两种。气压式是利用压缩空气冲入减振柱中，作为减振介质，改变车身高度。其组成部件和结构特点：

（1）空气减振柱　每轮一支，是筒式减振器和气袋组成的油气悬架。上盖与车身连接，下体与车桥连接，用尼龙管与气源连通。上盖为大活塞，用耐压橡胶气袋与下体密封式软管连接。

（2）小型电动气泵　装在车尾底部或机罩内，用 12V 永磁直流电动机驱动一个单缸风冷活塞式气泵。压力开关控制气压值为 0.4MPa，通过电脑 ECU 使继电器切断气泵的电源。

（3）高度控制电磁阀　为充气和排气双用阀，受 ECU 的控制，使气袋中的压力值随机变化。

（4）车身高度传感器　霍尔（HL）信号发生器或笛簧管式信号发生器。在上盖内，利用相对位置的变化，产生不同的 HL 电压信号或导通截止信号，使 ECU 得知车身高度差值和振频值，便发出指令使四个电磁阀同时或分别充气

【课堂互动】

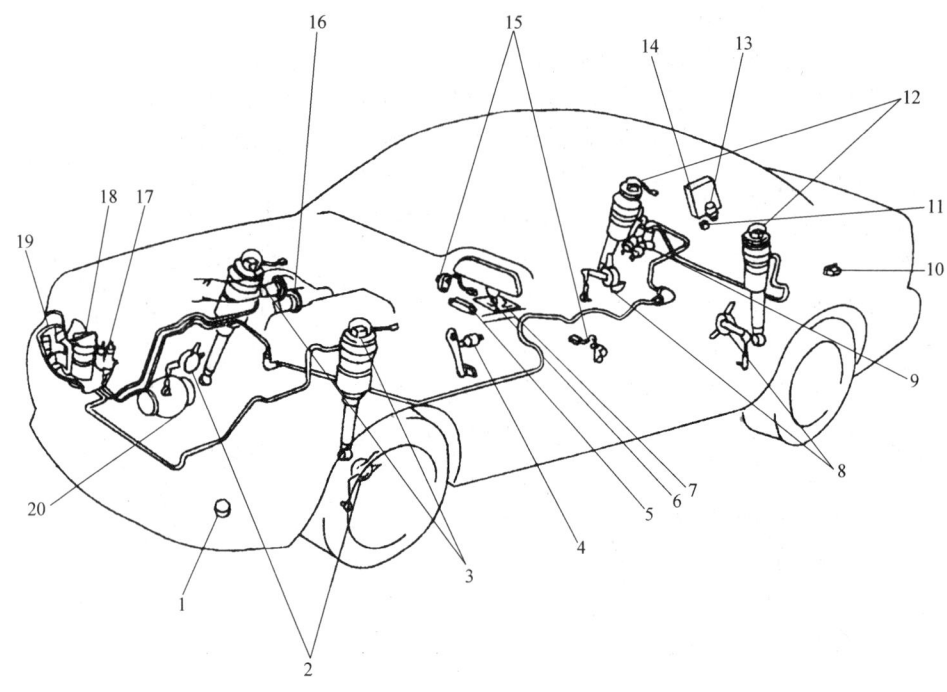

图 6-47 全主动悬架系统示意图

1—1 号高度控制继电器 2—车身高度传感器 3—前悬架控制执行器 4—停车灯开关
5—转向传感器 6—高度控制开关 7—LRC 开关 8—后车身位移传感器
9—2 号高度控制阀和溢流阀 10—高度控制 ON/OFF 开关 11—高度控制连接器
12、13—2 号高度控制继电器 14—悬架电脑 15—门控制开关 16—主节气门位置传感器
17—1 号高度控制阀 18—高度控制压缩机 19—干燥器和排气阀 20—IC 调节器

或放气，完成高度自调和减振的任务。

雷克萨斯 LS400 轿车电控悬架系统由空气压缩机、干燥器、排气阀、高度控制阀、高度控制阀继电器、高度传感器、转向传感器、悬架控制执行器、电控单元、悬架刚度调节装置和减振器阻尼力调节装置等组成，如图。

1. TEMS 是指什么？
2. 半主动、主动悬架系统的区别。

【技能训练】

1. 电控悬架系统的故障诊断（雷克萨斯 LS400 轿车）

故障码的读取与消除：

将点火开关转到 ON 的位置，用跨接线连接 TDCL 诊断插座的 TC 与 E1 端子，在仪表板高度控制"NORM"指示灯上读取故障码。

故障排除后，关闭点火开关，拆下一号接线盒中的 ECU–B 熔断器 10s 以上即可消除故障码。

2. 电控悬架系统常见故障的检修

检查高度控制传感器电路，步骤如下：

（1）显示故障码 21、22

故障部位：ECU 与悬架控制执行器之间的配线或连接器故障；悬架控制执

行器故障；ECU 故障。

【课堂互动】

步骤：拆下前悬架执行器盖和执行器，拆下座椅和装饰板并拆下后悬架执行器盖和执行器，将点火开关转到 ON 的位置，在 LRC 开关接到 SPORT 和 NORM 侧的情况下，检查悬架控制执行器是否动作。

如果不动作，则检测以下电路：

悬架执行器：连接端子 1-2 之间电阻为 3~6Ω；端子 3-4 之间电阻为 3~6Ω；端子 2-4 之间电阻为 2.3~4.3kΩ。给端子之间加蓄电池电压，悬架执行器应该有以下变化：端子 1 搭接正极、端子 2 搭接负极，悬架应变为"硬"状态；端子 3 搭接正极、端子 4 搭接负极，悬架应变为"中等"状态；端子 2 搭接正极、端子 1 搭接负极，悬架应变为"软"状态。

如检测结果不符合要求，应该更换悬架执行器；如果符合要求，应该检测、修理悬架执行器与 ECU 或搭铁之间配线或连接器。

(2) 显示故障码 31、33、34 或 35

故障部位：ECU 与高度控制阀之间的配线或连接器故障；ECU 与排气阀之间配线或连接器故障（故障码 35）；高度控制阀故障；排气阀故障（故障码 35）；ECU 故障。

检查步骤：首先按以下要求检查高度控制阀电路是否正常。拆下行李架右侧盖，检查高度控制阀连接器各端子间的电阻是否正常。标准值为端子 2、3、4、5、6 与端子 8 之间的电阻值均为 9~15Ω。

检查悬架 ECU 与高度控制阀连接器之间的配线和连接器是否正常，若不正常，应该修理或更换。

拆下右前翼子板衬垫，拔下 1 号高度控制阀和排气阀的连接器，拆下行李箱装饰板，拔下 2 号高度控制阀的连接器检测各端子之间的电阻是否正常。对于 1 号高度控制阀连接器的端子 1-3、2-3，2 号高度控制阀连接器端子 1-4、2-4，排气阀连接器端子 1-2 之间的电阻均为 9~15Ω。

同时，给上述各端子分别接蓄电池电压（符号"-"前部端子接正极，后部端子接负极），检查高度控制阀和排气阀的动作。如果不符合以上要求，则应该更换高度控制阀或排气阀；如符合要求则检修连接器和配线。

(3) 显示故障码 41

故障部位：ECU 与 1 号高度控制阀继电器之间的配线或连接器；1 号高度控制阀继电器。

(4) 显示故障码 42

故障部位：ECU 与压缩机电动机之间的配线或连接器故障；压缩机电动机故障。

检查步骤：检查压缩机电动机电路步骤，如图 6-48 所示。

(5) 显示故障码 52

故障部位：高度控制阀、排气阀、空气管；高度传感器控制杆、高度传感器；ECU。

检查步骤：检查至排气阀持续电流，检查步骤如图 6-49 所示。

【课堂互动】

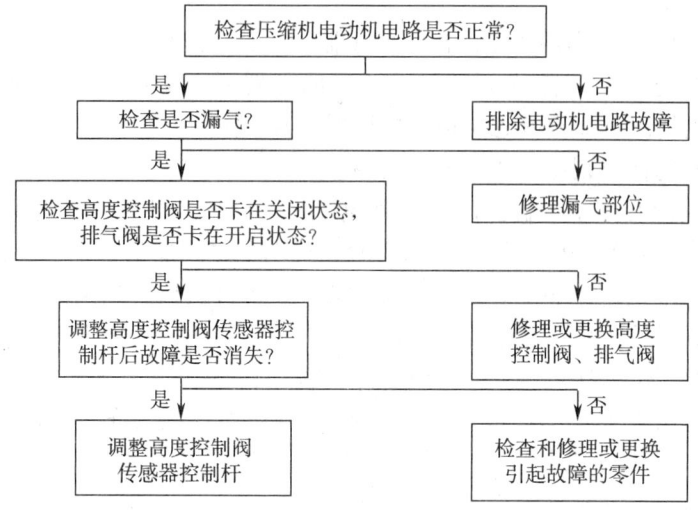

图 6-48　检查压缩机电动机电路步骤

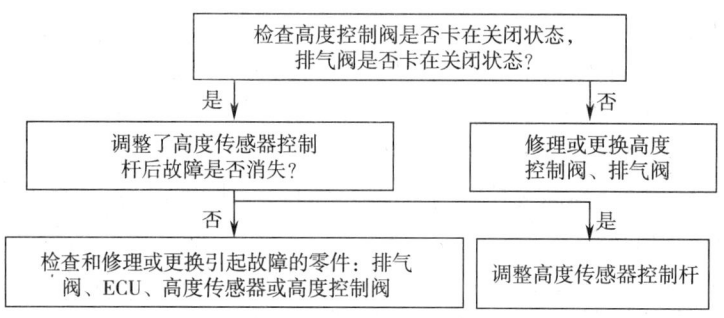

图 6-49　高度控制阀和排气阀检查步骤

【习题 6.10】

1. 填空题

（1）全主动悬架系统是对_____和_____均能进行实时调节，可以同时提高车辆的_____和_____。

（2）在电控悬架中，车高传感器是由一个_____和两个_____组成。

2. 选择题

在电控悬架中，弹性元件一般采用（　　）。

A. 钢板弹簧　　　　　　B. 螺旋弹簧

C. 空气弹簧　　　　　　D. 扭杆弹簧

3. 判断题

（1）油气弹簧用气体作为传力介质，用油液作为弹性介质，利用气体的可压缩性实现弹簧作用。　　　　　　　　　　　　　　　　　　　　　（　　）

（2）被动悬架是指具有固定的悬架刚度和阻尼系数，在行驶中不能人为地控制加以调节。　　　　　　　　　　　　　　　　　　　　　　　（　　）

（3）电控半主动悬架系统不可调节车身高度。　　　　　　　　　（　　）

（4）电控半主动悬架系统的螺旋弹簧是必要的。　　　　（　　）　【课堂互动】
（5）电控主动空气悬架系统的空气压缩机在起动发动机后是常运转的。
　　　　　　　　　　　　　　　　　　　　　　　　　　（　　）
（6）电控主动空气悬架系统的主、辅气室是直接连通的。　（　　）
4. 简答题
（1）电控悬架系统常用传感器有哪几个？
（2）何谓 TEMS？它由哪些部件组成？如何诊断、排除 TEMS 的故障？

模块 7　汽车转向系

【学习目标】

1. 掌握转向系的定义、功用、分类、组成。
2. 掌握转向器的类型、功用、转向盘自由转动量。
3. 掌握转向操纵机构类型、特点、安全转向柱。
4. 掌握与独立悬架、非独立悬架匹配的转向传动机构。
5. 掌握动力转向的功用、类型、组成、工作过程。
6. 熟悉典型动力转向器（转阀式、滑阀式）的构造。
7. 掌握转向油泵的功用和类型、叶片式油泵构造。
8. 了解四轮转向系统的构造。
9. 掌握转向系主要机件的检修内容、方法及技术要求。
10. 掌握典型转向器的装配、调整内容、步骤、方法与技术要求。
11. 掌握机械转向系和动力转向系常见故障的现象、原因分析、诊断与排除方法。

【课堂互动】

7.1　概述

【本节目标】

1. 掌握转向系的定义、功用、分类、组成。
2. 了解转向梯形理论的含义及转向半径的定义。

【基本理论知识】

1. 转向系的定义

转向系是控制转向轮偏转的一整套机构。

2. 转向系的功用

根据汽车行驶需要，改变或恢复其行驶方向。

汽车在行驶过程中经常需要改变行驶方向，这时，驾驶员通过汽车转向系使汽车转向桥上的车轮相对于汽车纵轴线偏转一定角度。另外，当汽车直线行驶时，转向轮往往会受到路面侧向干扰力的作用而自动偏转，改变了汽车原来的行驶方向。此时，驾驶员可以通过汽车的转向系使转向轮向相反的方向偏转，恢复汽车原来的行驶方向。

3. 组成

尽管现代汽车转向系的结构形式多种多样，但都包括转向操纵机构、转向器和转向传动机构三个基本组成部分。

1) 转向操纵机构是驾驶员操纵转向器的工作机构，主要由转向盘、转向轴、转向管柱等组成。

【课堂互动】

2) 转向器是将转向盘的转动变为转向摇臂的摆动或齿条轴的直线往复运动，并对转向操纵力进行放大的机构。转向器一般固定在汽车车架或车身上，转向操纵力通过转向器后一般还会改变传动方向。

3) 转向传动机构是将转向器输出的力和运动传给转向车轮，并使左右车轮按照一定关系进行偏转的机构。

4. 分类

汽车转向系按转向动力源的不同，分为机械转向系和动力转向系两大类。

机械转向系是以驾驶员的体力（手力）作为转向动力的转向系，其中所有传力件都是机械的。图7-1所示就是轿车的机械转向系。需要转向时，驾驶员对转向盘1施加一个转向力矩，该力矩通过转向轴2输入转向器8。从转向盘到转向器之间的部件属于转向操纵机构。作为减速传动装置的转向器中有1－2级减速传动副。经转向器放大后的力矩传到转向横拉杆6，再传给固定于转向节3上的转向节臂5，使转向节和它所支承的转向轮偏转，从而改变了汽车的行驶方向。转向横拉杆和转向节臂属于转向传动机构。

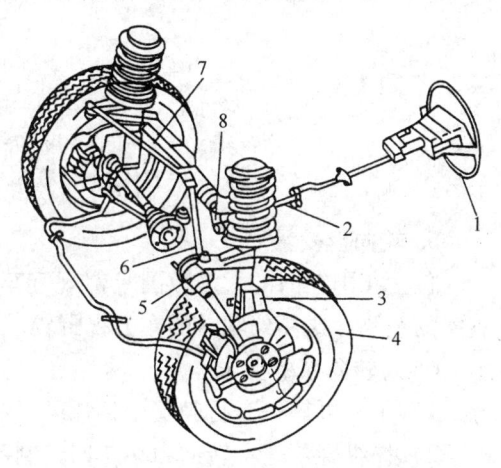

图7-1 轿车的机械转向系示意图
1—转向盘 2—转向轴 3—转向节
4—转向轮 5—转向节臂 6—转向横拉杆
7—转向减振器 8—转向器

动力转向系是兼用驾驶员体力和发动机动力为转向动力的转向系。它是在机械转向系的基础上加设一套转向动力装置而形成的。

在正常情况下，汽车转向时所需能量只有一小部分由驾驶员提供，而大部分是由发动机通过转向加力装置提供的。但在转向加力装置失效时，一般还应当能由驾驶员独立承担汽车转向任务。图7-2所示为一种液压式动力转向系的组成和液压转向加力装置的管路布置示意图。

其中属于转向加力装置的部件是：转向油泵5、转向油管4、转向油罐6以及位于整体式转向器10内部的转向控制阀及转向动力缸等。当驾驶员转动转向盘时，转向摇臂9摆动，通过转向直拉杆11、转向横拉杆8、转向节臂7，使转向轮偏转，从而改变汽车的行驶方向。与此同时，转向器输入轴还带动转向器内部的转向控制阀转动，使转向动力缸产生液压作用力，帮助驾驶员转向操纵。与采用机械转向系相比，驾驶员只需要用较小转向力矩。另外，采用液压动力转向系还可提高汽车行驶的安全性。

【课堂互动】

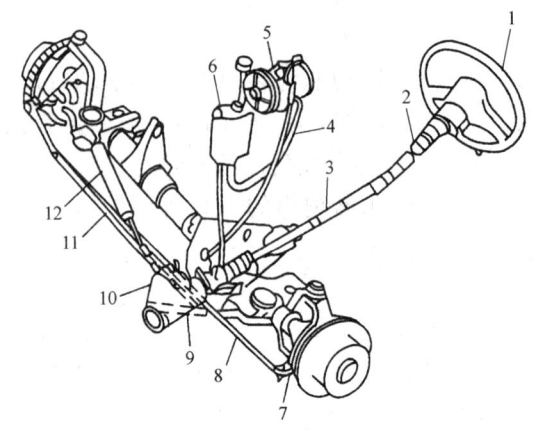

图7-2 液压式动力转向系示意图
1—转向盘 2—转向轴 3—转向中间轴 4—转向油管
5—转向油泵 6—转向油罐 7—转向节臂 8—转向横拉杆
9—转向摇臂 10—整体式转向器 11—转向直拉杆 12—转向减振器

5. 转向盘安置

包括我国在内的大多数国家都规定车辆右侧通行，相应地转向盘安置在驾驶室的左侧。这样驾驶员的左方视野较广阔，有利于行车安全。

6. 对转向系的要求

1）工作可靠——行驶安全，强度、刚度较大，使用寿命较长。

2）操纵轻便——转向力小，回转圈数少，直线行驶稳定，无摆振、抖动。

3）转向时车轮作纯滚动而无滑动——降低轮胎磨耗。

4）转向轮受到冲击时，要有正确的"路感"，又不"打手"。

5）调整应简单方便。

7. 转向梯形

1）构造：前轴，横拉杆，左、右梯形臂。

2）作用：保证左右转向轮按一定规律偏转，以实现汽车顺利转向，车轮处于纯滚动而不滑移。

8. 转向梯形理论特性关系式

使汽车在转弯时减少附加阻力和轮胎磨损，汽车转向时各个车轮都应作纯滚动，此时，各轮的轴线必须相交于一点，如图7-3所示。交点 O 称为汽车的转向中心，该中心随驾驶员操纵的前轮转角的变化而变化，因此也称为瞬时转动中心。由图可看出，这时汽车的内转向轮偏转角 β 大于外转向轮偏转角 α，它们的关系如下：

$$\operatorname{ctg}\alpha = \operatorname{ctg}\beta + B/L$$

转向梯形理论特性关系从式中可以看出，每对应一个内轮偏转角，就有一个对应的外轮偏转角。为此必须精心确定转向传动机构中转向梯形的几何参数。

由转向中心 O 到外转向轮与地面接触点的距离称为汽车转向半径 R，R 越小，则汽车在转向时所需的场地面积就越小，汽车的机动性也越好。从图 7-3 可看出，当外转向轮偏转角达到最大值时，转向半径最小，此时转向半径称作最小转向半径。

转向轮内轮的最大偏转角约在 34°～42°之间，最小转向半径一般约为5～12m。

9. 转向操纵性影响因素

汽车的转向操纵性能并不完全取决于转向系，它还与行驶系有关。汽车在直线行驶中，转向轮会受到偶然出现的地面侧向反力而发生意外偏转，从而使汽车意外地转向。为了使汽车能稳定地保持直行方向，要求转向轮偶然发生偏转后，能立即自动回复到直线行驶的位置。前面所述的车轮定位即是保证转向轮自动回正性能的结构措施之一。此外，悬架导向机构的结构和布置以及轮胎的径向和侧向刚度都对汽车的转向操纵性有很大影响。

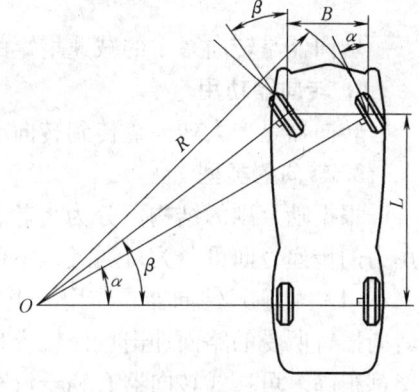

图 7-3 双轴汽车转向时理想的两侧转向轮偏转角的关系

【课堂互动】

1. 汽车转向时，两个转向轮的转角是否一样大？哪个大一些？
2. 下面哪些国家是转向盘安置在驾驶室的右侧，汽车靠左行驶？英国、日本、中国的香港、澳门地区

【习题 7.1】

1. 填空题

（1）汽车转向系的功用是_____和_____汽车的行驶方向。汽车转向系按能源的不同分为_____和_____两大类。

（2）由转向中心到_____与地面接触点的距离称为转向半径。该值越小，说明汽车的_____越好。

（3）汽车转向系统的三个基本机构是_____、_____、_____。

2. 判断题

（1）汽车转向时，内侧转向轮的偏转角小于外侧车轮的偏转角。（　）

（2）转向梯形机构的作用是左右转向轮按一定规律偏转，以实现车轮处于纯滚动而不滑移。（　）

3. 简答题

（1）什么是最小转向半径？

（2）简述汽车机械转向系的工作过程。

7.2 转向器

【本节目标】

1. 掌握转向器的类型、功用。
2. 理解齿轮齿条式、循环球式转向器的构造特点。

【课堂互动】【基本理论知识】

转向器是转向系中的减速增矩的传动装置。

1. 转向器功用

转向器是增大转向盘传到转向节的力并改变力的传递方向。

2. 转向器类型

根据啮合副的结构可分为齿轮齿条式、循环球式、蜗杆曲柄指销式。按作用力的传递方向可分为可逆式、不可逆式、极限可逆式。

（1）可逆式转向器　作用力很容易地由转向盘经转向器传到转向摇臂，而转向摇臂所受的路面冲击也比较容易地经转向器传到转向盘，其正、逆传动效率都很高。可逆式转向器有利于汽车转向后转向轮自动回正，但也容易将坏路对车轮的冲击力传到转向盘，出现"打手"现象。

（2）极限可逆式转向器　当作用力可以由转向盘很容易地经转向器传到转向摇臂，而转向摇臂受到的路面冲击只有在很大时，才能经转向器传到转向盘，即正传动效率远大于逆传动效率。采用这种转向器时，驾驶员能有一定的路感，转向轮自动回正也可实现，而且路面冲击力只有在很大时，方能部分地传到转向盘。

（3）齿轮齿条式转向器　齿轮齿条式转向器分两端输出式和中间（或单端）输出式两种。

富康轿车机械转向器的基本结构形式即为两端输出的齿轮齿条式转向器，如图7-4所示。作为传动副主动件的转向齿轮轴11通过轴承12和13安装在转向器壳体5中，其上端通过花键与万向节叉10和转向轴联接；与转向齿轮啮合的转向齿条4水平布置，两端通过球头座3与转向横拉杆1相联；压紧弹簧7通过压块9将齿条压靠在齿轮上，保证无间隙啮合。弹簧的预紧力可用调整螺塞6调整。当转动转向盘时，转向齿轮轴11转动，使与之啮合的齿条4沿轴向移动，从而使左右横拉杆带动转向节左右转动，使转向车轮偏转，实现汽车转向。

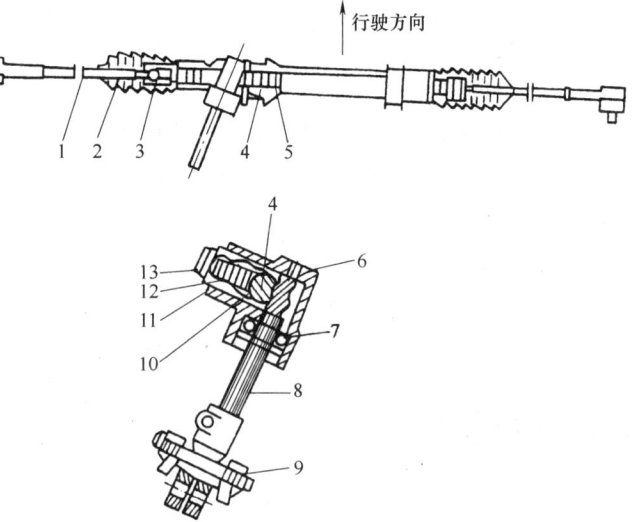

图7-4　两端输出的齿轮齿条式转向器
1—转向横拉杆　2—防尘套　3—球头座　4—转向齿条
5—转向器壳体　6—调整螺塞　7—压紧弹簧　8—锁紧螺母
9—压块　10—万向节叉　11—转向齿轮轴
12—向心球轴承　13—滚针轴承

中间输出的齿轮齿条式转向器如图 7-5 所示，其结构原理与两端输出的齿轮齿条式转向器基本相同，不同之处在于它在转向齿条的中部用固定螺栓 6 与左右转向横拉杆 7 相联。

【课堂互动】

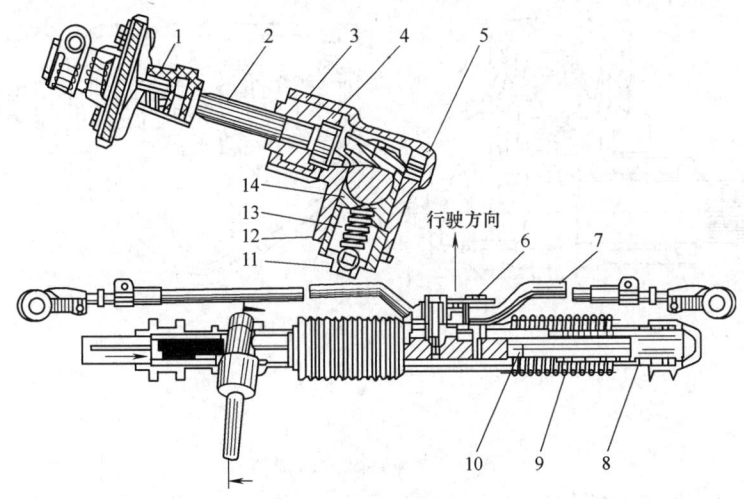

图 7-5　中间输出的齿轮齿条式转向器
1—万向节叉　2—转向齿轮轴　3—调整螺母　4—深沟球轴承　5—滚针轴承
6—固定螺栓　7—转向横拉杆　8—转向器壳体　9—防尘套　10—转向齿条
11—调整螺塞　12—锁紧螺母　13—压紧弹簧　14—压块

采用齿轮齿条式转向器可以不需转向摇臂和转向直拉杆等部件，这样使转向传动机构简化，齿轮齿条无间隙啮合无须调整，而且逆传动效率很高，故多用于前轮为独立悬架的轿车和微型及轻型货车上。例如捷达、别克、花冠等轿车，天津威驰、微型货车以及南京依维柯轻型货车等，都采用了齿轮齿条式转向器。

（4）循环球式转向器　循环球式转向器是应用最广泛的结构形式之一。它一般有两级传动副，第一级是螺杆螺母传动副，第二级是齿条齿扇传动副。

图 7-6 所示为循环球式转向器。转向螺杆 12 的轴颈支承在两个向心轴承 10 上，轴承预紧度可用调整垫片 14 调整。转向螺母 3 的下平面上加工成齿条，与齿扇轴（即摇臂轴）21 内端的齿扇部分啮合。转向螺母既是第一级传动副的从动件，又是第二级传动副（齿条齿扇传动副）的主动件。通过转向盘转动转向螺杆时，转向螺母不能转动，只能轴向移动，并驱使齿扇轴 21 转动。

为了减少转向螺杆 12 和转向螺母 3 之间的摩擦，二者的螺纹并不直接接触，其间装有多个钢球，以实现滚动摩擦。转向螺母松套在螺杆上，转向螺母侧面有两对通孔，可将钢球从此孔塞入螺旋形通道内。转向螺母外有两根钢球导管 9，每根导管的两端分插入转向螺母侧面的一对通孔中，导管内也装满了钢球。这样，两根导管和转向螺母内的螺旋管状通道组合成两条各自独立的封闭的钢球"流道"。

转向螺杆转动时，通过钢球将力传给转向螺母，转向螺母即沿轴向移动。

【课堂互动】

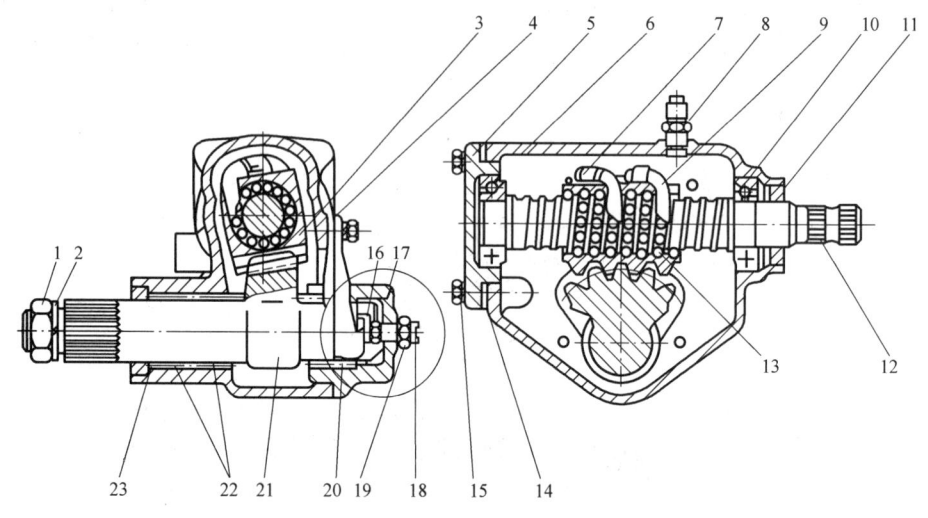

图 7-6 循环球式转向器

1、19—锁紧螺母 2—垫圈 3—转向螺母 4—垫片 5—下盖 6—转向器壳
7—固定夹 8—加油孔 9—钢球导管 10—向心轴承 11—油封 12—转向螺杆
13—钢球 14—调整垫片 15—螺栓 16—止推垫片 17—侧盖 18—调整螺钉
20、22—滚针轴承 21—齿扇轴 23—油封

同时,在转向螺杆及转向螺母与钢球间的摩擦力作用下,所有钢球便在螺旋管状通道内滚动,形成"球流"。

转向螺母上的齿条平面相对于齿扇轴线是倾斜的。只要使齿扇轴 21 相对于齿条作轴向移动,即能调整二者的啮合间隙。调整螺钉 18 旋在侧盖 17 上。齿扇轴 21 内侧端部有切槽,调整螺钉 18 的圆柱形端头即嵌入此切槽中。将螺钉 18 旋入,则啮合间隙减小,反之则啮合间隙增大。调整好用锁紧螺母 19 锁紧。

循环球式转向器的正传动效率很高(最高可达 90%~95%),故操纵轻便,使用寿命长。但其逆传动效率也很高,容易将路面的冲击力传到转向盘。

(5) 蜗杆曲柄指销式转向器 如图 7-7 所示,蜗杆曲柄指销式转向器的传动副以转向蜗杆 3 为主动件,其从动件是装在摇臂轴 11 曲柄端部的指销 13。转向蜗杆转动时,与之啮合的指销即绕摇臂轴轴线沿圆弧运动,并带动摇臂轴转动。

具有梯形截面螺纹的转向蜗杆 3 支承于转向器壳体两端的两个向心推力球轴承 2 和 9 上。转向器盖上装有调整螺塞 7,用于调整上述两轴承的预紧度,调整后用螺母 8 锁紧。蜗杆与两个锥形的指销 13 相啮合,两个指销均用圆锥滚子轴承 14 支于摇臂轴 11 内端的曲柄上,其中靠指销头部的一列无内座圈,滚子直接与指销轴颈接触。指销装在滚动轴承上可以减轻蜗杆和指销的磨损,并提高传动效率。螺母 15 用以调整圆锥滚子轴承 14 的预紧度,以使指销能自由转动且无明显的轴向间隙为宜。指销同蜗杆的啮合间隙用侧盖 16 上的调整螺钉 17 调整,调整后用螺母 18 锁紧。

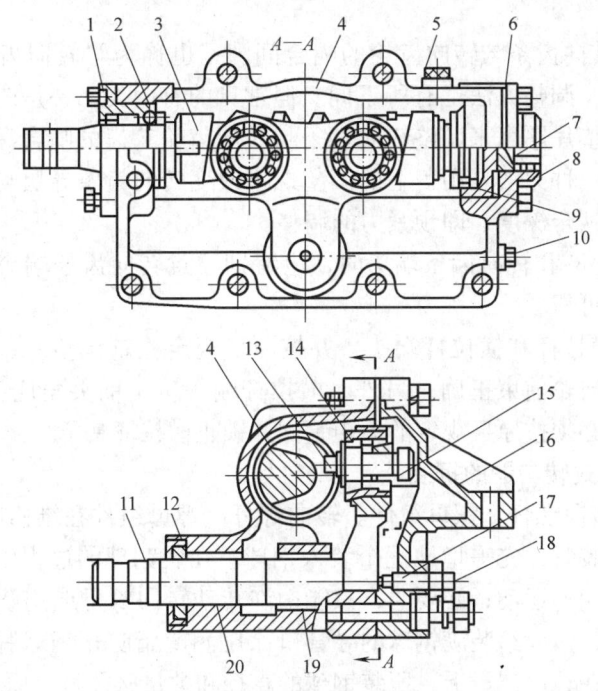

图 7-7 蜗杆曲柄指销式转向器
1—上盖 2、9—向心推力球轴承 3—转向蜗杆 4—转向器壳体 5—加油螺塞
6—下盖 7—调整螺塞 8—螺母 10—放油螺塞 11—摇臂轴 12—油封 13—指销
14—圆锥滚子轴承 15—螺母 16—侧盖 17—调整螺钉 18—螺母 19、20—衬套

【课堂互动】

1. "打手"现象、"路感"的产生原因。
2. 当作用力从转向盘传到转向摇臂时称为正向传动;反之,转向摇臂所受到的道路冲击力传到转向盘,称为逆向传动。
3. 经常在良好路面上行驶的汽车多用可逆式转向器。对于中型以上的越野汽车、工矿用自卸汽车多用极限可逆式转向器。

【技能训练】

1. 齿轮齿条式转向器的拆装

(1) 拆卸 拆卸分解时,应先在转向齿条端头与横拉杆联接处打上安装标记;然后,拆卸转向齿条端头,但不能碰伤转向齿条的外表面;拆下转向齿条导块组件后,拉住转向齿条,使齿对准转向齿轮,再拆卸转向齿轮;最后抽出转向齿条。抽出时,注意不能让转向齿条转动,防止碰伤齿面。

(2) 装配

1) 安装转向齿轮。

① 将上、下轴承压在转向齿轮轴颈上,轴承内座圈与齿端之间应装好隔圈。

② 把油封压入调整螺塞。

③ 将转向齿轮与轴承一块压入转向器壳体。

④ 装上调整螺塞及油封,并调整转向齿轮轴承预紧度。手感应无轴向窜动,转动自如,转向齿轮的转动力矩符合原厂规定,一般约为 0.5N·m。

⑤ 按原厂规定力矩紧固锁紧螺母,并装好防尘套。

2) 装入转向齿条。

3) 安装齿条衬套,转向齿条与衬套的配合间隙不得大于 0.15mm。

4) 装入转向齿条导块、隔环、导块压紧弹簧、调整螺塞(弹簧帽)及锁

【课堂互动】紧螺母。

  5）调整转向齿条与转向齿轮的啮合间隙，也称为"转向齿条的预紧力"。因结构的差异，调整方法也有所不同。但常见的有两类：一是改变转向齿条导块与盖之间的垫片厚度来调整转向齿条与转向齿轮轮齿的啮合深度，完成预紧力的调整；另一种方法是用盖上的调整螺塞改变转向齿条导块与弹簧座之间的间隙值，完成啮合深度，即预紧力的调整。

  6）安装垫圈和转向齿条端头时，应特别注意转向齿条端头和齿条必须联接紧固、锁止可靠。

  7）安装横拉杆和横拉杆端头，并按原厂规定检查调整左、右横拉杆的长度，以保证转向轮前束正确；另外，横拉杆端头球销的夹角应符合原厂规定。调整合格后，必须按原厂规定的力矩紧固并锁止横拉杆夹子。

2. 循环球式转向器的拆装

  1）安装转向螺杆、螺母组件。转向螺杆、螺母组件在维修时一般不拆散。若拆散重新组装时，先平稳地逐个装入钢球。在装钢球的过程中，转向螺杆和转向螺母不要相对运动；必要时，只能稍许转动转向螺母或用塑料棒将钢球轻轻冲进滚道内，然后给装满钢球的导管口涂压润滑脂防止钢球脱出，并用导管卡将导管固定在转向螺母上。所装钢球的直径和数量必须符合原厂规定。

  2）装入钢球后，转向螺母的轴向窜动量不得大于 0.10mm。

  3）将轴承内圈压在转向螺杆的轴颈上。

  4）组装摇臂轴。

  ① 检查用于转向螺母与齿扇啮合间隙的调整螺钉的轴向间隙，此间隙若大于 0.12mm，在调整螺钉与摇臂上的承孔端面间加止推垫片调整。

  ② 摇臂轴承预润滑之后，将摇臂装入壳体内，并按顺序装入止推垫片、调整螺钉、垫圈、孔用弹簧挡圈。

  5）安装转向器下盖、上盖。

  ① 把轴承装入下盖承孔中。

  ② 安装调整垫片和下盖，从壳体孔中放入转向螺杆组件，安装下盖。装下盖之前在结合平面上涂以密封胶。

  ③ 把轴承外圈和转向螺杆油封压入上盖，并装入上盖调整垫片和上盖。

  ④ 通过增减下盖调整垫片或用下盖上的调整螺塞调整转向螺杆的轴承预紧度，然后检查转向盘的转向力矩，一般为 0.6~0.9N·m。

  6）安装转向器侧盖。

  ① 给油封涂密封胶后，将油封唇口向内，均匀地压入壳体上的承孔内。

  ② 将转向螺母移至中间位置（转向器总圈数的1/2），使扇形齿的中间齿与转向螺母的中间齿相啮合，装入摇臂轴组件。

  ③ 侧盖密封垫涂以密封胶，安装并紧固。

  7）调整转向器转向间隙。

  ① 使转向器的传动副处于中间位置（直行位置）。

  ② 通过调整螺钉，调整转向器传动副的啮合间隙。

③ 中间位置上，转向器转动力矩应为 1.5～2.0N·m。转向器转动力矩调 【课堂互动】
整合格后，按规定力矩锁紧调整螺钉。

8）安装摇臂时，应注意摇臂与摇臂轴二者的装配记号对正，特别注意摇臂固定螺母应确实做到紧固、锁止可靠。

9）按原厂规定加注润滑油。

【习题 7.2】

1. 填空题

（1）常用的转向器有_____、_____和_____等形式。

（2）循环球式转向器由_____和_____、_____和_____四个主要零件组成。

2. 选择题

（1）轿车广泛采用的转向器是（　　）。
A. 循环球式　　　　　　　　B. 曲柄指销式
C. 可变传动比的齿轮齿条式　　D. 蜗杆蜗轮式

（2）使用广泛的齿轮齿条式转向器属于（　　）。
A. 可逆式　　　　　　　　　B. 不可逆式
C. 极限可逆式　　　　　　　D. 都不对

（3）循环球式转向器是（　　）转向器。
A. 单传动比　　B. 双传动比　　C. 三传动比

3. 判断题

（1）可逆式转向器的正逆效率都高，但在不平路面上行驶时易出现转向盘"打手"现象。　　　　　　　　　　　　　　　　　　　　　　（　　）

（2）转向横拉杆两端螺纹的旋向不同是为了拆装方便。　　（　　）

7.3　转向操纵机构

【本节目标】

1. 熟悉转向操纵机构类型、特点、安全转向柱。
2. 掌握转向操纵机构的组成、功用。
3. 转向盘的自由行程。

【基本理论知识】

1. 转向操纵机构的组成

转向操纵机构由转向盘、转向轴、转向管柱等组成。

2. 功用

将驾驶员转动转向盘的操纵力传给转向器。

图 7-8 所示为转向操纵机构在车上的安装布置情况。转向管柱 2 中部用橡胶垫和半圆形冲压支架固定在驾驶室前围板上，下端插入支座 3 的孔中。支座

【课堂互动】 3 则固定在转向操纵机构支架上。

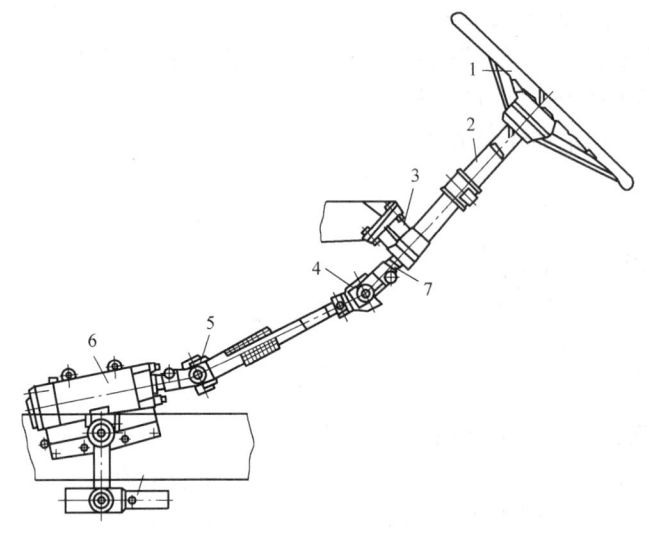

图 7-8 汽车转向操纵机构布置图
1—转向盘 2—转向管柱 3—支座 4、5—万向节 6—转向器 7—转向轴

穿过转向管柱的转向轴 7 上端借衬套支承，下端则支承在的圆锥滚子轴承上，转向轴通过万向节万向传动装置与转向器中的转向蜗杆相连。为了方便不同体形驾驶员的操纵及保护驾驶员的安全，现代汽车转向操纵机构还带有各种调整机构及安全装置。

3. 各组成部件的结构

（1）转向盘 汽车转向盘的结构如图 7-9 所示，它主要由轮毂 3、轮辐 2 和轮圈 1 等组成。轮辐 2 和轮圈 1 的心部有钢、铝或镁合金制的骨架，外表通过注塑方法包覆有一定形状的塑料外层或合成橡胶，以改善操纵转向盘的手感并提高驾驶员的安全性。转向盘与转向轴一般是通过花键或带锥度的细花键联接，端部通过螺母轴向压紧固定。

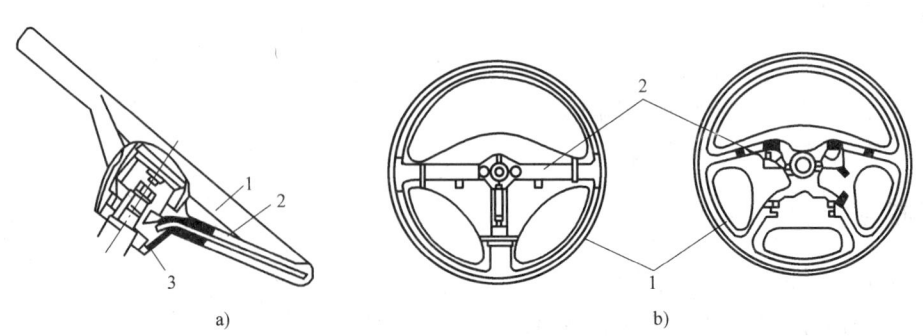

图 7-9 汽车转向盘结构
a）侧视图 b）正视图
1—轮圈 2—轮辐 3—轮毂

(2) 转向轴 转向轴是将驾驶员作用于转向盘的转向操纵力传给转向器的【课堂互动】传力轴,它的上部与转向盘固定连接,下部装有转向器。

转向轴与转向器连接的方式有两种:一种是与转向器的输入轴直接连接,另一种是通过十字轴万向节或者挠性万向节间接与转向器的输入轴相连接。

现代汽车主要是第二种连接方式,因为汽车多是将转向器与转向盘的轴线布置得相交成一定角度,甚至处于不同平面内。为此,在转向操纵机构中采用了万向传动装置。若采用挠性万向节间接连接,还可以有效地阻止路面对轮胎的冲击经过转向器传到转向盘,从而可以显著地减轻转向盘上的冲击和振动。

现代汽车的转向轴有的还安装有能改变转向盘工作角度(即转向轴的传动方向)和转向盘的高度(即转向轴轴向长度)的机构,以方便不同体型驾驶员的操纵。

图 7-10 所示为一种转向盘倾斜角度调整机构。转向管柱 2 的上段和下段分别通过倾斜调整支架 7 和下托架 6 与车身相连,而且转向管柱由倾斜调整支架夹持并固定。倾斜调整用锁紧螺栓 5 穿过倾斜调整支架 7 上的长孔 3 和转向管柱,螺栓的左端为左旋螺纹,调整手柄 4 即拧在该螺纹上。当向下扳动手柄时,锁紧螺栓的螺纹缓扣,转向管柱即可以下托架上的枢轴 1 为中心在装有螺栓的支架长孔范围内上下移动。确定了转向管柱的合适位置后,向上扳动调整手柄,从而将转向管柱定位。

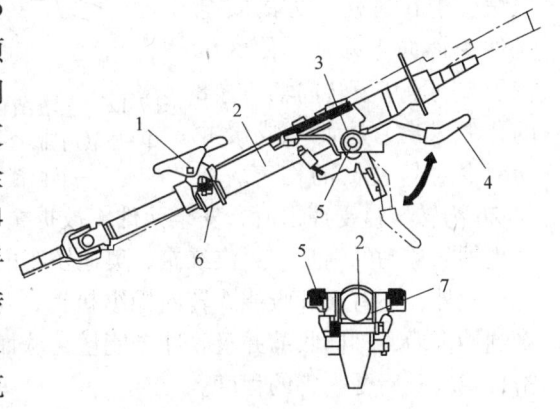

图 7-10 转向盘倾斜调整机构
1—枢轴 2—转向管柱 3—长孔 4—调整手柄
5—锁紧螺栓 6—下托架 7—倾斜调整支架

图 7-11 所示是一种转向轴伸缩机构。转向轴分为上下两段,二者通过花键联接。上转向轴 2 由调节螺栓 4 通过楔状限位块 5 夹紧定位。调节螺栓的一端拧有调节手柄 3。当需要调整转向轴的轴向位置时,先向下推调节手柄 3,使限位块松开,再轴向移动转向盘,调到合适的位置后,向上拉调节手柄,将上转向轴锁紧定位。

(3) 可分离式安全转向操纵机构

上海桑塔纳轿车即采用可分

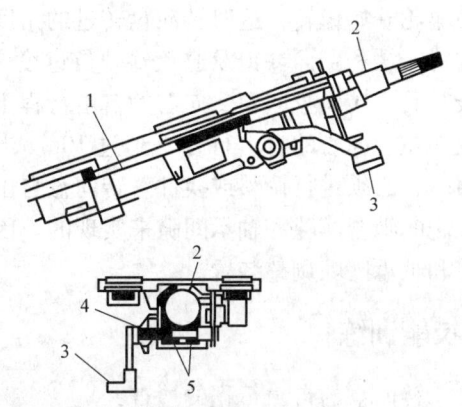

图 7-11 转向轴伸缩机构
1—下转向轴 2—上转向轴 3—调节手柄
4—调节螺栓 5—楔状限位块

【课堂互动】离式安全转向操纵机构，图7-12a所示的为转向操纵机构的正常工作位置。

此类转向操纵机构的转向轴分为上下两段，两段用安全万向节连接，上转向轴2下部弯曲并在端面上焊接有半月形凸缘盘6，盘上装有两个驱动销7，与下转向轴1上端凸缘8的压装有尼龙衬套和橡胶圈的孔相配合，形成安全万向节。它的作用是一旦不幸发生撞车事故，驾驶员因惯性而以胸部扑向转向盘5时，迫使转向管柱3压缩位于转向柱上方的安全元件4而向下移动，使两个销子7迅速从下转向轴凸缘8的孔中退出，从而形成缓冲而减少对驾驶员的伤害。图

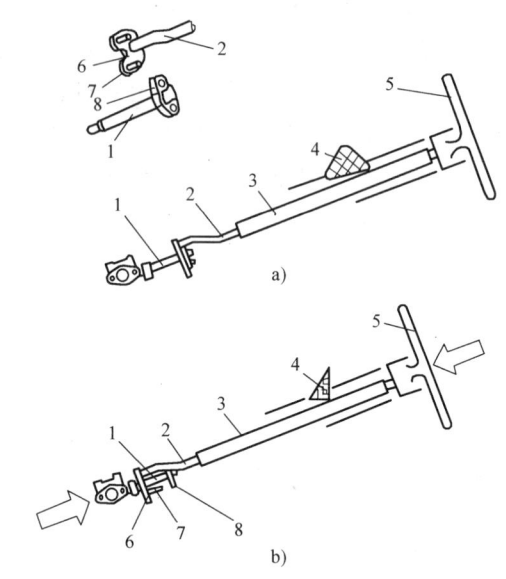

图7-12 桑塔纳轿车可分离式安全转向操纵机构示意图
1—下转向轴 2—上转向轴 3—转向管柱 4—安全元件
5—转向盘 6—凸缘盘 7—驱动销 8—凸缘

7-12b为转向盘受撞击时，安全元件4被折叠、压缩和安全万向节脱开使转向柱产生轴向移动的情形。一汽红旗、奥迪轿车的转向操纵机构与此类似。

此外，还有缓冲吸能式转向操纵机构，从结构上能使转向轴和转向管柱在受到冲击后，轴向收缩并吸收冲击能量，从而有效地缓和转向盘对驾驶员的冲击，减轻其所受伤害的程度。

4. 转向盘自由行程

不论哪种类型的转向器，转向系各连接零件之间和传动副之间，总存在装配间隙。当汽车直线行驶时，转动转向盘消除这些间隙和克服机件的弹性变形使车轮开始偏转，这时转向盘转过的角度称为转向盘自由行程。转向盘自由行程对于缓和路面冲击及避免驾驶员过度紧张是有利的。一般规定转向轮处于直线行驶，转向盘向左、向右的自由行程不超过15°；若车速大于100km/h，转向盘向左、向右的自由行程不超过10°。当零件磨损、转向盘自由行程大于规定值时，必须进行调整或换件。转向盘自由行程的大小主要是通过调整转向器传动副的啮合间隙和轴承间隙来实现的。因此，转向器一般都设有传动副啮合间隙和轴承间隙调整装置。

什么是两幅式、三幅式、四幅式转向盘？

【技能训练】

转向盘的自由行程的检查：

在配备动力转向系统的车辆上，起动发动机，使车辆笔直向前。轻轻移动转向盘在车轮就要开始移动时，使用一把直尺测量转向盘的移动量（自由行程），如图7-13所示。

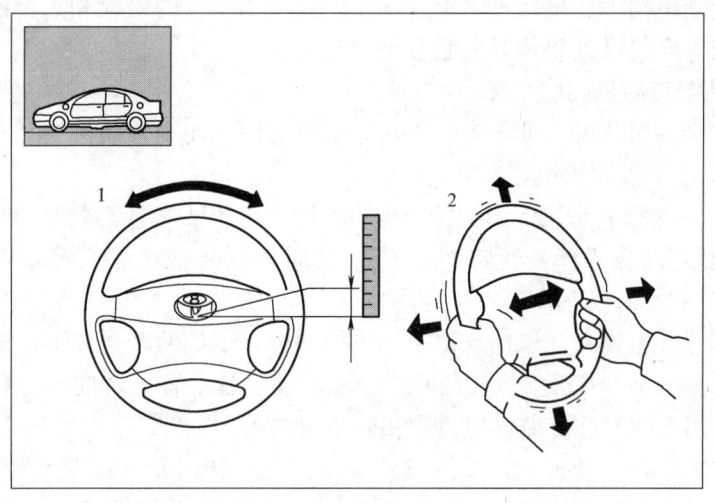

图 7-13　转向盘自由行程的检查

【习题 7.3】

1. 选择题

（1）桑塔纳轿车采用的安全转向操纵机构为（　　）。
A. 缓冲吸能式　　　　　　B. 网状管柱变形式
C. 钢球滚压变形式　　　　D. 可分离式

（2）转向盘出现"打手"现象，主要是（　　）。
A. 转向盘自由行程小　　　B. 转向盘自由行程大
C. 车速太高　　　　　　　D. 转向器缺油

2. 简答题

（1）转向操纵机构的作用及组成。

（2）何谓转向盘的自由行程？其大小对汽车转向操纵有何影响？一般范围应多大？

（3）现代汽车在转向操纵机构中增设了哪些装置？

7.4　转向传动机构

【本节目标】

1. 熟悉与独立悬架、非独立悬架匹配的转向传动机构。
2. 掌握转向传动机构的部件组成。

【基本理论知识】

1. 功用

转向传动机构的功用是将转向器输出的力和运动传给转向轮，使两个转向轮偏转角按一定关系变化，以实现汽车顺利转向。有的汽车如桑塔纳、奥迪等，

【课堂互动】 其转向传动机构中还装有转向减振器。转向传动机构的组成和布置因转向器的结构形式、安装位置和悬架类型不同而不同。

2. 转向传动机构的分类

按照悬架的分类，可分为与非独立悬架配用的转向传动机构和与独立悬架配用的转向传动机构两大类。

（1）与非独立悬架配用的转向传动机构　与非独立悬架配用的转向传动机构主要包括转向摇臂 2、转向直拉杆 3、转向节臂 4、两个梯形臂 5 和转向横拉杆 6 等，如图 7-14 所示。

后置式：由转向横拉杆 6 和左、右梯形臂 5 组成的转向梯形一般布置在前桥之后，如图 7-14a 所示。这种布置简单方便，且后置的转向横拉杆 6 有前桥作保护，可避免直接与路面障碍物相碰撞而损坏。

前置式：在发动机位置较低或者是前轮既是转向轮又是驱动轮的情况下，为避免运动干涉，往往将转向梯形布置在前桥之前，如图 7-14b 所示。

若转向摇臂不是在汽车纵向平面内前后摆动，而是在与道路平行的平面内左右摆动，则可将转向直拉杆 3 横置，并借球头销直接带动转向横拉杆 6，从而推动左右梯形臂 5 转动，如图 7-14c 所示。

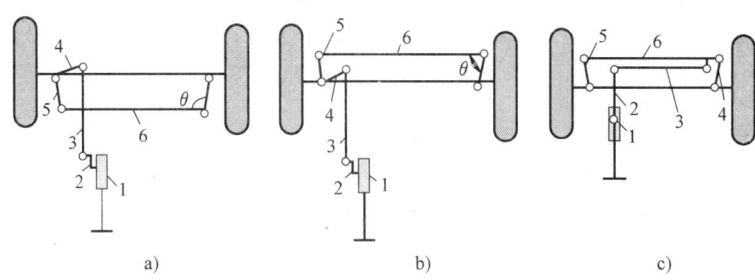

图 7-14　与非独立悬架配用的转向传动机构示意图
1—转向器　2—转向摇臂　3—转向直拉杆　4—转向节臂　5—梯形臂　6—转向横拉杆

1）转向摇臂。转向摇臂的作用是把转向器输出的力和运动传给转向直拉杆和横拉杆，进而推动转向轮偏转。转向摇臂的典型结构如图 7-15 所示，它多采用中碳钢经锻造和机械加工制成。大端具有锥形的三角形细花键孔，与转向摇臂轴联接，并用螺母固定。其小端用锥形孔与球头销柄部联接，也用螺母固定，球头再与纵拉杆作铰链联接。为此常在转向摇臂及轴上有安装记号，用于保证在安装时不致错位。

2）转向直拉杆。转向直拉杆的作用是将转向摇臂传来的力和运动传给转向梯形臂或转向节臂。它所受的力既有拉力，又有压力，因此

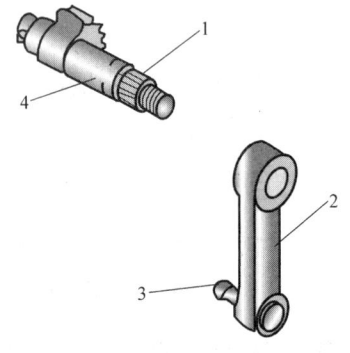

图 7-15　转向摇臂
1—带锥度的细齿花键　2—转向摇臂
3—球头销　4—摇臂轴

转向直拉杆都是采用优质特种钢制造的，以保证工作可靠。图7-16所示为常见 【课堂互动】
汽车的转向直拉杆。在转向轮偏转或因悬架弹性变形而相对于车驾跳动时，转
向直拉杆、转向摇臂及转向节臂的相对运动都是空间运动，为了不发生运动干
涉，三者之间的联接都采用球头销。

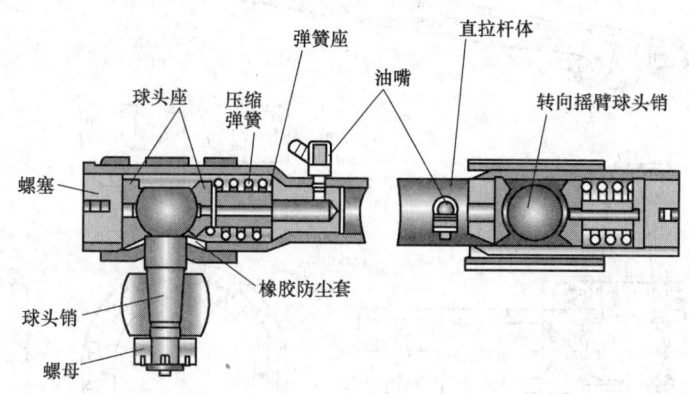

图7-16 常见汽车的转向直拉杆

直拉杆体由两端扩大的钢管制成，其前端带有球头销。球头销的尾端可用
螺母固定于转向节臂的端部。两个球头座在压缩弹簧的作用下将球头销的球头
夹持住。为保证球头与座的润滑，可从油嘴注入润滑脂，使其充满直拉杆体端
部管腔。装配时，供球头出入的孔口用耐油的橡胶防尘垫封盖，橡胶防尘垫用
铁皮包扎在钢管上，以防止润滑脂流出和尘土、泥、水的侵入。压缩弹簧随时
补偿球头及球头座的磨损，保证二者间无间隙，并可缓和经车轮和转向节传来
的路面冲击。弹簧预紧力可用螺塞调节，调好后用开口销固定住螺塞的位置。
当球头销作用在内球头座上的冲击力超过压缩弹簧预紧力时，弹簧便进一步变
形而吸收冲击能量。弹簧变形增量受到弹簧座自由端的限制，这样可以防止弹
簧过载超载，并保证在弹簧折段的情况下球头销不致从管腔中脱出。直拉杆体
后方可以嵌装转向摇臂的球头销。这一端的压缩弹簧也装在球头座后方。

3）转向横拉杆。转向横拉杆是联系左、右梯形臂并使其协调工作的连接杆。
它在汽车行驶过程中反复承受拉力和压力，因此多采用高强度冷拉钢管制造。图
7-17所示的货车的转向横拉杆由横拉杆体和旋装在两端的接头组成。两端的接头结
构相同（但螺纹的旋向相反）。其中球头销14的尾部与梯形臂（或转向节）相连。
上、下球头座9用聚甲醛制成，有很好的耐磨性。球头座的形状如图7-17c所示，
装配时，两球头座的凹凸部互相嵌合。弹簧12保证两球头座与球头紧密接触，并起
缓冲作用，其预紧力由螺塞11调整。两接头借螺纹与横拉杆体联接，因其螺纹部分
有切口，故具有弹性。接头旋装到横拉杆体上后，用夹紧螺栓3夹紧。横拉杆体两
端的螺纹，一为右旋，一为左旋，因此在旋松夹紧螺栓3后，转动横拉杆体，即可
改变转向横拉杆的总长度，从而调整转向轮前束。

图7-18所示为与两端输出的齿轮齿条式转向器配用的转向横拉杆。

4）转向减振器。随着汽车车速的提高，现代汽车的转向轮有时会产生摆
振，即转向轮绕主销轴线往复摆动，进而引起整车车身的振动，这不仅影响汽

【课堂互动】

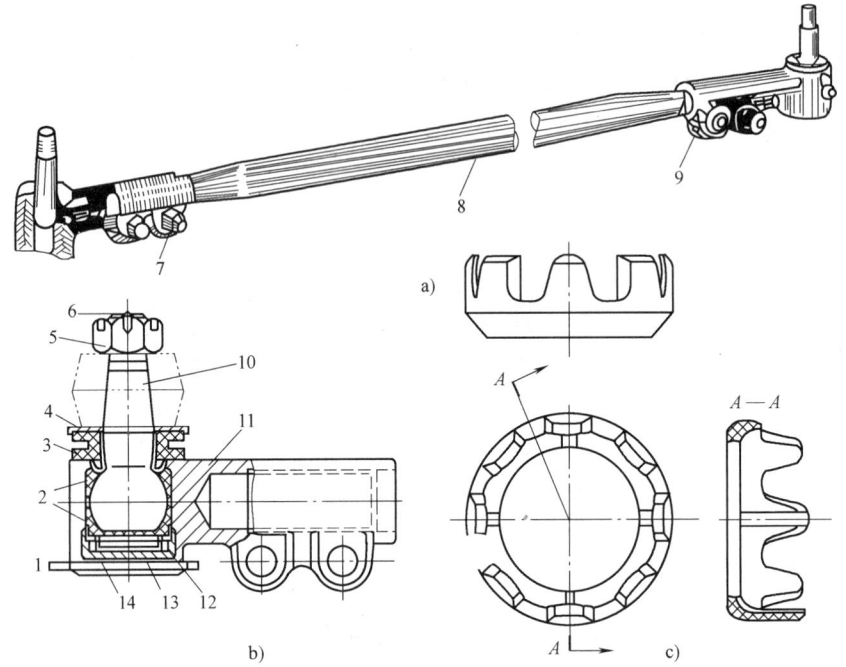

图 7-17 转向横拉杆
1—横拉杆接头 2—横拉杆体 3—夹紧螺栓 4—开口销 5—槽形螺母
6—防尘套座 7—防尘垫 8—防尘套 9—球头座 10—限位销
11—螺塞 12—弹簧 13—弹簧座 14—球头销

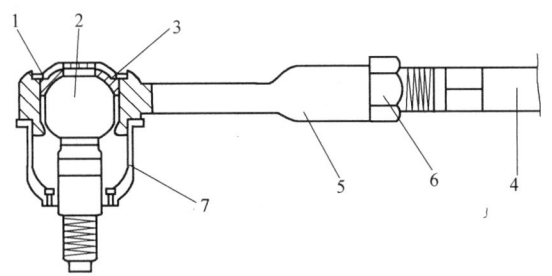

图 7-18 与两端输出的齿轮齿条式转向器配用的转向横拉杆
1—堵盖 2—球头销 3—球头销座 4—横拉杆体
5—锁紧螺母 6—横拉杆接头总成 7—防尘套

车行驶的稳定性,而且还影响汽车的舒适性,加剧前轮轮胎的磨损。在转向传动机构中设置转向减振器是克服转向轮摆振的有效措施。

转向减振器的一端与车身或前桥铰接,另一端与转向直拉杆或转向器铰接,其结构和工作原理类似于悬架所用减振器。

(2)与独立悬架配用的转向传动机构 当转向轮采用独立悬架时,由于每个转向轮都需要相对于车架(或车身)作独立运动,所以转向桥也必须是断开式的。相应地,转向传动机构中的转向梯形也必须是断开式的。图 7-19 所示为几种与独立悬架配用的转向传动机构示意图。其中图 7-19a、b 所示机构与循环球式转向器配用,图7-19c、d 所示机构与齿轮齿条式转向器配用。

【课堂互动】

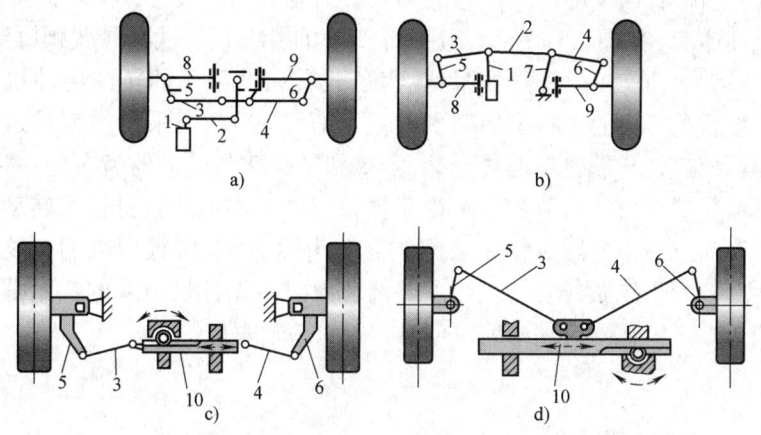

图7-19 几种与独立悬架配用的转向传动机构示意图
1—转向摇臂 2—转向直拉杆 3—左转向横拉杆 4—右转向横拉杆 5—左梯形臂
6—右梯形臂 7—摆杆 8—悬架左摆臂 9—悬架右摆臂 10—齿轮齿条式转向器

图7-20 所示红旗CA7560型轿车的转向传动机构即采用了图7-19a所示的结构方案。摇杆7前端固定于车架横梁中部,后端借球头销与转向直拉杆2和左右横拉杆3、4联接。转向直拉杆外端与转向摇臂球头销1相联。左、右横拉杆外端也用球头销分别与梯形臂5、6铰接,故能随同侧车轮相对于车架和摇杆在横向平面内上下摆动。转向直拉杆仅在外端有球头座,在两球头座背面各设一个压缩弹簧,分别吸收由横拉杆3和4传来的两个方向上的路面冲击,并自动消除球头与座之间的间隙。

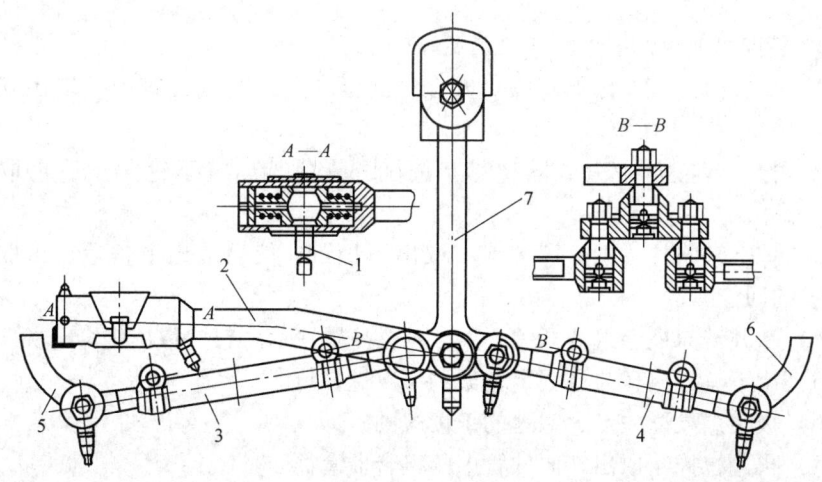

图7-20 红旗CA7560型轿车转向传动机构
1—转向摇臂球头销 2—转向直拉杆 3—左横拉杆
4—右横拉杆 5—左梯形臂 6—右梯形臂 7—摇杆

齿轮齿条式转向器为两端输出式(如捷达和富康轿车),转向器齿条本身

【课堂互动】就是转向传动机构的一部分,转向横拉杆的内端通过球头销与齿条铰接,外端通过螺纹与联接转向节的球头销总成相联。当需要调前束时,松开锁紧螺母 5,转动横拉杆体 4,如图 7-18 所示,达到合理的前束值时,再将锁紧螺母锁死。

图 7-21 所示是与中间输出的齿轮齿条式转向器配用的转向传动机构示意图。桑塔纳轿车、奥迪 100 型轿车和红旗 CA7220 型轿车采用的就是这种转向传动机构。横拉杆 9 的内端通过托架 2、8 和螺栓 7 与转向器齿条的一端相联,外端通过球头销 4 与转向节铰接。由于横拉杆体 6 不能绕自身轴线转动,为调整前束,在横拉杆体与球头销 4 之间装有双头螺柱 3,螺栓两端的螺纹旋向相反,并各旋装一个锁紧螺母 5。当需要调前束时,先拧松两端的锁紧螺母,然后转动调节螺栓,达到合理的前束值时,再将锁紧螺母锁死。

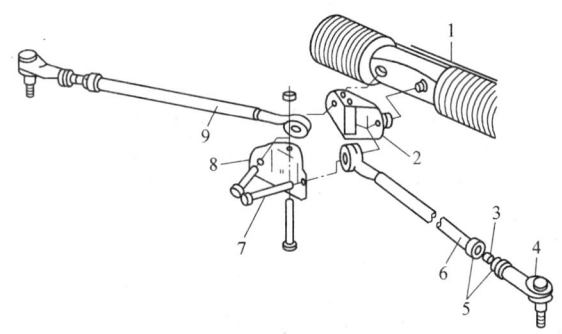

图 7-21 与中间输出的齿轮齿条式
转向器配用的转向传动机构
1—转向器 2、8—托架 3—双头螺柱 4—球头销
5—锁紧螺母 6—横拉杆体 7—螺栓 9—横拉杆

转向摇臂安装后从中间位置到两边的摆角范围应大致相同,故在向转向摇臂轴上安装时,两者的安装记号应对正。

球头销的作用:转向直拉杆、转向摇臂及转向节臂的相对运动都是空间运动,避免发生运动干涉。

【技能训练】

1. 转向系的拆卸

1)从转向盘后方拧下驾驶员安全气囊模块总成的紧固螺钉,取出安全气囊总成并断开连接线束。

2)拧下转向盘中央紧固螺母与周围三颗螺栓,将车轮摆正后再取出转向盘。

3)拧下转向柱下端护罩螺钉,取出下护罩,然后取出上护罩,再取出转向柱上的回位弹簧。

4)断开转向柱上组合开关线束,拧松三颗紧固螺钉,取出组合开关。

5)用工具拧出转向柱固定支架的一次性螺钉。

6)拔出点火开关点火钥匙的识读线圈。

7)再用拉拔器取出转向柱管上的接合器套筒。

8)取出压力弹簧、点火开关线束,并取出有点火起动开关的转向盘锁总成。

9)将转向柱上相关线束分开。

10)接着拧下联节轴上紧固螺栓,取出转向柱总成。

11）将助力转向储油罐中的油液放尽。

【课堂互动】

12）将汽车举起到一定高度。
13）用工具拆卸助力泵各处的固定螺栓。
14）用工具拆卸助力泵的防撞罩。
15）用工具拆卸助力泵带轮，并将其取下。
16）将左右下摆臂与前悬架分离。
17）将维修托架移至汽车前横梁中下方。
18）拆下横梁与底盘的紧固螺栓。
19）缓缓放下转向机构与前横梁总成。
20）将转向机从前悬架横梁上拆离出来。
21）拆下转向机护罩，再拆下驱动轴防尘套。
22）旋下驱动轴与转向机的联接螺栓后取出驱动轴，再取出垫圈。

2. 转向系的安装

1）装上转向机护罩与驱动轴防尘套，并拧紧转向机护罩紧固螺栓，然后将转向机构与前悬架总成连接并拧紧联接螺栓。
2）将横梁放上维修托架并移升至汽车底盘的固定位置处。
3）将排气总管装上，再将横梁紧固，用 70~80N·m 的力矩拧紧各紧固螺栓。
4）将助力泵装复，并拧紧各紧固螺栓。
5）装上助力泵带轮并拧紧紧固螺栓。
6）将转向柱装入套管支架并与联节轴连接，拧紧紧固螺栓。
7）将转向柱总成装上，并拧紧固定支架的紧固螺栓。
8）装上有点火起动开关的转向盘锁总成与压力弹簧，并连接线束插头。
9）装上接合器套筒，并拧紧紧固螺母。
10）装上点火开关点火钥匙的识读线圈。
11）装上转向柱上端护罩与组合开关，再拧紧螺栓并将其线束连接。
12）装转向盘前，先将车轮摆正，然后将转向盘装上转向柱固定端并拧紧紧固螺母。

【习题7.4】

（1）转向摇臂与摇臂轴相互连接时有无相对位置的要求？
（2）转向传动机构各杆件之间为什么都采用球形铰链连接？汽车转向直拉杆中的压缩弹簧起何作用？拆装时有何要求？

7.5 汽车机械转向系的故障诊断及部件检修

【本节目标】

1. 熟悉机械转向系常见故障的现象。
2. 掌握原因分析与排除方法。

【课堂互动】
3. 掌握循环球式机械转向器的检修方法。
4. 掌握齿轮齿条式机械转向器的检修方法。

【基本理论知识】

1. 机械转向系常见故障

（1）转向盘自由行程过大　故障原因与排除方法：

1）故障原因：转向器的小齿轮与齿条间隙过大。

排除方法：调整转向器小齿轮的预紧力。

2）故障原因：转向器的轴承磨损。

排除方法：更换轴承。

3）故障原因：转向器安装螺栓（母）松动，转向器产生位移。

排除方法：紧固转向器安装螺栓。

4）故障原因：转向横拉杆球头销磨损。

排除方法：更换球头销，如图7-22所示。

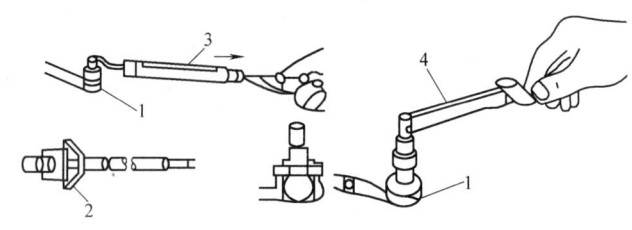

图7-22　转向横拉杆球头销的检查
1—外球头销　2—内球头销　3—弹簧秤　4—扭力扳手

5）故障原因：转向万向节的磨损。

排除方法：更换传动轴的万向节或万向节的轴承。

6）故障原因：转向柱、传动轴和转向器之间的联接螺栓（母）松动。

排除方法：紧固联接螺栓。

7）故障原因：转向盘与转向柱连接松动，一方面可能是键松动，另一方面是紧固螺母松动。

排除方法：更换转向盘或转向柱，并紧固螺母。

（2）转向沉重

现象：汽车转向时，转动转向盘感到沉重费力。

实质：转向系传动效率低、转向轮转动阻力大。

1）故障原因：转向器缺润滑油。

排除方法：按规定向转向器加注润滑油。

2）故障原因：前轮胎气压不足。

排除方法：按规定气压向前轮轮胎充气。

3）故障原因：前轮定位角不正确。

排除方法：正确检查与调整前轮定位角。

4）故障原因：转向器小齿轮与齿条啮合间隙太小。

排除方法：调整小齿轮的预紧力。

5）故障原因：转向器或转向柱的轴承损坏。

排除方法：更换轴承。

6）故障原因：转向横拉杆球头销缺油或损坏。

排除方法：更换球头销。

2. 循环球式机械转向器的检修

（1）转向器壳体的检修

1）壳体、侧盖产生裂纹更换，二者结合平面的平面度公差为0.10mm。

2）修整壳体变形。壳体变形的特点是摇臂轴轴泵孔的公共轴线对于转向螺杆两轴承孔公共轴线的垂直度误差逾限，两轴线的轴心距变大，不但会引起转向沉重的故障，同时减少了转向器传动副传动间隙可调整的次数，缩短了转向器的使用寿命。修整变形时，先修整结合平面，然后更换摇臂轴衬套。

（2）转向螺杆与转向螺母的检修

1）转向螺杆与转向螺母的钢球滚道无疲劳磨损、划痕等耗损，钢球与滚道的配合间隙不得大于0.10mm。检验钢球与滚道配合间隙的方法有两种：一种方法是把转向螺母夹持固定后，把转向螺杆旋转到一端止点，然后检验转向螺杆另一端的摆动量，其摆动量不得大于0.10mm，转向螺杆的轴向窜动量也不得大于0.10mm。

2）总成修理时，应检查转向螺杆的隐伤，若产生隐伤、滚道疲劳剥落、三角键有台阶形磨损或扭曲，应更换。

3）转向螺杆的支承轴颈若产生疲劳磨损，会引起明显的转向沉重、转向迟钝。

（3）摇臂轴的检修

1）总成大修时，必须进行隐伤检验，如有裂纹应更换。

2）轴端花键出现台阶形磨损、扭曲变形，应更换。

3）支承轴颈磨损逾限。

3. 齿轮齿条式机械转向器的检修

齿轮齿条式机械转向器结构简单、可靠性好；转向结构又几乎完全封闭，维修工作量少，也便于独立悬架的布置；转向齿条和转向齿轮直接啮合，无须中间传动，所以，操纵灵敏性好。同时，转向齿条的节距由齿条端头起至齿条中心由大变小，转向齿轮与转向齿条的啮合深度逐渐变大，在转向盘转动量相同的条件下，齿条的移动距离在靠近齿条端头要比靠近齿条中心部位稍短些，从而使转向力变化微小，使转向器转矩传递性能好，转向非常轻便，转向器的这种传动比称为"可变传动比"。目前，轿车已经广泛采用可变传动比的齿轮齿条式转向器。

主要零件的检修：

1）零件出现裂纹应更换，横拉杆、齿条在总成修理时应进行隐伤检验。

2）转向齿条的直线度误差不得大于0.30mm。

3）齿面上无疲劳剥落及严重的磨损，若出现左右转向沉重又无法调整时

【课堂互动】

1. 转向盘自由行程过大及过小的不良后果。

2. 什么是"可变传动比"？

【课堂互动】 应更换。

【技能训练】

1. 转向沉重的故障诊断方法

1）顶起前桥，转向时轻便，则故障在前轮和行驶系。应检查：前轴、车架、悬架、前轮定位、轮胎气压等。

2）顶起前桥，转向时仍感到沉重，则故障在转向器和转向传动机构。此时，拆下摇臂后，再转动转向盘，若感觉轻便，则检查转向传动机构；若仍沉重，则检查转向器。

2. 转向螺杆与转向螺母的检修

将转向螺杆和转向螺母配合副清洗干净后，把转向螺杆垂直提起，如转向螺母在重力作用下能平稳地旋转下落，说明配合副的传动间隙合格。

【习题 7.5】

1. 填空题

汽车转向沉重是由于各部件_____，运动机件_____、_____及其他方面的原因，造成机件运动阻力增大，甚至运动发卡所致。

2. 判断题

（1）转向盘自由行程既是不可避免的，又是不可缺少的。（　）

（2）转向盘自由行程过大，将使转向沉重。（　）

（3）在调整转向器转向间隙时，应能使传动副处于啮合位置。（　）

（4）转向盘自由行程过大，可能是由于前轮胎气压不足所致。（　）

（5）转向横拉杆球头销缺油或损坏，会造成转向沉重，排除方法是更换球头销。（　）

3. 简答题

导致机械转向系转向沉重的原因有哪些？

7.6　动力转向装置

【本节目标】

1. 了解动力转向装置的功用、组成、类型。
2. 掌握动力转向装置组成。
3. 理解动力转向装置的工作原理。

【基本理论知识】

1. 动力转向装置的功用、组成及类型

中型以上的货车和轿车采用了以发动机输出的部分动力为能源的动力转向装置。

采用动力转向装置的汽车转向所需的动力，在正常情况下，只有小部分是驾驶员提供的,而大部分是发动机驱动的油泵所提供的液压能。用以将发动机【课堂互动】输出的部分机械能转化为压力能,并在驾驶员控制下,对转向传动机构或转向器中某一传动件施加不同方向的液压作用力,以帮助驾驶员进行转向的一系列零部件,总称为动力转向装置。

(1) 功用 转向轻便——减轻对转向盘的操作力,原地转向助力;转向灵敏——可适当选择传动比;行驶安全——限制车辆高速或在薄冰上的助力,具有较好的转向稳定性。

(2) 对动力转向装置的要求

1) 转向轮的转角和驾驶员转动转向盘的转角保持一定的比例关系。
2) 动力转向失效时,能保证机械转向系统有效工作。
3) 具有很高的灵敏度。
4) 减轻驾驶员作用在转向盘上手力的同时,还应有"路感"。
5) 具有直线行驶的稳定性,转弯后有自动回正作用。

(3) 组成 动力转向装置由机械转向器、转向控制阀、转向动力缸及转向油泵、转向油罐等组成,如图 7-23 所示。

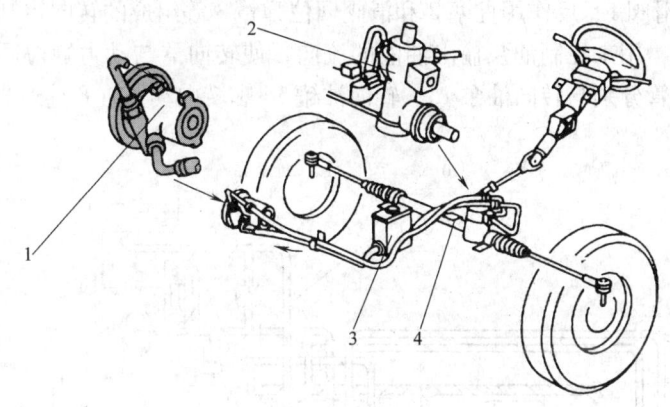

图 7-23 动力转向装置组成
1—转向油泵 2—转向控制阀 3—转向油罐 4—齿轮齿条式转向器

(4) 分类

1) 动力转向装置按传能介质的不同,可以分为液压式、电动式两种。

在汽车上得到了广泛应用的液压式动力转向装置,结构紧凑、尺寸很小。液压系统工作时无噪声,工作滞后时间短,而且能吸收来自不平路面的冲击。

电动式动力转向装置主要应用在微型车及新款轿车上,更环保、节能。

2) 液压式动力转向装置按液流形式可分为常压式和常流式两种;按其转向控制阀阀芯的运动方式分为滑阀式和转阀式两种。

轿车一般采用的是常流式及转阀式。

3) 根据机械转向器、转向动力缸和转向控制阀三者在转向装置中的布置和连接关系的不同,液压动力转向装置分为整体式、组合式和分离式三种。

整体式液压动力转向装置的转向控制阀、转向动力缸和机械转向器组合成

【课堂互动】一个整体,安装在转向轴的下端。这种转向装置结构紧凑,输油管路简单,在汽车上布置容易,零件的结构强度大,转向器本身对密封性能的要求要高,在现代轿车上应用较为广泛。

组合式液压动力转向装置是将机械转向器、转向动力缸和转向控制阀三者中的两者组合制成一个整体。常见的有两种形式:一是将转向动力缸与转向控制阀组合成一个整体(称为转向加力器)布置在转向传动机构中,而机械转向器作为独立部件。另一种是将转向控制阀与机械转向器组合成一个部件(称为半整体式动力转向器),转向动力缸则作为独立部件(如富康轿车)。

分离式液压动力转向装置的转向动力缸、转向控制阀与机械转向器都是单独设置的。

2. 液压式动力转向装置的工作原理

图 7-24 所示为液压常流滑阀式动力转向装置的工作原理图。转向油罐 14 用来储存、滤清转向动力缸 8 所用的油液。由发动机驱动的转向油泵 15 将转向油罐 14 内的油吸出,压送入转向控制阀。固装在车架上的转向动力缸 8 主要由缸筒和活塞组成。活塞将动力缸分为 L、R 两腔,活塞的伸出端与转向摇臂 7 中部铰接。由阀体 4、滑阀 1、反作用柱塞 2 和滑阀回位弹簧 3 等组成的转向控制阀是动力缸的控制部分,用来控制油泵输出油液的流向,使转向器与动力缸协同动作,转向控制阀用油管分别与转向油泵 15、转向油罐 14 和转向动力缸 8 连通。

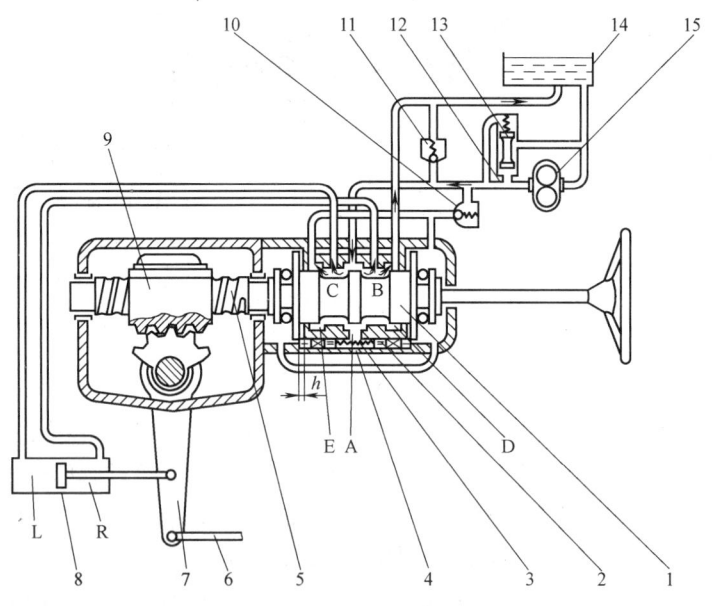

图 7-24 液压常流滑阀式动力转向装置工作原理图
1—滑阀 2—反作用柱塞 3—滑阀回位弹簧 4—阀体 5—转向螺杆
6—转向直拉杆 7—转向摇臂 8—转向动力缸 9—转向螺母 10—单向阀
11—安全阀 12—节流孔 13—溢流阀 14—转向油罐 15—转向油泵

滑阀1与阀体4做间隙配合。在阀体4的内圆柱面上开有三道环槽：环槽 【课堂互动】
A是总进油道，与油泵15相通；环槽D、E是回油道，与油罐14相通。在滑阀1上开有两道环槽。阀体内装有反作用柱塞2，两个柱塞之间装有滑阀回位弹簧3。滑阀通过两个轴承支承在转向轴上，它与转向螺杆5的轴向相对位置固定不变。但滑阀处于中间位置时，滑阀随同转向螺杆5可以相对于阀体4自中间位置向两端作微量轴向移动。

汽车直线行驶时（见图7-24），滑阀1在回位弹簧3的作用下保持在中间位置。转向控制阀内各环槽相通，自油泵15输送出来的油液进入阀体环槽流入动力缸8的R腔和L腔，同时又经环槽D和E进入回油管道流回油罐14。动力缸8因其左、右两腔油压相等而不起加力作用。油泵泵出的油液仅需克服管道阻力流回油罐14，故油泵负荷很小，整个系统处于低压状态。

汽车右转向时，驾驶员通过转向盘使转向螺杆5向右转动。开始时，由于转向车轮的偏转阻力很大，转向螺母9暂时保持不动，而具有左旋螺纹的转向螺杆5却在转向螺母9的轴向反作用力推动下向右轴向移动，同时带动滑阀1压缩回位弹簧3向右轴向移动，消除左端间隙h（图7-24a）。油泵送来的油液自A经C流入动力缸的L腔，形成高压油区。而动力缸R腔的油液则经环槽回油管流回油罐14，成为低压油区。在压力差作用下，动力缸8的活塞向右移动，并通过活塞杆使转向摇臂7逆时针转动，从而起转向加力作用。汽车转向主要靠活塞的推力，所以驾驶员作用于转向盘上的力就可以大大减小。

只要转向盘和转向螺杆5继续转动，液压加力作用就一直存在。当转向盘转过一定角度保持不动时，转向螺杆5作用于转向螺母9的力消失，转向螺母9不再相对于转向螺杆5左移。滑阀1回复到中间稍偏右的位置，使转向轮的偏转角维持不动，这就是转向的维持过程。如欲使转向轮进一步偏转，则需继续转动转向盘，重复上述全部过程。

汽车左转向时，驾驶员向左转动转向盘，动力转向装置的工作原理与上述相同。但开始时滑阀随同转向螺杆向左轴向移动（见图7-25b），油液通路与右转向时相反，动力缸活塞的加力方向也与右转向时相反。

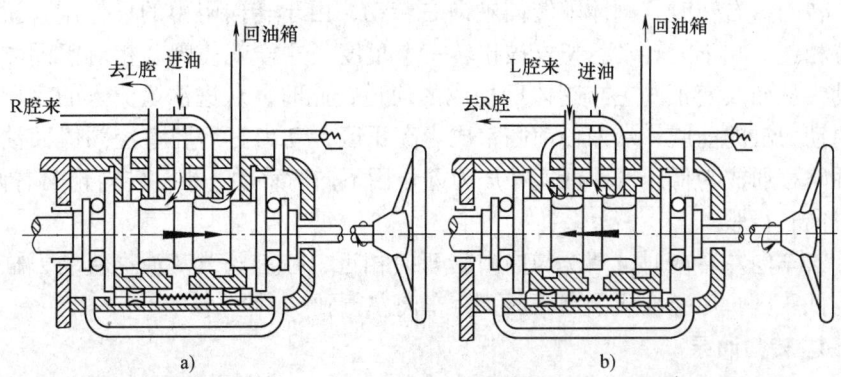

图 7-25

【课堂互动】　　动力转向装置工作时，动力缸活塞的移动速度除随转向盘的转动速度而变化外，还取决于油泵的输出油量。如果油泵输出油量不足，会使转向速度慢而不灵敏，且转向沉重。若油泵输出油量过大，又会使转向过分灵敏，转向盘"发飘"。油泵的输出油量受发动机转速的影响很大。

3. 转阀整体式动力转向装置

转阀整体式动力转向装置是由机械转向器、转向动力缸和旋转式转向控制阀三者组合成一体的转向装置。这种转向装置结构紧凑、质量轻、传动效率高、操纵轻便、反应灵敏、使用寿命长、易于调整，但结构复杂，制造要求高。

北京切诺基使用的是转阀整体式动力转向装置，其机械转向器部分为循环球式转向器。旋转式控制阀位于动力转向装置的上部，主要由阀体、输入轴组件、阀芯及密封件组成。

转阀的控制原理如图7-26所示。它主要由阀体3、阀芯5和扭杆4等组成。扭杆4的一端同阀体3连接在转向轴上，另一端通过定位销与阀芯5相联。阀体3和阀芯5上开有相对应的油道，动力缸左腔和右腔分别与阀体上相对两油道相连，阀上还开有回油道。

汽车直线行驶时，阀芯相对于阀体不动，油泵供给的油液流入控制阀进油道，从阀芯和阀体的预开缝隙经回油道流回油罐。动力缸左右两腔压力基本相同，活塞保持其位置基本不变，因此车辆保持原有的行驶方向不变。

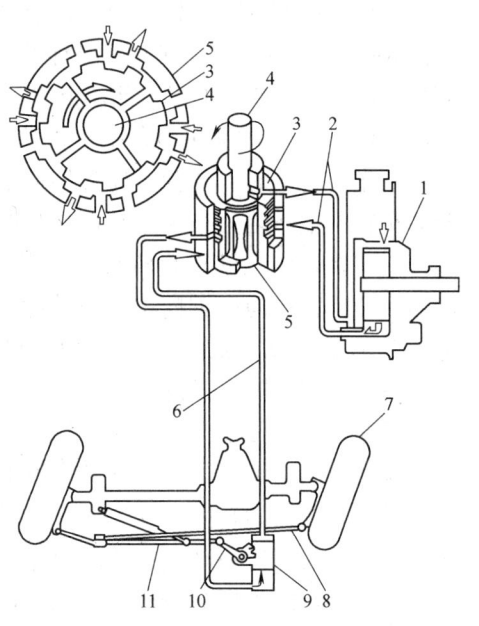

图7-26　切诺基汽车转阀控制原理图
1—转向油泵　2—油管　3—阀体　4—扭杆
5—阀芯　6—油管　7—车轮　8—转向拉杆
9—动力缸　10—转向摇臂　11—横拉杆

转向盘右转时，阀体随转向轴向右转动，由于转向阻力的反作用，扭杆与阀芯相连一端不能转动，扭杆被扭转一个角度，这样就使阀芯相对于阀体向左转动，从而改变了阀芯与阀体所构成的通道，此时，从进油道流入的高压油能流向动力缸的前腔，从而使前腔室成为高压区，动力缸后腔室经阀体回油道与回油路相通成为低压区，活塞在压力差作用下向后移动，推动转向轮向右偏转，汽车向右行驶。

汽车向左转向时，情况与向右转弯时相近，控制阀改变油道使动力缸前腔成为低压区，后腔变成了高压区，汽车向左行驶。

4. 转向油泵

转向油泵是液压式动力转向装置的主要动力，其作用是将发动机输入的机械能转化为液压能向外输出。

转向油泵有齿轮式、转子式和叶片式等。其中叶片式转向油泵由于其结构

紧凑、输油压力脉动小、输油量均匀、运转平稳、性能稳定、使用寿命长等优【课堂互动】
点，被现代汽车广泛采用。奥迪、红旗、桑塔纳2000、捷达、富康和切诺基等
轿车都采用叶片式转向油泵。

叶片式转向油泵按其转子叶片每转一周的供油次数和转子轴的受力情况可以分为：单作用非卸荷式和双作用卸荷式两种。

单作用非卸荷式叶片泵：它主要由定子、转子及叶片等部件组成。定子具有圆柱形内表面，转子上均布径向切槽。矩形叶片安装在转子槽内，并可在槽内滑动。矩形叶片沿转子轴向的两端分别压靠在两侧端盖的端面上，并可在端面上滑动。这样就由转子外表面、定子内表面、叶片和端盖形成若干个密封的工作容积。转子和定子不同心，当转子旋转时，叶片靠自身的离心力贴紧定子内表面，并在转子槽内作往复运动，使上述的工作容积由小到大、由大到小不断变化。容积增大时，产生真空吸力，将工作液从油罐中吸入工作腔；容积变小时，产生油压，将油压出。转子每转一周，叶片在转子槽内作往复伸缩运动各一次，故称为单作用叶片泵。由于右边吸油区的油压低，左边压油区的油压高，左、右两油区的压力差作用在转子上，使转子轴的轴承上承受较大的载荷，故称其为非卸荷式叶片泵。

双作用卸荷式叶片泵：双作用卸荷式叶片泵也由转子、定子、叶片和端盖等组成，如图7-27所示。与单作用非卸荷式叶片泵的不同之处在于：双作用卸荷式叶片泵的转子与定子的中心相重合。定子内表面不是圆形而是一个近似的椭圆形，它由两条长半径和两条短半径所决定的圆弧以及四段过渡曲线所组成。转子每转一周，叶片在转子切槽内往复运动两次，完成两次吸油和两次压油，

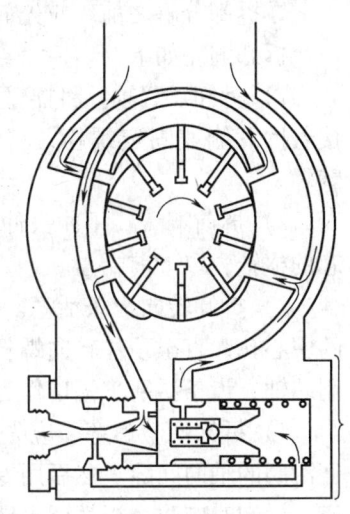

图7-27 双作用卸荷式叶片泵

故称为双作用叶片泵。由于两个吸油区和两个压油区各自的中心夹角对称，所以作用在转子上的油压作用力相互平衡，故称为卸荷式叶片泵。

叶片式转向油泵的输出油量随转子旋转速度（从而随发动机的转速）的升高而增大。转向油泵设计时一般须保证即使在发动机怠速运转状态下，油泵的输出油量也能满足快速转向所需的动力缸活塞移动的速度。油泵的输出油压取决于液压系统的负荷。转向油泵在进、出油道之间也装有控制流量的溢流阀和控制压力的安全阀。这样，可以避免当发动机转速高时，因油泵输出的油量过大，将导致油泵消耗的功率过多和油温过高。

【知识拓展】

转向油泵的作用是将发动机输出的部分机械能转换为油液的压力能。
动力缸的作用是将油液的压力能转换成机械能，实现转向加力。
转向控制阀用来控制油泵输出油液的流向，使转向器与动力缸协同动作。

【课堂互动】转向控制阀基本作用是控制压力油的流动方向。转阀的轴线与转向螺杆同心，转向控制阀起作用时转向器的动作是靠控制阀中阀芯与阀体围绕轴线相对转动来实现的，故称为旋转式控制阀（简称转阀）。这种转向控制阀灵敏度高、密封件少、结构先进，但材质及制造工艺要求较高。

动力转向装置能使转向轮的偏转角随转向盘转角的增大而增大，转向盘保持不动而转向轮的偏转角也保持不动，即具有"随动"作用。动力缸只提供动力，而转向过程仍由驾驶员通过转向盘进行控制。

反作用柱塞起路感作用。

【技能训练】

1. 动力转向装置拆卸

在拆卸分解之前，应先放掉润滑油，然后将壳体可靠地夹持在台虎钳上。

拆卸顺序如下：

1）拆卸摇臂轴。将摇臂轴上的扇形齿置于中间位置，先拆下摇臂轴油封，接着拆下侧盖固定螺栓，将摇臂轴压出约 20mm，然后用手抓住侧盖抽出摇臂轴。

2）拆前端盖。用冲头冲击前端盖的弹簧挡圈，然后逆时针转动控制阀阀芯的枢轴，取下前端盖。

3）拆卸转向齿条活塞。把有外花键的专用芯轴从前端插入转向齿条活塞的中心孔，直至顶住转向螺杆的端部。然后逆时针转动控制阀阀芯枢轴，将专用芯轴、齿条活塞、钢球作为一个组件整体取出。

4）拆卸调整螺塞。应先在螺塞和壳体上作对位标记，以便装配时易于保证滑阀的轴向间隙。然后用专用扳手插入螺塞端面上的拆卸孔内，拆下调整螺塞，拆卸时应防止损坏调整螺塞。

5）拆卸阀体。在拆卸中不得磕碰，以防止损伤零件表面，拆下的零件应合理地堆放在清洁处。

6）拆下所有的橡胶类密封元件。

2. 动力转向装置的装配

1）装配前，应将各零件清洗干净，并用压缩空气吹干。

2）组装转向螺杆、齿条活塞组件。

① 将转向螺杆装入齿条活塞中。

② 把钢球装满钢球导管，再将导管插入导孔，按规定力矩用导管夹固定好导管。

③ 将专用芯轴从齿条活塞前端装入齿条活塞，直至顶住转向螺杆。

3）安装阀体与螺杆，阀体上的凹槽与螺杆的定位销必须对准。

4）安装阀芯、输入轴，并装好推力轴承及所有的橡胶密封圈和聚四氟乙烯密封圈。

5）把阀体推入转向器壳体中，把专用芯轴与齿条活塞一并装入壳体，待与螺杆啮合后，顺时针转动输入轴，将齿条活塞拉入壳体后，再取出专用芯轴。

6）安装调整螺塞，并调整好调整螺塞的预紧度。

7）安装摇臂轴组件，注意对正安装记号和按规定力矩紧固侧盖，并注意用适当厚度的垫片调整销与销槽之间的间隙，达到控制摇臂轴轴向窜动量的目的。

8）调整摇臂轴扇形齿与齿条活塞的啮合间隙，输入轴的转动力矩应符合原厂规定。

3. 叶片式转向油泵的拆卸

转向油泵壳体结合面、泵轴、储液罐与泵的连接处、流量控制阀等部位出现渗漏时，应拆卸分解转向油泵，进行检修。

1）将泵内机械油排放干净后，从发动机上拆下转向油泵。

2）拆散转向油泵时应在前、后壳体结合面处打上装配记号后，再拆开壳体。

3）在拆下偏心壳时，务必使叶片不要脱开转子。

4）拆下卡环和油封时应使用专用工具。

5）拆下转子时，必须打上包括转子旋转方向的安装记号，传动带盘也应打上安装记号，然后，才能拆下传动带盘及转子轴。

【习题 7.6】

1. 填空题

（1）液压式动力转向装置按液流形式，可分为_____和_____。

（2）动力转向装置主要由_____、_____、_____、_____组成。

（3）双作用卸荷式叶片泵由_____、_____、_____、_____组成。

（4）转向油泵常用形式有_____、_____和_____等。

2. 选择题

（1）在桑塔纳 2000 型轿车的动力转向装置中，转向油泵采用（ ）。

　　A. 叶片式　　　　　　B. 齿轮式

　　C. 转子式　　　　　　D. 柱塞式

（2）动力转向装置工作时，转向轮偏角增大时，动力缸内的油压（ ）。

　　A. 增大　　　　　B. 减小　　　　　C. 不变

3. 判断题

（1）汽车动力转向装置工作液一般使用液压传动油。　　　　　（ ）

（2）动力转向装置在失效时，应能保持机械转向系统仍有效工作。（ ）

（3）当动力转向油泵突然停止泵油时，汽车将不能转向。　　　（ ）

4. 简答题

（1）对汽车动力转向装置的基本要求是什么？

（2）液压式动力转向装置的基本组成有哪些？

（3）转向控制阀的作用是什么？

【课堂互动】

7.7 动力转向系的检修

【本节目标】

1. 掌握动力转向器零件的检验方法。
2. 掌握转向油泵的检修方法。
3. 熟悉动力转向系的试验与调整方法。

【基本理论知识】

1. 动力转向器零件的检验

1)滑阀和阀体的定位孔出现裂纹、明显的磨损,滑阀在阀体内发卡,应更换阀体组件。

2)输入轴配合表面不得有明显的磨痕、划伤和毛刺,否则应更换。

3)修理时,必须更换所有的橡胶类密封元件。

4)壳体上的球堵、堵盖之类的密封件不得有渗漏现象。

2. 转向油泵的检修

1)更换油封和橡胶类密封圈。

2)叶片与转子上的滑槽表面应无划痕、烧灼以及疲劳磨损;其配合间隙一般不大于0.035mm;叶片磨损后的高度与厚度不得小于原厂规定的使用限度,否则更换叶片或总成。

3)转子轴径向配合间隙约为0.03~0.05mm,间隙过大,应视情况更换轴承。

4)转子与凸轮环的配合间隙约0.06mm。工作面上应光滑,无疲劳磨损和划痕等缺陷。转子与凸轮环一般为非互换性配合,若间隙过大,通常更换总成。

5)带轮有缺陷或其他原因而丧失平衡性能之后,应更换。

6)流量控制阀弹簧的弹力或自由长度应符合原厂规定,并应检修流量控制阀球阀的密封性。

转向油泵装配后应进行部件性能试验,试验规范应符合原厂规定。

3. 动力转向系的试验与调整

动力转向系装配完毕后,应进行油量、油压试验,排除系统内的空气,调整转向油泵传动带紧度等作业,以保证动力转向系有良好的工作性能。若无动力转向系试验台,可进行就车试验。不同车型动力转向系的试验内容和方法基本类似,本节仅介绍一般汽车的就车试验程序。

1)检查调整轮胎气压。

2)检查调整转向桥、转向系各部位配合间隙以及转向盘的自由转动量。

3)检查调整转向车轮定位。

4)检查调整转向油泵传动带张力。以原厂规定的压力(约98N),在传动带中部按下传动带,传动带的挠度应符合原厂规定,一般新传动带的挠度约为

7~9mm，在用传动带挠度约在 10~12mm 范围内。

【课堂互动】

5）检查发动机怠速提高能力。在发动机性能正常、怠速稳定的条件下，转向盘转至极限位置。此时，夹紧空气量辅助控制阀软管，发动机转速应急速下降；放松空气量辅助控制阀软管时，发动机转速应急速上升。

6）检查储油罐液位。

7）动力转向系中的空气排放。动力转向系在更换液压油之后和检查储油罐中油位时发现有气泡冒出，说明系统内已渗入了空气，这将会引起转向沉重、前轮摆动、转向油泵产生噪声等故障，必须将系统内的空气排放干净。

8）检查动力转向系的油压。动力转向系的油压可以表示转向油泵和流量控制阀的技术状况。为了检查系统油压，在检查储油罐液位之前，应在系统内装入油压测试仪，如图 7-28 所示，油压测试仪由油压表和截止阀并联而成。

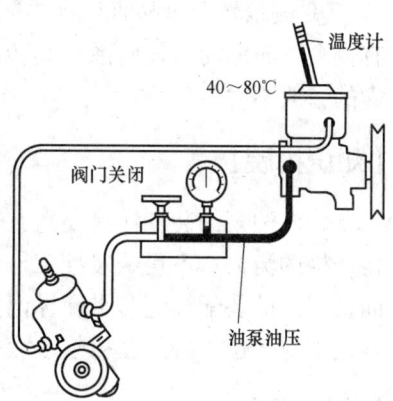

图 7-28　动力转向系的油压检查

① 将油压测试仪串联在动力转向器的进油管道上。

② 转动转向盘，使转向车轮向右转至极限位置。

③ 起动发动机，使其转速稳定在 1500~1600r/min。

④ 关闭截止阀，油压表指示压力应符合原厂规定（一般不低于 7MPa）。截止阀关闭时间不宜超过 10s，以免对转向油泵造成不良影响。

9）测量动力转向器的有效油压。

① 发动机维持怠速运转。

② 截止阀完全打开，并将转向盘转至极限位置，此时油压表指示压力应符合原厂规定（一般不小于 7MPa）。若油压过低或油压表指针抖动，说明转向器内部有泄漏。

10）检验流量控制阀的工作性能。检验流量控制阀工作性能的方法有两种：一种方法是检验发动机在怠速范围内急加速时系统内的油压回降情况；另一种方法是检验无负荷时的油压差。

① 检验系统油压降。仍将油压测试仪安装在动力转向器的进油管道上，使发动机处于稳定的怠速工况。用截止阀开度调整油压表，指示油压为 3MPa。转向盘不动，在怠速范围内急加速，指示压力应随发动机转速的增大而提高。突然放松加速踏板，使发动机恢复稳定怠速工况，油压表指示油压仍能回复到 3MPa，说明流量控制阀性能可靠。否则，表明流量控制阀卡死或堵塞，需进行检修或更换流量控制阀。

② 检验无负荷时油压差。完全打开截止阀，分别测量发动机转速在 1000r/min 和 3000r/min 两个转速下的油压。若油压差小于 0.49MPa，表明流量控制阀性能良好，动作灵活。否则，表明流量控制阀需检修或更换。

【课堂互动】

11）检查动力转向器的回油压力。把油压测试仪装在动力转向器回油管路中，发动机处于怠速工况，此时指示油压应小于 0.5MPa。若回油压力过大，会造成转向盘自动向左方转动，说明回油油管堵塞或压瘪，回油阻力过大。

12）测量转向力。

① 落下前桥，使汽车停放在平坦地面上；两转向车轮处于平行位置。

② 发动机怠速运转。

③ 测量转向盘从直行（中间位置）向左、向右转动转向盘所需的力矩。装有安全气囊的动力转向系，其转向盘周缘的转动力一般不大于 39N，无安全气囊的一般不大于 7.5N。

【知识拓展】

转向油泵的装配注意要点：转向油泵所附的流量控制阀在装配时，必须保持严格的清洁；不得因装配工作而损伤叶片、转子、凸轮环等精密零件的工作面；零件的装配标记和平衡标记相对应且位置正确；要求密封严格的结合面及其他密封部位，必须在衬垫上涂抹密封胶。

【技能训练】

1. 动力转向系中的空气排放

排放程序如下：

1）架起转向桥。

2）发动机怠速运转（约 1000r/min），同时反复向左、向右转动转向盘到极限位置（转向盘在极限位置的时间不得超过 10s），直至储油罐内泡沫冒出并消除乳化现象，就表明动力转向系内的空气已基本排除干净。

3）发动机刚刚熄火后，储油罐中应无气泡，液面不得超过上限，停机 5min 之后，液面应升高约 1~5mm。

2. 更换液压油以及检查储油罐中液压油的液位

更换液压油的程序：先顶起转向桥，从储液罐及回油管中排出旧油；同时使发动机怠速运转（约 1000r/min），排放旧液压油；并将转向盘向左、向右反复转到极限位置，直至旧液压油排尽后 1~2s，再加注新液压油。

检查储油罐中液压油的液位：

1）保持转向轮与地面接触，在发动机维持怠速转动（约 1000r/min）条件下，将转向盘反复从一侧极限位置转至另一侧极限位置，使液压油的温度升至 50~80℃。

2）此时，储油罐中油面应在上下限标线（HOT 和 COLD）之间，且油中无气泡。

3）检查各部位确无泄漏后，若需补给液压油，按原厂规定牌号补给液压油。

【习题 7.7】

（1）动力转向系油压过高的危害是什么？

(2) 动力转向系如何排空气？ 【课堂互动】

7.8 动力转向系的故障诊断与排除

【本节目标】

1. 熟悉动力转向系的常见故障现象。
2. 掌握动力转向系常见故障的原因与诊断排除方法。

【基本理论知识】

动力转向系的常见故障有：转向沉重、异响、左右转向轻重不同、行驶跑偏、转向盘发抖及回正不良等。

1. 转向沉重

(1) 现象　装有液压动力转向系的汽车，在行驶中突然感到转向沉重。

(2) 原因　主要原因是系统油压不足。

1) 储油罐油液高度低于规定要求。
2) 液压回路中渗入了空气。
3) 油泵传动带过松、打滑。
4) 各油管接头处密封不良，有泄漏现象。
5) 油路堵塞或滤油器污物太多。
6) 油泵磨损、内部泄漏严重。
7) 油泵安全阀、溢流阀泄漏，弹簧弹力减弱或调整不当。
8) 动力缸或转向控制阀密封损坏。

2. 异响

(1) 现象　汽车转向时，转向系有噪声。

(2) 原因

1) 储油罐中液面太低，油泵在工作时容易渗入空气。
2) 液压系统中渗入空气。
3) 储油罐滤网堵塞，或液压回路中有过多的沉积物。
4) 油管接头松动或油管破裂。
5) 油泵严重磨损或损坏。
6) 转向控制阀性能不良。

(3) 故障诊断与排除

1) 检查转向器安装螺栓，用规定的紧固力矩拧紧螺栓。
2) 检查拉杆接头有无磨损，需要时更换。
3) 调整软管位置，不要用手使软管弯曲。

3. 左右转向轻重不同

(1) 现象　汽车行驶时，向左和向右转向操纵力不相等。

(2) 原因

【课堂互动】

1）转向控制阀阀芯（或滑阀）偏离中间位置，或虽然在中间位置但与阀体槽肩的缝隙大小不一致。

2）控制阀内有污物阻滞，使左右转动阻力不同。

3）液压系统中动力缸的某一油腔渗入空气。

4）油路漏损。

(3) 故障诊断与排除

1）检查油路是否有泄漏。

2）排除油路当中的空气。

3）更换转向控制阀。

4. 直线行驶转向盘发飘或跑偏

(1) 现象　汽车直线行驶时，难以保持正前方向而总向一边跑偏。

(2) 原因

1）油液脏污、转向控制阀回位弹簧折断或变软，使转向控制阀不能及时回位。

2）转向控制阀阀芯（或滑阀）偏离中间位置，或虽在中间位置但与阀体槽肩的缝隙大小不一致。

3）流量控制阀卡滞使油泵流量过大或油压管路布置不合理，造成油压系统管路节流损失过大，使动力缸左右腔压力差过大。

(3) 故障诊断与排除

1）按规定检查油液是否脏污。

2）调整流量控制阀。

3）更换转向控制阀。

5. 转向时转向盘发抖

(1) 现象　发动机工作时转向，尤其是在原地转向时滑阀共振，转向盘抖动。

(2) 原因

1）储油罐液面低。

2）油路中渗入空气。

3）转向油泵传动带打滑。

4）转向油泵输出压力不足。

5）转向油泵流量控制阀卡滞。

(3) 故障诊断与排除

1）按需要添加转向液。

2）按规定调整张力。

3）校正间隙。

4）按压力试验方法检查泵压，如流量控制阀已坏，则予以更换。

5）检查有无胶质或损坏，需要时更换。

6. 转向盘回正不良

(1) 现象　汽车完成转向后，转向盘不能回到中间行驶位置（直线行驶位置)。

(2) 原因

1) 转向油泵输出油压低。

2) 液压回路中渗入空气。

3) 回油软管扭曲阻塞。

4) 转向控制阀或转向动力缸发卡。

5) 转向控制阀定中不良。

(3) 故障诊断与排除

1) 按规定气压给轮胎充气。

2) 润滑杆系接头。

3) 松开夹紧螺栓,正确安装。

4) 对正转向器和转向管柱。

5) 必要时加以检查和调整。把前轮放在前轮定位检查架上,拆开转向摇臂和摇臂轴的连接。用手转动前轮,如轮子转动或用很大的力才能转动,则查明转向杆系接头是否卡住。

6) 更换接头。

7) 更换主销接头。

8) 把外罩对中。

9) 更换轴承。

10) 取下滑阀加以清洗或更换。

11) 更换软管。

【课堂互动】

动力转向系的常见故障有哪些?

【技能训练】

动力转向系转向沉重的故障诊断与排除

1) 按规定调整传动带张力。

2) 加油到规定油面,如油面过低,检查所有管路和接头,拧紧接头。

3) 对正转向器和转向管柱。

4) 松开夹紧螺栓,正确地装配。

5) 按规定压力充气。

注:如果 1)~5) 项检查仍找不出转向沉重的原因,应进行压力试验。以及对整个动力转向系进行测试。

【习题 7.8】

1. 填空题

(1) _____ 和 _____ 会导致左右转向时轻重不同。

(2) 动力转向系的常见故障有 _____、_____、_____、_____、转向盘发抖及回正不良等。

2. 选择题

(1) 动力转向器发生单侧转向沉重的原因是( )。

A. 转向油泵故障　　　　　　B. 机械转向器故障

【课堂互动】

C. 油泵至控制阀的管路故障　　　D. 控制阀至动力缸的管路故障

（2）不是导致动力转向沉重的原因有（　　）。

A. 油箱缺油　　　B. 轮胎气压过高

C. 油管弯曲　　　D. 油泵传动带打滑

（3）转向控制阀损坏使两边分配油量差过大，易造成的故障是（　　）。

A. 行驶跑偏　　　B. 单侧沉重

C. 异响　　　　　D. 转向沉重

3. 判断题

（1）转向油泵传动带过紧时，会使传动带发出"嘶嘶"声。　　（　　）

（2）进行动力转向系机件拆检后，所有橡胶密封件均更换新件。　（　　）

4. 简答题

导致动力转向沉重或助力不足的原因有哪些？

7.9　电动式动力转向系统

【本节目标】

1. 了解电动式动力转向系统的工作特点。
2. 熟悉电动式动力转向系统的组成。
3. 理解电动式动力转向系统的工作过程。

【基本理论知识】

随着微机在汽车上的广泛应用，部分汽车采用了电动式动力转向系统，简称电动式 EPS。

1. 电动式 EPS 的组成和原理

（1）组成　电动式 EPS 通常由转矩传感器、车速传感器、电子控制单元（ECU）、电动机、电磁离合器和减速机构组成，如图 7-29 所示。

转矩传感器的作用是测量转向盘与转向器之间的相对转矩，以作为电动助力的依据之一。

图 7-30 所示为无触点式转矩传感器的结构及工作原理图。在输出轴的极靴上分别绕有 A、B、C、D 四个线圈，转向盘处于中间位置时，扭杆的纵向对

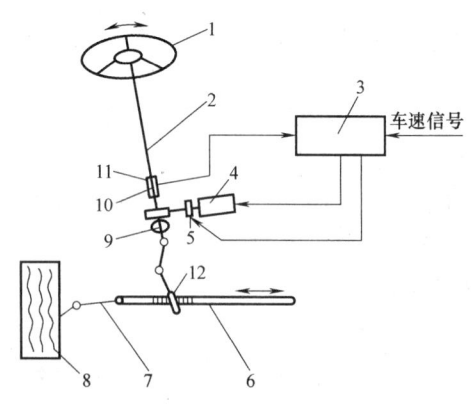

图 7-29　电动式 EPS 结构示意图

1—转向盘　2—转向轴　3—电子控制单元　4—电动机　5—电磁离合器　6—转向齿条　7—横拉杆　8—转向轮　9—输出轴　10—扭杆　11—转矩传感器　12—转向齿轮

【课堂互动】

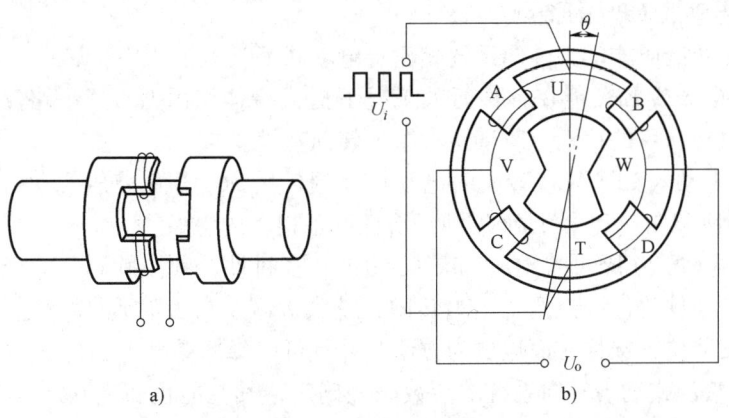

图7-30 无触点式转矩传感器
a) 结构 b) 工作原理

称面正好处于图示输出轴极靴 AC、BD 的对称面上。当在 U、T 两端加上连续的输入脉冲电压信号 U_i 时,由于通过每个极靴的磁通量相等,所以在 V、W 两端检测到的输出电压信号 $U_o=0$。转向时,由于扭杆和输出轴极靴之间发生相对扭转变形,极靴 A、D 之间的磁阻增加,B、C 之间的磁阻减少,各个极靴的磁通量发生变化,于是在 V、W 之间就出现了电位差。其电位差与扭杆的扭转角 θ 和输入电压 U_i 成正比。如果比例系数为 K,则有

$$U_o = KU_i\theta$$

所以,通过测量 V、W 两端的电位差就可以测量出扭杆的扭转角,于是也就知道了转向盘施加的转矩。

电动式 EPS 用的电动机与起动用直流电动机原理上基本相同,但一般采用永磁磁场,其最大电流一般为 30A 左右,电压为 DC12V,额定转矩为 10N·m 左右。

电动式 EPS 一般都设定一个工作范围,例如当车速达到 45km/h 时,就不需要辅助动力转向,这时电动机就停止工作。为了不使电动机和电磁离合器的惯性影响转向系的工作,离合器应及时分离,以切断辅助动力。另外当电动机发生故障时,离合器会自动分离,这时仍可利用手动控制转向。

减速机构是电动式 EPS 不可缺少的部件。目前实用的减速机构有多种组合方式,一般采用蜗轮蜗杆与转向轴驱动组合式,也有的采用两级行星齿轮与传动齿轮组合式。为了抑制噪声和提高耐久性,减速机构中的齿轮有的采用特殊齿形,有的采用树脂材料制成。

(2) 工作原理 当操纵转向盘时,装在转向盘轴上的转矩传感器不断地测出转向轴上的转矩信号,该信号与车速信号同时输入到电子控制单元。电控单元根据这些输入信号,确定助力转矩的大小和方向,即选定电动机的电流和转向,调整转向辅助动力的大小。电动机的转矩由电磁离合器通过减速机构减速增矩后,加在汽车的转向机构上,使之得到一个与汽车工况相适应的转向作用力。

【课堂互动】

2. 电动式 EPS 的特点

与传统液压式动力转向系统相比,电动式 EPS 具有以下特点:

1)电动式 EPS 能在各种行驶工况下提供最佳作用力,减小路面不平度所引起的对转向系的扰动,改善了汽车的转向特性。

2)电动式 EPS 只在转向时电动机才提供助力,相比液压式动力转向系统可节约燃油 3% ~ 5%,因而燃油经济性有了很大的提高。

3)电动式 EPS 取消了油泵、传动带、密封件、液压软管、液压油及密封件等,其零件比传统液压式动力转向系统大大减少,因而质量更轻,结构更紧凑,在安装位置选择方面也更为方便,并且可以降低噪声。

4)液压式动力转向系统的参数一经确定,其性能也随之确定,很难改正,而电动式 EPS 可以通过改变和设置不同的程序,改变转向特性,装配自动化程度更高,能与不同的车型匹配,缩短生产和开发时间,提高了效率。

5)由于电动式 EPS 不存在渗漏问题,因而减少了对环境的污染。

6)液压式动力转向系统在低温下起动发动机之后,由于低温下油的粘度较大,使转向作用力较高,而电动式 EPS 在低温下不会增加转向作用力和发动机的负荷,因而其低温运行状况好于液压式动力转向系统。

【知识拓展】

EPS 当前已经较多应用在排量 1.3 ~ 1.6L 的各类轻型轿车上,其性能已经得到广泛的认可。随着直流电动机性能的提高和 42V 电源在汽车组件上的应用,其应用范围将进一步扩宽,并逐渐向微型车、轻型车和中型车扩展。目前,在全世界汽车行业中,EPS 每年正以 9% ~ 10% 的增长速度发展,年增长量达 130 万 ~ 150 万套。据预测,到 2010 年全世界生产的轿车中每 3 辆就有 1 辆装备 EPS,到 2010 年,全球 EPS 产量将达到 2500 万套。因此,EPS 将具有十分广阔的发展和应用前景。

1. EPS 的英文全称是什么?
2. 电动式 EPS 的组成。

【技能训练】

电动式动力转向系统部件的检查:

1. 转矩传感器的检查

(1)检测转矩传感器线圈电阻 从转向器总成上拔下转矩传感器插接器,测量转矩传感器 3 号与 5 号端子之间、8 号与 10 号端子之间的电阻,其标准值应为 (2.18 ± 0.66) kΩ。若不符合要求,则应更换转矩传感器。

(2)检测转矩传感器电压 用万用表直流电压挡测量上述各端子之间的电压,将转向盘置于中间位置,测得电压约 2.5V 为良好,4.7V 以上为断路,0.3V 以下为短路。

2. 电磁离合器的检查

从转向器上断开电磁离合器插接器,将蓄电池的正极接到 1 号端子上,蓄电池的负极与 6 号端子相接,在接通与断开 6 号端子的瞬间,离合器应有工作声音。若没有声音,表明电磁离合器有故障。

3. 车速传感器的检查 【课堂互动】

（1）检查转动情况

（2）检查电阻　拔下车速传感器插接器，测量车速传感器插接器 1 号与 2 号端子之间、4 号与 5 号端子之间的电阻值，其值是（165±20）Ω 为良好。

【习题 7.9】

（1）电动式动力转向系统主要有哪些优点？

（2）电动式动力转向系统主要组成有哪些部件？

（3）电动式动力转向系统基本工作原理。

7.10　电控四轮转向系统

【本节目标】

1. 了解电控四轮转向系统的工作特点。
2. 掌握电控四轮转向系统的组成。
3. 理解电控四轮转向系统的工作过程。

【基本理论知识】

电控四轮转向系统根据前轮转向系统和后轮转向系统之间是否有连接传动轴分为：

电子控制液压驱动的四轮转向系统其有一根转向传动轴连接在前轮转向器齿条和后轮转向系统控制单元之间，这根转向传动轴在常规的前轮动力齿轮齿条转向器中由齿条驱动。在部分马自达轿车上就装有电子控制液压驱动的四轮转向系统。

另外一种是全电子控制四轮转向系统，其前轮转向器和后轮转向执行器之间没有任何机械连接装置。

1. 电控四轮转向系统的组成

本田汽车采用了全电子控制四轮转向系统，其后轮转向执行器是由安装在左后座椅后部的行李箱上的四轮转向控制单元控制。电控四轮转向系统的控制单元（ECU）利用转向盘转向速度、车辆行驶速度和前轮转向角的信息来计算并控制后轮转向角。

（1）输入传感器

1）主后轮转角传感器。主后轮转角传感器位于后轮转向执行器的左侧。这只传感器包含一个随循环球螺杆旋转的脉冲环。一个电子传感器直接安装在脉冲环上部。当循环球螺杆旋转时，这个传感器向控制单元发出数字电压信号，显示后轮转向角。

2）副后轮转角传感器。副后轮转角传感器安装在后轮转向执行器上、与主后轮转角传感器相反的一端。副后轮转角传感器含有一根连接在齿条上的锥形轴。锥形轴与齿条一同水平移动。一根在副后轮转角传感器上的插棒与锥形

【课堂互动】 轴锥面接触。当锥形轴水平移动时，锥面使传感器插棒来回移动。插棒的移动使传感器产生模拟电压信号，将转角信息传送到控制单元。

3) 主前轮转角传感器。主前轮转角传感器也称转向盘转动传感器，其安装在组合开关下方的转向柱上。转动速度传感器和转动方向传感器安装在主前轮转角传感器内。转动速度传感器包含一排在传感器下方转动的、变换磁性的磁铁。当转向盘转动时，转动速度传感器向控制单元发送与转向盘转速和前轮转向角相关的信号。转动方向传感器包含一个绕转向柱的环形磁铁。这个磁铁有一个N极，也有一小部分是S极。控制单元利用方向传感器传来的信号确定转向盘的转动方向。

4) 副前轮转角传感器。副前轮转角传感器安装在前齿轮齿条转向器内。这个传感器含有一个与副后轮转角传感器十分相似的锥形轴，向控制单元发送与前轮转向角相关的信号。

5) 后轮转速传感器。这些传感器与防抱死制动系统（ABS）控制单元以及四轮转向控制系统相连接。

6) 车辆速度传感器。车辆速度传感器将与车辆速度相关的电压信号送到四轮转向系统控制单元。这个车辆速度信号也被送到自动变速器控制单元。

（2）四轮转向控制单元的工作情况　发动机工作时，四轮转向控制单元不断地从所有的输入传感器处收到信息。如果转向盘转动，控制单元就会对车辆速度传感器、主前轮转角传感器、副前轮转角传感器、主后轮转角传感器、副后轮转角传感器以及后轮转速传感器传来的信息进行分析，并计算适当的后轮转向角，然后将蓄电池电压输入到后轮转向执行器使后轮转向。

蓄电池电压通过两只大功率晶体管输送到后轮转向执行器处。其中一只晶体管在右转弯时导通，而另一只在左转弯时导通。主、副后轮转角传感器将反馈信号送到四轮转向控制单元以显示后轮转向已被执行。

（3）后轮转向执行器　后轮转向执行器包含一个通过螺杆机构驱动转向齿条的电动机。常规的转向横拉杆是从转向执行器连接到后轮转向臂和转向节处。执行器内的回位弹簧在点火开关关闭时或四轮转向系失效时将后轮推回直线行驶位置。

2. 四轮转向系统的工作特性

当车速低于29km/h时，如果转动转向盘，后轮会立即开始向与前轮相反的方向转动；当车速为零时，后轮最大转向角是6°。后轮转向角减小的程度随车速变化，在29km/h时后轮转向角几乎为零。

当车速大于29km/h时，转向盘在最初的200°转角内，后轮转向与前轮一致。在这个车速范围内，转向盘转角大于200°时，后轮会转向相反的方向。当车速提高到96km/h并且转向盘转角是100°时，后轮将会向与前轮相同的方向转动约1°。在这种车速下，如果转向盘转动500°，后轮将会沿与前轮相反的方向转动大约1°。

3. 四轮转向系统的优点及特点

优点：改善汽车低速行驶时的机动性，提高汽车高速行驶时的稳定性。

特点：四轮转向的汽车与常规前轮转向的汽车相比有一个较小的转向半径。【课堂互动】四轮转向系中的后轮转向可以根据汽车速度或转向盘的转角来控制。当车速较低或转向盘转角很大时，后轮的转向与前轮相反；当车速较高或转向盘转角较小时，后轮的转向与前轮相同。

【习题7.10】

1. 填空题

当车速较低或转向盘转角很大时，后轮的转向与前轮_____；当车速较高或转向盘转角较小时，后轮的转向与前轮_____。

2. 简答题

（1）后轮转向执行器的作用。

（2）四轮转向控制单元的工作过程。

模块 8　汽车制动系

【学习目标】

1. 掌握制动系的功用、组成及制动原理。
2. 理解常用制动器的结构、特点和工作过程。
3. 掌握制动器的检修、调整方法。
4. 掌握液压制动传动机构的组成、双腔制动主缸的工作过程。
5. 了解气压制动系的基本组成；了解制动气室的类型、特点和工作原理。
6. 了解增压式伺服制动系的组成；理解真空增压器的工作原理与工作过程。
7. 掌握助力伺服制动系的组成；理解真空助力器的工作原理与工作过程。
8. 了解辅助制动装置。
9. 掌握制动系统常见故障的诊断、排除。

【课堂互动】

8.1　概述

【本节目标】

1. 了解汽车制动系的功用与组成、制动装置的基本结构、对制动系的要求。
2. 理解制动装置的工作原理。

【基本理论知识】

汽车制动系统是汽车最重要的系统之一，它直接关系到汽车行驶的安全性。当制动系统出现故障时，必须及时排除。

1. 制动系功用

根据需要使汽车减速或在最短的距离内停车，并保证汽车停放可靠。

2. 组成

为满足制动系的功用要求，现代汽车制动系统都有几套独立的制动装置。

（1）行车制动装置　行车制动装置是驾驶员用脚操纵的制动装置，在汽车行驶时，根据需要使汽车减速或停车。基本上所有汽车的车轮上都装有行车制动装置。

行车制动装置由制动器与制动传动机构组成。

（2）驻车制动装置　停车后防止汽车溜动，在紧急制动时配合行车制动装置一起制动，由制动器与制动传动机构组成。

（3）其他制动装置　应急制动、安全制动和辅助制动装置。

3. 制动系的基本结构与工作原理　　　　　　　　　　　　　　　【课堂互动】

对行驶的汽车进行制动时，将摩擦部件（制动蹄或制动片）压到车辆的转动部件（制动盘或制动鼓）上，如图8-1所示。转动部件与车轮连为一体，摩擦使转动部件减速或停止，也就是使车轮减速或停止转动。利用摩擦制动车轮，轮胎与路面间也有摩擦力，该摩擦力使汽车减速或停车。

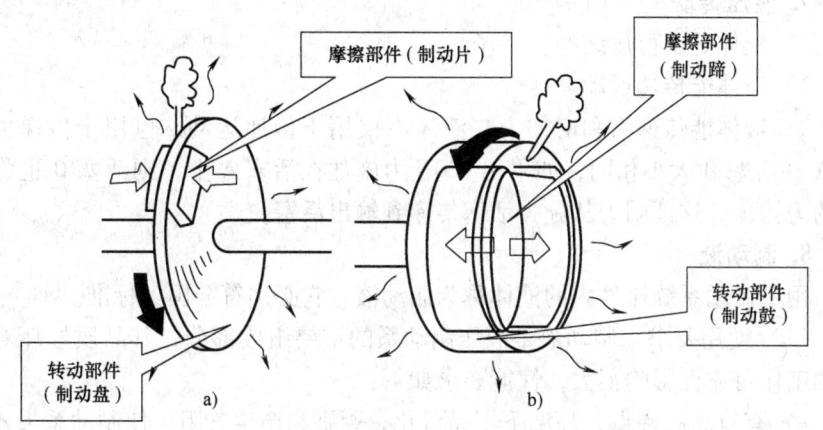

图 8-1　制动的工作原理示意图
a）盘式制动器　b）鼓式制动器

4. 对制动系的要求

为了保证汽车能在安全的条件下发挥出高速行驶的能力，制动系统必须满足下列要求：

（1）具有良好的制动性能　评价指标有制动距离、制动减速度、制动力和制动时间。

（2）操纵轻便　操纵制动系统所需的力不应过大。对于人力液压制动系统，踏板力不大于500N（轿车）和700N（货车），踏板行程货车不大于150mm，轿车不大于130mm。

（3）制动稳定性好　制动时，汽车不跑偏、不甩尾。磨损后间隙应调整。

（4）制动平顺性好　制动力矩能迅速而平衡地增加，亦能迅速而彻底地解除。

（5）散热性好　连续制动时，制动鼓的温度高达400℃，摩擦片的"热衰退"能力高，湿水后恢复能力快。

5. 制动系的常见类别

按工作原理及使用介质来分，制动系有液压制动和气压制动。

6. 制动系的摩擦材料

现今，新车的制动器和更换的制动蹄及摩擦块都用无石棉的摩擦衬片。无石棉摩擦衬片材料的基本形式可分成三类。

1）复合摩擦衬片由非金属材料粘结在一起的合成纤维构成。

2）半金属材料由模压的合成纤维与铁的混合物构成。半金属材料比非金

【课堂互动】属材料硬些,也更抗衰退。这种衬片需要驾驶员施加较大的踏板力,并对制动盘与制动鼓引起更多的磨损。

3)全金属衬片已在赛车上使用多年,这种材料由粉末金属通过烧结工艺热压成形。这种材料提供更好的制动器抗衰退性能,但需要很大制动踏板力,且对制动盘和制动鼓的磨损更大。

7. 液压传动

1)液体是不可压缩的。

2)液体能传递运动。

3)液体能传递力和增加力。液体不仅用于传递运动,也用于传递力。活塞 A 和活塞 B 大小相同,如果用 100N 力施加在活塞 A 上,则活塞 B 也将有相同的力输出,这证明力从施力活塞传递到输出活塞。

8. 制动液

用于制动系统压件内的液体称为制动液。它必须符合国家标准。

(1) 使用要求　制动液是液压制动系的重要组成部分,其品质好坏对制动系的工作可靠性影响很大,性能要求如下:

1)有较高的沸点,高温下不易汽化,否则易产生气阻,使制动系失效。

2)低温下有良好的流动性。

3)不会使与之经常接触的金属件腐蚀、橡胶件膨胀、变硬和损坏。

4)良好的润滑作用,吸水性差而溶水性好。

(2) 制动液的标准　为保证汽车行驶安全,各国不断制定、修定汽车制动液标准。

国外汽车制动液有代表性的标准是美国联邦政府运输安全部(DOT)制定的联邦机动车辆安全标准(FMVSS)。

汽车制动液使用技术条件分为 JG_3、JG_4、JG_5 三级。JG 为交通部、公安部系列。

9. 气压传动

(1) 气压传动系统的工作原理　利用空气压缩机来产生高压空气,通过执行元件把空气的压力能转变为机械能,进而操纵制动器。

(2) 气压传动系统的组成

1)气压发生装置:它将发动机输出的机械能转变为空气的压力能,其主要设备是空气压缩机。

2)控制元件:它是用来控制压缩空气的压力、流量和流动方向。

3)执行元件:它是将空气的压力能转变为机械能的能量转变装置。

4)辅助元件:适用于辅助保证气压传动系统正常工作的一些装置,如过滤器、干燥器、空气滤清器、消声器和油雾器等。

(3) 气压传动的优点

1)以空气为工作介质,来源方便,用后排气处理简单,不污染环境。

2)由于空气流动损失小,压缩空气可集中供气,也可远距离输送。

3)气动动作迅速、反应快、维护简单、管路不易堵塞,且不存在介质变质、补充和更换等问题。

(4) 气压传动的缺点

1) 由于空气有可压缩性,所以气缸的动作速度易受负载变化影响。

2) 工作压力较低(一般为 0.4~0.8MPa),因而气压传动系统输出力较小。

3) 气压传动系统有较大的排气噪声。

【技能训练】

1. 制动系统零件识别

2. 制动液的选用

(1) 汽车制动液的选择　各级制动液主要特性和推荐使用范围见表 8-1。捷达、切诺基、奥迪 A6 等汽车采用 DOT_4 型制动液。

表 8-1　JG 系列汽车制动液的主要特性及推荐使用范围

级别	主要特性	推荐使用范围
JG_3	具有良好的高温抗气阻性和优良的低温流动性	相当于 DOT_3 的水平,我国广大地区使用
JG_4	具有优良的高温抗气阻性和良好的低温流动性	相当于 DOT_4 的水平,我国广大地区使用
JG_5	具有优异的高温抗气阻性和低温流动性	相当于 DOT_5 的水平,供特殊要求车辆使用

(2) 制动液的使用　制动液的更换以汽车的行驶里程或时间确定,一般行驶里程超过 3 万 km 或时间超过两年需更换。

汽车制动液使用应注意下列事项:

1) 不同规格的制动液不能混用。

2) 防止水分或矿物油混入。

3) 制动缸橡胶橡胶碗不可长时间暴露放置在空气中。

4) 避免制动液进入眼睛。

5) 避免制动液溢洒到汽车漆膜表面,若出现该种情况立即用冷水冲洗。

【习题 8.1】

1. 填空题

(1) 制动传动机构按能源可分为＿＿＿＿和＿＿＿＿两种。

(2) 驻车制动装置的作用是＿＿＿＿＿＿＿＿＿＿。

(3) 常用的制动液类型是 DOT_3、＿＿＿＿、＿＿＿＿。

2. 判断题

(1) 汽车行车制动装置可使汽车迅速减速或在最短距离内停车。(　　)

(2) 制动液溢洒到汽车漆膜表面时,等其蒸发后,用抹布擦干净。(　　)

3. 简答题

(1) 汽车制动系的作用是什么?对它有哪些要求?

【课堂互动】

1. 制动距离的定义。

制动距离是以某一速度开始紧急制动(例如 50km/h 或 60km/h),从驾驶员踩上制动踏板起直到停车为止汽车所走过的距离。

2. 什么是"热衰退"?

"热衰退"指摩擦片抵抗因高温分解变质引起的摩擦系数降低。

3. 认识石棉。

石棉是多年来最普通的摩擦衬片材料,它有很好的摩擦性和耐磨性,但石棉纤维对健康非常有害。

【课堂互动】 （2）汽车行车制动装置由哪些部分组成？

8.2 鼓式制动器

【本节目标】

1. 了解车轮制动器的功用。
2. 理解鼓式制动器工作原理。
3. 掌握常用鼓式制动器的结构。
4. 正确拆装、调整和检修鼓式制动器。

【基本理论知识】

利用固定元件与旋转元件工作表面的摩擦而产生制动力矩的制动器称为摩擦式制动器。汽车的行车制动与驻车制动所用的制动器几乎都属于摩擦式制动器。

1. 车轮制动器的功用

车轮制动器是通过摩擦将车轮的动能转变为热能。

2. 汽车车轮制动器类型

分为鼓式与盘式两种。

3. 鼓式制动器

鼓式制动器的结构与工作示意如图 8-2 所示（以桑塔纳后轮制动器为例）。

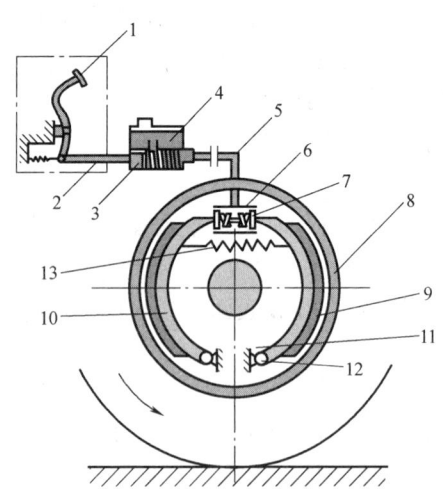

图 8-2 鼓式制动器的结构与工作示意图
1—制动踏板 2—推杆 3—主缸活塞 4—制动主缸
5—油管 6—制动轮缸 7—轮缸活塞 8—制动鼓
9—摩擦片 10—制动蹄 11—制动底板 12—支承销 13—制动蹄回位弹簧

（1）鼓式制动器的工作过程　当驾驶员踏下制动踏板 1，使主缸活塞 3 压

缩制动液时,轮缸活塞7在液压的作用下将摩擦片9压向制动鼓8,使制动鼓8 【课堂互动】
减小转动速度,或保持不动。

（2）鼓式制动器的组成部分　它由旋转部分、固定部分、张开机构和定位调整装置组成。

1）旋转部分：制动鼓,它固定在轮毂上随车轮一起转动。制动鼓多用灰铸铁制成。用螺栓固装在轮毂的凸缘上,随同车轮旋转。制动鼓的边缘有一个用来检查蹄与鼓间隙的检查孔。

2）固定部分：主要包括弧形的制动蹄和制动底板（见图8-3）等。
制动底板固装在车桥的凸缘盘上,通过支承销与制动蹄（见图8-4）相联接。

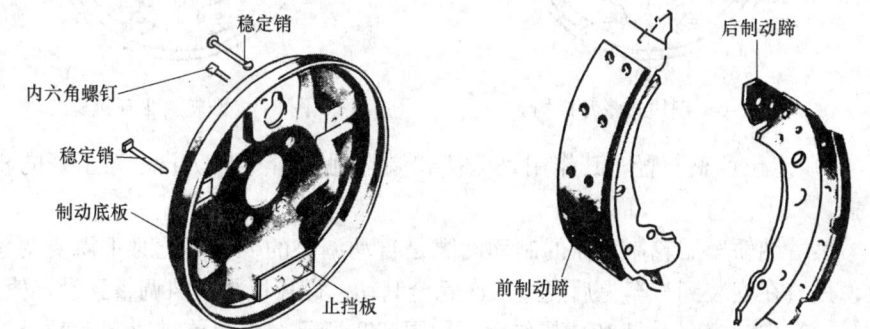

图8-3　桑塔纳后轮制动器制动底板　　图8-4　桑塔纳后轮制动器制动蹄（前、后）

制动蹄多用钢板焊接,有的制动蹄用铸铁或铝合金压铸,以增大其刚度。蹄的端孔与支承销上的偏心轴颈作动配合,上端顶靠在轮缸的活塞顶块上。摩擦片用埋头铝铆钉接于制动蹄上。为了提高摩擦片的利用率,有的轻型车采用了树脂胶粘剂将其与蹄粘结。

3）张开机构。桑塔纳后轮制动器采用轮缸式张开机构（见图8-5）。

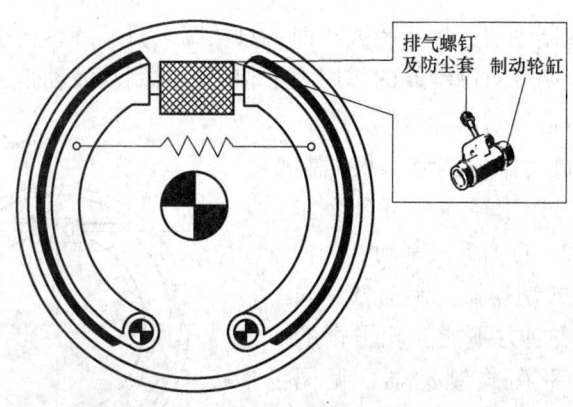

图8-5　桑塔纳后轮制动器轮缸式张开机构示意图

轮缸被螺钉与制动底板固接,制动蹄利用活塞的位移来促动张开。张开机构常见的还有以下两种形式：

【课堂互动】　　楔块式（见图8-6）：楔块式一般可用于液压、机械或气压等制动系统中对行车制动器的控制。

凸轮式（见图8-7）：制动凸轮大多为S状，其目的是使凸轮两侧力保持相等。

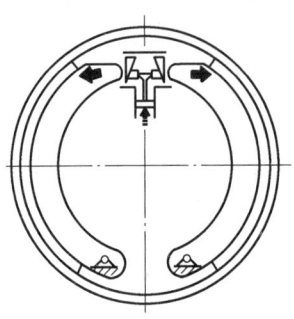 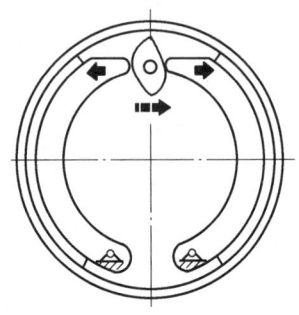

图8-6　楔块式张开机构　　　　图8-7　凸轮式张开机构

4）定位调整装置。其作用是保持和调整制动蹄与制动鼓之间正确的相对位置。

桑塔纳轿车后轮制动器的制动间隙是自动调整的，在装配时不需要调整间隙，只需在安装到汽车上后经过一次完全制动，即可以将间隙调整到设定值。

(3) 制动蹄的增势和减势作用　如图8-8所示，汽车前进时制动鼓的旋转方向如箭头所示。在制动过程中，两制动蹄在相等的促动力 F_S 作用下，分别绕各自的支承点向外偏转而紧压在制动鼓上。同时旋转的制动鼓对两蹄分别作用着法向力 N_1 和 N_2，以及相应的切向力 T_1 和 T_2，T_1 作用的结果使得制动蹄在制动鼓上压得更紧，则 N_1 变得更大，这种情况称为"增势"作用，相应的制动蹄被称为"领蹄"；与此相反，T_2 作用的结果使得制动蹄有放松制动鼓的趋势，即 N_2 和 T_2 有减小的趋势，这种情况称为"减势"作用，相应的制动蹄被称为"从蹄"。

桑塔纳后轮制动器为领从蹄式，即一只从蹄一只领蹄，属于简单非平衡式制动器。这样，两蹄对制动鼓的作用力不相等，对制动鼓轴承施加了附加径向载荷，使轴承寿命缩短。

(4) 鼓式制动器的类型　根据制动蹄对制动鼓的作用径向力可分为非平衡式、平衡式、自增力式制动器。

1）非平衡式制动器。制动鼓受来自两制动蹄的法向力不能互相平衡的制动器称为非平衡式制动器，见图8-8。

2）平衡式制动器。制动鼓受来自两制动蹄的法向力互相平衡的制动器称为平衡式制动器。常见的有双领蹄

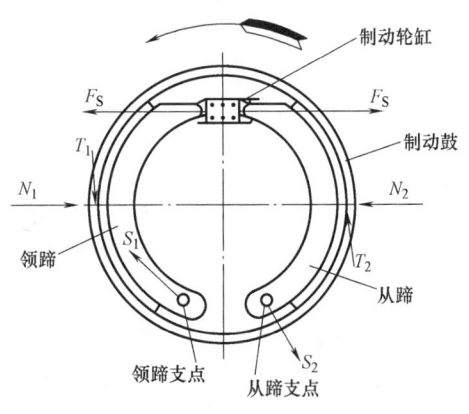

图8-8　领从蹄式制动器示意图

式、双向双领蹄式、双从蹄式。

① 双领蹄式、双从蹄式制动器。如图 8-9a 所示，采用双轮缸形式，当车轮按箭头方向转动时，该制动器两个制动蹄均为领蹄。但如果方向相反（如倒车）则会成为图 8-9b 所示，两制动蹄均为从蹄。

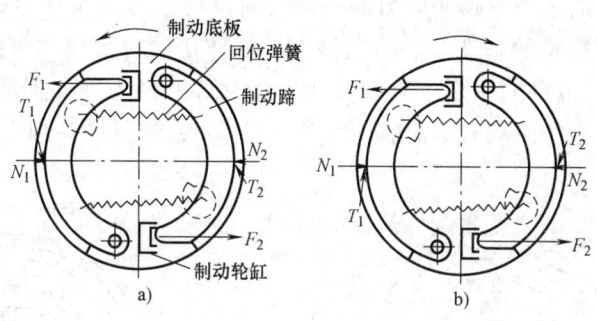

图 8-9 双领蹄式、双从蹄式制动器示意图
a) 双领蹄式 b) 双从蹄式

② 双向双领蹄式制动器。制动底板上所有的固定元件，如制动蹄、双向制动轮缸、回位弹簧等都是对称布置。两制动蹄的两端都是采用浮式支承，且支点的周向位置也是浮动的。这样，制动蹄的两端既是支承点，也是张开力的作用点，使汽车前进或倒车均可得到相同且较高的制动效果，此为双向双领蹄式制动器，又称对称平衡式制动器，如图 8-10 所示。

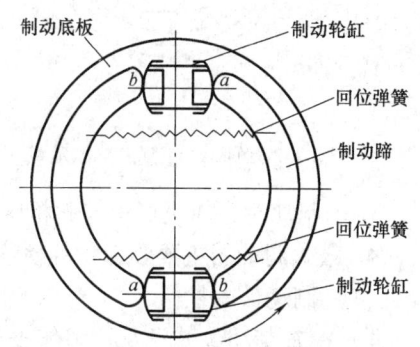

图 8-10 双向双领蹄式制动器示意图

前进制动时，所有轮缸活塞在液压作用下向外张开，使上下制动蹄压靠到制动鼓上。在制动鼓摩擦力矩的作用下，两蹄都绕车轮中心朝箭头所示的车轮旋转方向转动，将两轮缸一端的活塞外端的不可调的支座推回，直到顶靠着轮缸端面为止，于是两蹄以顶靠的支座为支点，均在增势条件下工作。

由此可见，双向双领蹄式制动器两蹄均以相同的方向作用于制动鼓上，且相互平衡，所以摩擦片等长，轮毂轴承也不承受附加载荷。

3）自增力式制动器

① 单向自增力式制动器。汽车前进制动时，单活塞式轮缸只将促动力 F_{S1} 加于第一制动蹄，使其上端离开支承销，整个制动蹄绕顶杆左端支承点旋转，并压靠在制动鼓上。此时，第一制动蹄是领蹄，并且在促动力 F_{S1}、法向合力 N_1、切向（摩擦）合力 T_1 和沿顶杆轴线方向的力 S_1 作用下处于平衡状态。由于顶杆是浮动的，自然成为第二制动蹄的促动装置，而将与力 S_1 大小相等、方向相反的促动力 F_{S2} 施加于第二制动蹄的下端，故第二制动蹄也是领蹄。工作示意图如图 8-11 所示。

【课堂互动】

② 双向自增力式制动器。前进制动时，两制动蹄在促动力 F_S 的作用下张开压向制动鼓，此时两蹄的上端均离开支承销，沿图中箭头方向旋转的制动鼓对两蹄产生摩擦力矩，带动两蹄沿旋转方向转过一个不大的角度，直到后蹄又顶靠到支承销上为止。此时，前蹄为"领蹄"，但其支承为浮动的推杆。制动鼓作用在前蹄的摩擦力和法向力的一部分对推杆形成一个推力 S，推杆又将此推力完全传到后蹄的下端。后蹄在推力 S 的作用下也形成"领蹄"，并在轮缸液压促动力 F_S 的共同作用下进一步压紧制动鼓。推力 S 比促动力 F_S 大得多，从而使后蹄产生的制动力矩比前蹄更大。工作示意图如图 8-12 所示。

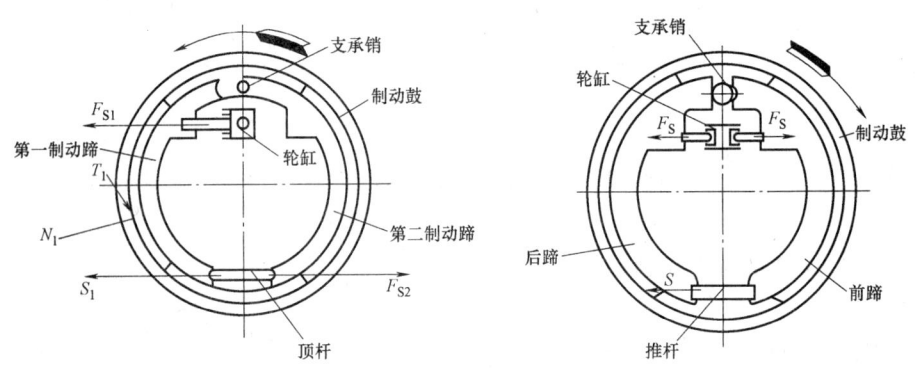

图 8-11 单向自增力式工作示意图　　图 8-12 双向自增力式工作示意图

倒车制动时，作用过程与此相反，与前进制动时具有同等的自增力作用。

4. 鼓式制动器主要零部件的检修

（1）制动鼓的检修

1）检查制动鼓鼓身及其工作表面，如图 8-13 所示。制动鼓鼓身不得有任何性质的裂纹，否则必须换新件。制动鼓工作表面有轻微刮痕，可通过修磨的方法予以消除；若工作表面的刮痕较深，应采用镗削加工或换新件。

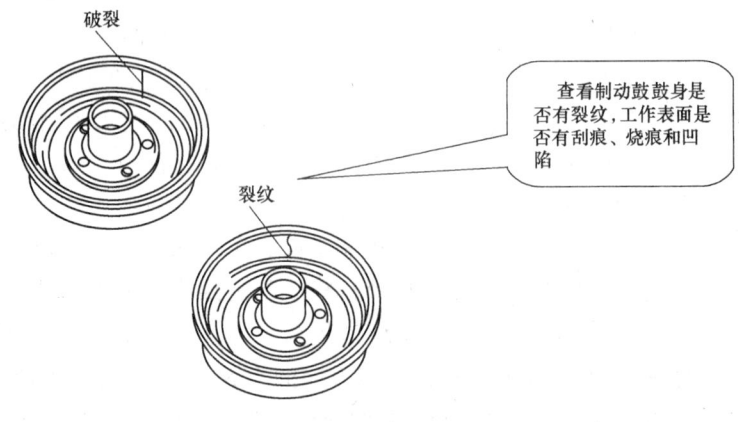

图 8-13 制动鼓鼓身及其工作表面检查

2)测量制动鼓内径及圆度误差。用游标卡尺检测制动鼓内径,至少检测 【课堂互动】
三个不同的位置,以判断制动鼓是否有椭圆,如图 8-14 所示。

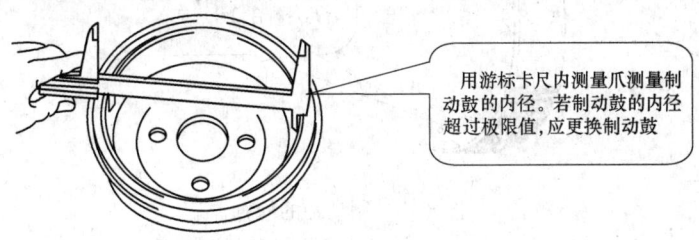

图 8-14 制动鼓内径测量

如图 8-15 所示,采用弓形架百分表测量制动鼓内径。

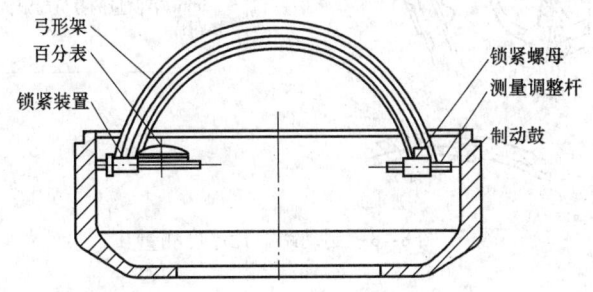

图 8-15 弓形架百分表测量制动鼓内径

3)制动鼓内表面圆度或圆柱度测量,如图 8-16 所示。

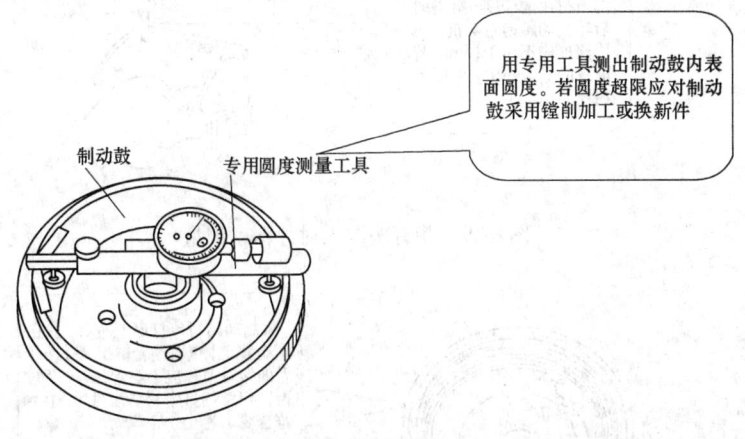

图 8-16 专用圆度测量工具测量制动鼓圆度

(2)制动蹄及其摩擦衬片的检修

1)制动蹄的检查,如图 8-17 所示。
2)制动蹄衬片厚度测量如图 8-18、图 8-19 所示。
3)制动蹄衬片与制动鼓接触面积的检查如图 8-20 所示。

【课堂互动】

图 8-17　制动蹄的检查

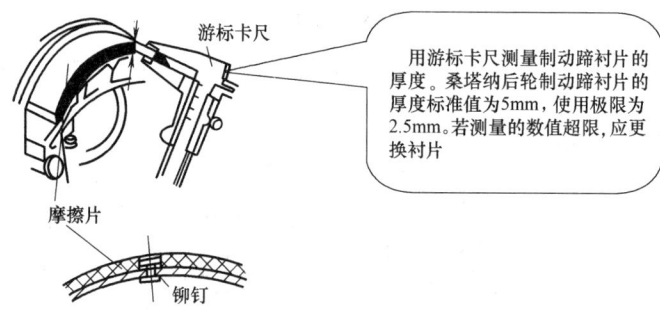

图 8-18　制动蹄衬片厚度测量

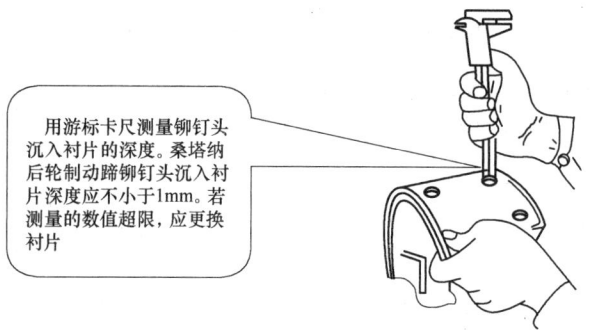

图 8-19　铆钉头沉入衬片深度测量

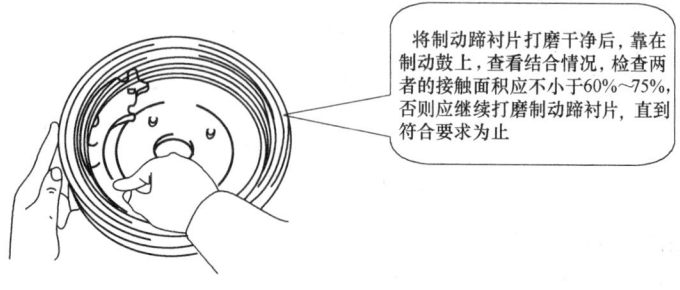

图 8-20　制动蹄衬片与制动鼓接触面积检查

对于领从蹄式制动器，初始靠合面积为60%，两端对称应均布，中部不靠合；双领蹄式制动器，靠合面积不小于75%。【课堂互动】

（3）制动底板的检查如图8-21所示。制动底板表面翘曲度超过0.60mm时，应对其进行校正。制动底板上有裂纹，应对裂纹处进行焊补。制动底板上支承孔磨损超过0.15mm，螺栓孔磨损超过0.80mm时，可镶套或焊补后重新钻孔修复。

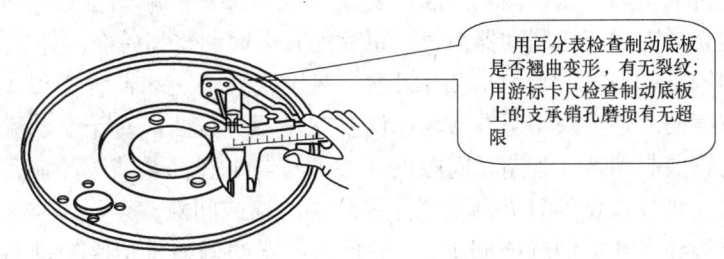

图8-21　制动底板检查

（4）制动器定位弹簧、回位弹簧的检查如图8-22所示。

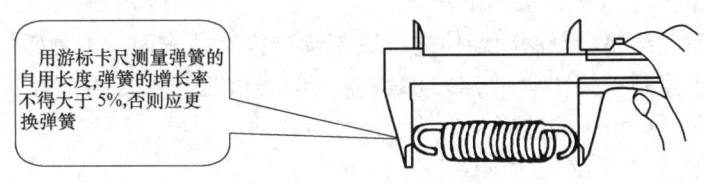

图8-22　弹簧的检查

（5）汽车运用中如何保持制动蹄摩擦片的摩擦性能　为保证制动器的制动效能和延长其使用寿命，除在维修中换用合格的制动蹄摩擦片外，在汽车驾驶过程中还必须合理使用制动器。在制动蹄摩擦片的表面温度不超过230℃时，对其摩擦性能影响不大，这时的磨损可视为正常磨损。所以在汽车行驶中，应尽量少用紧急制动，尤其应避免连续使用紧急制动；汽车行驶中应避免开快车，以减少制动次数；在长坡多弯道路上行驶的汽车应装用辅助制动装置，若无此装置则应考虑制动器的冷却问题，采取有效措施，使制动摩擦片表面温度不超过250℃，才能延长其使用寿命和保持其摩擦性能。

（6）鼓式制动器的调整　制动间隙不能太大也不能太小。间隙过大，会使制动器促动装置的运动件（如制动分泵活塞、凸轮）的运动行程增大，制动不及时，或者制动力矩下降，制动力不足，而使制动不灵；间隙过小，制动蹄摩擦片工作面与制动鼓工作面之间容易发生干涉，使汽车长期处于轻微的制动状态，加剧摩擦副的磨损，并造成制动鼓发热，有可能造成制动拖滞。若这种干涉现象只发生在某个前轮，即左右轮制动器制动间隙不一致，也可能造成汽车制动跑偏。引起制动间隙过大，通常是由于制动蹄摩擦片或制动鼓内壁过度磨损所致。出现此情况，则应该对该间隙进行调整。

【课堂互动】　　制动间隙的调整方法有人工调整法和自动调整法。

1）凸轮式制动器制动间隙的人工调整方法一般可分为全面调整和局部调整两种方法。

局部调整也称为简易调整，用于使用中的车辆因蹄片磨损，蹄片与制动器的间隙增大而影响制动效能时的调整。这种调整方法仅调整制动蹄的张开端。

全面调整是更换制动蹄衬片或镗削制动鼓后，为保证制动蹄与制动鼓正确接触而进行的调整。这种调整方法需要调整制动蹄片两端的位置。对于不设置固定端的自增力式车轮制动器而言，也就没有全面调整和局部调整之分。

2）轮缸式制动器制动间隙的调整。液压轮缸式制动器种类很多，但制动蹄、鼓间隙的调整多采用调整凸轮和调整支座两种方法。对于制动蹄采用固定支承的轮缸式制动器，其制动间隙的调整方法与上述凸轮式车轮制动器的调整方法相同（即局部调整只需调整蹄片张开端的蹄鼓间隙；全面调整需同时调整蹄片支承端和张开端的蹄鼓间隙），只是制动器的调整机构因制动器形式的不同而有所不同。

【知识拓展】

1. 凸轮式张开机构工作过程

制动时，凸轮推动制动蹄使之压紧制动鼓内圆柱表面，不旋转的制动蹄利用摩擦力阻止制动鼓转动；不制动时，制动蹄将在回位弹簧的作用下自动回位，制动蹄与制动鼓出现间隙，制动鼓则可自由转动。

2. 什么是"领蹄"、"从蹄"？

有"助势"作用，相应的制动蹄被称为"领蹄"；与此相反，使制动蹄有放松制动鼓的趋势，这种情况称为"减势"作用，相应的制动蹄被称为"从蹄"。

3. 自增力式制动器的增力原理

将两制动蹄用顶杆（推杆）浮动铰接代替固定的偏心销，利用前蹄的增势推动后蹄，使总的摩擦力矩得以增大，起到自动增力作用。

4. 什么是制动器摩擦片的衰退及其影响因素？

制动器摩擦片的摩擦系数不仅随温度升高而减小，且随正压力和滑摩速度的增加而下降，这种现象称为衰退现象，但高温是引起制动器摩擦片衰退的主要因素。

5. 什么是制动间隙？

制动器不制动时，制动蹄摩擦片的工作表面与制动鼓内壁工作表面间出现的间隙，即为制动摩擦副的间隙，通常称为制动间隙。

【技能训练】

1. 鼓式制动器的拆装

（1）鼓式制动器的拆卸

1）拧松车轮螺母，如图 8-23、图 8-24 所示。

模块8 汽车制动系 **241**

【课堂互动】

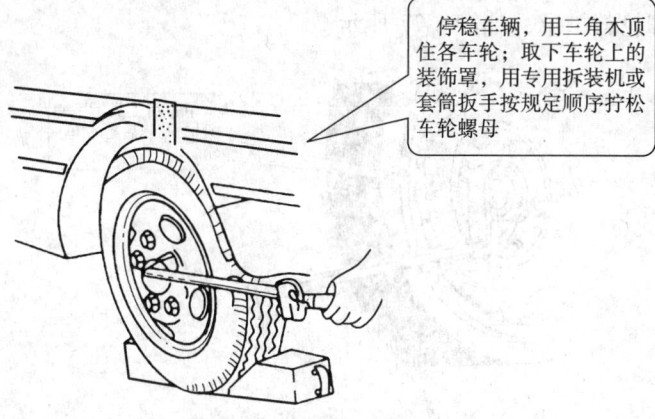

图 8-23 车轮螺母的拆卸

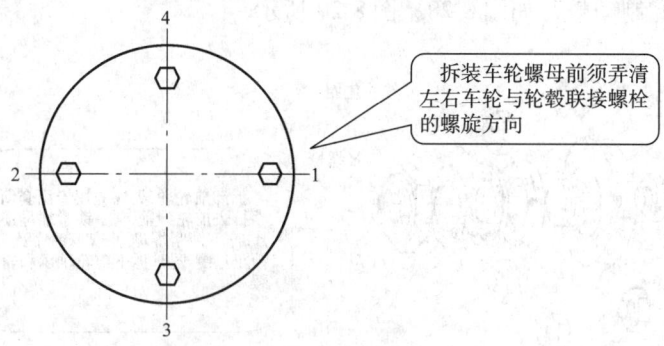

图 8-24 车轮螺母拆卸次序

2) 顶起车辆，如图 8-25、图 8-26 所示。

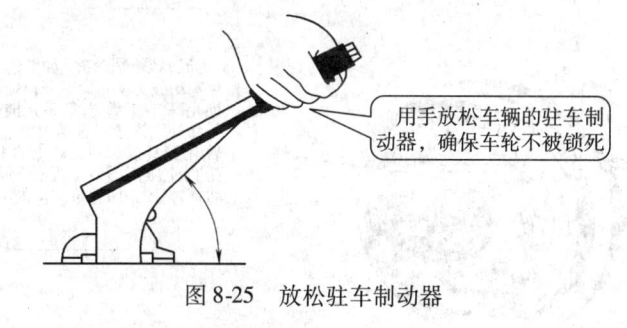

图 8-25 放松驻车制动器

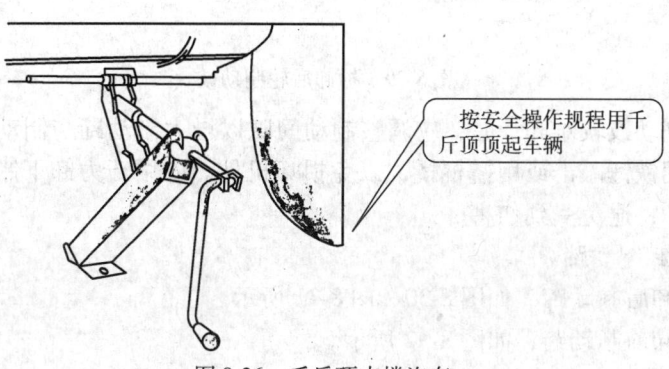

图 8-26 千斤顶支撑汽车

【课堂互动】

3）拆卸轮毂护罩，如图 8-27 所示。

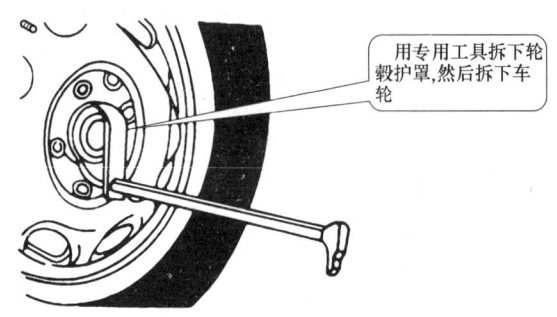

图 8-27 拆卸轮毂护罩

4）拆卸制动鼓，如图 8-28、图 8-29 所示。

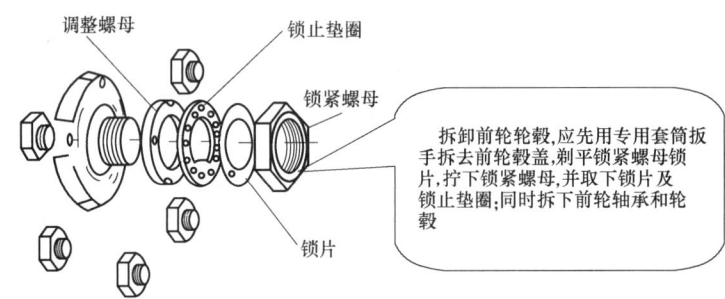

图 8-28 拆下前轮轴承和轮毂

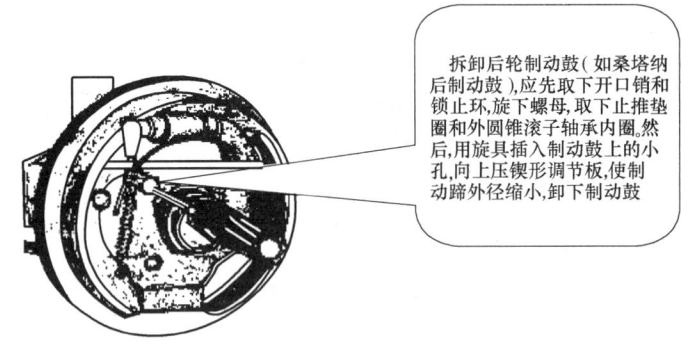

图 8-29 拆卸后轮制动鼓

遇见制动鼓较难卸下时，应调整制动间隙以增大制动蹄与制动鼓之间的间隙，切忌用铁锤敲击或用撬棍撬，以免损坏机件。应用巧力卸下制动鼓，并注意自身防护，避免受到伤害。

5）拆卸制动蹄。

① 拆卸后制动蹄，如图 8-30、图 8-31 所示。

② 拆卸前制动蹄，如图 8-32 所示。

③ 拆卸制动推杆，如图 8-33 所示。

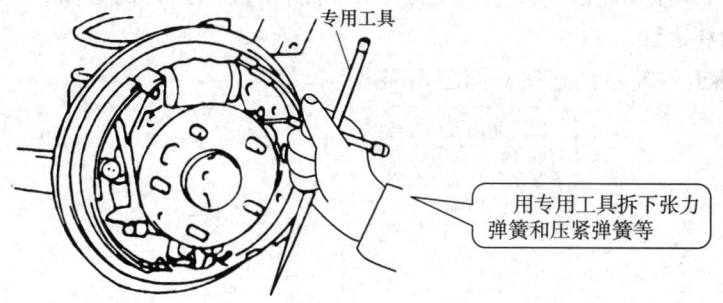

图 8-30 拆卸张力弹簧、压紧弹簧

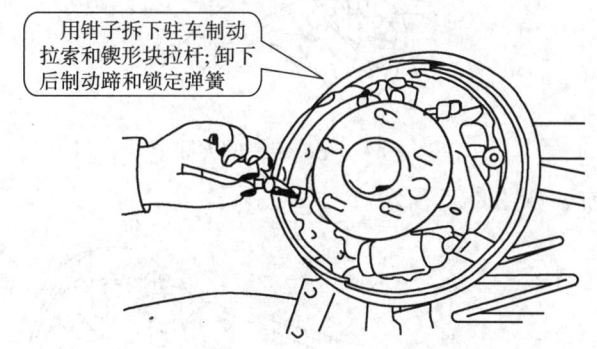

图 8-31 拆卸后制动蹄

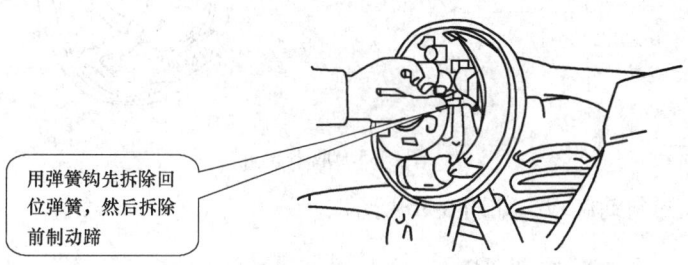

图 8-32 拆卸前制动蹄

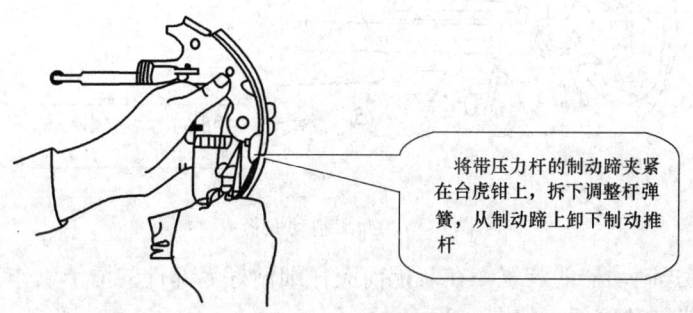

图 8-33 拆卸制动推杆

【课堂互动】　　6）拆卸制动轮缸。注意：千万不要将制动液溅到你的眼睛，不得将制动液溅到涂漆表面！

① 拆开与轮缸的连接，如图8-34所示。

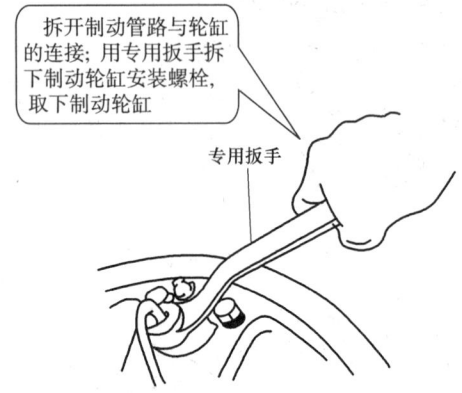

图8-34　轮缸连接的拆卸

② 取下轮缸，如图8-35所示。

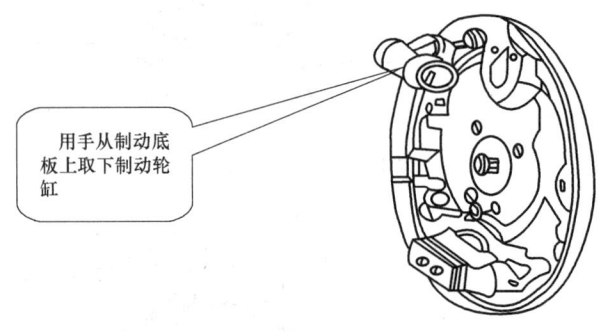

图8-35　取下轮缸

7）拆卸制动底板，如图8-36所示。

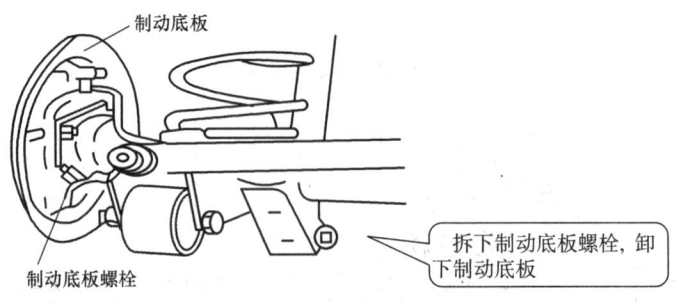

图8-36　拆卸制动底板

（2）鼓式制动器的装复　在装配前应仔细做好零部件的清洁工作。

1）安装制动底板，如图8-37所示。

2）安装制动轮缸。

① 固定制动轮缸，如图8-38所示。

【课堂互动】

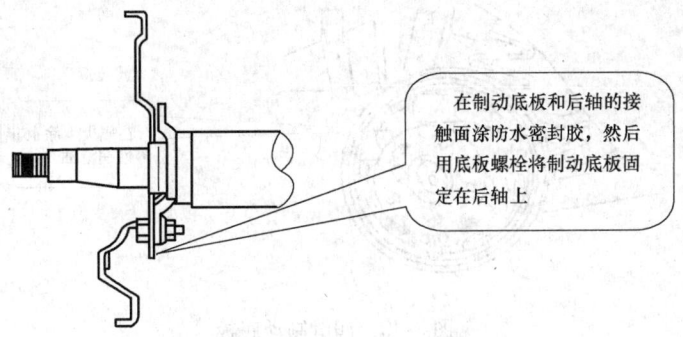

图 8-37　安装制动底板

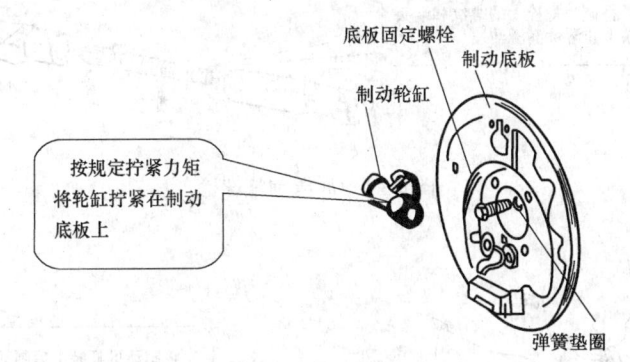

图 8-38　固定制动轮缸

② 连接制动管路,如图 8-39 所示。

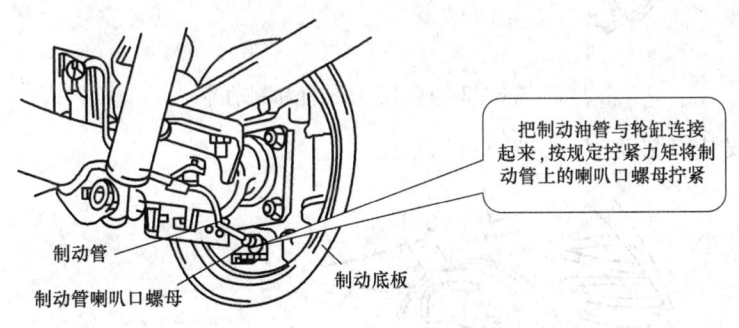

图 8-39　连接制动管路

3）安装驻车制动拉索。

① 在制动底板和驻车制动拉索接触处涂防水密封胶,将拉索穿过制动底板,装上固定卡。

② 将驻车制动拉索与驻车制动摇臂连接起来。

4）安装制动蹄。

① 润滑制动底板,如图 8-40 所示。

② 润滑调整螺栓,如图 8-41 所示。

③ 连接制动推杆和制动蹄,如图 8-42 所示。

【课堂互动】

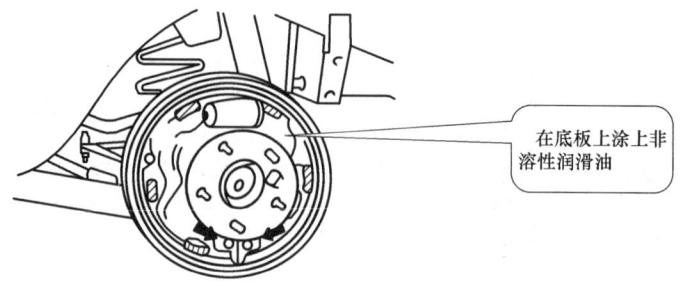

图 8-40　润滑制动底板

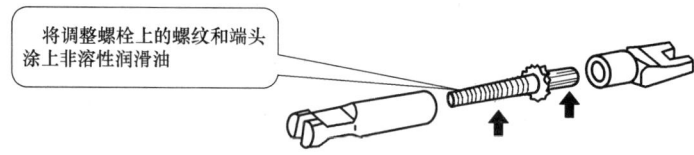

图 8-41　润滑调整螺栓

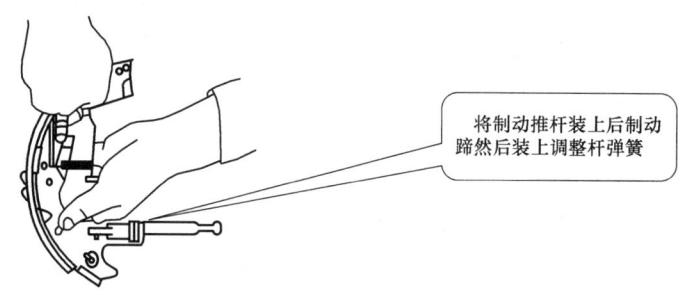

图 8-42　连接制动推杆和制动蹄

④ 安装前制动蹄，如图 8-43 所示。

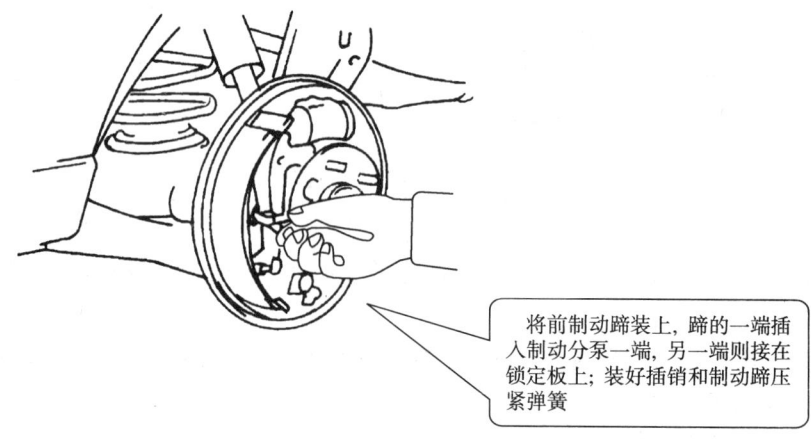

图 8-43　安装前制动蹄

⑤ 安装后制动蹄，如图 8-44 所示。

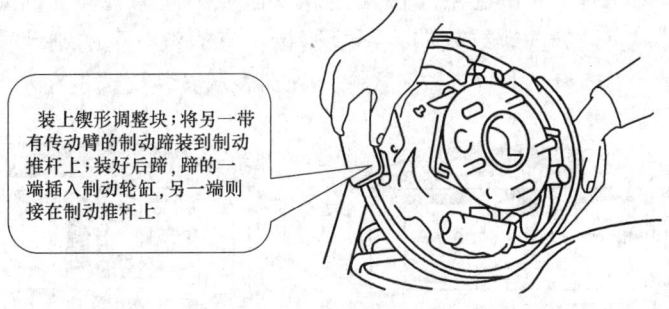

图 8-44　安装后制动蹄

⑥ 装复回位弹簧、调节块弹簧，如图 8-45 所示。

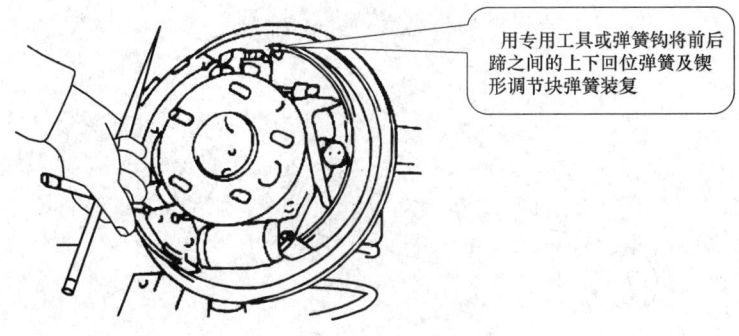

图 8-45　回位弹簧、调节块弹簧安装

5）安装制动鼓，如图 8-46 所示。

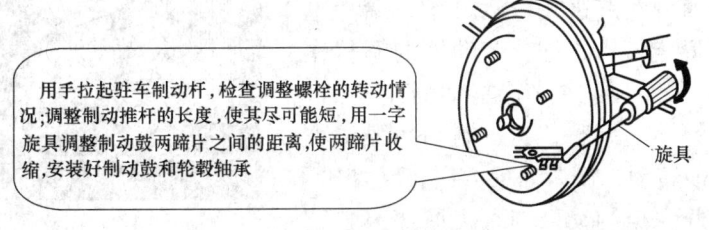

图 8-46　安装制动鼓

制动蹄装复完成后，用力踩制动踏板一次，使后制动蹄能正确就位。

6）用手转动制动鼓检查制动鼓是否有卡滞。
7）将车轮螺母按规定力矩紧固，装复车轮。
8）降下车辆进行制动试验。

2. 轮缸式制动器制动间隙的调整

根据制动器作用原理的不同，液压制动器分别使用单活塞轮缸和双活塞轮缸，如图 8-47 所示，自增力式制动器则采用如图 8-48 所示的传动销。在调整制动间隙时，从调整孔伸入工具转动棘轮，即可进行调整，如图 8-49 所示。为方便维修作业，无论是左轮还是右轮，无论是简单非平衡式、平衡式或者是自

【课堂互动】 动增力式制动器,只要将棘轮按图中的方向拨动,都可以调小制动间隙,故在制造时专门将左右车轮的轮缸、传动销螺纹做成不同的旋向。因此,在装配车轮制动器时,应该分清螺纹旋向,不能搞错。有的汽车上的制动器,在这些螺纹件的端部专门标有"L"、"R"字样,分别表示其装配部位在左轮和右轮。

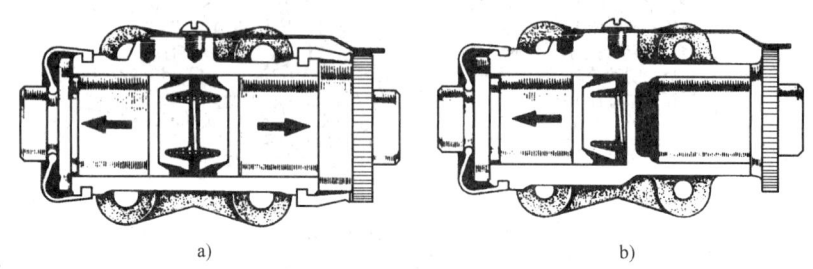

图 8-47 制动轮缸
a) 双活塞轮缸 b) 单活塞轮缸

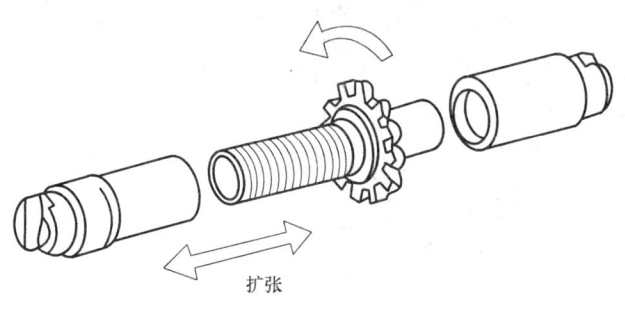

图 8-48 传动销

在轿车制动器中,部分制动蹄采用浮动支承。而制动蹄采用浮动支承,蹄片也就没有了固定端。这样,制动器的调整作业就简化了,只要在车轮制动器组装后,按图所示的方法调整,先将制动间隙调小至车轮不能转动,然后向反方向转动棘轮,调出制动间隙至制动鼓与蹄无摩擦声为止即可。

轿车的后轮制动器多采用自增力式,并与驻车制动器组合在一起。因此,只要

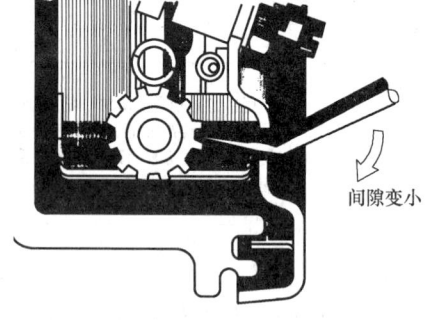

图 8-49 制动间隙的调整

在装配时注意前后制动蹄片的位置及传动螺纹的旋向,不出差错,组装完毕后,在倒车时拉紧几次驻车制动器手柄,制动器的间隙便被自行调整好了。

【习题 8.2】

1. 填空题

(1) 蹄鼓间隙是指_____。

(2) 盘式制动器主要由_____、_____、_____和_____四部分组成。

（3）根据制动时两制动蹄对制动鼓作用的径向力平衡与否，鼓式制动器可 【课堂互动】
分为_____、_____和_____三种。

（4）在非平衡式制动器中，由于同一车轮前后两蹄的_____不等，故前蹄称_____，后蹄称_____。

（5）车轮制动器调整分_____和_____，分别在_____和_____进行。

2. 选择题

（1）非平衡式制动器在汽车前进或后退制动时，其制动力（　　）。
A. 一样　　　　B. 不一样　　　　C. 前进时大　　　　D. 后退时大

（2）制动蹄鼓间隙的测量点应在蹄片的（　　）。
A. 两端　　　　B. 中间　　　　C. 距端部 20～30mm

（3）单就制动器的制动效能讲，产生最大制动力矩的是（　　）。
A. 自增力式制动器　　　　　　　B. 非平衡式制动器
C. 双领蹄式、双从蹄式制动器　　D. 双向双领蹄式制动器

3. 判断题

（1）自增力式制动器，若改变其推杆长度就可以调整制动间隙。（　　）

（2）车轮制动器一般有全面调整和局部调整之分；自增力式车轮制动器无全面调整和局部调整之分。（　　）

4. 简答题

（1）鼓式制动器有几种形式？各有何特点？

（2）试述非平衡式制动器的构造。

8.3 盘式制动器

【本节目标】

1. 理解盘式制动器工作原理。
2. 掌握常用盘式制动器的结构。
3. 正确拆装、调整和检修盘式制动器。

【基本理论知识】

1. 盘式制动器

（1）类型　盘式制动器依据夹钳形状不同可分为钳盘式制动器和全盘式制动器。

（2）应用范围

全盘式制动器由于其散热条件差，加之制动钳的横向尺寸较大，应用较少，只在少数重型汽车上采用，轿车上极大多数采用钳盘式制动器。

钳盘式制动器广泛应用在轿车和轻型货车上。对制动性能要求较高的轿车，前轮制动器多采用钳盘式制动器（图 8-50），而其后轮制动器多采用寿命较长

【课堂互动】的鼓式制动器，以便附装驻车制动器，此为前盘后鼓式混合制动系统。前后轮都采用钳盘式制动器的结构多数应用在轿车上。

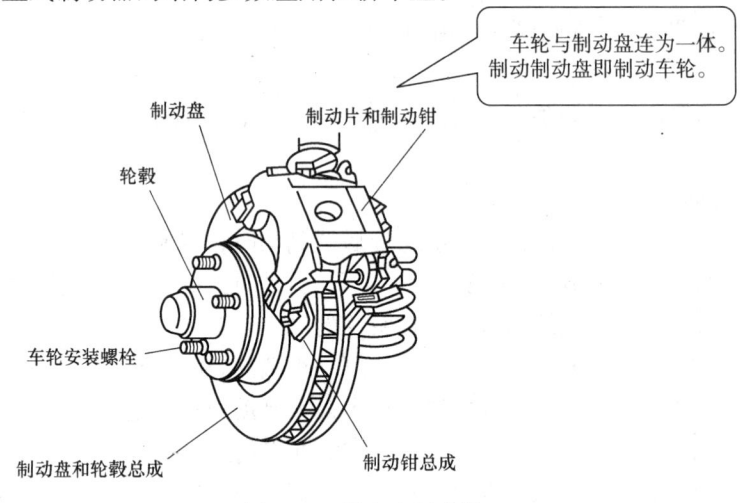

图 8-50 钳盘式制动器

2. 钳盘式制动器

（1）工作原理　图 8-51 为钳盘式制动器结构示意图，跨置在制动盘上的制动钳体被固定安装在车桥上，制动钳不能旋转也不能沿制动盘轴线方向移动，其内的两个活塞分别位于制动盘的两侧。当汽车制动时，制动液从进油口进入，液体压力使活塞将制动片压向制动盘，制动片与制动盘间产生摩擦，使制动盘减速或停止。

（2）类型　由于制动钳的夹钳工作方式不同，又可分为固定钳式和浮动钳式两种结构类型。

1）固定钳式（见图 8-52）。一个固定式制动钳横跨制动盘两侧，制动片从两侧通过活塞被紧压在制动盘上。

缺点：与浮动钳式制动器相比需要较大的空间。

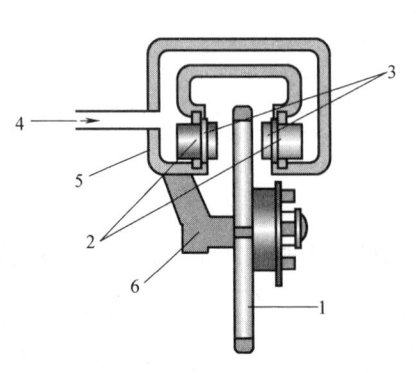

图 8-51 钳盘式制动器结构示意图
1—制动盘　2—活塞　3—制动片
4—进油口　5—制动钳　6—车桥

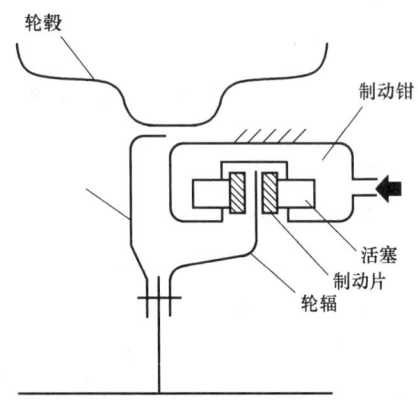

图 8-52 固定钳式制动器

2）浮动钳式（见图 8-53）。一个轴向可移动的浮式制动钳横跨制动盘两侧。活塞仅将一个制动片压贴在制动盘上，而反作用力使浮钳轴向移动，将另一个制动片压靠在制动盘上。

【课堂互动】

优点：与固定钳式制动器相比需要的空间小，多数轿车采用此类型。

浮动钳式制动器工作过程：制动时，内侧制动片在分泵液压的作用下，由活塞推靠向制动盘；同时制动钳整体在反作用力的作用下，沿定位销向内侧轻微移动，从而使外侧制动片也推靠到制动盘，直到两侧制动片均压紧在制动盘为止，从而实现制动（见图 8-54）。

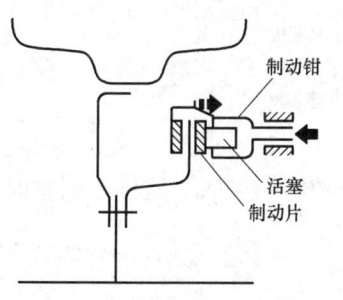

图 8-53　浮动钳式制动器 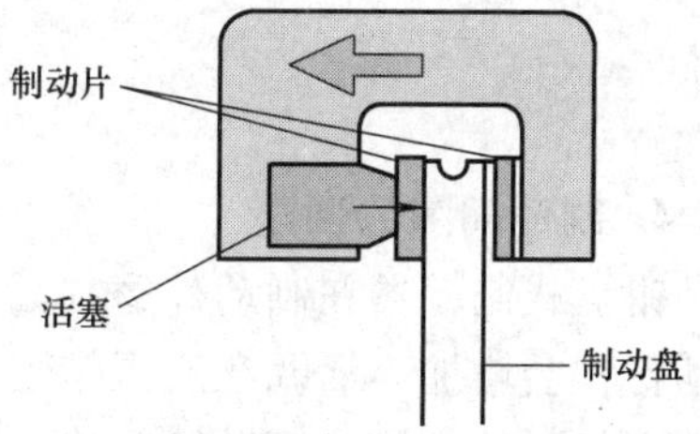　　　　图 8-54　浮动钳式制动器实施制动过程

制动解除时，外侧制动片在橡胶衬套的弹性作用下离开制动盘；活塞橡胶密封圈制动时产生的变形，则随液压作用力的消除而恢复原状，使活塞回位，内侧制动片同时离开制动盘；同时制动钳也因反作用力的消失而沿定位销轻微移动回位（见图 8-55）。

3. 盘式制动器的主要部件

（1）制动盘　盘式制动盘一般由铸铁制成，有实心式和通风式两种形式，如图 8-56 所示。

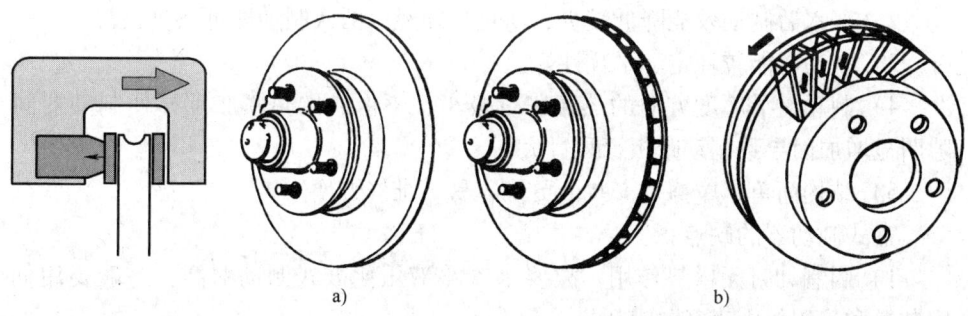

图 8-55　浮动钳式
制动器解除制动过程

图 8-56　制动盘
a）实心式　b）通风式

通风式制动盘在两个制动盘表面之间设有通风空隙，能使制动盘的冷却面积显著增加，利用车轮转动时形成的盘内空气流有效地降低制动盘温度。

（2）制动片　制动片一般是由钢板及其粘贴或铆接在其上的摩擦材料构成。制动片上的摩擦材料比用于鼓式制动蹄的硬很多，这是因为摩擦块推压、

【课堂互动】 接触制动盘的摩擦面积较小,压力非常高,如图8-57所示。

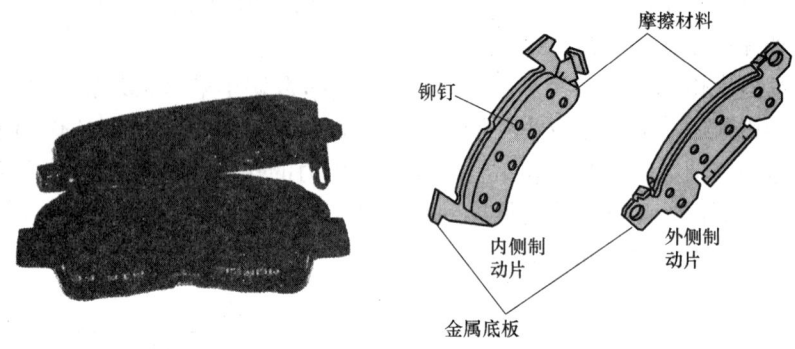

图 8-57　制动片

4. 制动间隙的调整

钳盘式制动器在制动片磨损后,制动间隙将会增大。这样,制动时活塞的运动行程会增加,活塞在液压作用下,可克服密封圈的摩擦力而继续前移,直到制动片紧压制动盘为止;但当解除制动时,密封圈能将活塞拉回的距离同制动片磨损之前相同,即制动器仍能保持标准间隙,具有自动调整间隙的功能(见图8-58)。

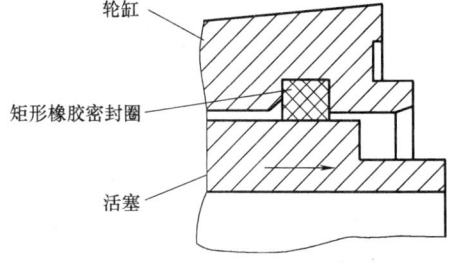

图 8-58　制动间隙的自动调整

5. 盘式制动器的优缺点

盘式制动器与鼓式制动器相比较,有以下优点:

1)制动盘暴露在空气中,散热能力强,特别是采用通风式制动盘,空气可以流经内部,加强散热。

2)浸水后制动效能降低较少,而且只须经一两次制动即可恢复正常。

3)制动效能较稳定、平顺性好。

4)制动盘沿厚度方向的热膨胀量极小,不像鼓的热膨胀那样使制动器间隙明显增加而导致制动踏板行程过大。

5)结构简单,摩擦片安装、更换容易,维修方便。

盘式制动器的缺点:

1)因制动时无增势作用,故要求管路液压比鼓式制动器高,一般要用伺服装置和采用较大直径的液压缸。

2)防污性能差,制动片摩擦面积小,磨损较快。

3)兼用于驻车制动时,需要加装的驻车制动传动装置较鼓式制动器复杂。

6. 钳盘式制动器主要零部件检修

(1) 制动盘的检查

1)制动盘的外表检查如图8-59所示。

2)制动盘厚度的测量如图8-60所示。

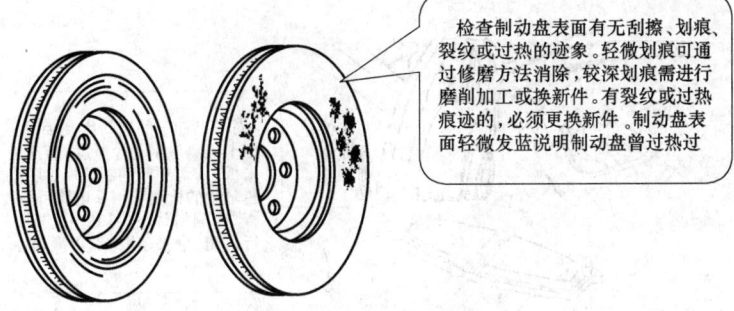

图 8-59 制动盘的外表检查

检查制动盘表面有无刮擦、划痕、裂纹或过热的迹象。轻微划痕可通过修磨方法消除,较深划痕需进行磨削加工或换新件。有裂纹或过热痕迹的,必须更换新件。制动盘表面轻微发蓝说明制动盘曾过热过

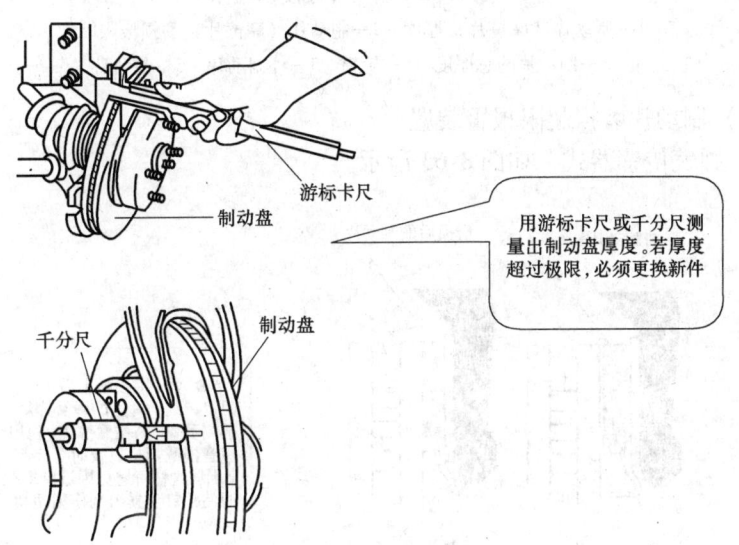

图 8-60 制动盘厚度测量

用游标卡尺或千分尺测量出制动盘厚度。若厚度超过极限,必须更换新件

3) 制动盘轴向跳动量的检查如图 8-61 所示。

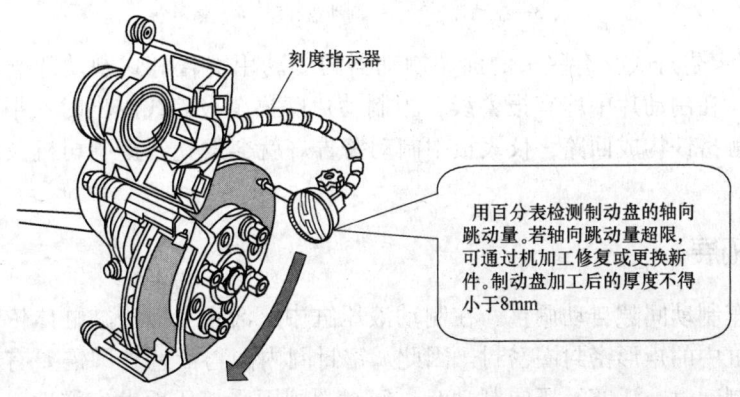

图 8-61 制动盘轴向跳动量的检查测量

用百分表检测制动盘的轴向跳动量。若轴向跳动量超限,可通过机加工修复或更换新件。制动盘加工后的厚度不得小于8mm

【课堂互动】　　（2）制动片厚度的检查　制动片厚度的测量如图 8-62 所示。

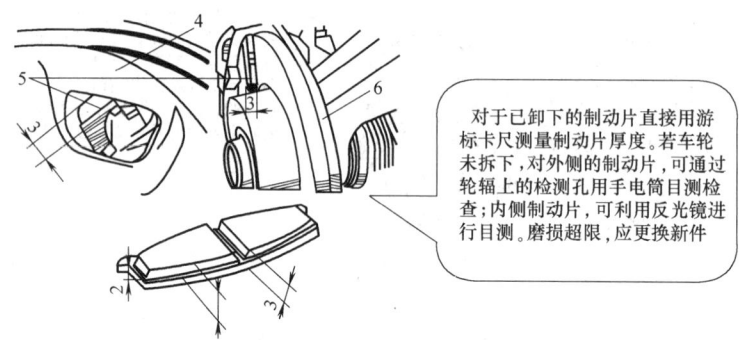

图 8-62　制动片厚度的测量
1—制动片（摩擦片）厚度　2—制动片（摩擦片）磨损极限厚度
3—制动片的总厚度　4—轮辐　5—外制动片　6—制动盘

（3）制动片磨损超限报警装置

1）弹簧传感器式，如图 8-63 所示。

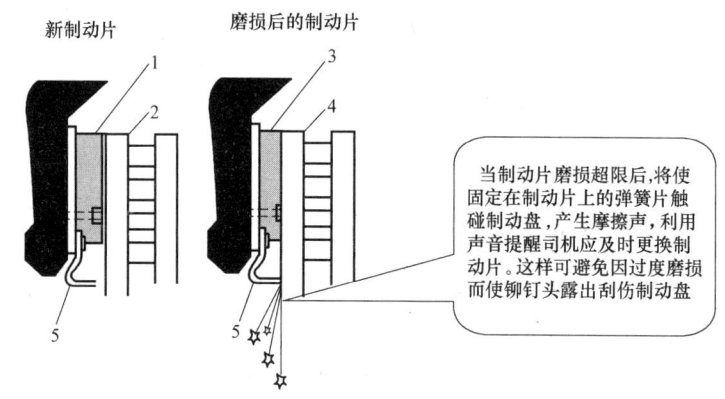

图 8-63　弹簧传感器式制动片磨损超限报警装置
1、3—制动片　2、4—制动盘　5—磨损指示器

2）警告灯式。有些车的前轮制动器的制动用警告灯式制动片磨损超限报警装置。在制动片中埋有报警线，当制动片磨损至报警线露出时，报警线与制动盘接触搭铁构成回路，仪表板中制动警告灯就会发亮，提醒司机及时更换制动片总成。

【知识拓展】

轿车制动间隙自动调整：在制动液压缸中，活塞与液压缸缸体依靠嵌在制动液压缸中的矩形密封圈密封。因此，密封圈内圆与活塞外圆需要有较紧的配合。当制动时，活塞被压向制动盘，密封圈则因受挤压而发生弹性变形；当解除制动时，密封圈依靠自身弹性恢复原状，于是将活塞拉回原位。当制动盘与制动片磨损后，制动器的制动间隙增大，若间隙大于活塞的设置行程 δ 时，活塞在制动液压力的作用下，克服密封圈的摩擦阻力而继续前移，直到实现完全制动为止。解除制动时，由于密封圈弹性变形量的限制，密封圈将活塞拉回的距离小于活塞前移的距离，活塞与密封圈之间这一不可恢复的相对位移便补偿了过量的间隙，而制动间隙仍然保持着原来的大小，即等于活塞的设置行程 δ。这样，盘式制动器通过制动液压缸的密封圈的弹性变形，实现了制动间隙能自动补偿的功能。

【课堂互动】

【技能训练】

1. 桑塔纳前轮制动器分解图（见图 8-64）

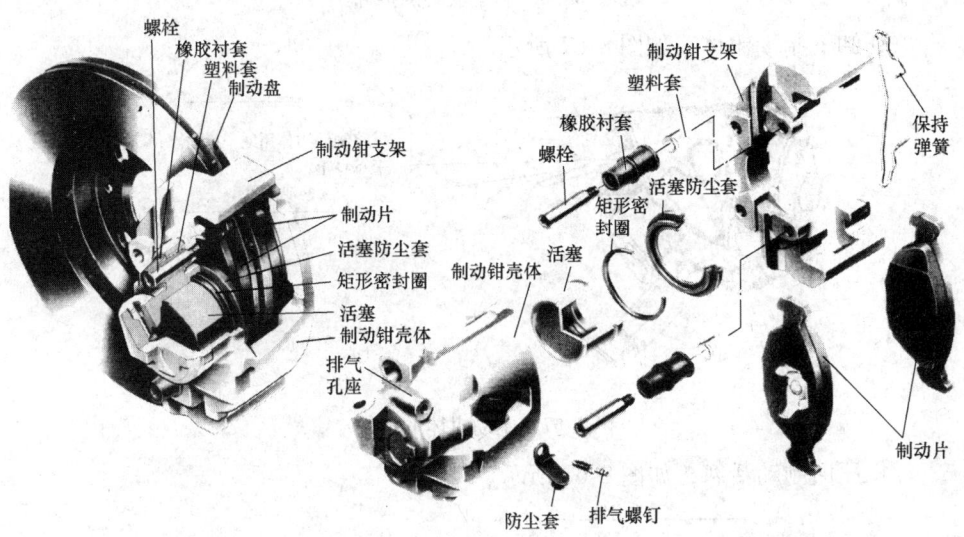

图 8-64　桑塔纳前轮制动器分解图

2. 盘式制动器的拆装

（1）盘式制动器的拆卸

1）拆下车轮，如图 8-65 所示。

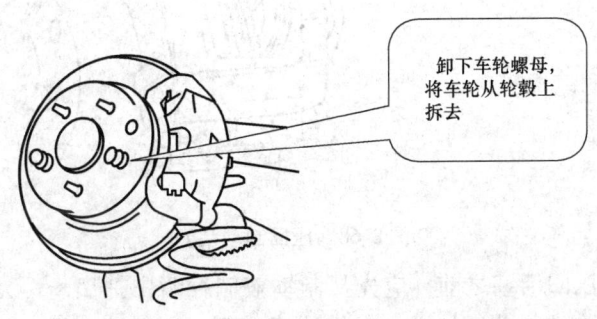

图 8-65　车轮拆卸

【课堂互动】　　2）卸下制动钳总成。

① 拆卸制动钳总成。拆下制动片上的定位弹簧，拆除制动钳上、下内六角固定螺栓或定位销。

② 拆卸制动软管，如图 8-66 所示。

图 8-66　制动软管的拆卸

③ 卸下制动钳体，如图 8-67 所示。

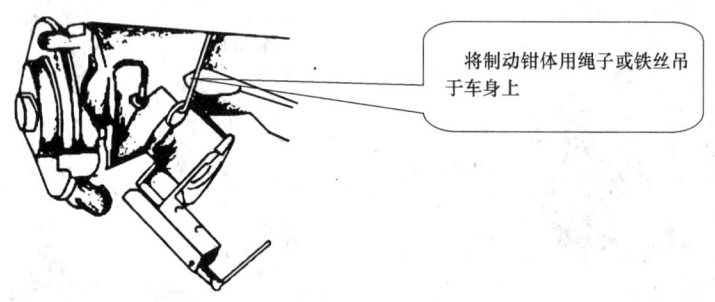

图 8-67　制动钳体的拆卸

④ 压回制动活塞，如图 8-68 所示。

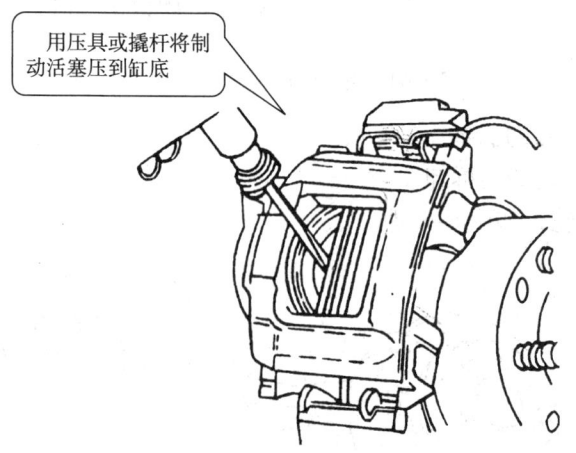

图 8-68　压回制动活塞

注意：在压回活塞之前，应先从制动液储存罐中抽出一部分制动液，以免在压回活塞时造成制动液外溢，损伤油漆表面。制动液有毒，且有较强的腐蚀性，须用专门容器存放。

3) 拆卸制动片，如图 8-69 所示。

【课堂互动】

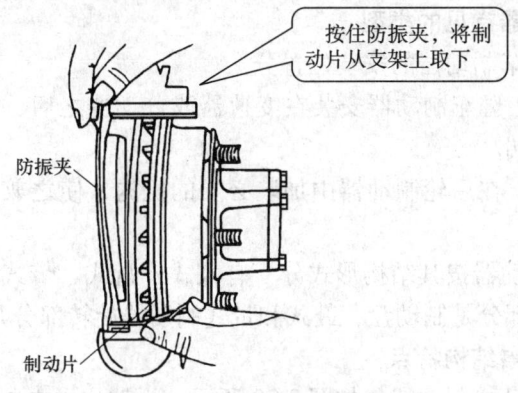

图 8-69　制动片的拆卸

若不更换制动片，应在拆卸之前，在制动片上作上记号，以便能按记号重新安装。否则，将会影响制动效果。

4) 拆卸制动盘。拆下制动盘固定螺母，取下制动盘。

（2）盘式制动器的装复　总成零部件的安装顺序与拆卸次序是相反的。

【习题 8.3】

1. 填空题

（1）盘式制动器按制动钳固定在支架上的结构形式可分为_____和_____两大类。

（2）盘式制动器制动片的磨损极限值为_____。

2. 判断题

（1）与鼓式制动器相比，盘式制动器的制动片与制动盘之间的间隙较小，因此缸也较小。（　　）

（2）盘式制动器的制动间隙调整是靠人工调整的。（　　）

3. 简答题

盘式制动器的常见形式有几种？各有何特点？

8.4　驻车制动器

【本节目标】

1. 了解驻车制动器的功用。
2. 掌握常用驻车制动器的结构和工作原理。
3. 能正确拆装、调整和检修驻车制动器。

【基本理论知识】

1. 驻车制动器的功用

汽车停驶后防止滑溜，便于上坡起步，行车制动失效后临时使用或配合行

【课堂互动】 车制动进行紧急制动。

2. 驻车制动器常见的类型

（1）根据驻车制动器的安装位置分

中央制动式：驻车制动器安装在变速器或分动器之后，也有少数装在主减速器主动轴的前端。

车轮制动式：在后轮制动器中加装必要的机构，使之兼作驻车制动器，即为复合制动器。

（2）驻车制动器按其结构形式分　有鼓式、盘式、带式和弹簧作用式。盘式制动器的旋转部分是制动盘，鼓式和带式制动器旋转部分是制动鼓。

3. 驻车制动器结构特点

（1）中央制动式制动器　如图 8-70 所示，为鼓式中央制动式驻车制动器。

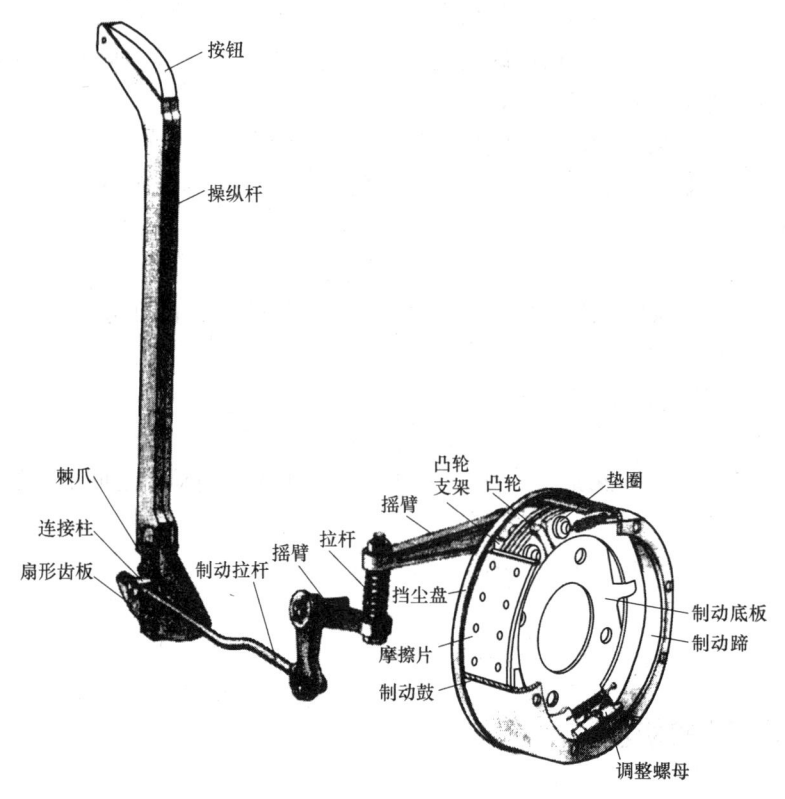

图 8-70　鼓式中央制动式驻车制动器

中央制动式驻车制动器所用的制动器与车轮制动器，在结构上是类似的，只是在操纵控制机构有所不同。图 8-71 为鼓式中央制动式驻车制动器的分解图。

如图 8-72 中所示，当驻车制动器进行制动时，按下操纵杆按钮，使下端的棘爪脱开，然后将驻车制动操纵杆上端向后（图中向右）拉动，则操纵杆的下端向前摆动，制动杆带动摇臂顺时针转动，拉杆则带动摆臂向下运动，凸轮则使两制动蹄以支承销为支点向外张开，压靠在制动鼓上，产生制动作用。操纵

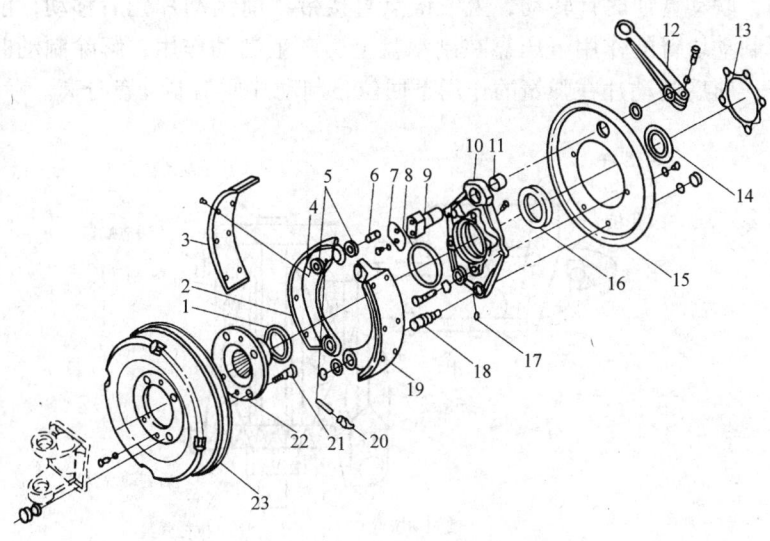

图 8-71 鼓式中央制动式驻车制动器分解图

1、14—甩油环 2—制动蹄 3—摩擦片 4—挡圈 5—滚轮 6—滚轮轴
7—限位片 8—挡油盘 9—凸轮轴 10—支座 11—衬套 12—凸轮摇臂
13—支座衬垫 15—制动底板 16—油封 17—泄油塞 18—制动蹄轴
19—制动蹄总成 20—回位弹簧 21—定位螺栓 22—凸缘 23—驻车制动鼓

杆拉到制动位置时，棘爪嵌入齿扇上的棘齿内，起锁止作用；当解除制动时，按下驻车制动操纵杆上的按钮使棘爪脱离棘齿，向前推动操纵杆，则制动杆、拉杆、凸轮轴按逆时针方向转动，在回位弹簧的作用下，制动蹄与制动鼓间恢复制动间隙，解除制动。

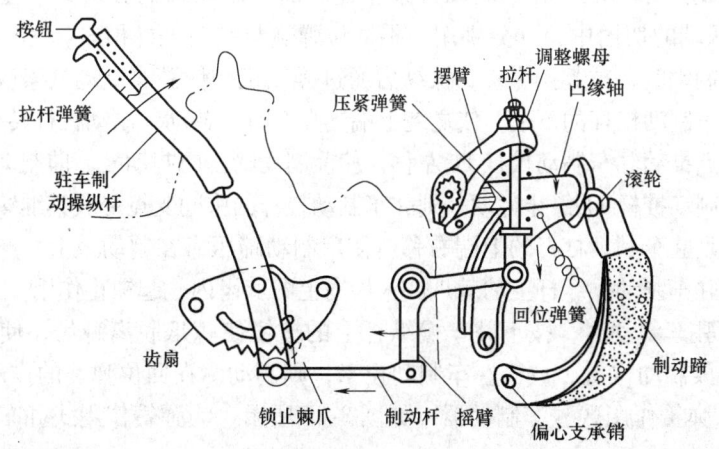

图 8-72 鼓式中央制动式驻车制动器工作示意图

如图 8-73 所示，为盘式中央制动式驻车制动器，联动臂的上铰接点通过拉杆与后制动块臂相连，下铰接点与前制动块臂相连。制动片与制动盘之间的间隙可通过调整螺钉进行调整。制动时，操纵杆向后（图中向右）拉，通过拉杆

【课堂互动】的作用，联动臂逆时针转动，上铰链点直接带动前制动片先后移动，前后制动片在两制动块臂的作用下压靠在制动盘上，产生制动作用；解除制动时，放回操纵杆，前后制动片在弹簧的作用下回位，制动片便与制动盘分离。

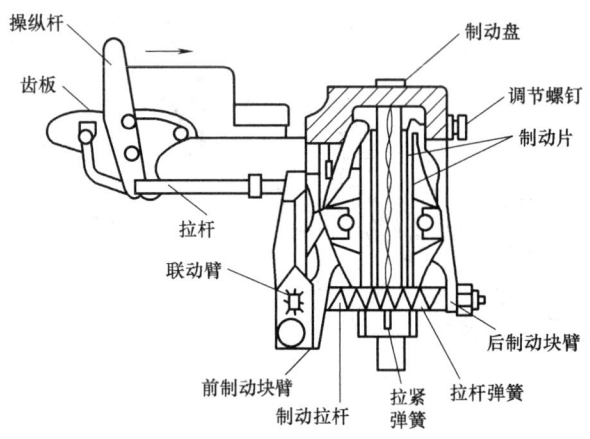

图 8-73　盘式中央制动式驻车制动器

（2）车轮制动式驻车制动器　如图 8-74 所示，为带有驻车制动器的车轮制动器。

车轮制动式驻车制动系由驻车制动器、操纵机构及锁止机构组成。操纵机构由驻车制动操纵杆、调整拉杆及制动拉索等组成；锁止机构由按钮、弹簧及限位块、棘爪、棘轮和齿扇等组成。它的操纵机构工作原理与中央制动式驻车制动系相似；而驻车制动器则与车轮制动器共用制动器。驻车制动杠杆 26 上端，通过平头销 24 与后制动蹄相连，其中上部卡入驻车制动推杆 11 右端的切槽中作为支点，下端与驻车制动拉索相连。前后制动蹄的腹板 9 卡在驻车制动推杆 11 两端的切槽中，并分别用一根回位弹簧与制动推杆相连。

驻车制动时，拉起操纵杆，操纵力通过操纵机构使驻车制动拉索收紧，拉索则拉动驻车制动杠杆的下端，使之绕上端支点顺时针转动，制动杠杆转动过程中，其中间支点推动驻车制动推杆 11 左移，使前制动蹄压向制动鼓。前制动蹄压向制动鼓后，制动推杆 11 停止运动，则驻车制动杠杆的中间支点变成其继续转动的新支点，于是驻车制动杠杆的上端右移，使后制动蹄压靠在制动鼓上，产生制动作用。此时驻车制动操纵杆上的棘爪嵌入齿扇上的棘齿内，起锁止作用。

解除驻车制动时，按下驻车操纵杆上的按钮使棘爪脱离棘齿，使驻车操纵杆回到释放制动位置，放松驻车制动拉索，则制动蹄在回位弹簧的作用下回位。

（3）弹簧作用式驻车制动器　如图 8-75 所示，为弹簧作用式驻车制动器结构简图。

弹簧作用式驻车制动器是一个双功能综合体。后制动气室和驻车制动气室借隔板隔开，推杆外端通过连接叉与制动器的制动臂相连，其球面则支靠在和大活塞连为一体的推杆座中。预压的强力弹簧 6 力图使小活塞保持在其气室的右端，因而通过推杆将后制动气室的大活塞回位弹簧压缩，使制动器产生制动作用。

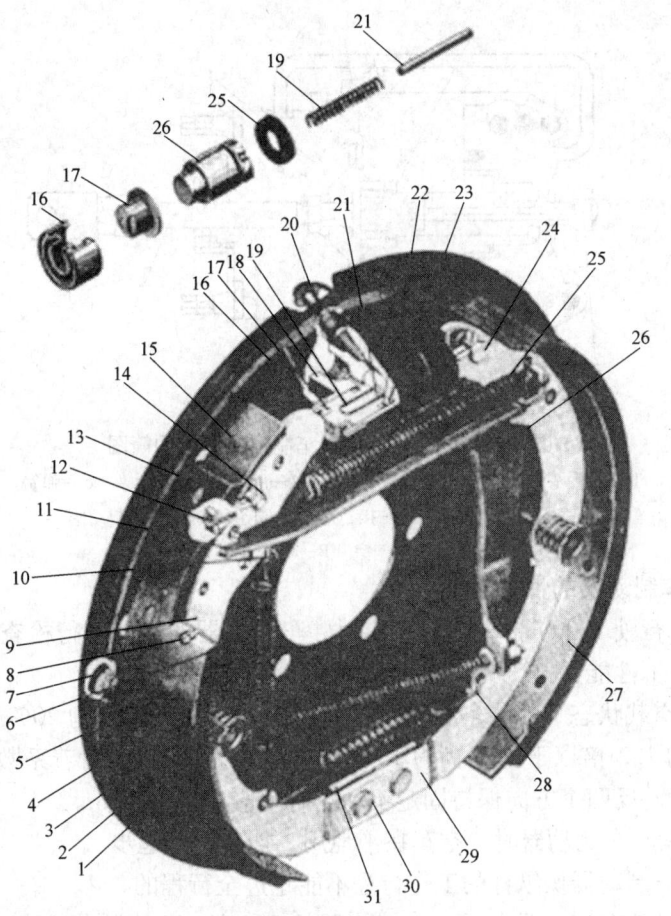

图 8-74 带有驻车制动器的车轮制动器
1—限位弹簧座 2—限位弹簧 3—限位销钉 4—制动底板 5—摩擦片
6—调节齿板拉簧 7—密封堵塞 8—铆钉 9—制动蹄腹板 10—调节齿板
11—驻车制动推杆 12—驻车制动推杆内弹簧 13—调节支承板 14—铆钉 15—前制动蹄
16—密封罩 17—支承座 18—轮缸壳体 19—活塞回位弹簧 20—放气螺钉
21—支承杆 22—橡胶圈 23—活塞 24—平头销 25—驻车制动推杆外弹簧
26—驻车制动杠杆 27—后制动蹄 28—制动蹄回位弹簧 29—限位板 30—平头销 31—支撑板

4. 驻车制动器的检修

(1) 驻车制动器传动装置的检修 传动机构中的拉索通常是涂有塑料材料的钢丝索。拉紧或松开驻车制动器时,拉索既不能松弛也不能受阻滞。因此,拉索不得有磨损或腐蚀,不得有扭结或卡住现象。

锁止机构中的棘爪和扇形齿不得有磨损和断齿。

(2) 制动器的检修

1) 检查连接机构有无变形、松旷。

2) 驻车制动器的摩擦片铆钉距表面 0.50mm 时应更换。

3) 驻车制动鼓表面磨损使槽深超过 0.50mm 时可对鼓进行修磨,其内径加大不超过 4mm。

【课堂互动】

1. 为什么要装驻车制动器?

行车制动器装置通过驾驶员的操作控制,能使行驶的车辆减速或停车。但在停车后,车辆若需长时间在原地停驻,并要求在任何情况下都不至于自动滑行,而行车制动器装置却不能满足这一要求。

2. 中央制动式与车轮制动式驻车制动器各有什么特点?

中央制动式驻车制动器多采用蹄鼓式制动器。它可采用高制动效能的自增力式制动器,其外廓尺寸小,易于调整,防泥沙性能好,广泛应用在货车及大型车辆上。

车轮制动式驻车制动器使用的是行车制动装置的制动器,其传动机构是互相独立的。

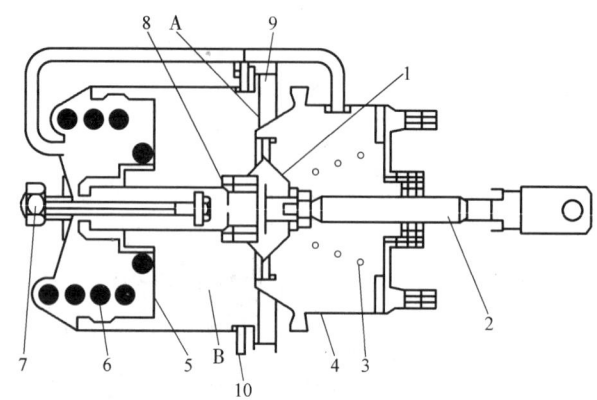

图 8-75 弹簧作用式驻车制动器的结构简图
1—小活塞 2—推杆 3—锥形弹簧 4—膜片 5—大活塞 6—弹簧
7—螺栓 8—推盘 9—接行车制动阀 10—接驻车制动阀
A—后制动气室 B—驻车制动气室

5. 驻车制动器的性能检查

汽车每行驶 12000km 左右时,应对驻车制动器的性能进行检查。驻车制动器应满足以下性能:

1) 在空载状态下,驻车制动装置应能保证车辆在坡度为 20%(总质量为整备质量的 1.2 倍以下的车辆为 15%),轮胎与路面间的附着系数不小于 0.7 的坡道上正、反两个方向保持固定不动的时间应不小于 5min。

2) 拉紧驻车制动器时,空车在平地用二挡应不能起步。

3) 驻车制动器操纵杆的工作行程不能超过全行程的 3/4。

4) 放松驻车制动器操纵杆,变速器处于空挡时,支起一只驱动轮,制动鼓应能用手转动且无摩擦声。

【技能训练】

驻车制动器的拆装包括驻车制动传动装置的拆装和制动器拆装两部分,其中,制动器部分的拆装和行车制动器相类似。

1. 中央制动式驻车制动器的拆卸

以 EQ1090E 型汽车中央制动式驻车制动器的拆装为例介绍拆装步骤,东风 EQ1090E 驻车制动器分解图如图 8-71 所示。

1) 拧下传动轴总成与制动鼓的联接螺母,取下传动轴总成。拧下制动鼓上的两个定位螺栓,取下制动鼓。

2) 拧下固定在变速器输出轴上的凸缘锁紧螺母,取下止推垫圈。将凸缘从变速器输出轴的键端拔出,同时带出甩油环。

3) 拆下凸轮轴的限位片,再拆下蹄片回位弹簧。从制动底板的背面拧下偏心支承销的锁紧螺母,将制动蹄与轴从支座上取下。

4) 拆下销轴前端的挡圈,从蹄片上取下支承销。

5) 拧下变速器输出轴轴承座上固定底板支座总成的 5 个螺栓,支座总成连同制动底板可同时拆下。

6) 拆下摆臂上的固定螺钉,从凸轮轴上拆下摆臂。从底板的背面拆下凸轮轴上的弹性挡圈,拔出凸轮轴。

中央制动式驻车制动器的装配基本上按拆卸的相反顺序进行。

2. 车轮制动式驻车制动器的拆装

(1) 车轮制动式驻车制动器的拆卸

1) 拆卸制动装置的操纵机构时,先松开驻车操纵杆,将车辆举起并支承稳妥。拧松调整拉杆上的调整螺母,消除来自驻车制动器拉索的拉力。

2) 拆下平衡杠杆及前端拉索。

3) 卸下车轮和制动鼓,将拉索从驻车制动杠杆上取下。

(2) 车轮制动式驻车制动器的装配 车轮制动式制动器的装配包括制动传动装置装配和制动器装配两部分。

装配时,应润滑拉索、平衡杠杆等运动部件后,按拆卸的相反顺序装配操纵机构和制动器。

3. 驻车制动器的制动间隙的调整

(1) 中央制动式驻车制动器的调整 制动间隙的调整如图 8-76 所示,其调整方法如下:

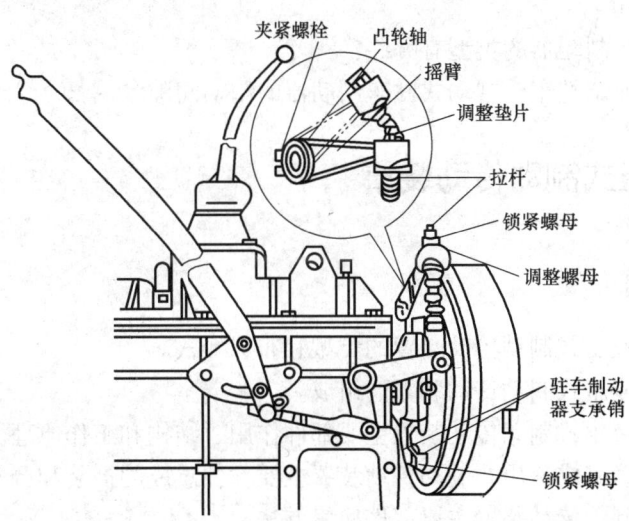

图 8-76 鼓式中央制动式驻车制动器的制动间隙的调整

1) 拉杆长度的调整。当驻车制动器蹄鼓间隙过大时,可以将拉杆上的锁紧螺母松开,将驻车操纵杆放松到最前端;然后,拧动拉杆上的调整螺母,即可实现制动间隙调整。将调整螺母拧紧,蹄鼓间隙减小;反之,则蹄鼓间隙增大。调整完毕后,将锁紧螺母锁紧。

2) 摇臂与凸轮相互位置的调整。通过拉杆长度的调整后,若驻车操纵杆自由行程仍然偏大,则应调整摇臂与凸轮的相互位置。调整步骤如下:

① 将驻车操纵杆向前放松至极限位置。

【课堂互动】

②将摇臂从凸轮轴上取下,逆时针方向错开一个或数个齿后,再将摇臂装于凸轮轴上,并将夹紧螺栓紧固。

③重新调整拉杆上的调整螺母,直到有合适的驻车制动拉杆行程为止。调好后,制动间隙应为 0.2~0.4mm。

④驻车制动器调好后,完全放松驻车操纵杆时,制动器蹄鼓间隙为 0.2~0.4mm。向后拉驻车操纵杆时,应有两"响"的自由行程,第三"响"时应开始产生制动,第五"响"时汽车应能在规定的坡道上停住。

(2)车轮制动式驻车制动器的调整　调整驻车制动装置时只需调整拉索的长度即可。调整时,先松开驻车操纵杆,用力踩制动踏板一次,然后将驻车操纵杆拉紧 2 个齿,转动拉杆上的调整螺母,直到用手不能转动后轮为止。放松驻车制动拉杆后,两后轮应能自由转动。

【习题8.4】

1. 选择题

(1)东风 E01090 型汽车的驻车制动器的形式是（　　）。

A. 蹄盘式　　B. 蹄鼓式　　C. 带鼓式　　D. 强力弹簧式

(2)丰田威驰轿车的驻车制动器的形式是（　　）。

A. 蹄盘式　　B. 蹄鼓式　　C. 带鼓式　　D. 强力弹簧式

2. 简答题

(1)驻车制动器的类型有哪些?

(2)如何调整车轮制动式驻车制动器的制动间隙?

8.5 液压式制动传动装置

【本节目标】

1. 了解液压式制动传动装置的类型和布置形式。
2. 掌握液压式制动传动装置的组成。
3. 掌握液压式制动传动装置主要部件作用、结构和工作原理。
4. 能正确完成液压式制动传动装置主要部件总成的拆装和调整。
5. 掌握制动传动装置主要部件检修方法。

【基本理论知识】

1. 液压式制动传动装置的基本组成

如图 8-77 所示,液压式制动传动装置由制动踏板、推杆、制动主缸、制动轮缸、油管等组成。

为减轻驾驶员施加于制动踏板上的力,增加车轮制动力,使操纵轻便、制动可靠,有的汽车采用真空增压式液压制动传动装置(见图 8-78),与一般的液压式制动传动装置相比,区别主要是采用了真空助力器。

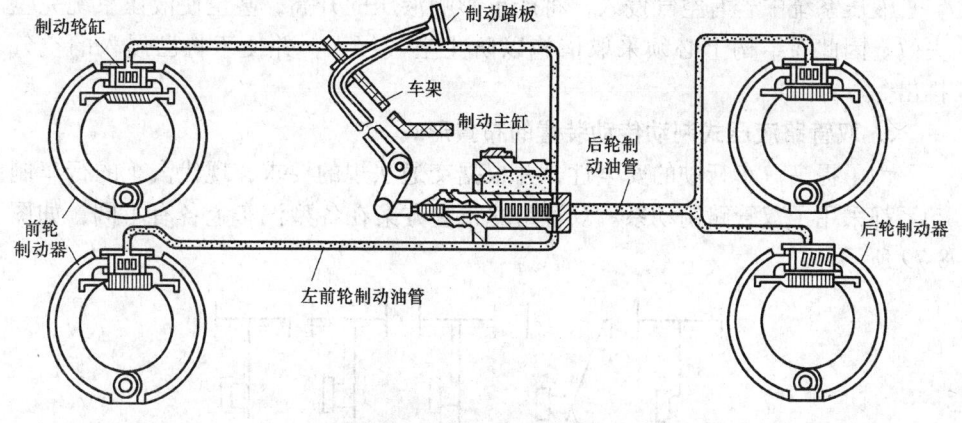

图 8-77 液压式制动传动装置的基本组成和回路

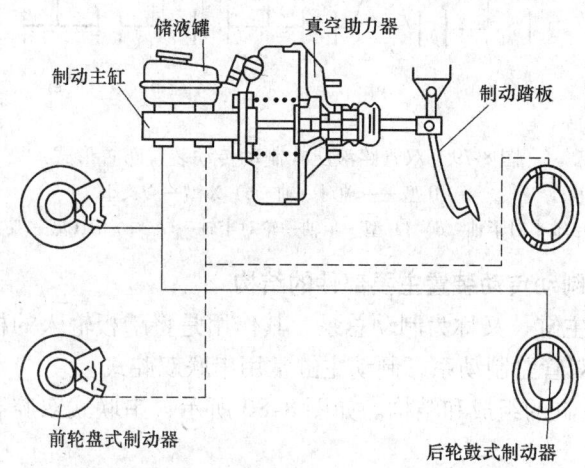

图 8-78 带真空助力器的液压制动传动装置

2. 液压式制动传动装置的工作原理

以制动液为介质,将驾驶员施加的控制力通过装在车架上的主缸由机械能转换为液压能,再通过装在车轮制动器内的轮缸将液压能转换为机械能,促使制动器进入工作状态。

制动踏板机构和制动主缸都装在车架上。因车轮是通过弹性悬架与车架联系的,而且有的还是转向轮,主缸与轮缸的相对位置经常变化,故主缸与轮缸间的连接油管除金属管(铜管)外,还有特制的橡胶制动软管。

踩下制动踏板,制动主缸即将制动液经油管压入前、后制动轮缸,将制动蹄推向制动鼓。在制动间隙消失之前,管路中的液压不可能很高,仅足以平衡制动蹄回位弹簧的张力以及油液在管路中的流动阻力。在制动间隙消失并开始产生制动力矩时,液压与踏板力方能继续增长,直到完全制动。从开始制动到完全制动的过程中,由于在液压作用下,油管(主要是橡胶软管)的弹性膨胀变形和摩擦元件的弹性压缩变形,踏板和轮缸活塞都可以继续移动一段距离。

放开制动踏板,制动蹄和轮缸活塞在回位弹簧作用下回位,将制动液压回主缸。

【课堂互动】 液压系统中若有空气侵入，将严重影响液压的升高，甚至使液压系统完全失效。因此在结构上必须采取措施以防止空气侵入，并便于将已侵入的空气排出。

3. 双管路液压式制动传动装置的布置形式

为了提高汽车行驶的安全性，并根据交通法规的要求，现代汽车的行车制动系都采用了双管路制动系。双管路的布置方案在各型汽车上各有不同，如图 8-79 所示。

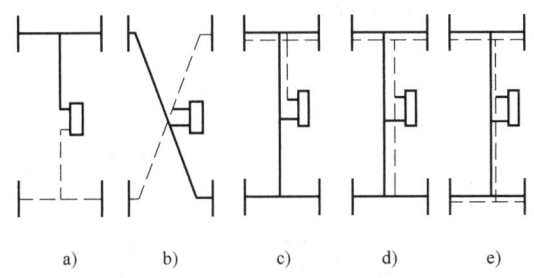

图 8-79 双管路液压式制动传动装置布置形式

a) II 型——轴对一轴 b) X 型——交叉型
c) HI 型——一轴半对半轴 d) LL 型—半轴一轮对半轴一轮 e) HH 型—双半轴对双半轴

4. 液压式制动传动装置主要部件的结构

（1）制动主缸 又称为制动总泵，其作用是将踏板输入的机械能转换成液压能。对应于双管路制动系，制动主缸常用串联双腔式。

1）制动主缸的组成和结构。如图 8-80 所示，串联式双腔制动主缸主要由

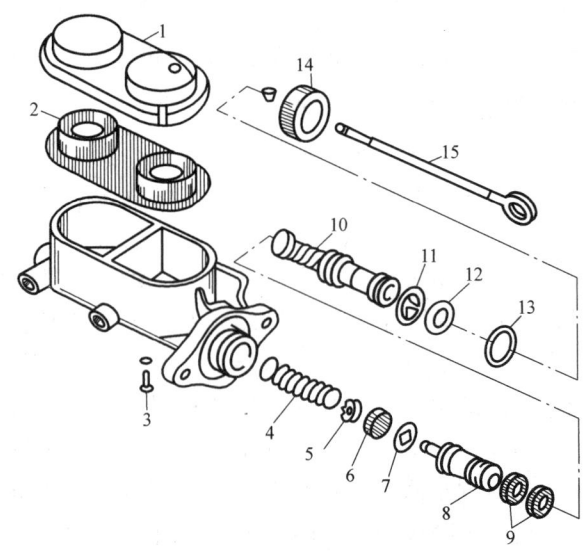

图 8-80 串联式双腔制动主缸的分解图

1—储液罐盖 2—膜片 3—活塞定位螺钉 4—弹簧 5—橡胶碗护圈
6—前橡胶碗 7—橡胶碗保护垫圈 8—前活塞 9—前橡胶碗 10—后活塞
11—推杆座 12—锁圈 13—密封圈 14—防尘套 15—推杆

储液罐、制动缸外壳、前活塞、后活塞、前后活塞弹簧、推杆及橡胶碗等 【课堂互动】
组成。

主缸的壳体内装有前活塞、后活塞及回位弹簧,前后活塞分别用橡胶碗密封,前活塞用限位螺钉保证其正确位置。储液罐分别与主缸的前、后腔相通,前出油口、后出油口分别与轮缸相通,前活塞靠后活塞的液力推动,而后活塞直接由推杆推动。

2) 制动主缸的工作情况。不制动时,两活塞前部橡胶碗均遮盖不住其旁通孔,制动液由储液罐进入主缸的内孔,如图 8-81 所示。

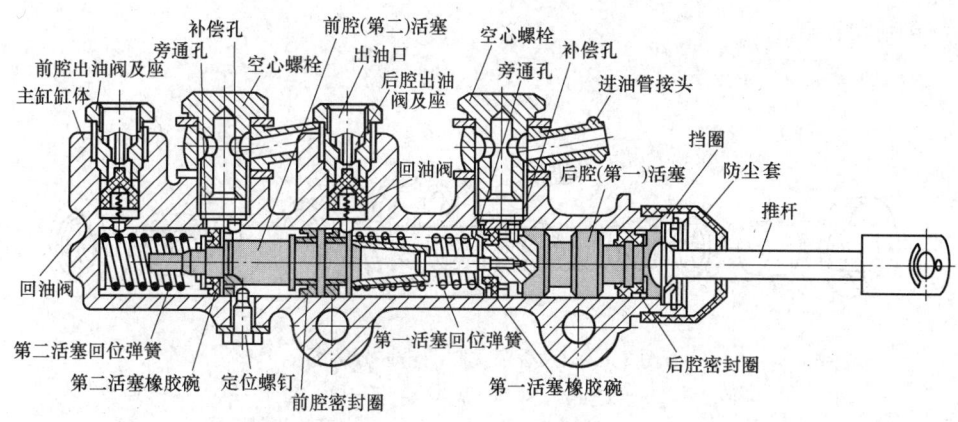

图 8-81 串联式双腔制动主缸工作示意图

正常状态下操纵制动踏板,经推杆推动后活塞左移,在其橡胶碗遮盖住旁通孔之后,工作腔油液压力升高,油液一方面经出油阀流入制动管路,一方面推动前活塞左移。在后腔油液压力和弹簧弹力的作用下,前活塞向左移动,前腔油液压力也随之升高,油液推开出油阀流入管路,于是两制动管路在等压下对汽车制动。

当迅速放开制动踏板时,由于油液的粘性和管路阻力的影响,油液不能及时流回主缸填充因活塞右移而让出的空间,因而在旁通孔开启之前,压油腔中产生一定的真空度。此时进油腔液压高于压油腔,因而进油腔的油液便从前、后腔活塞的前密封橡胶碗的边缘与缸臂间的间隙流入各自的压油腔以填补真空。与此同时储液罐中的油液经补偿孔流入各自的进油腔。活塞完全回位后,旁通孔已开放,由制动管路继续流回主缸而泄漏及因温度变化而引起的制动液膨胀或收缩,都可以通过补偿孔和旁通孔得到补偿。当制动间隙过大或液压系统进入空气,致使踏板踩到极限位置仍感到制动力不足时,可迅速放松踏板后随即再踩下,如此反复几次,使压入管路中的油液增多,油压升高,以进一步加大制动力。

若与前腔连接的制动管路损坏漏油时,则在踩下制动踏板时只有后腔中能建立液压,前腔中无压力。此时在液压差作用下,前腔活塞迅速前移到前缸活塞前端顶到主缸缸体上。

【课堂互动】　若与后腔连接的制动管路损坏漏油时，则在踩下制动踏板时，起先只是后腔（第一）活塞前移，而不能推动前腔（第二）活塞，因后缸工作腔中不能建立液压。但在后缸活塞直接顶触前缸活塞时，前缸活塞前移，使前缸工作腔建立必要的液压而制动。

由上述可见，双管路液压制动系统中任一管路失效时，主缸仍能工作，只是所需踏板行程加大，将导致汽车的制动距离增长，制动效能降低。

(2) 制动轮缸　又称制动分泵，其作用是把油液压力转变为轮缸活塞的推力，推动制动蹄压靠在制动鼓上，产生制动作用。制动轮缸有双活塞式和单活塞式两种。图8-82所示是上海桑塔纳轿车和一汽捷达、奥迪轿车所采用的双活塞式制动轮缸。

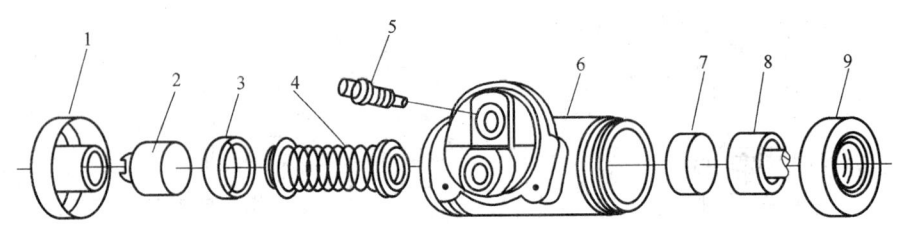

图 8-82　双活塞式制动轮缸分解图
1、9—防尘套　2、8—活塞　3、7—橡胶碗
4—回位弹簧总成　5—放气螺钉　6—轮缸缸体

缸体用螺栓固定在制动底板上，缸内有两活塞，二者之间的内腔由两个橡胶碗密封。制动时，制动液自油管接头和进油孔进入，活塞在液压力作用下向外移动，防尘套除防尘外，还可防止水分进入，以免活塞和轮缸生锈而卡住。在轮缸缸体上方还装有放气阀，以便放出液压系统中的空气（见图8-83）。

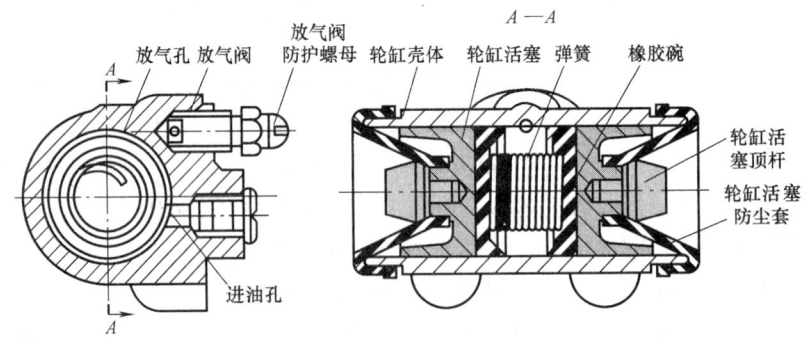

图 8-83　双活塞式制动轮缸结构示意图

图8-84所示为单活塞式制动轮缸。

(3) 真空加力装置　发动机工作时，在进气歧管中的真空度作用下，真空筒中的空气经真空单向阀进入发动机，使筒中产生一定的真空度，作为制动伺服的能源（柴油发动机因进气管的真空度不高，需另装一真空泵作为真空源）。

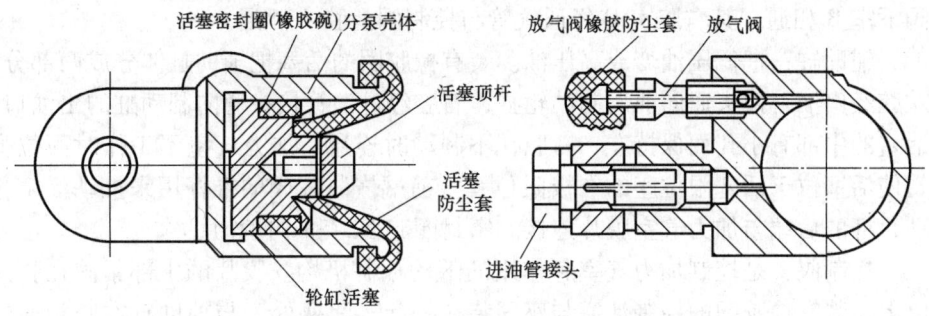

图 8-84 单活塞式制动轮缸结构示意图

1) 真空增压器。图 8-85 所示为国产 66-Ⅳ 型真空增压器。它由加力气室、辅助缸和控制阀三部分组成。

踩下制动踏板时，制动主缸输出的制动液先进入辅助缸，由此一方面传入前后制动轮缸，另一方面又作为控制压力输入控制阀，控制阀使真空加力气室起作用，这样气室输出的力与主缸传来的液压作用于辅助缸活塞上，使辅助缸输送至轮缸的液压变得高于主缸液压。

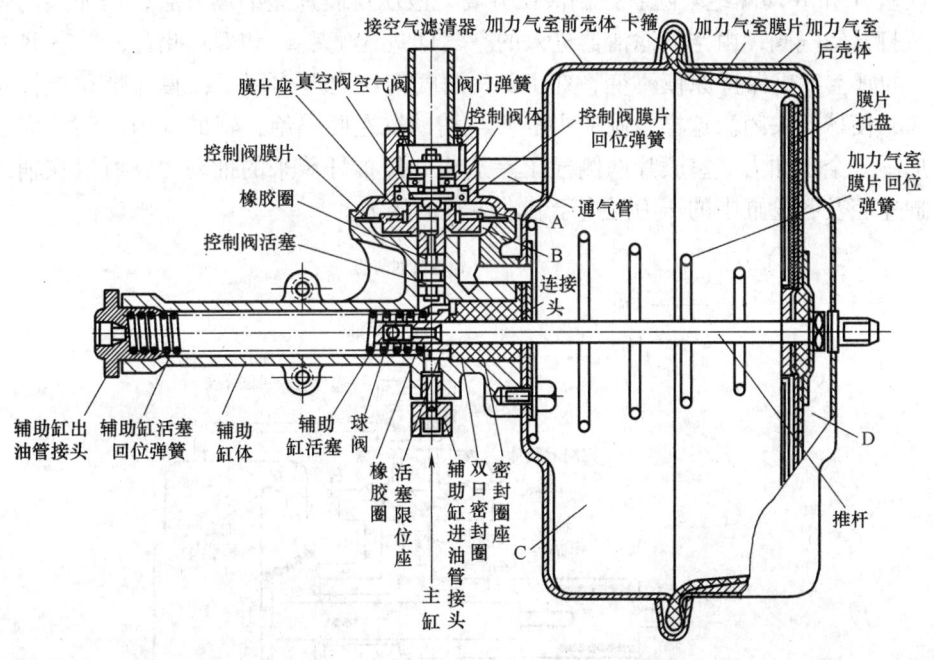

图 8-85 国产 66-Ⅳ 型真空增压器

加力气室：把进气管（或真空泵）产生的真空与大气压力的压力差，转变为机械推力。壳体是钢板冲压件，前壳体用螺钉与辅助缸体的后端相连，其间有连接声和密封垫圈。膜片的外缘装在用卡箍夹紧的壳体之间，中部经托盘等件与推杆紧固在一起，不制动时膜片在回位弹簧作用下处于最右端位置。膜片

【课堂互动】 左腔 C 有孔管经单向阀与发动机的进气管相通，经由辅助缸体中的孔道与控制阀下室 B 相通；其右腔室 D 经通气管与控制阀上腔 A 相通。

辅助缸：把低压油变成高压油。装有橡胶圈的活塞把辅助缸体分成两部分：左腔经出油管接头通向前后制动轮缸，右腔经进油管接头通向制动缸的出油口。活塞的中部有小孔而保持左、右腔在不制动时连通，加力气室不工作时回位弹簧使活塞位于活塞限位座的右极限位置。前端嵌装球阀的推杆用来推动活塞移动，杆的后端与加力气室膜片连接。密封圈起密封和导向作用。

控制阀：是控制加力气室起作用的随动控制机构。膜片的中部紧固在膜片座上，装有橡胶圈的控制活塞与座固装在一起，活塞处于与辅助缸右腔相通的孔中。真空阀和空气阀刚性地连接在一起，阀门弹簧不制动时使空气阀关闭，膜片回位弹簧则使膜片保持在真空阀开启的下方位置。膜片座中央有孔道使气室 A 和气室 B 相通，因此，不制动时 4 个气室 A、B、C 和 D 相通且真空度相等。

踩下制动踏板时，真空增压器进行制动的工作示意图如图 8-86 所示，制动主缸中的制动液即被压入辅助缸，因此时球阀还是开启的，故制动液经活塞上的孔进入各制动轮缸，轮缸液压即等于主缸液压。与此同时，液压还作用在控制阀活塞上，并通过膜片座压缩弹簧，使真空阀的开度逐渐减小，直至关闭，气室 A 和 B 即隔绝。随着控制液压升高，液压使膜片座继续升起，压缩阀门弹簧打开空气阀，由空气滤清器进入的空气即进入气室 A 和 D。此时，气室 B 和 C 的真空度仍保持原值不变，在 D、C 两气室压力差作用下，膜片带动推杆左移，使球阀关闭。这样，制动主缸便与辅助缸左腔隔绝，辅助缸内的油液即增加了一个由加力气室膜片两侧气压差造成并经推杆传来的推动力，所以在辅助缸左腔及各轮缸中的压力远高于制动主缸的压力。

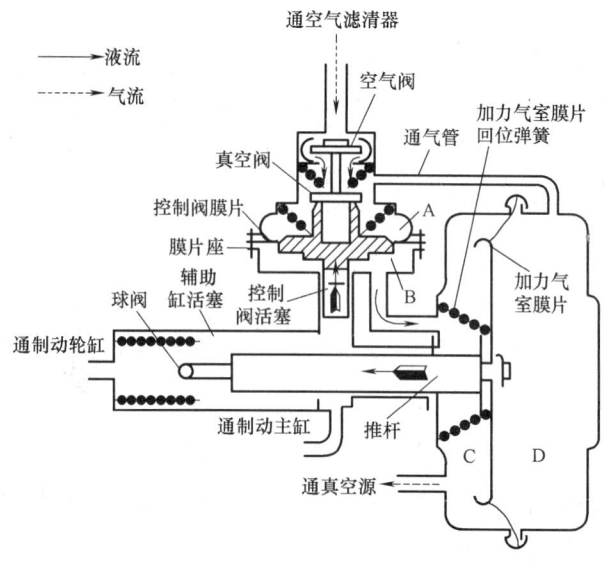

图 8-86 真空增压器进行制动的工作示意图

制动踏板在某一位置不动（维持制动状态）时，随着进入气室空气量的增【课堂互动】加，A和B气室的压力差加大，对膜片产生向下的压力，因而膜片座及活塞随之下移，使空气阀的开度逐渐减小，直至落座关闭，此时真空阀、空气阀都处于关闭的状态（"双阀关闭"）。

放松制动踏板时控制油压下降，控制阀活塞连同膜片座下移，使空气阀关闭，而真空阀开启，如图8-87所示，于是D、A两气室的空气经B、C两气室被吸出，从而A、B、C和D各气室又互相连通，都具有一定的真空度，以备下次制动之用。此时，所有运动部件都各自在回位弹簧的作用下回位。

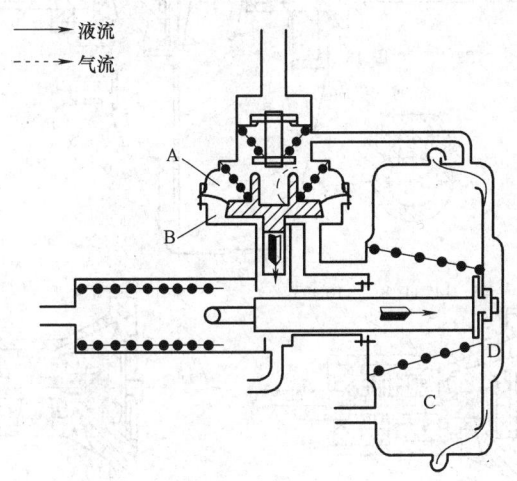

图8-87　真空增压器制动解除的工作示意图

当真空增压器失效或真空管路无真空度（发动机熄火）时，推杆及活塞不会动作，辅助缸中的球阀将永远开启，保持制动主缸和轮缸之间的油路畅通。此时，整个系统工作原理与人力液压制动系相同，但所需的踏板力要大得多。

2）真空助力器。以桑塔纳轿车所用的真空助力器为例，如图8-88所示。利用发动机进气管产生真空增加了驾驶员的踏板力，一般轿车的真空助力器装在主缸前。

助力器右端通过螺栓与车身的前围板固定，并借调整叉口与制动踏板机构连接，左端与主缸连接。气室膜片3及控制阀将助力器分成前后两个腔室，前腔经真空单向阀32通向发动机进气管。控制阀体上通道A连通加力气室前腔和控制阀腔，通道B连通加力气室后腔和控制阀腔。带有密封套的橡胶膜片8既与在控制阀体5上加工出来的阀座组成真空阀，又与铰链杆34的右端面组成大气阀。外界空气可经滤环滤清后通过大气阀、B通道进入助力器的后腔。

未踩下制动踏板时（见图8-88b），弹簧16将后推杆15及铰链杆34推至右极限位置，橡胶膜片8在弹簧9的作用下紧贴铰链杆34的右端面，真空阀开启，大气阀关闭。助力器的前、后两腔经通道A、控制阀腔和通道B互相连通，

【课堂互动】

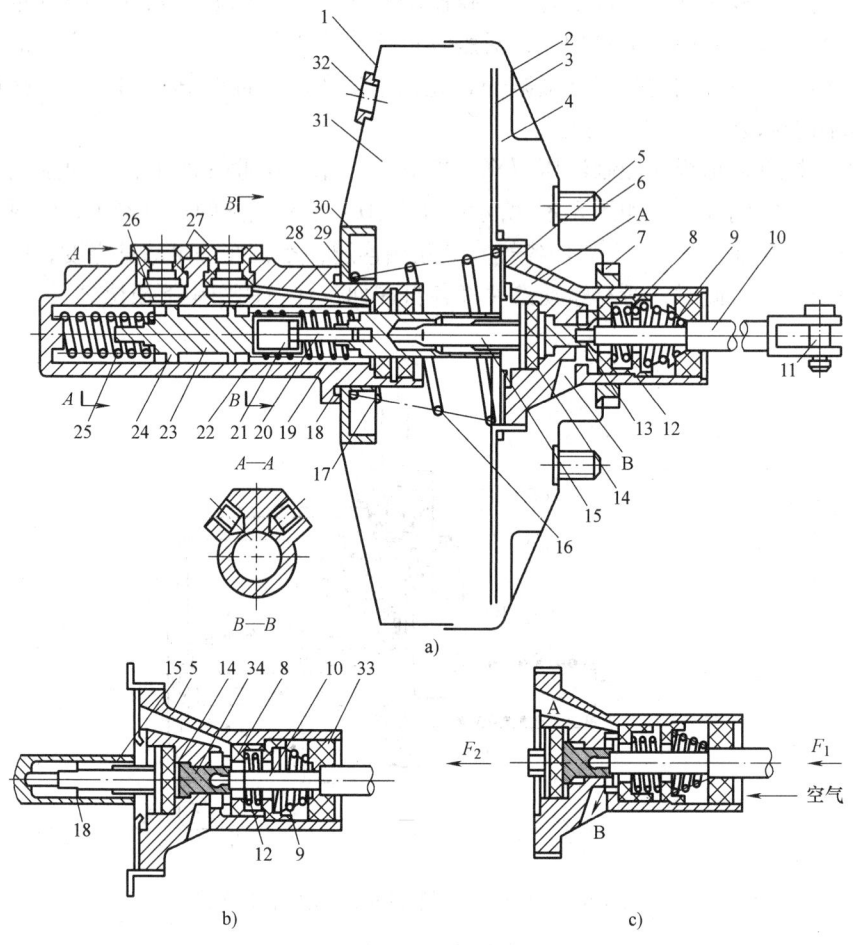

图 8-88 桑塔纳轿车所用的真空助力器结构图
a）桑塔纳 2000GSi 轿车所用的真空助力器结构图　b）、c）为放大的控制阀
1—前壳体　2—后壳体　3—气室膜片　4—后气室　5—控制阀体　6、20—螺栓
7—密封套　8—橡胶膜片　9、12、16、19、25—弹簧　10—推杆　11—销　13—球铰链
14—橡胶式反作用盘　15—后推杆　17—油封　18—前推杆　21—弹簧座　22—制动主缸
23—活塞　24—小孔　26—过滤器　27—密封套　28—进油孔　29—补偿孔　30—连接盘
31—前气室　32—真空单向阀　33—空气滤清器　34—铰链杆　A、B—气体通道

并与大气隔绝。发动机运转后，真空单向阀被吸开，加力气室左、右两腔内都有一定的真空度，如图 8-89 所示。

刚踩下制动踏板时，加力气室尚未起作用，图 8-88 中控制阀体 5 固定不动，来自踏板机构的控制力可以推动推杆 10 和铰链杆 34 相对于控制阀体 5 左移，当与橡胶式反作用盘 14 之间的间隙消除后，控制力便经反作用盘、推杆 15 和 18 传给制动主缸。此时，主缸内的制动液以一定压力流入制动轮缸。与此同时，膜片 8 也在弹簧 9 作用下左移，直至与控制阀体 5 上的真空阀接触，使通道 A 和 B 隔断。然后，推杆 10 继续推动铰链杆 34 左移到其后端面离开膜片 8 一定距离。于是外界空气经过滤环、控制阀腔和通道 B 充入助力气室的后

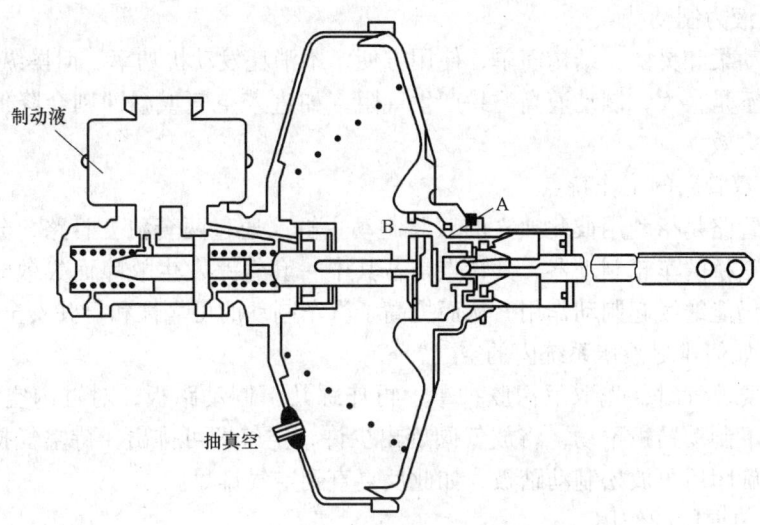

图 8-89　真空助力器处于非工作状态

腔，使其中真空度降低，在加力气室前、后腔之间产生一个压力差，推动主缸活塞增加制动压力。在此过程中，膜片与阀座也不断左移，直到阀门重新与大气阀座接触而达到平衡状态为止。因此，在任何一个平衡状态下，加力气室后腔中的稳定真空度均与踏板行程成递增函数关系，从而体现控制阀的随动作用，如图 8-90 所示。

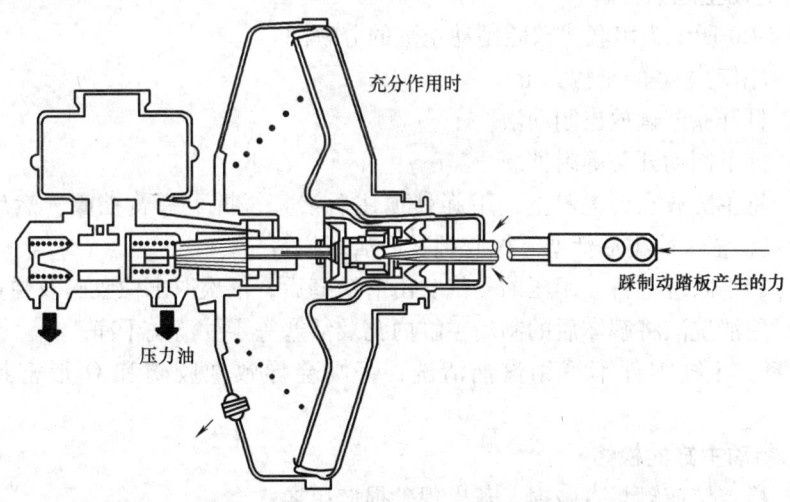

图 8-90　真空助力器处于工作状态

【知识拓展】

1. 液压式制动传动装置的工作原理

液压式制动传动装置是利用制动液，将制动踏板力转换为油液压力，通过管路传至车轮制动器，再将油液压力转变为制动蹄张开的机械能。

【课堂互动】

2. 液力制动特点

制动柔和灵敏，结构简单，使用方便，不消耗发动机功率。但操纵较费力，制动力不是很大，制动液高温易产生气阻，如进入空气或漏油则会降低制动效能甚至失效。

3. 双管路的工作特点

双管路是指利用彼此独立的双腔制动主缸，通过两套独立管路，分别控制两桥或三桥的车轮制动器，其特点是若其中一套管路发生故障而失效时，另一套管路仍能继续起制动作用，从而提高了汽车制动的可靠性和行驶安全性。

4. 如何排尽液压系统内的空气？

需要放气时，先取下橡胶护罩，再连踩几下制动踏板，对缸内空气加压，然后踩下制动踏板不动，将放气阀旋出少许，空气即可排出，待空气排出，将放气阀旋闭后再放松制动踏板，如此反复直到空气排尽。

5. 单向阀的作用

当进气管（或真空泵）的真空度高于真空筒的真空度时，单向阀被吸开，将真空筒及加力气室内的空气抽出，当发动机熄火或因工况变化以致使进气管的真空度低于真空筒的真空度时，单向阀即关闭，以保持真空筒及加力气室的真空度。

【技能训练】

1. 制动主缸的分解

图 8-80 所示为串联式双腔制动主缸的分解图。

分解制动主缸的步骤如下：

1）打开储液罐放出制动液。

2）拆下制动开关等附件。

3）将主缸放在台虎钳上，用旋具顶住后活塞，拆下弹簧挡圈，然后慢慢放松旋具，依次取出后活塞、橡胶碗及后活塞弹簧。

4）旋下限位螺钉，用压缩空气吹出前活塞后，依次取出橡胶碗及弹簧。

5）用清洗液将解体后的制动主缸内孔及活塞等零件清洗干净。

注意：主缸零件不得用汽油清洗，否则会导致橡胶碗和 O 形密封圈的损坏。

2. 制动主缸的检修

1）检查储液罐是否破损，若出现破损应更换。

2）如图 8-91 所示，检查泵体 2 内孔和活塞 4 表面，其表面不得有划伤和腐蚀；用内径表检查泵体内孔的直径 B，用千分尺 3 检查活塞的外径 C，并计算出内孔与活塞之间的间隙值，其标准值为 0.04～0.106mm，使用极限为 0.15mm，超过极限应更换。

3）检查制动主缸橡胶碗、密封圈是否老化、损坏与磨损，否则应更换。

3. 制动主缸的装配

在制动主缸泵体内孔和活塞、密封圈及橡胶碗上涂上制动液，使前腔活塞的回位弹簧小端朝向活塞,各橡胶碗的刃口方向按图中所示,将前活塞装入制动主缸的内孔,并旋入限位螺钉。装入后活塞组件时,橡胶碗的刃口方向按图中所示,最后装上止推垫圈、挡圈和防尘套。

在将主缸安装到车上之前,要除去检修安装后主缸内部的空气,避免主缸内的空气进入车上的制动管路里。

放气的方法是:将主缸固定于工作台上,用软管接主缸制动液出口,软管的另一端放入储液罐,将制动液加入储液罐;用推杆顶动活塞到达缸筒的底部。观察储液罐内制动液中是否有气泡;慢慢释放活塞,使其回到开始位置,如果是快速回退,则要等15s后再顶动活塞;不断地顶动、放松活塞,直到制动液中不再有气泡为止;拆下软管,用塞子封堵主缸出口。

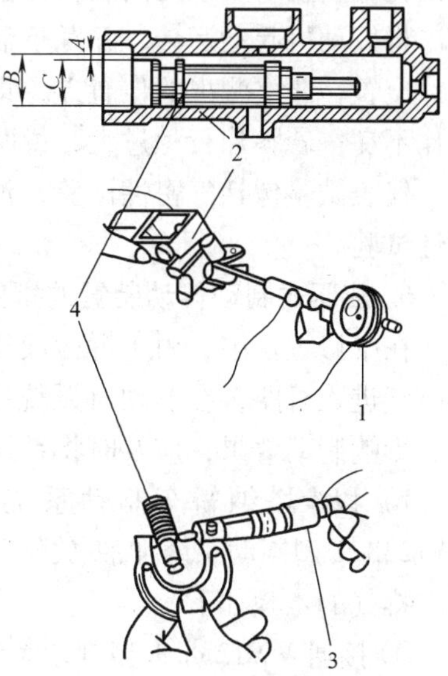

【课堂互动】

图 8-91 制动主缸与活塞的检查
1—内径表 2—制动主缸泵体 3—千分尺
4—主缸活塞 A—泵体与活塞的间隙
B—泵体内孔直径 C—活塞外径

4. 制动轮缸的拆装与检修

轮缸分解的一般方法是:从轮缸体上的固定槽中拉下轮缸防尘套,拆下活塞。然后从缸筒中拆下橡胶碗和弹簧。

分解轮缸后,用清洗液清洗轮缸零件。清洗后,检查制动轮缸缸体内孔与活塞外圆表面的烧蚀、刮伤和磨损情况。如果轮缸内孔有轻微刮伤或腐蚀,可用细砂布磨光。磨光后的缸内孔用清洗液清洗后,再用无润滑油的压缩空气吹干。然后测出轮缸内孔孔径 B,活塞外圆直径 C,并计算出内孔与活塞的间隙值 A,标准值为 $0.04 \sim 0.106$mm,使用极限为 0.15mm。

重新安装轮缸元件时,先用干净的制动液润滑密封件和所有内部元件。将轮缸的放气螺钉拧入轮缸,安装回位弹簧总成,将活塞放进缸筒内,安装好防尘套。

5. 真空助力器的检验

真空助力器的检验可分为简单试验和仪表试验。简单试验包括制动踏板高度试验、控制阀检验及气室膜片行程的检验。

(1) 制动踏板高度试验 发动机熄火时,连续几次踩制动踏板,使真空度降为零。此时,踩下制动踏板,起动发动机,若制动踏板有下沉的感觉,说明真空助力器工作正常;否则,真空助力器不正常。

(2) 控制阀检验 起动发动机但不踏下制动踏板,将一团棉丝置于助力器空气滤清器口处,此时,棉丝不应被吸入;若棉丝被吸入,说明控制阀漏气。踏下制动踏板,棉丝应被吸入;若棉丝不被吸入,或者吸力过小,说明控制阀开度过小,或者助力器膜片破损。

(3) 气室膜片行程检查 发动机不工作而且不踩下制动踏板时,取下气室

【课堂互动】加油孔橡胶盖,从该孔测出膜片位置,测完后再塞紧橡胶盖。

将发动机起动运转,并踩下制动踏板,取下气室加油孔橡胶盖,再次测出膜片位置,两次测出的位置差,即为膜片行程。若膜片行程过小,说明助力器工作不良;若膜片行程过大,说明制动系统存在泄漏,或者制动间隙过大。

仪表试验包括气密性试验、油密性试验、单向阀气密性试验和伺服气室气密性试验。

6. 液压式制动传动装置的排空气

在维修过程中,由于拆检液压制动系统而导致接头松动或制动液不足等,使空气进入管路,在制动时系统中的空气被压缩,造成踏板行程增加,踏板发软,影响制动效果,应及时将系统中的空气排出。

1)以桑塔纳轿车制动系统的排气为例,该车制动系统的排气应使用 VW1238/1 型制动系统加油-放气装置,如图 8-92 所示。

排气的步骤如下:

① 接通 VW1238/1 型制动系统加油-放气装置。
② 按规定顺序打开放气螺钉。
③ 排出制动钳和制动分泵中的气体。
④ 用专用容器盛放排出的制动液。

放气的顺序如下:

① 车轮制动分泵/右后制动器。
② 车轮制动分泵/左后制动器。
③ 右前制动钳。
④ 左前制动钳。

2)若没有专用的加油-放气装置,可用以下通用方法进行排气:

① 将软管一头接在放气螺塞上,另一头插在一个盛有部分制动液的容器中,如图 8-93 所示。

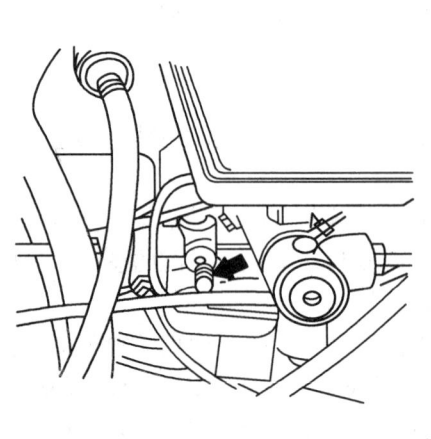

图 8-92 利用专用设备排空气

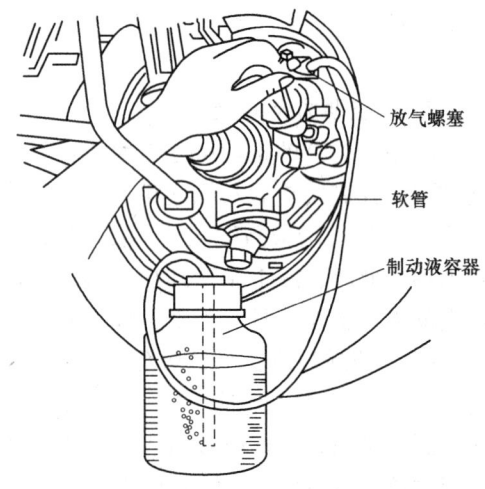

图 8-93 人工排空气

② 一人坐于驾驶室内，连续踩下制动踏板，直到踩不下去为止，并且保持不动。【课堂互动】

③ 另一人将放气螺塞拧松半圈，此时，制动液连同空气一起从软管喷入瓶中，然后，尽快将放气螺塞拧紧。

④ 在排出制动液的同时，踏板高度会逐渐降低，在未拧紧放气螺塞之前，切不可将踏板抬起，以免空气再次侵入。

⑤ 每个轮缸应反复放气几次，直至将空气完全放出（制动液中无气泡）为止，按照从远到近的顺序逐个将制动器放气完毕。

⑥ 在放气过程中，应及时向储液罐内添加制动液，保持液面的规定高度。

【习题8.5】

1. 填空题

（1）液压式制动主缸的结构，主要由_____、_____、_____、_____、_____、_____和_____等组成。

（2）液压式制动主缸的出油阀和回油阀都处于关闭状态时，液压式制动传动装置处于_____和_____状态。

（3）真空增压器由_____、_____和_____三部分组成。

（4）真空增压器的作用是利用_____和_____的压力差作为动力源，以增高_____，它装在_____和_____之间。

（5）用适当的力踩住制动踏板，并保持一定的位置，然后起动发动机，观察制动踏板：若踏板位置有所下降，说明真空助力器_____；若踏板位置保持不动，则说明真空助力器或者真空单向阀_____。

2. 选择题

（1）在液压式制动传动装置中，制动踏板的自由行程取决于（　　）。

A. 主缸推杆与活塞间的间隙和制动蹄与制动鼓间的间隙之和

B. 主缸推杆与活塞间的间隙

C. 制动蹄与制动鼓之间的间隙

D. 主缸推杆与活塞间的间隙和制动蹄与制动鼓之间的间隙之差

（2）真空助力器作用于（　　）。

A. 主缸推杆上　　　　　　　　B. 制动踏板上

C. 主缸通向轮缸的管路上　　　D. 辅助缸的活塞上

3. 判断题

（1）采用双管路制动传动装置，液压式是前轮先制动，后轮后制动。（　　）

（2）真空助力器不工作时，为控制油压与大气压平衡，真空阀及空气阀均关闭。（　　）

（3）液压制动系放气，先从主缸开始，再从离主缸最远的轮缸由远至近放气。（　　）

【课堂互动】 4. 简答题
(1) 如何排放液压式制动传动装置中的空气?
(2) 如何检修制动主缸?
(3) 如何判断真空助力器是否工作?

8.6 气压式制动传动装置

【本节目标】
1. 了解气压式制动传动装置的组成与工作过程。
2. 了解气压式制动传动装置主要部件作用、结构和工作原理。
3. 能正确完成气压式制动传动装置主要部件总成的拆装和调整。
4. 熟悉气压式制动传动装置主要部件检修方法。

【基本理论知识】

1. 气压式制动传动装置的组成

气压式制动传动装置的组成与布置形式随车型而异。主要部件有空气压缩机、油水分离器、湿/干储气筒、制动控制阀、三通阀、快放阀等。图 8-94 是解放 CA1092 型汽车双管路气压式制动传动装置。

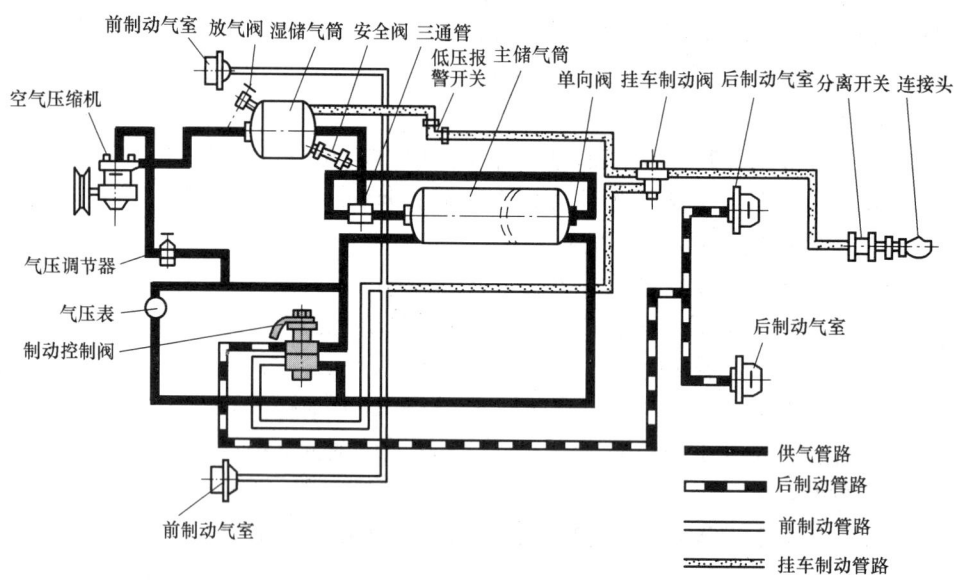

图 8-94 解放 CA1092 型汽车双管路气压式制动传动装置示意图

2. 气压式制动传动装置的工作过程

发动机驱动的活塞式空气压缩机将压缩空气经单向阀压入湿储气筒,压缩空气在湿储气筒内冷却并进行油水分离,然后进入主储气筒的前、后腔。

主储气筒的前腔与制动控制阀的上腔相连,以控制后轮制动;后腔与制动 【课堂互动】
控制阀的下腔相连,以控制前轮制动,并通过三通管与气压表相连。气压表为
双指针式,上指针指示主储气筒前腔气压,下指针指示主储气筒后腔气压。

当驾驶员踩下制动踏板时,拉杆带动制动控制阀拉臂摆动,使制动控制阀
工作。主储气筒前腔的压缩空气经制动控制阀的上腔进入后制动气室,使后轮
制动;同时后腔的压缩空气通过制动控制阀下腔进入前制动气室,使前轮制动。
当放松制动踏板时,制动控制阀使各制动气室接通大气以解除制动。

3. 气压式制动传动装置的主要总成部件

(1) 空气压缩机　空气压缩机一般固定在发动机缸体的一侧,多由发动机
通过传动带或齿轮来驱动。空气压缩机按缸数可分为单缸和双缸两种。图 8-95
为单缸风冷式空气压缩机。

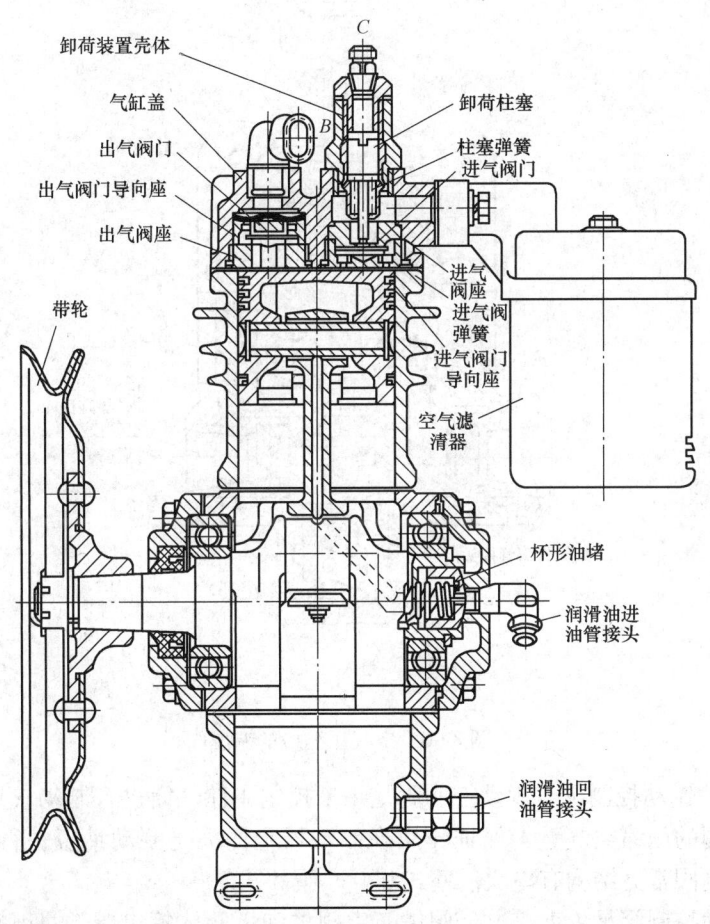

图 8-95　单缸风冷式空气压缩机

铸铁制成的缸体下端用螺栓紧固在曲轴箱上,缸体外表面铸有环形散热片,
铝制气缸盖用螺栓紧固于气缸体上端面,其间装有密封缸垫。气缸盖内装有进
气阀和排气阀,侧面进气口上装有空气滤清器,经排气管接头与储气筒相通。

【课堂互动】 进气阀上方设有卸荷装置。

空气压缩机工作时,活塞下行,气缸内形成一定真空度,迫使进气阀克服弹簧的张力离开阀座,外界的空气即经空气滤清器、进气道、进气阀被吸入气缸,活塞下行至下止点附近时,进气阀被弹簧压靠在阀座上,切断进气通路;活塞上行时,缸内空气即被压缩,压力升高,压缩空气顶开排气阀,经排气室和排气管道送至湿储气筒。当湿储气筒内的气压达到规定值后,调压机构便使卸荷阀压开进气阀,使空气压缩机与大气相通卸荷空转,不再泵气。

调压阀的作用是调节储气筒中压缩空气的压力,使之保持在规定的压力范围内,同时使空气压缩机能卸荷空转,减少发动机的功率损失,如图8-96所示。

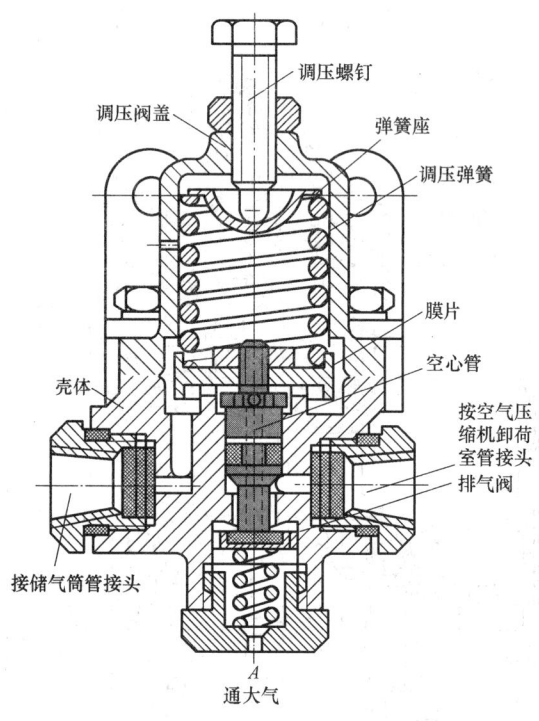

图 8-96 空气压缩机的调压阀

(2) 制动控制阀 制动控制阀是用来控制主储气筒进入制动气室和挂车制动控制阀的压缩空气量,保证作用在制动器上的力与制动踏板的行程成正比。制动控制阀常见结构有串联活塞式和并联膜片式。

制动控制阀是由上盖、上阀体、中阀体和下阀体等组成,并用螺钉联在一起,其间装有密封垫,如图8-97所示。

中阀体上的进气口 A_1 和出气口 B_1 分别接后桥储气筒和后桥制动气室;下阀体上的进气口 A_2 和出气口 B_2 分别接前桥储气筒和前桥制动气室。上下活塞与壳体间装有密封圈。下活塞由大小两个活塞套装在一起,小活塞对大活塞能进行单向分离。上腔阀门滑动地套装在心管上,其外圆有密封隔套。下腔阀门

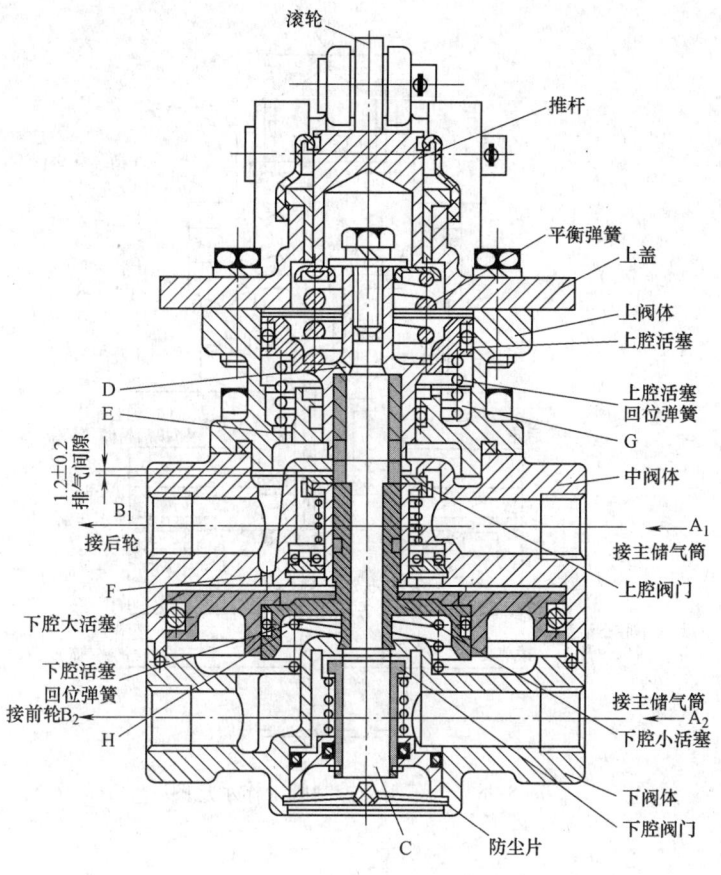

图 8-97　解放 CA1092 型汽车制动控制阀

A_1、A_2—进气口　B_1、B_2—出气口　C—排气口　D—上腔排气孔　E、F—通气孔　G—上腔　H—下腔

滑动地套在有密封圈的下阀体中心孔中，中空的心管和小活塞制成一体，如图 8-98 所示。

制动时，驾驶员将制动踏板踩下一定距离，通过滚轮、推杆使平衡弹簧及上腔活塞向下移动，消除排气间隙（上腔阀门与上腔活塞之间）而推开上腔阀门，此时，从储气筒来的压缩空气经 A_1 阀门与中阀体上的进气阀座间的进气间隙进入 G 腔，并经出气口 B_1 进入后制动气室，使后轮制动。与此同时，进入 G 腔的压缩空气通过通气孔 F 进入大活塞及下腔小活塞的上方，使其下移推开下腔阀门，此时从前桥储气筒来的压缩空气经下腔阀门与下体阀座之间形成的进气间隙进入 H 腔，并经出气口 B_2 充入前制动气室，使前轮制动，如图 8-99 所示。

当制动踏板保持在某一位置（维持制动状态）时，压缩空气在进入 G 腔的同时由通气孔 E 进入上腔活塞的下方，并推动上腔活塞上移，使 G 腔中气压作用力与回位弹簧的张力之和同平衡弹簧的压紧力相平衡，此时上腔阀门和下腔阀门均关闭，G 和 H 腔中气压保持稳定状态，即为制动阀的平衡位置，如图 8-100 所示。

【课堂互动】

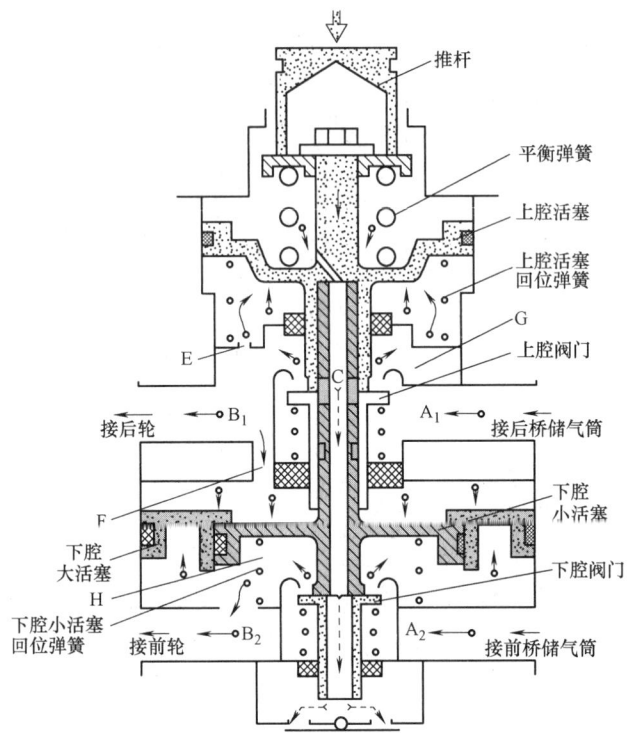

图 8-98 汽车制动控制阀工作示意图

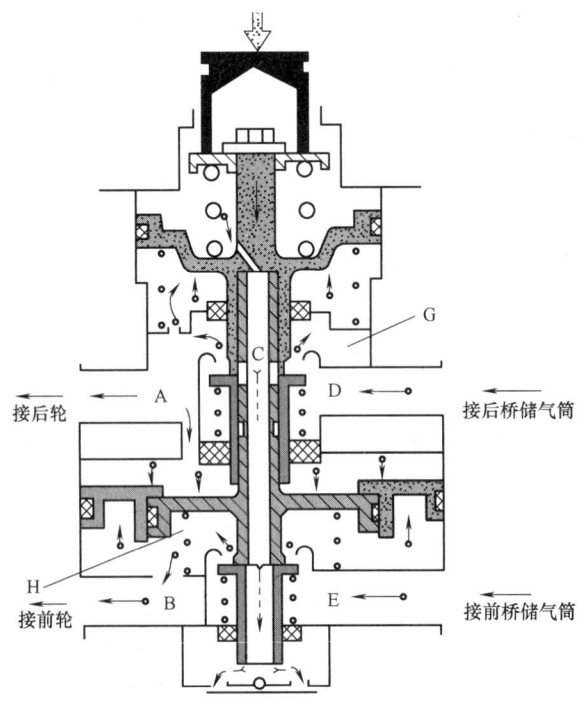

图 8-99 制动控制阀的工作情况（制动状态）

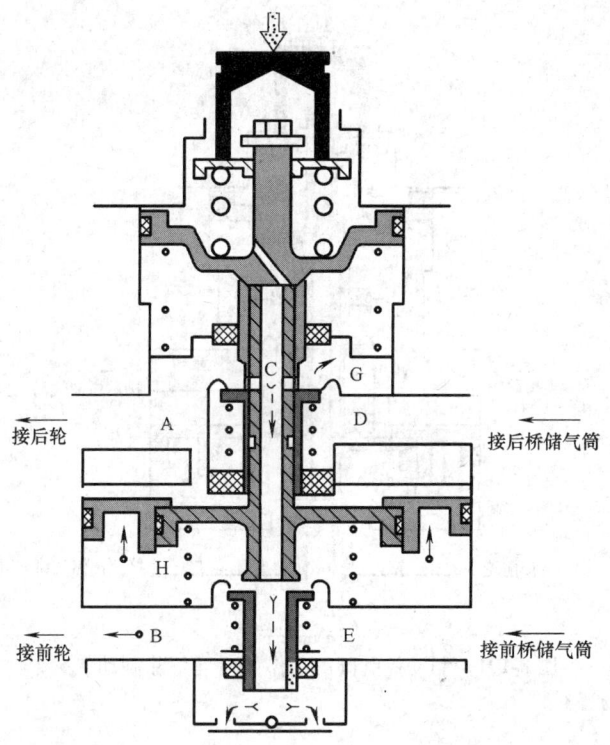

图 8-100 制动控制阀的工作情况（平衡状态）

若驾驶员感到制动强度不足，可将制动踏板再踩下一些，此时上腔阀门和下腔阀门又重新开启，使中阀体的 G 腔和下阀体的 H 腔以及制动气室进一步充气，直到 G 腔中气压又一次达到与平衡弹簧的压力平衡，而 H 腔中的压缩空气对下腔活塞向上的压力重新与下腔活塞上方的压缩空气对下腔活塞向下作用的压力相平衡。在此新的平衡状态下，制动气室所保持的稳定压力比以前更高。同时，平衡弹簧的压缩量和踏板力也比以前更大。

当放松制动踏板时，操纵摇臂回位，心管上移，平衡弹簧恢复到原来装配长度，上腔活塞上移到使下端与上腔阀门之间形成排气间隙。后制动气室的压缩空气经 G 腔排气间隙和其下面的排气口 C 排入大气；与此同时，下腔大活塞及下腔小活塞受回位弹簧的张力的作用而上移，使下腔阀门与下阀体的阀座接触，从而关闭储气筒与前制动气室的通路；另一方面，由于下腔大活塞及下腔小活塞的上移，使小活塞的下端与下腔阀门之间也形成排气间隙，前制动气室的压缩空气经 H 腔及所形成的排气间隙以及下腔阀门和排气口 C 排入大气中，如图 8-101 所示。

（3）制动气室　制动气室的作用是把储气筒经过控制阀送来的压缩空气的压力转变为机械推力。常见的是膜片式制动气室，如图 8-102 所示。

橡胶膜片用卡箍夹紧在壳体和盖的凸缘之间，盖与膜片之间为工作腔，膜片右侧通大气。

踩下制动踏板时，压缩空气自制动阀充入制动气室工作腔，使膜片向右拱

【课堂互动】

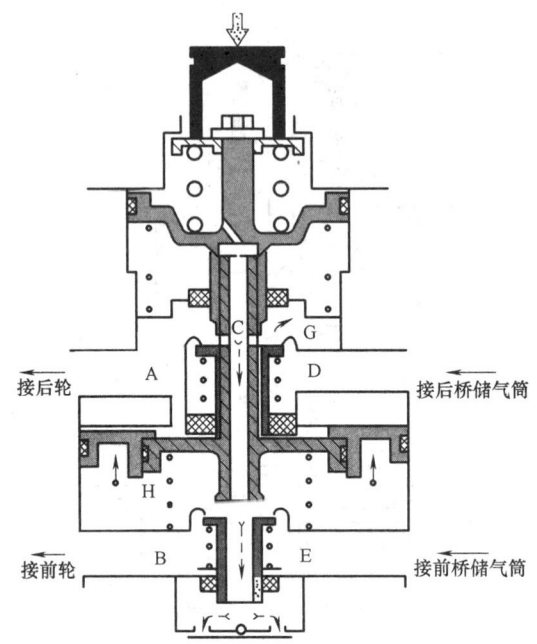

图 8-101 制动控制阀的工作情况（解除制动状态）

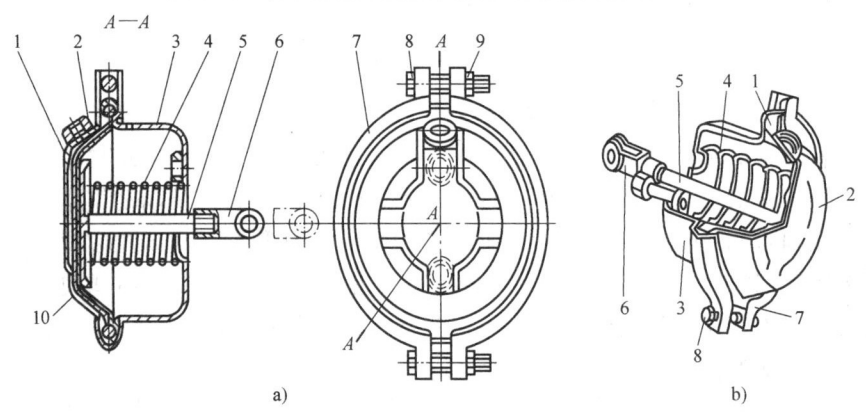

图 8-102 膜片式制动气室
a）结构图 b）轴侧图
1—橡胶膜片 2—盖 3—壳体 4—弹簧 5—推杆
6—连接叉 7—卡箍 8—螺栓 9—螺母 10—支承盘

曲，将推杆推出，使制动调整臂和制动凸轮转动而实现制动。放开制动踏板时，工作腔则经由制动阀的排气口通大气，膜片与推杆都在弹簧 4 的作用下回位而解除制动。

【知识拓展】

气压式制动传动装置是利用压缩空气作动力源的动力制动装置，其特点是：制动操纵省力，制动强度大，踏板行程小，但需要消耗发动机动力，制动较粗暴且结构比较复杂。

若前桥管路失效，控制阀的上腔室仍能按上述方式工作，因此后桥管路照【课堂互动】常工作。当后桥管路失效时，由于下腔室的大活塞上方建立不起控制气压而无法动作，上腔平衡弹簧将通过上活塞推动小活塞及心管使小活塞与大活塞单向分离而下移，推开下阀门使前桥控制管路建立制动气压，并利用小活塞和平衡弹簧的张力相互平衡起随动作用。为了消除上活塞与上阀门间的排气间隙所需要的踏板行程，称为制动踏板自由行程。

【技能训练】

1. 空气压缩机

（1）空气压缩机的拆卸　以单缸空气压缩机为例，其分解图如图 8-103

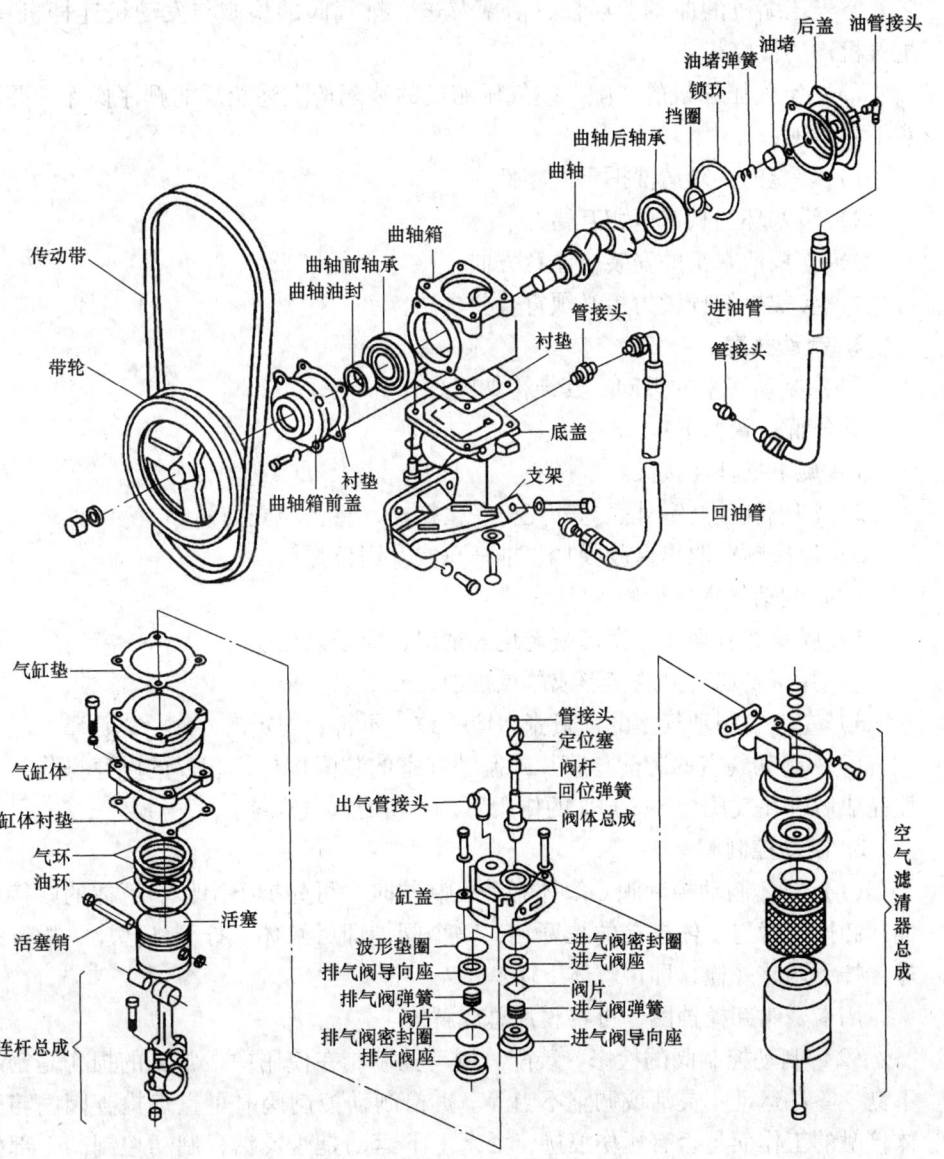

图 8-103　单缸空气压缩机的分解图

【课堂互动】 所示。

其拆卸步骤如下：

1) 先拆下空气压缩机的进出油管接头及气管接头，再拆下固定支架上的三个螺栓，将空气压缩机从发动机上取下。

2) 将空气压缩机固定好，拆下缸盖总成和底板，解体连杆活塞组合件。

3) 拆下带轮及曲轴。

4) 拆下活塞销挡圈，压出活塞销。

(2) 空气压缩机的检修　空气压缩机工作时，不应有过量的润滑油窜入储气筒。检查空气压缩机时应详细检查活塞与活塞环的磨损、后盖与油堵的密封、回油管是否畅通以及连杆大端与曲轴的轴向间隙等，根据发现问题进行维修。

空气压缩机的曲轴、连杆、活塞及进、排气阀的检修与发动机连杆机构、配气机构的检修相似。

(3) 空气压缩机的装配　空气压缩机的装配按上述相反的顺序操作，并注意下列事项：

1) 装配前必须清洗拆下的零件。

2) 活塞环的缺口应相互错开。

3) 连杆活塞组的安装应注意方向。

4) 各螺栓的拧紧力矩必须符合要求。

2. 制动气室

(1) 制动气室的拆卸　其结构如图 8-102 所示。

其分解步骤如下：

1) 旋下推杆连接叉。

2) 卸下制动气室外壳与外壳盖联接螺栓，将盖与壳分开。

3) 逐次顺序取出橡胶膜片、推杆总成及回位弹簧。

(2) 制动气室的检修

1) 膜片如有裂纹、变形或老化等情况，应予以更换。

2) 弹簧发现明显的变形或严重锈蚀，应予以更换。

3) 左、右制动气室的弹簧张力应一致，不符合规定的，应予以调整。

(3) 制动气室的装配　膜片式制动气室的装配按拆卸相反的顺序操作，装配完成后，在气压为 882 kPa 的作用下，不得有漏气现象。

3. 制动控制阀

(1) 解体制动控制阀　解体制动控制阀时，可先拆下上体、下体的联接螺栓，卸掉拉臂与上体连接的拉臂轴，整个阀体即可解体。拧下柱塞座，松开螺母，拧下调整螺栓，即可解体下体。

用卡簧钳卸掉挡圈，可将膜片总成解体。

(2) 制动控制阀的检修、装配　制动控制阀在使用中最常见的损伤是密封不良、零件运动不灵活或调整不当等。拆检制动控制阀时可重点检查阀门与壳体接触的工作面是否有压伤痕迹，活塞上下运动是否灵活，制动控制阀上部挺杆运动是否灵活，橡胶零件是否老化和有无裂纹。

制动控制阀的装配按拆卸的相反顺序操作，并注意下列事项：装复前，将【课堂互动】各零件进行清洗（橡胶件勿用汽油清洗）；装复时，在各相互运动的工作表面均匀涂上润滑脂（注意勿堵塞壳体上的小孔）；在制动控制阀的装配过程中，应进行必要的调整。

【习题 8.6】

（1）调压阀用于调节储气筒中_____的压力，使之保持在_____范围内，同时使空气压缩机_____，以减少_____。

（2）气压制动控制阀用来控制由_____进入_____和_____的压缩空气量。

（3）制动气室的作用是_____。

8.7 制动力分配调节装置

【本节目标】

1. 了解理想的前后轮制动力分配曲线图。
2. 了解各种制动力分配调节装置的结构和工作原理。

【基本理论知识】

1. 最佳制动状况

（1）同步滑移的条件　制动时车轮路面制动力以及车轮制动器所产生的制动力矩随踏板力的增加而增加。但受到轮胎与地面附着情况的限制，路面制动力可能超过附着力，当路面制动力等于附着力时，车轮将被抱死而在路面上拖滑。拖滑会使胎面局部严重磨损，在路面上留下一条黑色的拖印。同时，拖滑使胎面产生局部高温，就好像轮胎与路面间被一层润滑油隔开，使附着系数反而减小。

由试验得知，当车轮抱死滑移时，车轮与路面间的侧向（垂直于车轮平面方向上的）附着完全消失，这意味着路面对车轮的侧向反力为零。这样，如果只是前轮（转向轮）制动到抱死滑移而后轮（制动时也已成为从动轮）还在滚动。此时，汽车不可能在制动过程中转向。

如果只是后轮制动到抱死滑移，而前轮还在滚动，则汽车在制动过程中，即使受到不大的侧向干扰力（例如侧向风力、路面凸起对车轮侧面的冲击力等），也会绕其垂直轴线旋转（甩尾），严重时甚至会转过180°左右（掉头）。无论是前轮还是后轮单独滑移，都极易造成车祸，尤其是因后轮单独滑移所造成的交通安全事故更多，所以应当尽量避免制动时后轮先抱死滑移。

要使汽车能得到尽可能大的总制动力，又能保持制动时的行驶方向稳定性（既不丧失转向操纵性，又不甩尾），就必须将制动系设计得能够将前、后车轮制动到同步滑移。

（2）理想的前后轮制动力分配　在任何路面条件下，都能满足前后车轮同

【课堂互动】 时抱死拖滑的前后制动器制动力分配曲线称为理想制动力分配曲线（I线），如图 8-104 中的实曲线所示。

由于汽车在满载时的总质量不同，质心位置也不同，故相应的理想前后制动管路压力分配特性曲线也不同。图中虚线所示为无制动力调节装置时的前后轮制动管路压力分配曲线（β线），其前后轮制动力矩（或制动力）之比为定值。图中 β 线和 I 线交于 B 点，对应的附着系数为同步附着系数，说明前后制动力分配比为固定值的汽车，只有在同步附着系数路面制动时，才能使前后轮同时抱死。

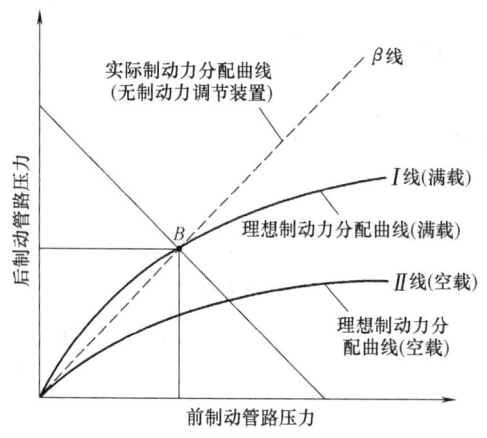

图 8-104　前后轮制动器制动力分配曲线

通过上面讨论，最理想的制动力分配案是 β 线也为一条与 I 线重合的曲线，此时，制动系统的制动效率最高、最安全。为防止后轮先抱死，现代汽车制动系中装有多种制动力调节装置，用以改变前后制动力分配比值，使 β 线总位于 I 线下方，接近 I 线。

目前常见的制动力调节装置有限压阀、感载阀和惯性阀等，它们一般都是串联在后制动管路中，但也有的是串联在前制动管路中。

2. 限压阀与比例阀

（1）限压阀　限压阀串联于液压制动回路的后制动管路中，其作用是当前、后制动管路压力 p_1 和 p_2 零同步增长到一定值后，自动将 p_2 限定在该值不变。

限压阀的结构如图 8-105a 所示。自进油口输入的控制压力是前制动管路压力（亦即主缸压力）p_1，从出油口输出的是后制动管路压力 p_2。阀门与活塞连接成一体，装入阀体后，弹簧即受到一定的预紧力。在弹簧力的作用下阀门离开阀体上的阀座而抵靠着阀盖。阀门凸缘上开有若干个通油切口，当输入压力 p_1 较低时，阀门一直保持开启，因而 $p_2 = p_1$，即限压阀尚未起限压作用。当 p_2 与 p_1 同步增长到一定值 p_S 时，活塞上所受的液压作用力将弹簧压缩使阀门关闭，后轮制动轮缸被隔绝。此后 p_2 即保持定值 p_S，不再随 p_1 增长。限压阀的工作特性线为 OAB，如图 8-105b 所示。

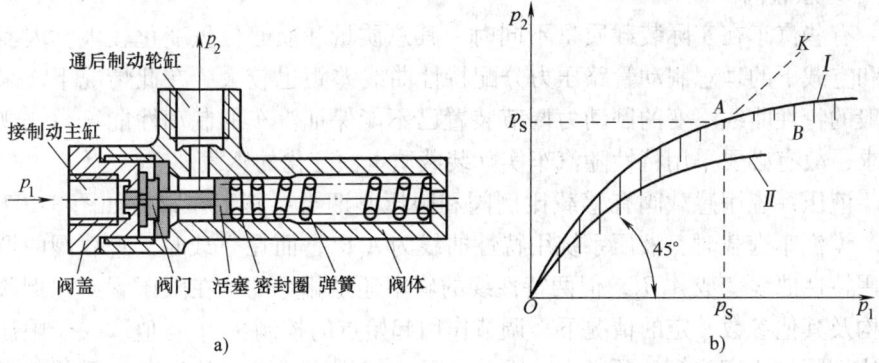

图 8-105 限压阀
a) 限压阀结构 b) 限压阀工作特性

(2) 比例阀（又称 P 阀） 串联于液压制动回路的后制动管路中，其作用是当前、后制动管路压力 p_1 与 p_2 同步增长到某一定值 p_S 后，自动对 p_2 的增长加以限制，使 p_2 的增量小于 p_1 的增量。

比例阀一般采用两端承压面积不等的差径活塞结构，如图 8-106 所示。在输入控制压力 p_1 与输出压力 p_2 从零同步增长的初始阶段，$p_1 = p_2$，但是压力 p_1 的作用面积 A_1 小于压力 p_2 的作用面积 A_2，故活塞上方液压作用力大于活塞下方液压作用力。在 p_1、p_2 同步增长过程中，当活塞上方液压作用力与活塞下方液压作用力之差超过弹簧的预紧力时，活塞便开始下移。当 p_1 和 p_2 增长到一定值 p_S 时，活塞内腔中的阀门座与阀门接触，进油腔与出油腔即被隔绝，这就是比例阀的平衡状态。若进一步提高 p_1，则活塞将回升，阀门再次开启，油液继续流入出油腔，使 p_2 也升高，但由于 $A_1 < A_2$，p_2 尚未增加到新的 p_1 值，活塞又下降到平衡位置。装用比例阀的实际制动管路压力分配特性线即为折线 OAB，AB 线的斜率小于 1，说明 p_2 增量小于 p_1 增量。

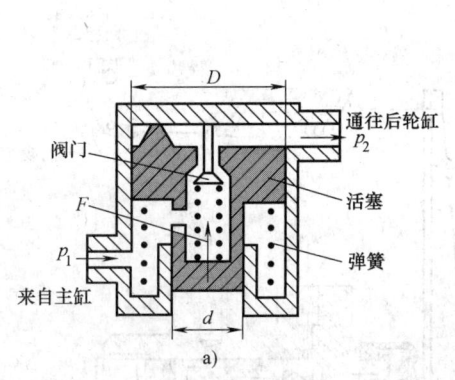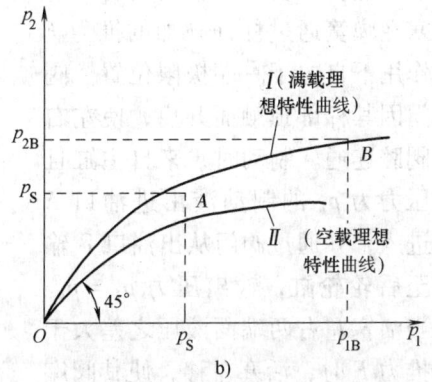

图 8-106 比例阀
a) 结构原理图 b) 工作特性图

3. 感载阀

【课堂互动】

有些汽车在实际装载质量不同时，其总质量和质心位置变化较大，因而满载和空载下的理想制动管路压力分配特性曲线差距也较大。在此情况下，采用一般的特性曲线不变的制动力调节装置已不能保证汽车的制动性能符合法规的要求，故有必要采用特性随汽车实际装载质量而变化的感载阀。

液压系统用感载阀有感载比例阀和限压阀两类，其工作特性如图 8-107 所示。设汽车满载时，液压系统用特性曲线为 A_1B_1，而在空载时，感载阀的调节作用特性曲线变成 A_2B_2，但两特性线的斜率还是相等的。在限压阀或比例阀的结构及其他参数一定的情况下，调节作用起始点的控制压力 p_S 值取决于限压阀或比例阀的活塞弹簧的预紧力。因此，只要使弹簧预紧力随汽车实际装载量变化，便能实现感载调节。

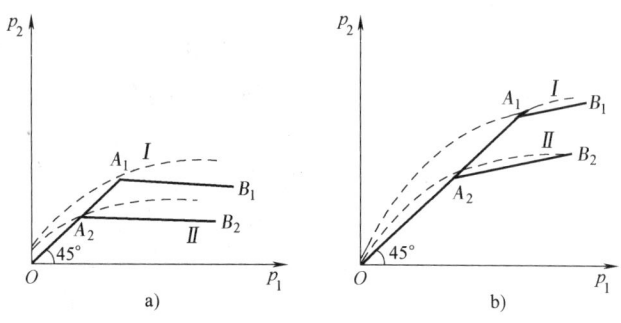

图 8-107 感载阀的工作特性
a）感载限压阀 b）感载比例阀
I—满载理想特性曲线 II—空载理想特性曲线

如图 8-108 所示，阀门安装在车身上，其中的活塞为两端承压面积不等的差径结构，其右部空腔内有阀门，杠杆的一端用拉力弹簧与后悬架连接，另一端在差径活塞上。不制动时，活塞在弹簧通过杠杆施加的推力 F 作用下自主于右端极限位置。阀门因其杆部顶触而开启，使左右阀腔连通。制动时，来自主缸且压力为 p_1 的制动液由进油口 A 进入，并通过阀门从出油口 B 输至后轮轮缸，输出压力 $p_2 = p_1$。当活塞左右两端面液压之差大于推力 F 时，活塞左移，使其阀座与阀门接触而达到平衡状态，此后 p_2 增量将小于 p_1 增量。

感载比例阀的特点是作用于活塞的推力 F 是可变的，汽车上

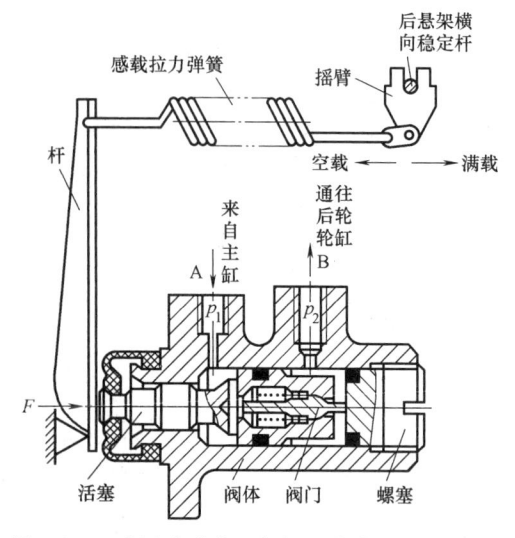

图 8-108 液压式感载比例阀及其感载控制机构

是利用轴载荷变化时，车身与车桥间的距离发生变化来改变弹簧预紧力。拉力弹簧右端经吊耳与摇臂相连，而摇臂则夹紧在后悬架的横向稳定杆的中部。当汽车的轴载荷增加时，后桥向车身移近，后悬架的横向稳定杆带动摇臂逆时针转过一个角度，将弹簧进一步拉紧，作用于活塞上的推力 F 便增加；反之，轴载荷减小，推力 F 便减小。这样，调节作用起始点压力值 p_s 就随轴载荷而变化。

【课堂互动】
如何计算附着力？
附着力等于车轮所受垂直载荷与轮胎和路面间的附着系数的乘积。

【习题8.7】
（1）常见的制动力分配调节装置有哪些？
（2）感载比例阀有什么作用？

8.8　辅助制动装置

【本节目标】
1. 了解产生缓速作用的方法。
2. 了解排气缓速式和液力缓速式的结构组成及其工作原理。

【基本理论知识】

1. 辅助制动装置的作用

在不使用或少使用行车制动装置的条件下，使车辆速度降低或保持稳定，但不能将车辆紧急制停，这种作用称为缓速作用。辅助制动装置中用以产生制动力矩对车辆起缓速作用的部件称为缓速器。缓速器也属于制动器范畴。

2. 产生缓速作用的方法

（1）发动机缓速　其中应用最广的措施是在发动机排气管中设置可以阻塞排气通道的排气节流阀。这种发动机缓速法可称为排气缓速。

（2）液力缓速　液力缓速是利用专设的液力缓速器来产生缓速作用。液力缓速器中有固定叶轮和旋转叶轮，后者一般由变速器驱动。固定叶轮通过流动的液体加于旋转叶轮的阻力矩即为制动力矩，将通过变速器和驱动桥放大后传到驱动轮。由旋转叶轮输入的汽车动能即通过液力缓速器内的液力阻尼作用转变成热能。

（3）电磁缓速　电磁缓速是利用专设的电磁缓速器来产生缓速作用。电磁缓速器的主要元件是由驱动轮通过传动系带动的盘状的金属转子和由若干个固定不动的电磁铁组成的定子，二者端面之间留有不大的（0.5~1.5mm）间隙。当有电流通过定子的励磁线圈时，便产生磁场，对在此磁场中旋转的转子造成阻力矩，即制动力矩。在磁场作用下，在转子中产生的涡电流可将转子及整个汽车的部分动能转换成热能。

（4）牵引电动机缓速　对于采用电传动系的汽车，可以对电动驱动轮中的牵引电动机停止供电，使之受驱动轮驱动而成为发电机，将汽车的部分动能转变成电能，再使之通过电阻转变为热能而耗散。这时电动机对驱动轮的阻力矩即是制动力矩。

【课堂互动】（5）空气动力缓速　空气动力缓速是采用使车身的某些活动表面钣件伸展，以加大作用于汽车的空气阻力的办法来起到缓速作用。这种方法目前只用于竞赛汽车。

3. 排气缓速制动装置构造

图8-109为日产RD8和RD10发动机排气制动装置简图。它由制动装置（排气制动阀、进气管蝶形阀）及控制装置（气动缸、电磁阀、制动开关、离合器开关和加速开关等）两部分组成。

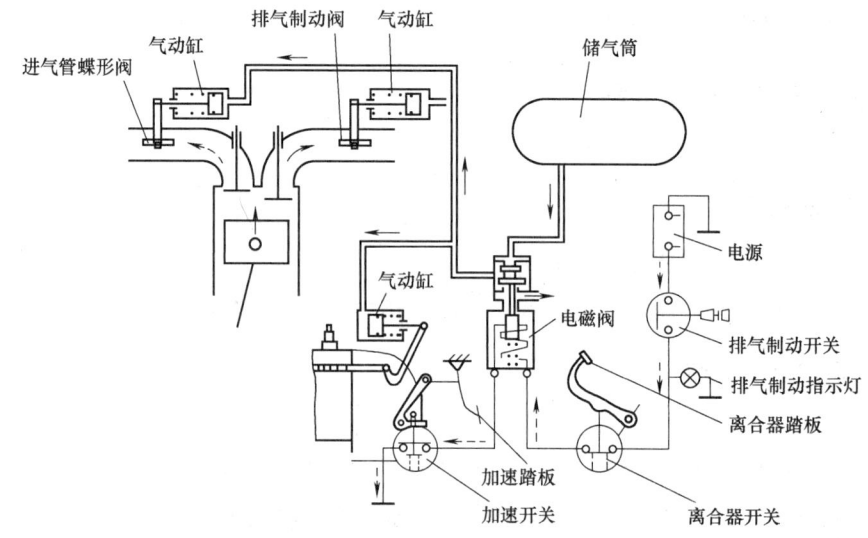

图8-109　排气制动装置简图

（1）排气制动阀　排气制动阀为蝶形阀，装在排气歧管出口处，其结构如图8-110所示。蝶形阀装在轴上，轴的一端经杠杆由气动缸操纵。当蝶形阀关闭时，排气歧管内的空气在气缸排气行程时受到压缩而产生制动作用。

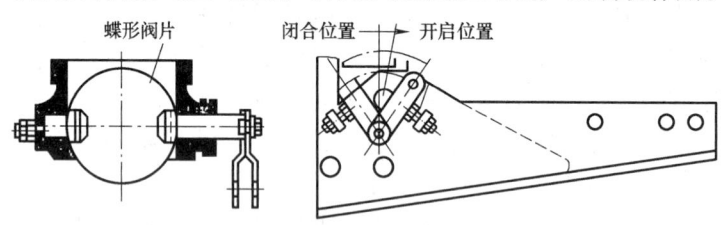

图8-110　排气制动阀

（2）进气管蝶形阀　进气管蝶形阀的构造如图8-111所示，它装在进气管壳体和进气管之间。蝶形阀用四个螺钉固定在轴上，由气动缸操纵。

（3）气动缸　气动缸的构造示意如图8-112所示。气动缸缸径为30mm，行程为52mm。当储气筒内压缩空气经电磁阀进入气动缸时，推动活塞移动使蝶形阀关闭，内弹簧使阀关闭时起缓冲作用。当气缸内压缩空气经电磁阀排出时，活塞和活塞杆在弹簧作用下回位，蝶形阀开启。

（4）电磁阀　电磁阀为常闭式。当电流切断时，在弹簧作用下阀门关闭；当通电时，电磁阀开启，储气筒内压缩空气经电磁阀进入气动缸。

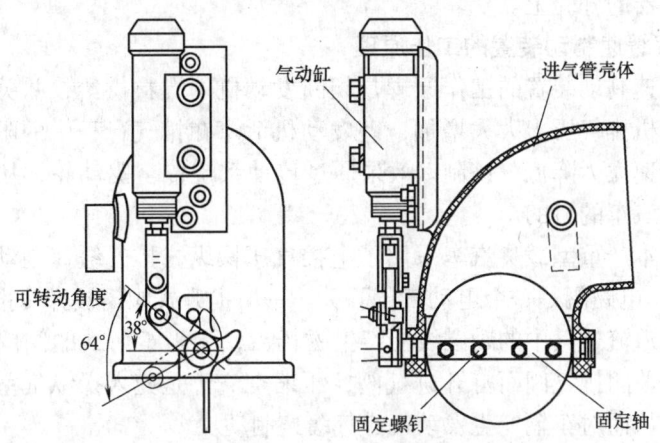

图 8-111 进气管蝶形阀

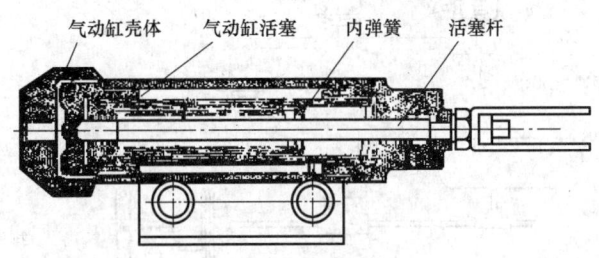

图 8-112 气动缸

电磁阀应用电压为24V,最小操作电压为20V,允许最大电流为1.2A。

(5) 制动开关 排气制动开关装在转向柱管上,应用电压为24V,允许电流为2A。把制动开关杠杆拨至"接通"位置,仪表板上排气制动信号灯发亮,电流通往离合器开关、电磁阀及加速开关,排气制动装置起作用。将杠杆拨至"离开"位置时,信号灯灭,排气制动电路断开,不发生作用。

(6) 离合器开关 离合器开关的两根接线柱串联于控制电路中,它由离合器踏板控制。当踩下离合器踏板时,离合器分离,排气制动应不起作用。此时离合器开关触点断开,电流切断。当离合器踏板放松时,离合器开关触点闭合,电流通往电磁阀。

(7) 加速开关 加速开关的两根接线柱也是串联于控制电路中,它由加速踏板控制。加速开关的构造如图8-113,它装在

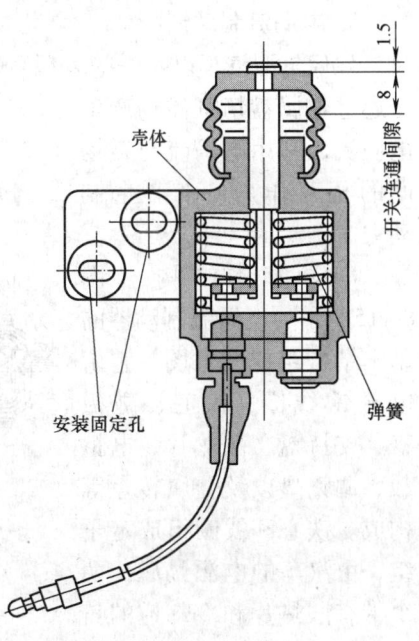

图 8-113 加速开关

【课堂互动】 喷油泵调速器的外壳上。

4. 排气缓速制动装置的工作原理

排气缓速制动装置的工作原理是切断发动机的燃料供给，并关闭排气节流阀，使发动机排气压力大大增加，即发动机活塞在排气行程中的阻力增大，迫使发动机转速大为降低，该制动效果通过传动系统传至驱动轮，从而达到降低车速、制动汽车的目的。

一些日本产重型载货汽车采用了电控气压操纵式排气缓速制动装置，如图 8-114 所示，电磁阀是一个电动气压开关。一般提升式阀门被弹簧推到下极限位置。当有电流流过其中的励磁线圈产生磁场后，相当于衔铁的阀门被吸起到上极限位置，关闭排气阀而打开进气阀，压缩空气于是充入操纵气室，使排气节流阀关闭，从而对车辆产生发动机排气缓速制动。

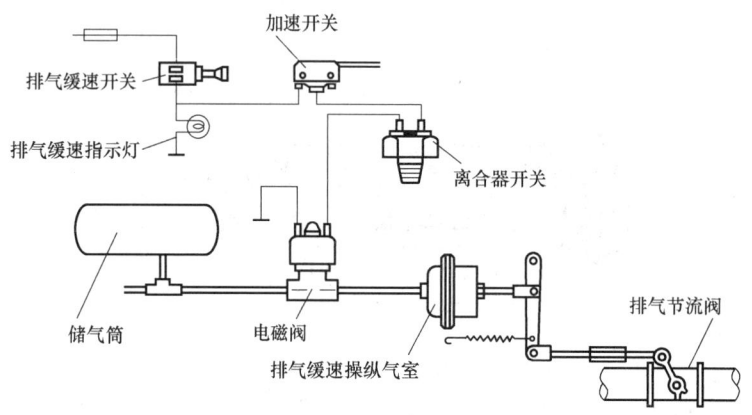

图 8-114 电控气压操纵式排气缓速制动装置

5. 电涡流制动器

现代重型汽车以及一些大型客车上，已开始较多地装用电涡流制动器。它是通过金属盘切割磁场产生电涡流，利用电涡流与磁场间的相互作用，来产生制动力。

（1）基本结构 图 8-115 所示为电涡流制动器的基本结构组成示意图。它由电磁铁线圈、铁心、磁极盖、支持盘、散热片、电枢毂、调整垫以及金属转盘等构成。铁心和线圈组成定子组，由汽车的电源励磁。两个带有散热片和冷却道的铸钢盘构成转子，并安装在传

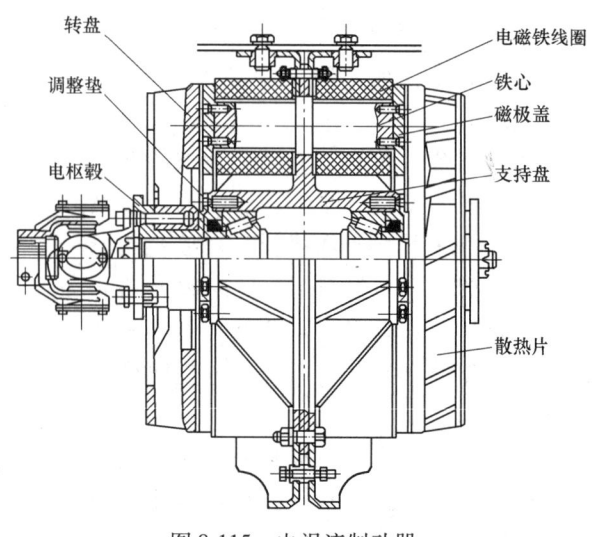

图 8-115 电涡流制动器

动轴上，和传动轴一起转动。两个铸钢盘分别安置在定子两边，其表面距离磁 【课堂互动】
极盖的表面有 0.5~1.5mm 间隙。

(2) 工作原理　当电流通过电磁铁线圈时，制动器内便产生磁场，该磁场通过转盘。转盘在磁场中转动，其表面产生涡流电，使传动轴和驱动轮的转速下降，从而产生制动效果。转盘上产生的制动力矩的大小与通过线圈上的电流强度以及车轮的转速成正比。电涡流制动器工作时产生的热量通过散热片散发到大气中。

电涡流制动器在车辆高速时的制动效果非常好，低速时较差，作为汽车的辅助制动装置较合适；而且，该装置没有摩擦元件，使用寿命长，工作可靠。

【知识拓展】

1. 制动器的热衰退性

汽车高速行驶或下长坡时，由于制动频率的增加、制动时间的增长和高速制动，制动器把汽车的大量动能转化为热能，这些热量短时间来不及散失，结果使制动器的温度升高，达到 300~600℃，前制动器每制动一次，其温度升高 10.8℃，后制动器每制动一次，其温度升高 7.34℃。制动器升温后，由于制动器摩擦片的摩擦系数的降低，导致制动器的摩擦力矩的下降。这种现象称为制动器的热衰退性。

2. 排气缓速方式多用于柴油机汽车

排气缓速方式多用于柴油机汽车，原因是柴油机压缩比大于汽油机，所以作为压缩机，其缓速效果明显优于汽油机；另外，在实施排气缓速制动时柴油机中断燃油供给比汽油机容易得多。

【技能训练】

1. 排气缓速制动装置维护

1) 每天出车之前应打开储气筒放泄阀，排出储气筒内水分。否则，若水分进入电磁阀，使阀弹簧锈蚀，润滑脂变质，将引起其他故障。

2) 定期往蝶形阀推杆加注三四滴润滑油。

3) 每行驶 48000km 应拆卸气动缸，更换 O 形密封圈，若其他零件有损伤也应更换。

2. 排气缓速制动装置的检修

(1) 排气制动阀的检修

1) 制动阀的解体

① 拆卸制动阀：先放掉储气筒中的空气，翻转驾驶室，拆下进排气接头，拆下驾驶室底板上制动阀固定螺栓，取出制动阀。清洗制动阀外表，但油水脏物不得进入内部。分解前各接合部做好装配记号，以防安装错误。解体后零部件依次排列放置。

② 踏板的分解：拆下踏板座架，抽出滚轮轴和踏板轴。

③ 阀体的分解：将上下阀体分开；将上阀体连杆上弹簧压下，取掉顶部小

【课堂互动】卡簧，依次取出活塞、回位弹簧、继动活塞等组件；卸掉下阀体排气阀，分解进排气阀；取出上阀体沟槽内卡簧，取出第一进排气阀总成各零件。

2）制动阀零件的检查。解体后的制动阀零件，对橡胶件用酒精擦洗，对金属件用金属清洗剂或轻油清洗吹净。

① 踏板轴承孔 ϕ10.25 以上，修复或更换踏板；踏板销轴磨至 ϕ9.85 以下换新；滚轮内径 ϕ10.1 以上，外径 ϕ26 以下应更换；支座孔 ϕ26.65 以上换套或更换；滑柱 ϕ26.16 以下应更换。

② 各回位弹簧生锈、折损、变形、疲劳时换新。有制动阀弹簧件修理包供选用。

③ 进排气阀等橡胶件使用一年以后，用修理包件更换，阀门橡胶面有沟槽，腐蚀换新。

3）制动阀的组装。制动阀组装时，气室、活塞滑动面、O 形密封圈及槽部、踏板转动部、滑柱移动部都要适当涂抹润滑脂。

① 下阀体的组装：把下阀体排气端向上放置在工作台上，把第二进排气阀装入下阀体，装排气阀盖。

② 将上阀体倒置在工作台面上，把第一进排气阀门、弹簧座、弹簧、护圈、O 形圈、特种垫圈按顺序组装，用锁环固定，将第一阀门总成装入上阀体并用卡环固定；在活塞上装上橡胶弹簧、垫圈并用螺栓固定，活塞上装上密封圈；用连杆依次穿上继动活塞、继动活塞回位弹簧、第一进气阀、上阀体、回位弹簧、活塞、平衡弹簧和压盘等，并用小卡簧固定，按装配记号将阀体和踏板座架联接在一起。

③ 装滑柱、滚轮及踏板等。

④ 将制动阀装到车上，调节踏板调整螺钉，使踏板自由行程为 20～40mm，气压达 686kPa 以上，松开制动踏板或踩住制动踏板，制动阀无漏气部位。

（2）制动阀的检修

① 拆卸前应检查阀轴的轴向间隙，轴向间隙应为 0.5～2.5mm，超过时应予修复。

② 检查制动阀和操作缸的连接部，拉杆和连杆有无松旷，严重时应修复或更换。

③ 拆下拉杆，检查制动阀臂是否灵活，阀门轴是否松旷；检查阀轴和衬套的配合间隙，如间隙超过 0.425mm 时，应更换衬套；蝶形阀如有翘曲变形，应予修复或更换。

④ 调整：松开阀门臂限位螺钉锁紧螺母，使蝶形阀位于全闭状态，然后反转限位螺钉 1/8～1/7 转，使阀门与阀体间隙为 0.20mm；再使蝶形阀位于全开位置，调整另一侧限位螺钉，最后锁紧锁母。

阀门全闭时，蝶形阀与阀体间隙消失，致使阀门打开不灵活，是阀门内产生积炭所致。

3. 排气缓速制动装置的故障诊断

1）排气缓速制动开关接通时，指示灯不亮，多因熔丝熔断、电路断路。

2）排气缓速制动开关接通（指示灯亮）、离合器踏板和加速踏板均处于放 【课堂互动】
松位置时，排气缓速制动装置不起作用。此故障是由于电磁阀线圈断路或阀杆
卡死、排气制动阀门轴卡死、压缩空气压力过低、电磁阀工作电路断路等。

3）踩下加速踏板（或离合器踏板）时，排气缓速制动不解除。其原因是加速开关（或离合器开关）工作不良（触点不断开）或开关推杆运动不灵活。

4）排气制动阀阀门不回位。该故障的主要原因是，电磁阀排气受阻或阀芯运动不灵活，操纵气室活塞卡死或回位弹簧弹力不足、折断等。

8.9 制动系的故障诊断

【本节目标】

1. 了解气压制动装置的故障原因及诊断方法。
2. 理解驻车制动器常见故障诊断与检修。
3. 掌握液压制动装置常见故障诊断及排除方法。

【基本理论知识】

1. 气压制动装置常见故障诊断与排除

（1）制动失效

1）现象。汽车行驶中制动时，不能减速或停车，制动阀无排气声，或制动突然失效。

2）原因

① 储气筒内无压缩空气或气量不足。
② 制动控制阀的进气阀不能打开或排气阀不能关闭。
③ 制动气管堵塞，制动控制阀或制动气室膜片破裂漏气。
④ 制动踏板与制动控制阀拉臂脱节。

3）诊断与排除

① 先检查储气筒内有无压缩空气。若无压缩空气，应查找有无漏气之处。若无漏气，则为空气压缩机故障，应检修空气压缩机。

② 若空气压缩机工作正常，则检查制动踏板与制动控制阀拉臂是否脱节，制动控制阀的调整螺钉是否松动。若上述都正常，则应拆检制动控制阀，疏通气道。

（2）制动不良

1）现象。汽车行驶中，将制动踏板踩到底后，汽车减速慢，制动距离长。

2）原因。

① 储气筒内压缩空气不足。
② 踏板自由行程过大。
③ 制动控制阀和制动气室膜片破裂，制动调整杆调整不当，使制动气室推杆行程过大。
④ 气管破裂或接头松动漏气。

【课堂互动】　　⑤ 制动蹄片与制动鼓间隙过大或接触面积小或蹄片上有油污、泥水、烧焦、磨损过度。

⑥ 制动鼓失圆、起槽、磨损过量。

⑦ 制动凸轮轴或蹄片轴锈蚀，转动阻力大。

3）诊断与排除

① 先起动发动机运转数分钟，观察气压表读数是否达到技术标准。如果气压不足，应检查空气压缩机是否工作正常、管路是否漏气、空气压缩机传动带是否过松。

② 若发动机运转时，未踩下制动踏板，储气筒内气压不断升高，而发动机熄火后，气压又不断下降，则空气压缩机至制动控制阀之间的气道漏气。

③ 若储气筒内气压符合标准，当踩下制动踏板时，气压不断下降，即为制动控制阀至各制动气室之间有漏气处或膜片破裂而漏气。

④ 若无漏气，则应检查制动踏板自由行程，检查摩擦片与制动鼓之间的间隙是否过大，再检查制动臂的调整是否适当，否则应进行调整。

（3）制动跑偏

1）现象。汽车同轴上的左、右车轮制动力不等或制动生效时间不一致，当汽车制动时，将导致汽车偏向制动力较大或制动较早的一侧。

2）原因

① 左、右车轮制动器制动力不等。左、右车轮制动器间隙不一致，制动鼓与制动摩擦片接触面积相差太大，个别制动鼓失圆，内径相差过大；或回位弹簧弹力相差悬殊，制动蹄与支承销锈蚀，转动困难；个别摩擦片有油污、硬化、铆钉外露或材料不一样或质量不同。

② 左、右车轮制动操纵力不平衡。个别制动气室连接软管腐蚀、老化、破裂、堵塞或接头漏气；个别制动气室膜片破裂、老化、弹簧折断或弹力过小及推杆弯曲变形；制动凸轮转角大小不一，支架磨损、松旷或凸轮轴颈与支架锈蚀卡滞。

③ 其他原因。左、右轮胎气压大小不一致。轮胎花纹不一样、前轴两侧钢板弹簧弹力不等、车架变形、前轴位移、前后轴不平行等。

3）诊断与排除

① 汽车行驶中制动时，当汽车向左偏斜，即为右轮制动性能差，反之则为左轮制动性能差。通常是根据路试法，后轮轮胎拖印判断或经制动试验台检测法进行检测，确定其故障部位。

② 应先检查制动气室。一人踩住制动踏板，另一人检查该车轮制动气室、气管或接头有无漏气。若无漏气检查制动气室推杆伸缩情况，查看是否有弯曲、变形或卡死现象及左右推杆是否一致。

③ 如果上述良好，可将车轮架起，从制动鼓检视孔察看摩擦片是否有油污等；检测制动间隙是否过大。若上述良好，可踩下制动踏板，并迅速抬起，观察制动蹄回位是否自如。若不能迅速回位，多为制动蹄回位弹簧弹力不足或凸轮轴卡死，则应进行修理或换用新件。

④ 若上述检查调整无效，则应检查制动鼓是否失圆，摩擦片是否磨损或硬 【课堂互动】
化，铆钉头是否外露，以及弹簧弹力是否符合技术标准、检查凸轮轴转动是否
灵活。根据具体情况进行维修或换用新件。

（4）制动拖滞

1）现象。当抬起制动踏板后，摩擦片与制动鼓仍有接触，致使汽车起步
困难、行驶无力，行驶一段路程后制动鼓发热。解除制动时，制动控制阀排气
缓慢或不排气或制动灯不灭。

2）原因

① 制动踏板无自由行程或制动间隙过小。

② 制动阀调整不当或排气阀弹簧失效，使排气阀不能完全打开，管路不
畅通。

③ 制动踏板与制动阀拉臂之间传动件卡滞。

④ 制动气室推杆伸出过长变形而卡死，制动软管老化不畅通，冬季积水结
冰卡住。

⑤ 制动凸轮轴与衬套锈滞或同轴度超差，使凸轮轴转动不灵活。

⑥ 轮毂与轮毂轴承、半轴套管之间配合松旷。

⑦ 制动鼓圆度误差过大或摩擦片破碎卡滞。

3）诊断与排除

① 抬起制动踏板时，制动控制阀排气缓慢或不排气大多属于制动控制阀故
障。若排气快或断续排气而制动拖滞，则属个别车轮制动器故障。若用手摸试
各车轮制动鼓时，如果是制动阀故障，则所有车轮制动鼓发热；若个别车轮制
动器有故障，则该车轮制动鼓发热，应拆检该车轮制动鼓。

② 若制动控制阀有故障，应先检查制动踏板自由行程。若行程正常，则拆
检制动控制阀排气阀弹簧及座。若良好，则检查制动控制阀推杆是否锈滞。

若制动踏板不能完全抬起，一般是制动踏板传动装置卡滞，应予检修。

③ 若个别车轮拖滞，可在抬起制动踏板时，观察制动气室推杆情况。若其
回位缓慢或不回位，应检查制动凸轮轴与支架间润滑程度和同轴度。若回位正
常，可检测制动间隙。若架起车轮检测的间隙与落下车轮检测的间隙有变化，
则轮毂轴承松旷，或半轴套管与轮毂配合松旷。若上述良好，则应拆下制动鼓，
检测制动器各机件并进行必要的维修或换用新件。

2. 驻车制动器常见故障诊断与检修

（1）驻车制动不良

1）现象。汽车停在坡路上时，因驻车不良而自行滑移。

2）原因

① 驻车制动自由行程过大。

② 制动鼓工作表面磨损、起槽、裂纹，摩擦片与制动鼓贴合不良或摩擦片
与制动鼓配合间隙过大。

③ 摩擦片表面有油污、泥水，磨损过度或焦化。

④ 制动蹄片在支承底板中卡住，或支承底板变形致使制动蹄轴歪斜。

【课堂互动】　　⑤ 汽车起步时，操作失误，未松驻车制动操纵杆导致摩擦片烧蚀。

3) 诊断与排除

① 将变速杆回到空挡位置，拉紧驻车制动操纵杆，支起后轮。这时转动传动轴，如能转动，则说明驻车制动不良。

② 检查驻车制动操纵杆的自由行程是否过大。

③ 用塞尺检测摩擦片与制动鼓配合间隙是否符合技术标准，否则应进行调整。

④ 若上述良好，则检测驻车制动器制动鼓圆度误差，查看摩擦片是否有油污，与制动鼓贴合状况及制动底板是否变形，检查制动蹄轴是否锈蚀，否则维修或换用新件。

(2) 驻车制动拖滞

1) 现象。变速器挂低速挡，松离合器踏板，放松驻车制动操纵杆，汽车难以起步；或虽然起步，但稍减供油，汽车急速降速；或行驶一般路程后，驻车制动鼓发热。

2) 原因

① 制动蹄摩擦片与制动鼓间隙过小，局部有粘连接触，制动蹄回位弹簧弹力小、过软或折断。

② 制动蹄与制动蹄轴装配过紧，转动困难或锈蚀，导致制动蹄回位缓慢或不回位。

3) 诊断与排除

① 若汽车在离合器良好状态下不能起步，车辆行驶无力，驻车制动鼓发热，则说明驻车制动拖滞。

② 先检查齿板上的限位片是否丢失或未装。

③ 用塞尺检测摩擦片与制动鼓间隙是否符合技术标准，否则应调整。

④ 若以上良好，应拆检驻车制动器。

3. 液压制动装置常见故障诊断与排除

(1) 液压制动不良

1) 现象。汽车在行驶中，迅速将制动踏板踩到底，汽车不能立即减速、停车，制动减速度小，制动距离长。

2) 原因

① 制动主缸的原因

a) 主缸内制动液不足，补偿孔堵塞，通气孔堵塞。

b) 主缸内橡胶碗破损、老化、变形或顶翻。

c) 主缸活塞与缸体磨损过量、松旷而漏油。

d) 回油密封不良，出油阀弹簧过软、折断，油阀密封不良。

② 制动轮缸的原因

a) 轮缸橡胶碗老化、破损或顶翻。

b) 轮缸活塞卡滞，活塞与缸筒磨损过量，松旷漏油，活塞的回位弹簧过软或折断。

③ 制动器的原因

a) 制动蹄摩擦片磨损过量，制动间隙过大或调整失误，摩擦片接触面积小。

b) 制动鼓失圆、起槽或鼓面磨损过度。

c) 制动蹄摩擦表面沾有油污、泥水、铆钉外露或表面烧焦硬化。

④ 其他原因

a) 制动踏板自由行程过大。

b) 机械连接部位脱落、断开、失效等。

c) 制动液中渗入空气或湿度过高形成气阻。

d) 油管凹瘪，接头松动渗油，制动软管老化、破裂或堵塞。

(2) 制动跑偏

1) 现象。汽车制动时，左、右车轮制动力不相等或制动生效时间不一致，导致汽车向制动较大或制动较早的一侧行驶的现象。

2) 原因

① 左、右车轮制动器制动间隙大小不一样，或摩擦片与轮鼓接触面积相差太大，或摩擦片材料、质量、规格不一样。

② 左、右制动鼓内径相差过多，或回位弹簧弹力相差太大，或轮胎气压大小不一样。

③ 个别车轮摩擦片有油污、硬化或铆钉外露，或轮缸内活塞卡滞、橡胶碗发胀，或油管堵塞，或制动鼓失圆。

④ 车架变形，前轴外移，前后轴不平行，两前轴钢板弹簧弹力不一样。

3) 诊断与排除

① 汽车行驶中制动，若汽车向左倾斜，则为右轮制动性能差，反之为左轮制动性能差。

② 当汽车制动后，查看轮胎在路面上的拖印情况，若拖印短或没有拖印的车轮，则为制动有故障的车轮。

③ 若查出有故障车轮后，先检查该车轮制动管路是否漏油，轮胎气压是否达到技术标准。若正常，再检测制动间隙是否符合技术标准，否则予以调整。若仍无效，应拆下制动鼓，逐一检查各件。

④ 经上述检修后，各车轮拖印基本符合要求，但制动时仍跑偏，则故障不在制动系，应检测车架或前轴的技术状况。若出现忽左忽右的跑偏现象，则应检查前束或纵横拉杆球头销是否松旷。

(3) 制动拖滞

1) 现象。在行车制动中，当抬起制动踏板时，全部或个别车轮仍有制动作用，致使车轮起步困难，行驶无力，制动鼓发热。

2) 原因

① 制动踏板没有自由行程或回位弹簧过软、折断，踏板轴锈滞、发卡，回位困难。

② 主缸活塞变形，回位弹簧过软或折断。

【课堂互动】

【课堂互动】

③ 制动间隙过小，制动蹄回位弹簧过软、失效，制动蹄在支承销上不能自由转动。

④ 制动轮缸橡胶碗胀大，活塞变形。

⑤ 制动管路凹瘪、堵塞，导致回油不畅。

【技能训练】

1. 液压制动不良的诊断与排除

先连续踩下制动踏板，根据踏板高度进行诊断。

① 若制动踏板不升高，始终到底且无力，应先检查主缸是否缺少制动液，主缸进油孔与储液罐通气孔是否堵塞。再检查油管接头有无破损之处或严重漏油，否则应修理或换用新件。若无漏油之处，应检查各机械连接部位有无脱开之处。

若以上检查均好，则进一步检查主缸或轮缸橡胶碗是否破裂、顶翻或破损。

② 若制动踏板能升高，这时踩住踏板进行检查。若踩动踏板，踏板能升高且制动效能有好转，则检测踩板自由行程和车轮制动器的间隙，应符合技术标准，否则进行局部调整。

若踩住踏板后踏板缓慢下降，应检查管路是否有破损或接头漏油。若无漏油应检查主缸、轮缸的橡胶碗密封是否良好，检查主缸、轮缸的回位弹簧是否过软或折断，主缸回油阀和出油阀是否损伤，否则换新件。

若踩制动踏板有弹性感，则液压系统内有空气或制动液汽化，应排出空气。

③ 若踩一次制动踏板高度适中，但感到硬而且制动效能差，则个别车轮制动器不良，应检查制动软管是否老化、堵塞，否则检查该车轮制动器。

若各车轮制动均不良，应先检查主缸橡胶碗、密封圈是否良好，活塞是否卡滞，否则检查各轮缸制动器工作状况。

2. 液压制动拖滞的诊断与排除

① 汽车行驶一段路程后，用手触摸各制动鼓，若全部发热，说明故障在制动主缸；若个别制动鼓发热，则故障在个别的制动轮缸上。

② 若故障在制动主缸，应先检查踏板自由行程。如果无自由行程，则主缸推杆与活塞间隙过小或没有间隙，应进行调整。若自由行程符合标准，则拆下主缸储油室加油螺塞，踩下踏板慢回位，看其回油状况，若不回油则为回油孔堵塞；若回油缓慢则为橡胶碗、橡胶圈发胀或回位弹簧无力；或油液太脏，粘度太大。

③ 若故障在制动轮缸，把有故障的车轮顶起，旋松制动轮缸的放气螺钉，如制动液随之急速喷出，车轮也立即旋转自如，说明管路堵塞，轮缸不能回油，此时应疏通油管。若旋转车轮仍有拖滞，可检查制动间隙和回位弹簧，若正常，应检拆制动轮缸。必要时，活塞、橡胶碗均换用新件。

【习题8.9】

1. 填空题

（1）制动系常见故障有_____、_____、_____等。

(2) 小轿车的全轮拖滞，故障在_____；部分轮拖滞，故障在_____或_____。

(3) 小轿车全轮拖滞时，应先检查_____，若正常，则再检查_____。

(4) 小轿车的个别车轮在行驶中拖滞，很可能是该轮_____过小；若制动解除缓慢，则为_____、_____或其他原因所致。

(5) 连续几次踩制动踏板，踏板高度有增高，但始终有弹性感，说明该轿车的_____或_____。

(6) 连续几次踩制动踏板，每次都能将踏板踩到底，且无反力，说明_____。

(7) 当某轿车的制动踏板很硬，有踩不下去的感觉，而且制动力不足时，往往是_____不起作用，_____没有移动。

2. 选择题

(1) 导致液压制动不良是由于制动主缸的（　　）。
A. 回油阀密封不良　B. 出油阀弹簧过硬　C. 出油阀弹簧较软

(2) 连续几次踩制动踏板，始终到底且无力是因为（　　）。
A. 制动主缸橡胶碗破损、顶翻或橡胶圈破损
B. 制动间隙太大
C. 制动踏板自由行程较大
D. 制动系统内渗入空气或制动液汽化

(3) 制动主缸储液室内无制动液，或储油室盖通气孔堵塞，会造成（　　）。
A. 连续踩几次制动踏板，制动踏板能升高
B. 连续踩几次制动踏板，升高后，踩住踏板会缓慢下降
C. 连续踩几次制动踏板，始终到底

(4) 连续踩几次制动踏板，踏板能升高，但踩住制动踏板有弹性感，则是（　　）。
A. 主缸橡胶碗破损
B. 液压管路有渗漏处
C. 液压制动管路中有空气或制动液受热汽化

(5) 个别车轮制动咬死是由于（　　）。
A. 制动蹄摩擦片与制动鼓间隙太小
B. 制动液太脏或粘度过大
C. 制动踏板自由行程过小，或无自由行程而造成回油不畅

3. 判断题

(1) 频繁使用制动器，会导致制动失灵。　　　　　　　　　（　　）
(2) 一般汽车制动时向右跑偏，则右侧车轮制动不良。　　　（　　）
(3) 汽车行驶拖滞，多为制动踏板无自由行程所致。　　　　（　　）

【课堂互动】　　4. 简答题

（1）气压制动汽车，制动不良的原因有哪些？

（2）液压制动汽车，制动拖滞的原因有哪些？

（3）试述液压制动不良的排除方法。

模块 9　电控防抱死制动系统

【学习目标】

1. 了解电控防抱死制动系统基本概念。
2. 理解和掌握电控防抱死制动系统的基本组成与工作原理。
3. 掌握车轮防抱死制动系统的检修方法及步骤。
4. 熟悉电控防抱死制动系统的拆装。
5. 了解电控行驶稳定系统（ESP）。
6. 了解电子伺服制动系统功用。

9.1　概述

【课堂互动】

【本节目标】

1. 了解电控防抱死制动系统的发展、分类。
2. 掌握电控防抱死制动系统作用。
3. 理解电控防抱死制动系统的工作原理。

【基本理论知识】

防抱死制动系统（Anti-Lock Brake System），简称 ABS，能在汽车制动过程中防止车轮抱死，避免车轮在路面上进行纯粹地滑移，提高汽车在制动过程中的方向稳定性和转向操作能力，缩短制动距离。

1. 电控防抱死制动系统的发展

防抱死制动系统最早用于 20 世纪初的火车上，后来应用于喷气飞机上，以防止飞机着陆时跑偏。1954 年，美国福特汽车公司首次将法国生产的民航机用的 ABS 应用于林肯牌轿车，揭开了汽车应用 ABS 的序幕。到了 20 世纪 60 年代，虽然电子技术的发展已解决了复杂的逻辑控制难题，但 ABS 的功能和性能受到机械制造、成本和可靠性等的限制，应用范围受到了影响。

在计算机技术高速发展的推动下，欧洲研制成由数字计算机与电磁阀调节器组成的较为现代化的电控防抱死制动系统。1978 年，博世公司正式生产 ABS Ⅱ型，成为世界上第一个批量生产 ABS 的生产厂家。从此，ABS 技术在汽车上得到了推广使用。

随着世界汽车工业的迅猛发展，道路交通条件的不断改善，车辆行驶车速的提高，汽车制动时车轮抱死滑移的危害性也愈来愈严重。目前，ABS 已成为判断全球性汽车市场及各国汽车出口的标准。

【课堂互动】

2. 车轮制动力分析

车辆制动时，受到两种力的作用，即纵向作用力 F_x 及横向作用力 F_y。纵向作用力是使车辆减速的力，又称制动力；而横向作用力则是使车辆转向的力，如图 9-1 所示。制动力受车轮与路面间的附着条件（即附着系数）的限制，制动力不能超过附着力。附着力可按如下公式计算。

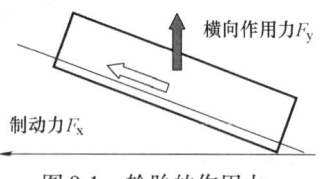

图 9-1　轮胎的作用力

$$F_\mu = G \cdot \mu$$

式中，F_μ 为附着力；G 为垂直载荷；μ 为附着系数。

制动力是受轮胎与路面的接触状况、车辆的轴重、轮胎的状况（轮胎的类型、气压、新旧等）及道路的状况（如道路的种类、干湿程度等）等限制。由于道路状况与轮胎状况不能随意改变，所以想提高制动力，只有对滑移率进行考虑。其中滑移率 S 的定义为

$$S = \frac{v_车 - v_轮}{v_车} \times 100\%$$

从上式可知，在车辆没有制动，也就是车轮自由滑行时，$v_车$ 等于 $v_轮$，滑移率 S 等于 0%；当踩下制动时，$v_车$ 与 $v_轮$ 同时下降，滑移率渐渐地变大；当进行紧急制动，也就是车轮抱死而车辆未停止时，$v_轮$ 为 0，但 $v_车$ 不为 0，那么 S 等于 100%。

3. 制动力、横向作用力与滑移率的关系

在良好道路上的制动力、横向作用力和车轮滑移率的关系如图 9-2 所示。

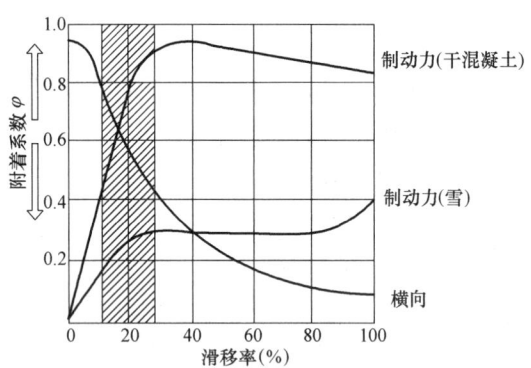

图 9-2　制动力、横向作用力和车轮滑移率曲线图

从图中可知，当滑移率刚开始增加，制动力显著增加；滑移率达到 15% ~ 20%（理想滑移率）时，制动力最大；如果滑移率继续增大，制动力有减少的倾向。也就是说汽车在制动时希望车轮的滑移率在 15% ~ 20%，此时轮胎与路面间附着系数最大。装备 ABS 系统就能充分发挥轮胎与路面间的这种潜在的附着能力。

实验证明，作用在前轮的横向作用力大时，可提高转向盘操控性能，如果横向力小甚至没有，比如在冰滑路面上制动，车辆失去方向控制性。作用在后

轮的横向作用力大时，可提高车辆的方向稳定性，如果横向力小甚至没有，会 【课堂互动】
造成车辆摆尾甚至调头。

从图中可知，当滑移率为0%时，横向作用力最大，随着制动的进行，横向作用力逐渐变小；如果滑移率超过20%，横向作用力会急剧减少；在滑移率为100%，横向作用力几乎接近零。也就是说，在制动时，当车轮抱死滑移时，车轮与路面间的侧向附着力将完全消失，如果前轮（转向轮）抱死滑移但后轮还在滚动，汽车将失去转向能力；如果后轮制动抱死滑移而前轮还在滚动，即使受到不大的侧向干扰力，汽车也将产生侧滑（甩尾）现象。这些都极易造成严重的交通事故。

4. 防抱死制动系统的工作原理

为了计算滑移率，基本的输入信号是轮速信号 $v_{轮}$，另外还有车速信号 $v_{车}$，但在制动过程，由于车轮的滑行，实际车速 $v_{车}$ 无法通过车速传感器准确测量，所以各个ABS制造商分别研发出各种电子控制逻辑，以能在各种路况上均能通过轮速信号确定出参考的车速，然后根据参考的车速与轮速计算出滑移率。

由于车轮滑移率会在一定范围内变化，如果仅以固定的滑移率作为控制，车辆就难以适应各种路面，不能保证在各种路面都能获得最佳的效果，因此，一般多采用减速度和滑移率进行综合控制，这样就具有较高的自适应控制能力，能保证在各种行驶状态和不同的路面下，都能较好的进行防抱死制动。

车轮的减速度一般由电脑根据轮速传感器的输入信号经过计算确定。其工作原理框图如图9-3所示。

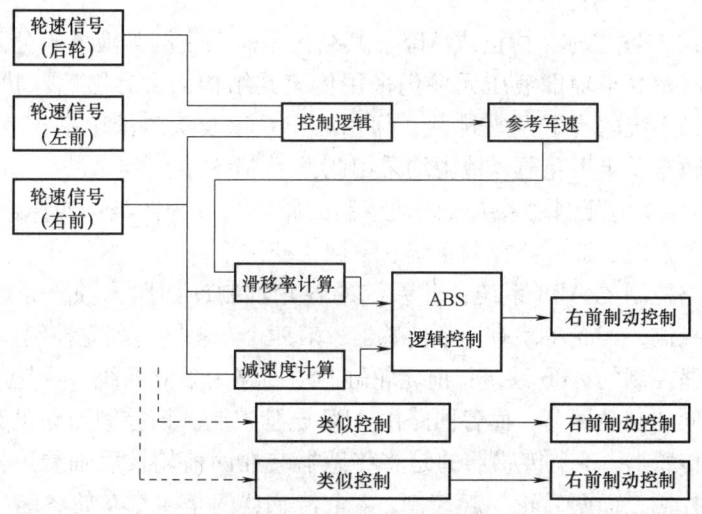

图9-3　防抱死制动系统控制的基本原理框图

装备有ABS系统的车辆，在每个车轮旁都装有轮速传感器，每个轮速传感器都会产生一个正比于轮胎的转动速度的电压信号，该信号直接输入到ABS电脑，ABS电脑监视每一个车轮的轮速，并判断接收到的轮速数据是否显示有一个或多个车轮减速过快，如果存在车轮减速过快，电脑立即对抱死车轮的制动

【课堂互动】 轮缸的压力进行控制。各车轮轮缸的压力在三个阶段循环变化：压力增大、压力保持、压力减少。

5. 电控防抱死制动系统的分类

1）防抱死制动系统的形式很多，从控制方式上可分为两大类：一类是机械液压防抱死制动系统，另一类是电控防抱死制动系统。机械液压防抱死制动系统的性能和可靠性相对较差，但具有结构简单、安装方便、价格便宜的优点，早期的车辆采用得比较多。目前广泛应用的是电控防抱死制动系统。

2）电控防抱死制动系统按其控制参数的选择方式不同，可分为三种类型：按车轮滑移率实现控制的防抱死制动系统，按车轮角减速度控制的防抱死制动系统，按车轮角加速度、减速度及滑移率实现控制的防抱死制动系统。

3）电控防抱死制动系统按制动力系统结构不同分为两类：整体式 ABS 和分离式 ABS。

整体式 ABS 的结构特点是将制动主缸与蓄能器、液压阀装合成一体，并且可以看到一只黑色圆球状的蓄能器（见图 9-4），没有真空辅助液压元件。整体式 ABS 系统

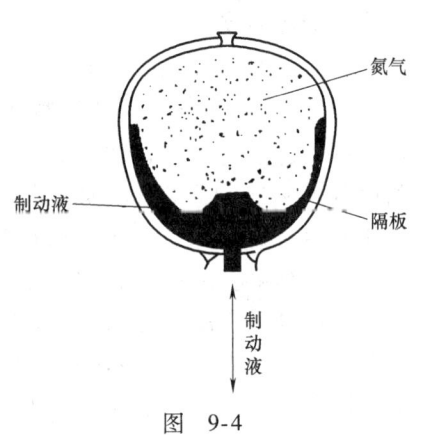

图 9-4

被用在福特、通用的别克（BUICK）、凯迪拉克、奥兹莫比尔及旁蒂克等以及绅宝（SAAB）车系中。

分离式 ABS 也称为博世式 ABS。其结构是制动主缸与液压阀分开安装，且其制动主缸及真空辅助液压元件仍采用传统式结构，没有黑色球状的蓄能器。目前采用该系统的有通用雪佛兰、阿尔法车系以及沃尔沃车系、宝马车系等。一汽捷达轿车及丰田花冠、威驰均采用此类型 ABS。

4）电控防抱死制动系统按制动控制回路不同分为四类：四回路控制系统、三回路控制系统、双回路控制系统、单回路控制系统。

四回路控制的 ABS 系统：此系统的各轮缸制动回路为独立系统，且都由 ABS 电脑控制，四轮各装有一个传感器，对四个车轮同时独立控制。

三回路控制的 ABS 系统：前轮轮缸制动回路为独立系统，后轮轮缸制动回路采用共同的制动回路，而各回路由 ABS 电脑控制。该控制回路可有 3 个传感器或 4 个传感器。3 个传感器的是将传感器装在两前轮及后轴差速器上，两前轮各独立控制，而两后轮一起控制。4 个传感器的是 4 个车轮各装有一个传感器，两前轮独立控制，两后轮一起控制。

双回路控制 ABS 系统：双回路一般采用 2 个传感器，将 2 个传感器装在两后轮或两前轮上，分别由两前轮或两后轮独立控制。

6. 防抱死制动系统的优点

（1）缩短制动距离　充分地利用车轮的最大附着力进行制动是缩短制动距离的关键，特别是前轮的附着力。这是由于前轮的附着力通常约占车辆全部附

着力的 70%～80%。在湿滑的路面上，制动距离的缩短尤为显著。

（2）防止车辆转向制动时造成的侧滑　如果转向车轮的横向附着力不足以提供车辆转向所需的横向作用力，此时，即使转向车轮已经发生了偏转侧滑，车辆也不会按预期的方向行驶，也就丧失了转向操纵能力。对于装有 ABS 的车辆，在转向制动过程中，不会因转向车轮抱死使得横向附着力不足而产生侧滑。

（3）改善了轮胎的磨损状态　事实上，车轮抱死会加剧轮胎磨损，而且使轮胎胎面磨耗不均匀。

【课堂互动】

【知识拓展】

1. ABS 的工作原理

熟练的驾驶员在湿滑路面紧急制动时，知道不能一脚到底猛踩制动，而是一踩一放的点放动作，以维持车轮继续转动不抱死。ABS 的工作原理即模仿此动作，以维持车轮在设定的转速。也就是说，装备有 ABS 系统的车辆，在制动时，驾驶员可以一直踩住制动踏板，ABS 系统能检测到车轮是否抱死，并对将抱死的车轮进行减压、保压、增压的反复动作，使车轮控制在理想的滑移率，即在 10%～20% 范围内。

2. 如何判断汽车是否安装有车轮防抱死装置？

一是车尾后部标有 ABS 字样，二是仪表板上有 ABS 报警灯，三是发动机室内制动装置与传统制动系统不同，四是紧急制动时，制动踏板有顶脚的感觉。

【习题 9.1】

（1）防抱死制动系统的优点有哪些？

（2）防抱死制动系统按控制回路及系统结构分类各有哪些？

9.2　电控防抱死制动系统的基本组成

【本节目标】

1. 掌握防抱死制动系统的基本组成元件。
2. 了解防抱死制动系统组成元件的结构。

【基本理论知识】

1. 防抱死制动系统的基本组成元件

如图 9-5 所示，防抱死制动系统主要由轮速传感器、电控单元、液压调节器、制动主缸和制动轮缸等组成。防抱死制动系统常见元件的位置如图 9-6 所示。

2. 防抱死制动系统各元件的结构及功用

（1）轮速传感器

1）作用：将轮速变为电信号，输送给控制单元，以使控制单元准确判断制动时车轮是否被抱死。

2）结构：轮速传感器由传感头和齿圈组成，传感头由永久磁铁和感应线

【课堂互动】

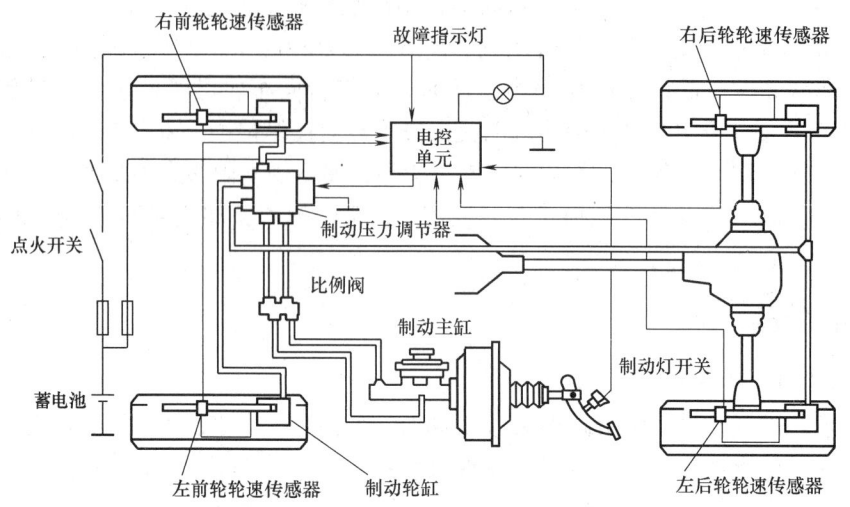

图 9-5 防抱死制动系统的基本组成

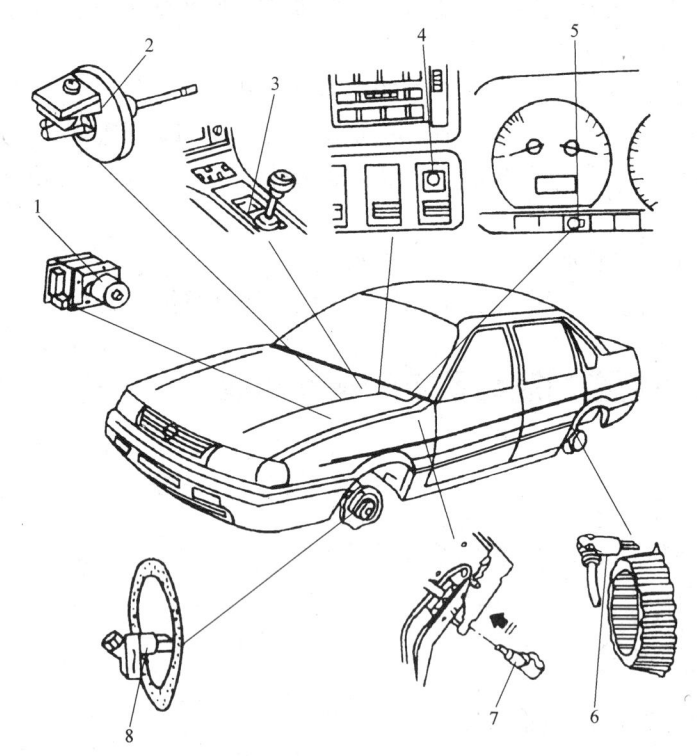

图 9-6 ABS 系统元件在车上的安装位置
1—ABS 控制单元 2—制动主缸和真空助力器 3—自诊断接口 4—ABS 故障报警灯
5—制动装置报警灯 6—后轮轮速传感器 7—制动灯开关 8—前轮轮速传感器

圈组成,齿圈由铁磁性材料制成,如图 9-7 所示。

3)工作原理:齿圈与车轮同步转动,当齿圈旋转时,齿顶与齿隙轮流交替对向磁铁,当齿圈转到齿顶与传感头磁铁相对时,传感头磁铁与齿圈之间的间隙最小,由永久磁铁产生的磁力线就容易通过齿圈,感应线圈周围的磁场就强,如图9-8a所示;当齿圈转动到齿隙与传感头磁铁相对时,传感头磁铁与齿圈之间的间隙最大,由永久磁铁产生的磁力线就不容易通过齿圈,感应线圈周围的磁场就弱,如图9-8b所示。此时,磁通迅速交替变化,在感应线圈中就会产生交变电压,交变电压的频率将随轮速成正比例变化。电子控制单元可以通过轮速传感器输入的电压脉冲频率进行处理来确定轮速、汽车的参考速度等。

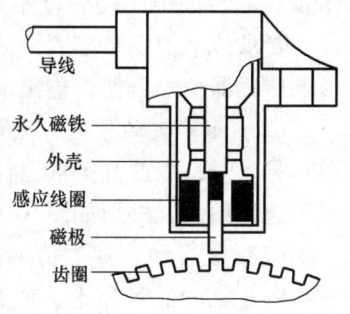

图9-7 车轮速传感器的结构

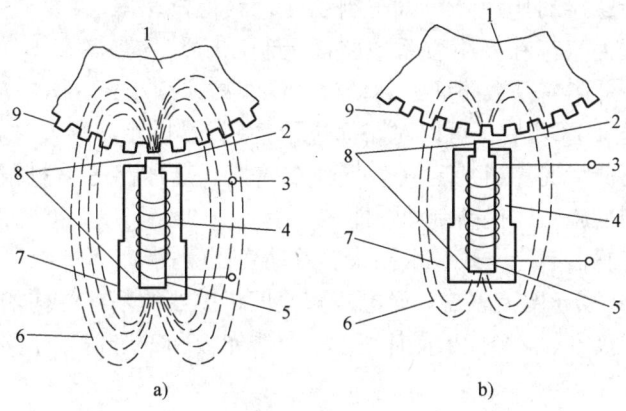

图9-8 轮速传感器工作原理
a) 齿圈齿顶与传感头磁铁相对时 b) 齿圈齿隙与传感头磁铁相对时
1—齿圈 2—磁铁端部齿 3—感应线圈端子 4—感应线圈
5—磁铁 6—磁力线 7—轮速传感器 8—磁极 9—齿圈上的齿

4) 轮速传感器的安装:轮速传感器通常安装在各车轮轴上,如图9-9所示。

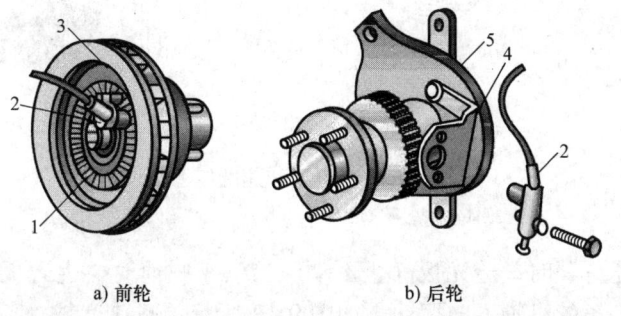

a) 前轮   b) 后轮

图9-9 轮速传感器的安装
1—齿圈 2—轮速传感器 3—轮毂 4—托架 5—轴座

为保证轮速传感器信号可靠,轮速传感器在安装时必须对准齿圈,且对有些传感器来讲,安装时则需将其轴向垂直于齿圈,传感头与齿圈间隙通常为

【课堂互动】1mm 左右，间隙跳动公差不超过 0.1~0.2mm，并要注意防灰尘和飞溅水。另外，要求传感器安装牢固，只有这样才能确保在制动过程中的振动不会干扰或影响传感器信号，使得输出准确无误。

（2）四轮驱动开关 在有些四轮驱动的车辆上加装有此开关。当车辆换到四轮驱动时，由此开关输出信号到 ABS 电脑，使 ABS 暂时不起作用。其外形如图 9-10 所示。

（3）减（加）速度传感器（G 传感器） 目前，在一些四轮驱动的汽车上，或在吉普车上，还装有汽车加速度传感器，又称 G 传感器。由于其实现功能是测量车辆在纵向的减速度，也称为减速度传感器。

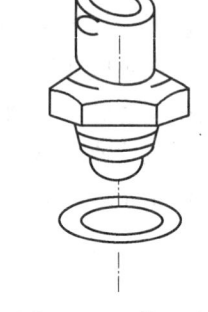

图 9-10 四轮驱动开关的外形

减速度传感器的作用是在汽车制动时，获得汽车减速度信号。因为汽车在高附着系数路面上制动时，汽车减速度大，在低附着系数路面上制动时，汽车减速度小，因而该信号送入 ECU 后，可以对路面进行区别，判断路面附着系数高低情况。当判定汽车行驶在雪路、结冰路等易打滑的路面上时，采取相应控制措施，以提高制动性能。

减速度传感器有光电式、水银式、差动变压器式等。

1）光电式减速度传感器。光电式减速度传感器的基本结构如图 9-11 所示，由 2 个发光二极管、2 个光敏晶体管、1 个透光板和 1 个信号电路（图中未画）组成。

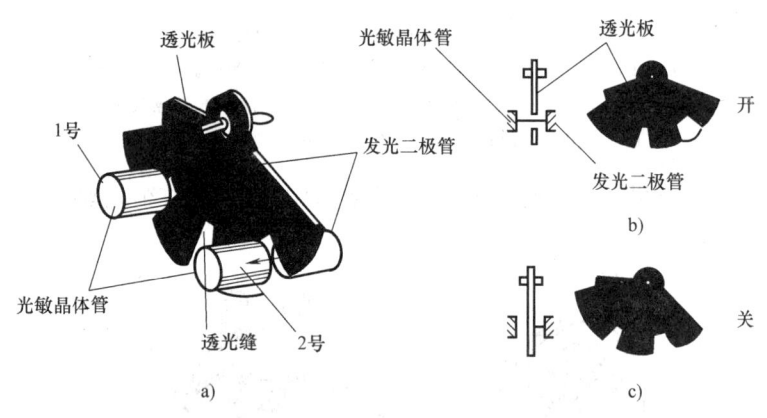

图 9-11 光电式减速度传感器
a）整体结构 b）透光时（开） c）遮光时（关）

汽车匀速行驶时，透光板静止不动。当汽车减速时，透光板则随着减速度的变化，沿汽车的纵轴方向摆动，如图 9-12 所示。减速度越大，透光板摆动位置越大，由于透光板的位置不同，允许发光二极管传送到光敏晶体管的光线不同，使光敏晶体管形成开和关两种状态。两个发光二极管和两个光敏晶体管组合作用，可将汽车的减速度分为四个等级，此信号送入电子控制单元就能感知路面附着系数情况。

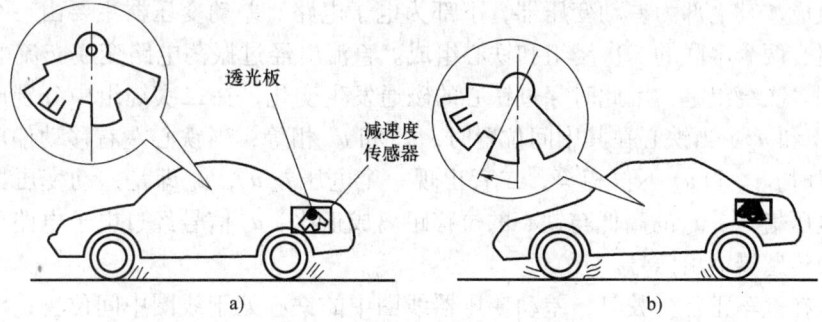

图 9-12　汽车减速时透光板的位置状态

a) 匀速行驶时　b) 减速行驶时

2) 水银式减速度传感器。水银式减速度传感器的基本结构如图 9-13 所示，由玻璃管和水银组成。

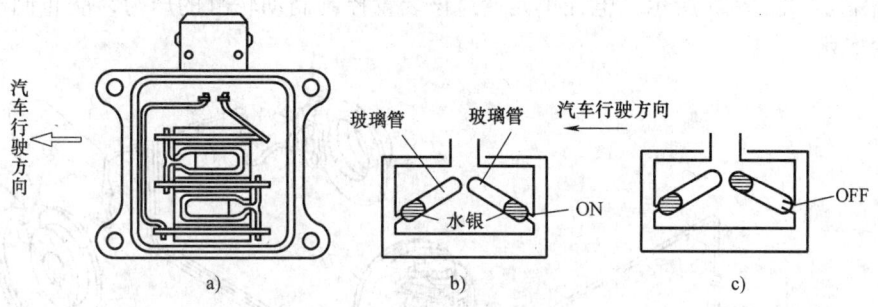

图 9-13　水银式减速度传感器

a) 整体结构　b) 减速度小时　c) 减速度大时

在低附着系数路面时，汽车减速度小，水银在玻璃管内基本不动，开关在玻璃管内处于接通（ON）状态。在高附着系数路面上制动时，汽车减速度大，水银在玻璃管内由于惯性作用前移，使玻璃管内的电路开关断开（OFF），此信号送入 ECU 就能感知路面附着系数情况。

3) 差动变压器式减速度传感器。差动变压器式减速度传感器的基本结构与工作原理如图 9-14 所示。从图中可以看出，差动变压器或速度传感器由两部

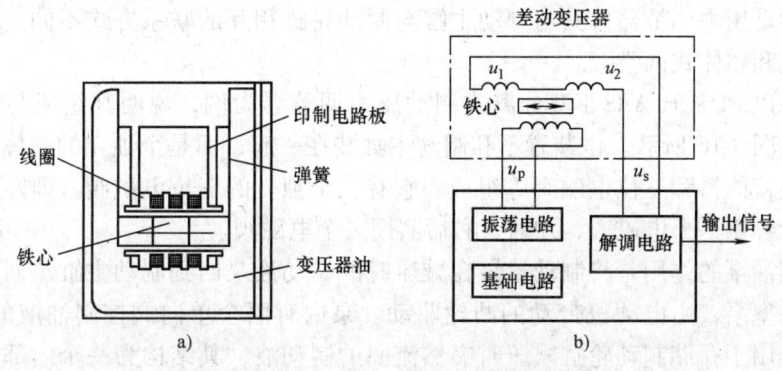

图 9-14　差动变压器式减速度传感器

a) 基本结构　b) 工作原理

【课堂互动】 分组成,其上部为差动变压器,下部为电子电路。差动变压器主要由一个一次绕组、两个串联的二次绕组和铁心组成。直流电经过振荡电路变成交流电压 u_p 加到一次绕组上,因此时穿过铁心的磁通发生变化,在二次绕组中分别产生电压 u_1 和 u_2。当铁心在其中间位置时,u_1 和 u_2 相等;当铁心左右移动偏离中间位置时,u_1 和 u_2 不再相等,二者出现一个电压差 u_s,u_s 即是差动变压器的感应电压信号。u_s 的高低与铁心的位移距离成正比。u_s 信号经过电子电路处理后成为传感器输出信号。

在汽车正常行驶时,差动变压器线圈中的铁心处于线圈中间位置;汽车制动减速时,铁心受惯性力的作用向前移动,使差动变压器内的感应电压信号发生变化。汽车制动时减速度越大,铁心位移越大,输出电压信号越大。该信号送入 ECU 用来控制 ABS 系统工作。

(4) 制动压力调节器 制动压力调节器装在制动主缸与制动轮缸之间的油路中,如图 9-15 所示,电控单元通过该装置控制制动轮缸的压力,防止制动车轮抱死。

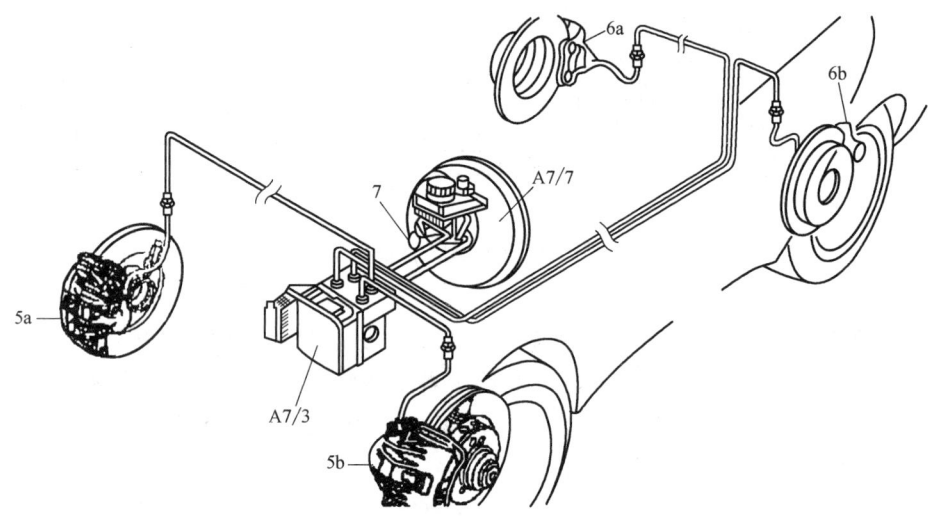

图 9-15 制动压力调节器

制动压力调节器按其与制动主缸与制动轮缸相互的联系方式不同,可分为分离式和整体式两类。

现以 BOSCH ABS II 型分离式制动压力调节器为例,说明其组成与工作原理,如图 9-16 所示。该装置不和制动主缸装在一起,而是个独立的整体,由回油泵、蓄能器和三位电磁阀等组成。它有三个独立的三位电磁阀,即左前、右前车轮各用一个电磁阀,左后、右后共用一个电磁阀。

回油泵的作用是将制动轮缸在减压时的制动液泵回到制动主缸。回油泵为一个柱塞泵,由电动机带动的凸轮驱动。泵内有两个单向阀控制油液的流向。蓄能器用于存储制动轮缸减压时突然流回的制动液,其结构为一个内部装有活塞和储能弹簧的缸筒。

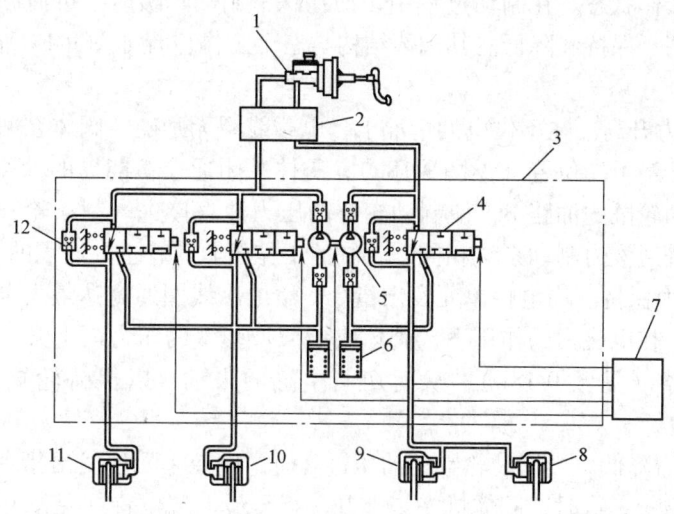

图 9-16 电控防抱死制动系统的液压系统
1—制动主缸 2—比例旁通阀 3—制动压力调节器 4—三位电磁阀
5—回油泵 6—蓄能器 7—电控单元 8—后右制动轮缸
9—后左制动轮缸 10—前右制动轮缸 11—前左制动轮缸 12—单向阀

在制动轮缸压力减小的过程中，制动液先进入蓄能器，推动活塞下行，使容积增加，而暂时存油。当回油泵柱塞上行时（见图 9-17a），制动轮缸的回油和蓄能器的存油进入柱塞，推开泵内的上单向阀流入回油泵。当回油泵柱塞下行时（见图 9-17b），先封闭进油回路，使泵内油压上升，推开泵内的下单向阀，将油液泵回制动主缸。

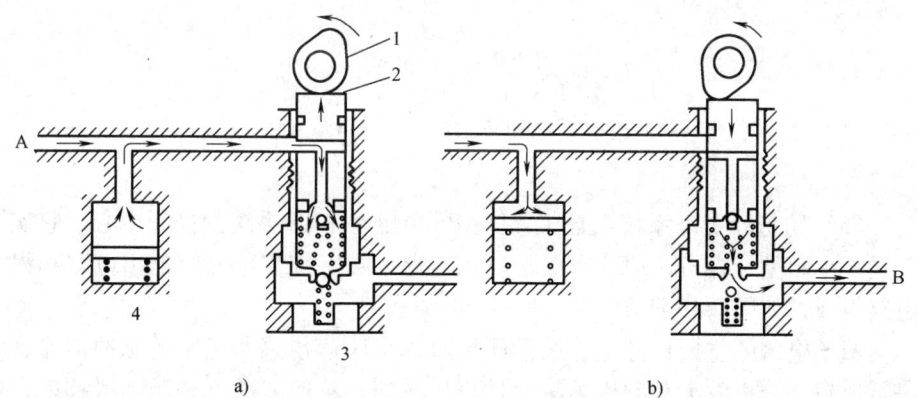

图 9-17 回油泵和蓄能器
1—凸轮 2—油泵柱塞 3—回油泵 4—蓄能器
A—来自制动轮缸 B—泵回制动主缸

三位电磁阀结构与工作原理：三位电磁阀用于调节车轮制动轮缸的工作压力，是一种用电磁线圈控制的直接控制阀。它由固定铁心、电磁线圈、阀体和回位弹簧等组成。该阀在制动主缸、轮缸和回油路之间建立联系，有三个液压

【课堂互动】 孔和三种工作状态。在制动过程中，即在踩下制动踏板时，可使制动轮缸的工作液压升高、保持和降低。其阀体结构与三个工作位置如图9-18所示。工作过程如下：

① 压力升高。在不供电的情况下，电磁线圈无励磁，阀体在回位弹簧的作用下，处于最下端位置（见图9-18a），阀体关闭通往蓄能器的油路C，同时打开通往制动轮缸的油路B，使制动轮缸的压力油直接进入制动轮缸。这时的工作状态和普通液力制动系统相同，轮缸的工作压力随着主缸油压的增加而升高。

② 压力保持。当电控单元发出指令，给电磁线圈通高达最大电流一半数值的电流时，在电磁力的作用下，阀体克服回位弹簧的压力而上升，关闭A、B、C三条油路（见图9-18b），从而切断主缸的来油，以保持轮缸的油压不再增减。

③ 压力降低。当制动轮缸的油压过高时，电控单元便发出指令，使最大电流通过电磁阀。这时，阀体进一步上升，直至最上端位置（见图9-18c），接通轮缸和蓄能器的油路，使轮缸油压降低。

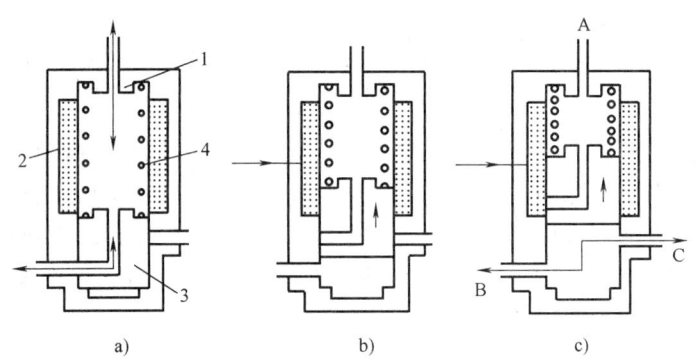

图9-18 三位电磁阀
a）液压升高 b）液压保持 c）液压降低
1—固定铁心 2—电磁线圈 3—阀体 4—回位弹簧
A—通往制动主缸 B—通往制动轮缸 C—通往蓄能器

（5）防抱死制动系统电控单元 ABS电脑是ABS系统的控制中心，它实际上是一个微型计算机，ABS电脑由输入电路、数字控制单元、输出电路和报警电路组成，如图9-19所示。

ABS电脑的主要任务是连续监测接收4个轮速传感器送来的脉冲信号，并进行比较、分析放大和判别处理，计算出轮速、轮速减速度和制动滑移率，再进行逻辑比较分析4个轮速的制动情况。一旦判断出车轮将要抱死，它立刻进入防抱死控制状态，通过ABS电脑向液压控制单元发出指示指令，控制制动轮缸油路上的电磁阀的通断和ABS液压泵的工作来调节制动压力，防止车轮抱死。

ABS电脑还不断对自身的工作进行监控。由于ABS电脑内有两个完全相同的微处理器，它们按照同样的程序对输入信号进行处理，并将其产生的中间结

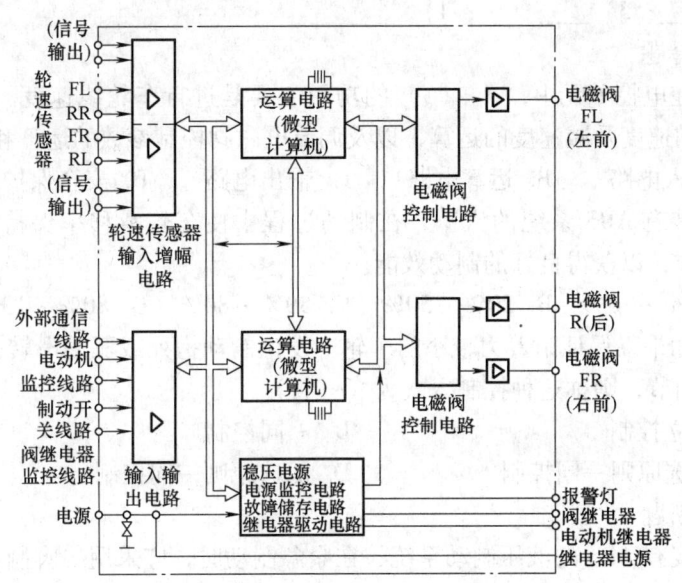

图 9-19 电控防抱死制动系统的电控单元

果与最终结果进行比较，一旦发现结果不一致，即判定自身存在故障，便会自动关闭 ABS。此外 ABS 电脑还不断监视 ABS 系统其他部件的工作情况，一旦 ABS 系统出现故障，如轮速传感器信号消失、液压压力降低等，ABS 电脑会发出指令关闭 ABS 系统，并使常规系统工作，同时将此故障信息存储到故障存储器中，并将仪表板上的 ABS 故障报警灯点亮，向驾驶员发出报警信号，此时应及时检查修理。

当点火开关接通时，ABS 电脑就开始进行自检程序，对系统进行自检，此时 ABS 故障报警灯点亮。如果自检以后发现 ABS 系统存在影响其正常工作的故障，它将关闭 ABS 系统，恢复常规制动系统，仪表板上的 ABS 故障报警灯一直点亮，警告驾驶员 ABS 系统存在故障。自检结束后，ABS 故障报警灯熄灭，表明系统工作正常。由于自检过程大约需要 2s，因此在正常情况下，当点火开关接通时，ABS 故障报警灯点亮 2s，然后再自动熄灭。反之如果点火开关接通后，ABS 故障报警灯不亮，说明 ABS 故障报警灯或其线路存在故障，应对其进行检修。

【课堂互动】

1. 汽车制动时，三位电磁阀的工作状态有哪几种？
2. 有哪些异常情况时，ABS 警告灯会点亮？

【习题 9.2】

1. 填空题

（1）ABS 的工作过程可以分为_____、_____、_____和_____等阶段。

（2）电磁式轮速传感器是一种通过_____产生感应电压的装置，一般由_____和_____两部分组成。

（3）当车轮滑移率为 0 时，汽车车轮处于_____状态；当车轮滑移率为 100% 时，汽车车轮处于_____状态。

（4）ABS 电子控制单元一般由以下几个基本电路构成：1)_____;

【课堂互动】 2) _____；3) _____；4) _____。

2. 选择题

(1) 在电控单元中，（　　）的功用主要是进行车轮线速度、初始速度、滑移率、加速度及减速度的运算，以及调节电磁阀控制参数的运算和监控运算。

A. 输入电路　　B. 运算电路　　C. 输出电路　　D. 安全保护电路

(2) 装有 ABS 系统的汽车，在制动过程中使车轮滑移率保持在（　　）范围内工作，以获得良好的制动效能。

A. 15%~20%　　B. 20%~50%　　C. 50%~80%　　D. 80%~100%

(3) 如果以保证附着力较小的车轮不发生制动抱死或驱动滑转为原则进行制动压力调节，则称这种控制方式为（　　）。

A. 独立控制　　　　　　　　B. 一同控制
C. 高选原则一同控制　　　　D. 低选原则一同控制

3. 判断题

(1) 装有 ABS 的液压制动系统，在紧急制动时，应采用二脚制动，以提高制动强度。　　　　　　　　　　　　　　　　　　　　　　（　　）

(2) 最佳制动效果应出现在车轮完全抱死时。　　　　　　　（　　）

9.3　典型的电控防抱死制动系统

【本节目标】

1. 熟悉典型电控防抱死制动系统的工作过程。
2. 理解典型电控防抱死制动系统的工作原理。

【基本理论知识】

1. 低压分离式防抱死制动装置（循环式）

桑塔纳 2000GSI、都市先锋及捷达王轿车采用的是美国 ITT 公司的 MK20-Ⅰ型 ABS，它是三通道 ABS 调节回路，前轮单独调节，后轮则以两轮中地面附着系数低的一侧为依据统一调节。压力调节采用循环式调节压力，也就是制动轮缸内的制动油根据 ABS 电脑控制，从制动轮缸→回油电磁阀→液压泵→制动主缸→进油电磁阀→制动轮缸的环流方式，称之为循环式。

MK20-Ⅰ型 ABS 系统主要由 ABS 电控单元、液压控制单元（含 4 个进油电磁阀和 4 个回油电磁阀、ABS 液压泵等）、4 个轮速传感器、ABS 故障报警灯及制动装置报警灯等组成。

ABS 系统的基本工作原理：汽车在制动过程中，轮速传感器不断地把各个车轮的转速信号及时输送给 ABS 电控单元，ABS 电脑根据设定的控制逻辑对 4 个轮速传感器输入的信号进行处理，计算汽车的参考车速、各车轮速度和减速度，确定各车轮的滑移率。如果某个车轮的滑移率超过设定值，ABS 电脑就发出指令控制液压控制单元，使该车轮制动轮缸中的制动压力减少；如果某个车轮的滑移率还没达到设定值，ABS 电脑就控制液压控制单元，使该车轮的制动压力增大；如果某个车轮的滑移率接近于设定值，ABS 电脑就控制液压控制单元，使该车轮制动压力保持一定。通过这样的控制，使各个车轮的滑移率保持在理想的范围之内，防止四个车轮抱死。

【课堂互动】

在制动过程中，如果车轮没有抱死趋势，ABS 系统将不参与制动压力控制，此时制动过程与常规制动相同。如果 ABS 出现故障，ABS 电脑将不再对液压控制单元进行控制，并将仪表板上的 ABS 故障报警灯点亮，向驾驶员发出报警信号，此时 ABS 不起作用，制动过程与没有 ABS 的常规制动系统的工作过程相同。

液压控制单元阀体内包括 8 个电磁阀，每个回路一对，其中一个是常开进油阀，一个是常闭出油阀。它接收电脑的命令，实现压力升高、压力保持和压力降低的功能，防止车轮抱死，其工作原理如下：

（1）开始制动阶段（油压建立阶段） 开始制动时，驾驶员踩制动踏板，制动压力由制动主缸产生，经进油阀作用到车轮制动轮缸上，此时出油阀依然关闭，ABS 系统没有参与控制，整个过程和常规液压制动系统相同，制动压力不断上升，如图 9-20 所示。

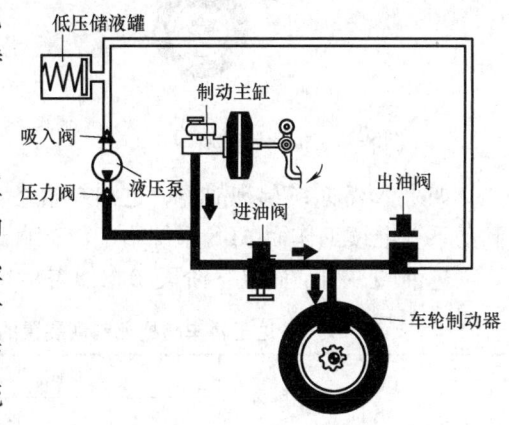

图 9-20 油压建立阶段

（2）油压保持 当驾驶员继续踩制动踏板，油压继续升高到车轮出现抱死趋势时，ABS 电子控制单元发出指令使进油阀通电并关闭阀门，出油阀依然不通电而保持关闭，系统油压保持不变，如图 9-21 所示。

（3）油压降低 若制动压力保持不变，车轮有抱死趋势时，电子控制单元给出油阀通电打开出油阀，系统油压通过低压储液罐降低油压，此时进油阀继续通电保持关闭状态，有抱死趋势的车轮被释放，轮速开始上升。与此同时，ABS 液压泵开始起动，将制动液由低压储液罐送至制动主缸，如图 9-22 所示。

（4）油压增加 为了使制动最优化，当车轮轮速增加到一定值后，电子控制单元控制出油阀断电，关闭阀门；进油阀同样也不通电而打开，ABS 液压泵继续工作，从低压储液罐中吸取制动液泵入液压制动系统，如图 9-23 所示。随着制动压

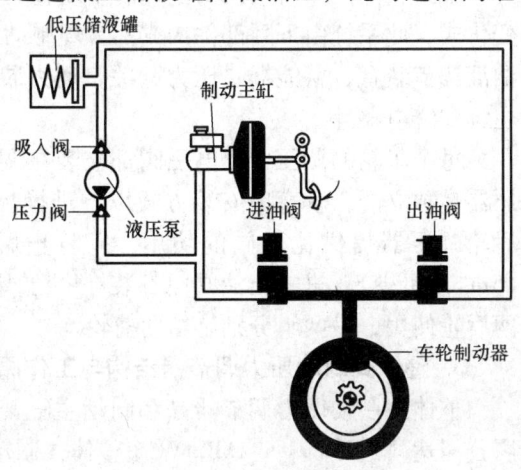

图 9-21 油压保持阶段

【课堂互动】力的增加,车轮轮速又降低。这样反复循环地控制(工作频率为 5~10 次/s),将车轮的滑移率始终控制在 20% 左右。

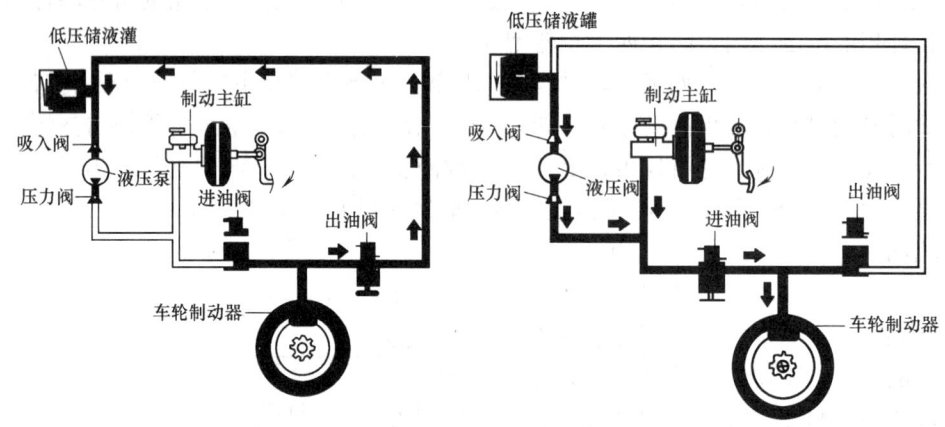

图 9-22 油压降低阶段　　　　图 9-23 油压增加阶段

如果 ABS 系统出现故障,进油阀始终常开,出油阀始终常闭,使常规液压制动系统继续工作而 ABS 系统不工作,直到 ABS 系统故障排除为止。

进油阀、出油阀在各阶段状态如表 9-1 所示。

表 9-1 捷达王轿车防抱死制动装置的进油阀、出油阀在各阶段状态

阶段	轮缸压力	进油阀		出油阀		液压泵
		电源	油路	电源	油路	电源
开始制动	增大	OFF	打开	OFF	关闭	OFF
油压保持	下降	ON	关闭	OFF	关闭	OFF
油压降低	维持	ON	关闭	ON	打开	ON
油压增压	再增大	OFF	打开	OFF	关闭	OFF

2. 分离式高压型 ABS 装置

本田雅阁汽车所用的防抱死制动装置为分离式高压型 ABS 装置,属于容积变化式。此系统由下列部件构成:常规制动系统、电控单元、四个轮速传感器、油液调节装置、蓄能器、压力开关、动力装置和液压泵、防抱死报警灯、制动主缸和继电器等。

每个车轮的调压器及电磁阀都被装在调压器总成里。前轮调压器和后轮调压器是独立的,垂直地安装方式以增进操控性。当 ABS 有故障或是不工作时,后轮调压器提供比例阀的功用,以防止后轮抱死。电磁阀的反应时间很快(5ms 或更少),进、出油阀门都装在电磁阀组里。有三组电磁阀组,一组是给两后轮使用,另两组分别是给两前轮。

3. 整体式制动压力调节器结构与工作原理

整体式制动压力调节器是和制动主缸装在一起,形成一个整体的。现以通用公司达科(DELCO)ABS Ⅵ 型整体式制动压力调节器为例,说明其结构与工作原理。

达科 ABS VI 型的液压系统结构如图 9-24 所示。它有三个相互独立的制动【课堂互动】
压力调节器,左前、右前轮各用一个,左后、右后轮共用一个。

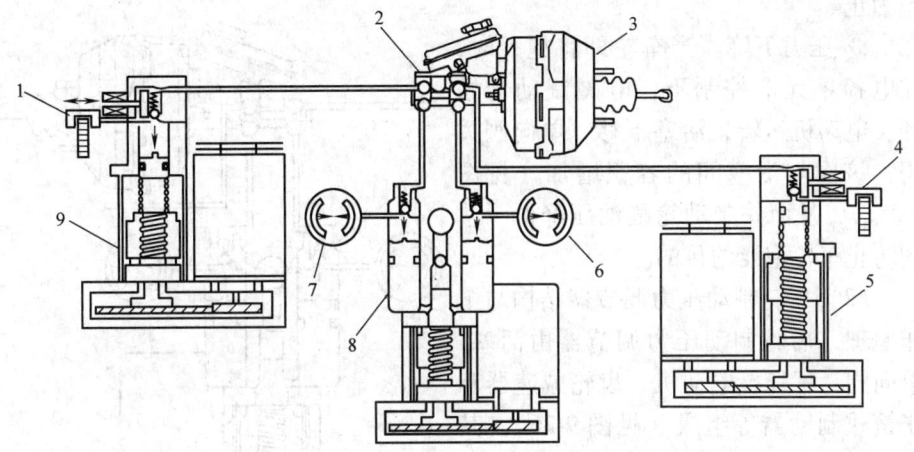

图 9-24 达科 ABS VI 型的液压系统结构
1—前左轮制动器 2—制动主缸 3—制动助力器 4—前右轮制动器 5—前右轮制动压力调节器
6—后右轮制动器 7—后左轮制动器 8—后轮制动压力调节器 9—前左轮制动压力调节器

(1) 前轮制动压力调节器结构与工作原理 前轮制动压力调节器由电磁开关阀、单向阀、活塞、螺杆、电动机、齿轮减速器和电磁制动器等组成(见图 9-25),其工作原理如下:

① 液压升高。在不供电的情况下,电磁开关阀打开,电磁制动器制动,使活塞保持在最上端顶开单向阀的位置(见图 9-25a)。这时,制动主缸的油压能直接传到制动轮缸,即防抱死制动系统尚未开始工作,轮缸的油压随主缸油压升高而升高。

② 压力保持。当电控单元发出指令时,电动机停止运转,活塞停止运动;电磁开关阀关闭,切断主缸的来油;电磁制动器制动,将电动机锁止。这时,活塞位置不变,从而保持轮缸的压力不再增减。当需要增加制动力时,在电控

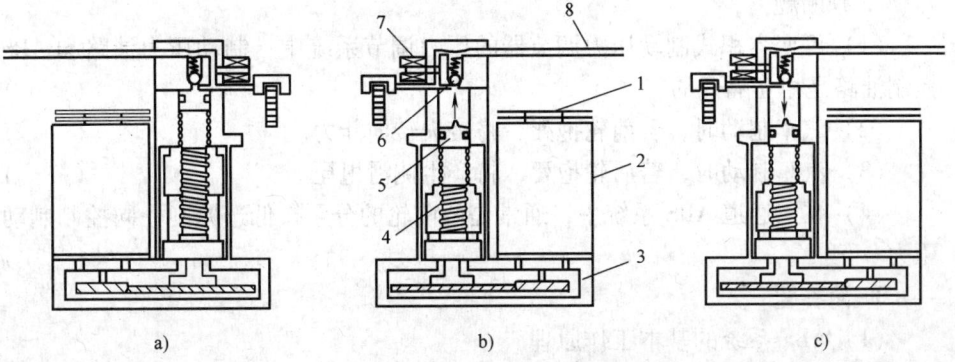

图 9-25 前轮制动压力调节器
1—电磁制动器 2—电动机 3—齿轮减速器 4—螺杆
5—活塞 6—单向阀 7—电磁开关阀 8—通往制动主缸

【课堂互动】

三种防抱死制动装置的特点。

分离式防抱死制动装置：制动轮缸→回油电磁阀→液压泵→制动主缸→进油电磁阀→制动轮缸的环流方式，称为循环式。

分离式高压型ABS装置：每个车轮的调压器及电磁阀都被装在调压器总成里。前轮调压器和后轮调压器是独立的。

整体式制动压力调节器是和制动主缸装在一起，形成一个整体的。

单元的控制下，电动机开始运转。通过齿轮减速器带动螺杆转动，使活塞向上移动（见图9-25b），以增加轮缸的油压，直至车轮处于即将抱死而未抱死的状态为止。

③ 压力下降。当车轮即将抱死时，在电控单元的控制下，电磁制动器松开，电动机运转，活塞下移，单向阀关闭，该阀与活塞间的容积增加（见图9-25c），从而使制动轮缸油压降低，达到防止车轮抱死的目的。

（2）后轮制动压力调节器结构与工作原理 后轮制动压力调节器由活塞、单向阀、螺杆、电动机、齿轮减速器和胀簧式制动器等组成（见图9-26）。其工作原理与前轮制动压力调节器相同，但没采用电磁开关阀，主缸的制动油只能通过单向阀进入轮缸，并用胀簧式制动器代替电磁制动器，以保持活塞的位置。

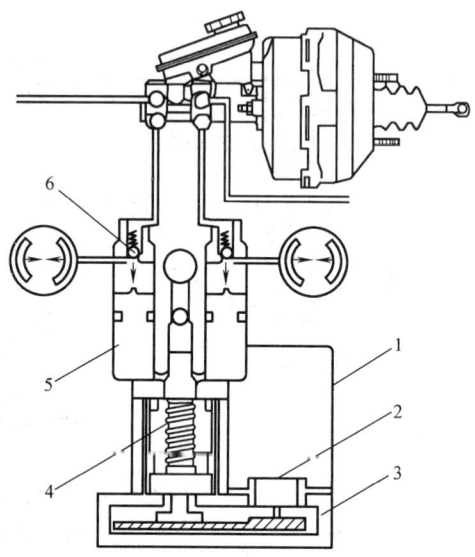

图9-26 后轮制动压力调节器
1—电动机 2—胀簧式制动器 3—齿轮减速器
4—螺杆 5—活塞 6—单向阀

【习题9.3】

1. 选择题

（1）桑塔纳2000选装MK20-I型制动系统，该系统的ABS调节回路为（　　）。

　　A. 单通道　　B. 双通道　　C. 三通道　　D. 四通道

（2）装有ABS的汽车，当轮速传感器发出车轮抱死危险信号时，ECU向线圈输入一个较小的电流，此时循环式制动压力调节器的电磁阀处于（　　）

　　A. 常规制动状态　　　　B. 保压状态
　　C. 减压状态　　　　　　D. 增压状态

2. 判断题

（1）可变容积式制动压力调节器的压力调节系统中，制动压力油路和ABS控制油路是相互隔开的。（　　）

（2）汽车制动时，若前轮抱死，将丧失转向能力。（　　）

（3）汽车制动时，若后轮抱死，将产生侧滑甩尾。（　　）

（4）在三通道ABS系统中，通常是两前轮的分泵按低选原则一同控制制动压力。（　　）

3. 简答题

（1）ABS系统的基本工作原理。

（2）试述ABS系统的调压过程。

9.4 车轮防抱死制动系统的检修

【本节目标】
1. 了解电控防抱死制动系统检修时的注意事项。
2. 掌握电控防抱死制动系统主要元件的检修方法。

【基本理论知识】

1. 检修前准备工作

在进行 ABS 系统的检修前，应先确定下列车辆状态是否正常。

（1）蓄电池充足电　检修前必须先确定蓄电池充电的状态，蓄电池电压应在 10V 以上。

（2）熔丝　检查 ABS 系统控制单元熔丝、主继电器熔丝、主缸电动机熔丝、仪表板熔丝等是否正常。

（3）接头状况　检查主继电器、主缸电动机、主缸电动机继电器、压力开关、主阀门、油面传感器、控制单元及车速传感器接头是否松动或侵蚀。

（4）搭铁状况　检查各搭铁接点的电压降是否过大，尤其是电脑、主缸电动机、继电器及液压调节器总成。

2. ABS 组成元件的检修

（1）轮速传感器　轮速传感器的检修主要包含以下几个内容：传感器阻值测量、传感器齿圈的检查、传感器间隙的测量、传感器输出交流电压的测量、传感器输出波形的测量、传感器数据流的分析、轮胎的磨损与型号、车轮轴承的检查及传感器线束的检查等。

1）传感器齿圈的检查。轮速传感器的轮速信号是通过感应齿圈的转动而获得的，如果齿圈出现裂纹、断齿或吸附有铁屑等异常现象时，将造成轮速信号失常。具体检查齿圈的内容是：

① 齿数。检查齿圈的齿数是否缺少。
② 裂纹。检查齿圈有无裂纹。
③ 断齿。检查齿圈有无断齿。
④ 清洁。检查齿圈是否吸附铁屑及脏污，若有可用清洁剂清洗。

2）传感器间隙的测量。轮速传感器的轮速信号与传感器和齿圈的间隙、垂直相关，因此若传感器与齿圈的间隙、安装异常，将造成轮速信号系统失常。若传感器的间隙与标准不符，查看变形部件并更换它。齿圈间隙检查内容有：间隙和垂直。

常见车型传感器间隙如表 9-2 所示。

表 9-2　常见车型传感器间隙

车　型	前轮传感器间隙/mm	后轮传感器间隙/mm
宝马	0.27~1.24	0.48~1.23
雪铁龙	0.8~1.2	0.1~0.8

【课堂互动】

3）传感器输出信号的检查。轮速传感器是通过磁通量的变化来产生感应电压的，因此当传感器内的永久磁铁出现退磁或传感器安装不良时，会导致轮速传感器信号失常。为此，有必要对传感器的输出信号进行检查。检查时可用示波器观察其波形，也可用万用表交流电压挡测量其交流电压。

用示波器检查轮速传感器：

① 将示波器与轮速传感器相连。

② 以 20km/h 的速度行驶，然后检查其波形。

③ 以 40 km/h 的速度行驶，然后检查其波形。

波形分析：在车速一定时，要求输出的波形幅值一定，频率不变，波形连续，无杂波。当车速升高时，波形的幅值与频率相应都增大。

传感器输出波形如图 9-27 所示。

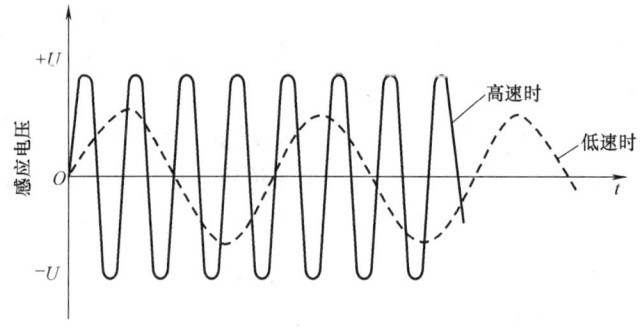

图 9-27 传感器输出波形图

用万用表检查轮速传感器：

① 将万用表位于交流电压挡的 $U \times 4$ 挡位。

② 将万用表与轮速传感器相连。

③ 以 20km/h 的速度行驶，然后检查其交流电压，一般都要超过 2V。

（2）液压总成　液压总成随车型不同而有多种形式，一般来说液压总成内含多个进油阀和多个出油阀，还有一个液压泵。如果液压总成与 ABS 电脑整合一体，为了保证 ABS 的可靠性，制造商一般不主张维修，如果此时读到相关的故障码（如进油阀、出油阀、液压泵等故障），建议更换新总成。如果液压总成与 ABS 电脑是分开的，可以测量电磁阀的电阻，与标准阻值对比，若不符，更换总成。进油阀的阻值一般为 11~15Ω，出油阀的阻值一般为 3~5Ω。

（3）电控单元　电控单元的故障可通过自诊断或测量其插接器上相关插脚的电压来判断。如电控单元有故障，应予以更换。但通常多采用对比方法来判断，即拆下原电控单元，换上工作正常的电控单元，如果这时系统工作恢复正常，则表明原电控单元有故障。为了保证系统工作的可靠性，生产厂家不主张对电控单元进行维修。

【知识拓展】

目前，大多数 ABS 系统都具有很高的工作可靠性，通常无需对其进行定期维护，但在使用、维护和检修过程中，应特别注意以下几个方面：

【课堂互动】

1）ABS系统与常规制动系统是不可分割的。常规制动系统一旦出现问题，ABS系统就不能正常工作。因此，要将二者视为一个整体进行维修。如果制动系统出现故障，通常应首先判断出是ABS系统的故障还是常规制动系统的故障，而不能只把注意力集中在传感器、电子控制单元和压力调节器上。

2）由于ABS电脑对过电压、静电非常敏感，所以维修时应注意：

① 在点火开关处于接通（ON）位置时，不要拆装系统中的电器元件和线束插接器，以免损坏电子控制装置。若要拆装，应先将点火开关断开。

② 用充电机给汽车上的蓄电池充电时，要从车上拆下蓄电池电缆线后才可进行充电。切不可用充电机起动发动机，也不要在蓄电池与汽车电器连接的情况下，对蓄电池进行充电。

③ 在车上进行电焊时，要戴好静电器，在拔下电脑插接器后再进行焊接。

3）制动液两年要求更换一次。ABS系统推荐使用DOT_3制动液（有的要求使用DOT_4制动液），注意不能选用DOT_5制动液，它对ABS系统有严重的损害。DOT_3或DOT_4制动液吸水性很强，使用一年后其中含水量会增加至3%。含水分的制动液不仅沸点降低，容易使制动系统内部产生腐蚀，而且使制动系统制动效果明显下降，影响ABS系统的正常工作，因此制动液应及时更换。另外，对制动液要做到及时检查、补充，一般制动液液面过低时ABS系统自动关闭。在存储和更换制动液时，要注意不要使灰尘、污物进入制动液装置中。

4）电子控制装置受到碰撞敲击也极容易引起损坏，因此，要注意使电子控制装置免受碰撞和敲击。

5）高温环境也容易损坏ABS电脑。一般情况下，电脑只能在短时间承受90℃左右的温度，或在一定时间（约2h）内承受85℃的温度。有的要求电脑受热不超过82℃。

6）不要让油污沾染电子控制装置，特别是电子控制装置的端子，否则会使线束插接器的端子接触不良。

7）在蓄电池电压低时，系统将不能进入工作状态，因此，要注意对蓄电池的电压进行检查，特别是当汽车长时间停驶后初次起动时更要注意。

8）不要使车轮轮速传感器齿圈沾染油污或其他脏物，否则，车轮轮速传感器产生的轮速信号就可能不够准确，影响系统控制精度，甚至使系统无法正常工作。另外，在装卸时不要碰撞和敲击传感器头，不要用传感器齿环当做撬面，否则，很容易导致传感器发生消磁现象，从而影响系统的正常工作。传感器间隙有的是不可调的，有的是可调的，调整时应用非磁性塞尺或纸片。

9）由于在很多具有防抱死制动功能的制动系统中都有供给防抱死制动压力调节所需能量的高压蓄能器，在对这类制动系统的液压系统进行维修作业之前，切记应首先泄压，使蓄能器中的高压制动液完全释放，以免高压制动液喷出伤人。在释放蓄能器中的高压制动液时，先将点火开关断开，然后反复地踩下和放松制动踏板（至少要25次以上），直到踩制动踏板觉得很硬时为止。另外，在制动液压系统完全装好以前，不能接通点火开关，以免电动泵通电转动。

【课堂互动】

10)具有防抱死控制功能的制动系统应使用专用的管路,因为该系统往往具有很高的压力,如果使用非专用的管路,极易造成损坏。

11)大多数防抱死控制系统中的车轮轮速传感器、电子控制装置和制动压力调节装置都是不可修复的,如果发生损坏,应该进行整体更换。由于 ABS 都是针对某一车型专门设计的,一般并不相通用,所以要求选用本车型高质量的正宗配件,以确保维修质量。

12)在对制动液压系统进行维修以后,或者在使用过程中踩制动踏板觉得变软时,应按照要求的方法和顺序对制动系统进行空气排除。装备 ABS 的制动系统和传统的制动系统的空气排除方法一般有所不同,且不同形式的 ABS 系统,其放气的顺序和程序也可能不同;在进行空气排除时,应按照相应的维护手册所要求的方法和顺序进行,否则浪费工时,制动系统内的空气还可能放不干净。具体各类 ABS 的放气程序见后文所述。

13)应尽量选用汽车生产厂推荐的轮胎,如要换用其他型号的轮胎,应该选用与原车所用轮胎的外径、附着性能和转动惯量相近的轮胎,但不能混用不同规格的轮胎,因为这样会影响防抱死控制效果。

14)在防抱死报警灯持续点亮情况下进行制动时,应注意控制制动强度,以免 ABS 失效而使车轮过早发生制动抱死。

15)装备 ABS 系统的汽车,其制动操作方法和没有装备 ABS 系统的传统汽车制动系统的方法是一样的。但在紧急制动时,不要重复地踩制动踏板,而只要把脚持续地踩在制动踏板上,ABS 就会自动进入制动状态,不需人工干预。连续踩制动踏板,反而会使 ABS 电脑得不到正确信号,导致制动效果不良。对于液压制动系统而言,ABS 系统工作时制动踏板会有些轻微振动,或听到系统工作时一点噪声,这些都是正常现象,表明 ABS 系统正在工作,并非故障。

【技能训练】

轮速传感器阻值的测量:

1)将万用表挡位于电阻挡的 $R \times 100$ 挡位。

2)拆下轮速传感器的插接器,测量传感器的电阻,当阻值不符时,更换传感器。表 9-3 列出几种常见车型轮速传感器的标准阻值。

表 9-3 常见车型轮速传感器的标准阻值

车　　型	前轮轮速传感器阻值/Ω	后轮轮速传感器阻值/Ω
大众	1000~1300	1000~1300
花冠(COROLLA)	920~1220	1040~1440
佳美	800~1300	1100~1500
奔驰	850~2300	600~1600
雪铁龙	800~1400	600~1600

【习题 9.4】   【课堂互动】

1. 判断题

（1）电磁式轮速传感器是一种通过磁通量变化产生感应电压的装置。
（　　）
（2）电磁式轮速传感器比霍尔式轮速传感器抗电磁波能力强，故广泛应用。
（　　）
（3）为保护 ECU，不可直接向其提供过高的电压。（　　）
（4）ABS 故障指示灯常亮，说明电脑发现 ABS 系统有故障，要及时维修。
（　　）
（5）轮速传感器的传感头与齿圈的间隙改变后，将会影响制动性能。
（　　）
（6）接通点火开关后，ABS 系统自检时，ABS 报警灯应是亮的。（　　）
（7）汽车在行驶时，只要制动灯开关接通，ABS 系统就投入工作。（　　）

2. 简答题

如何检查轮速传感器？

9.5　车轮防抱死制动系统的故障诊断

【本节目标】

1. 熟悉电控防抱死制动系统的故障检查方法。
2. 掌握电控防抱死制动系统故障诊断的操作步骤。

【基本理论知识】

1. 电控防抱死制动系统的故障检查方法

装备 ABS 系统的汽车发生制动故障时，首先判断故障原因是 ABS 系统还是常规制动系统，其方法是：当车辆发生制动故障时，要确认 ABS 系统是否参与工作。若是，可能的故障点就在 ABS 系统；若不是，则故障点不在 ABS 系统。

ABS 系统工作一般存在以下特点：

① 噪声。大多数 ABS 系统在工作时，都会产生一定程度的噪声。

② 制动不抱死。当车速超过 30km/h 进行紧急制动时，ABS 系统工作，车轮不会抱死，制动拖印浅。

③ ABS 工作时会引起踏板快速振动。但在常规制动系统工作时，引起踏板振动的原因一般是制动盘不平整。

2. 电控防抱死制动系统故障诊断的操作步骤

电控防抱死制动系统一般具有自诊断的能力，它实质是以电子控制单元中标准的正常运行状况为准，将非正常的运行状况（故障）用某种符号形式记录在存储器中，供人们方便地读出故障码。故障码的含义随车型不同而异，修理时可从维修手册中查找。

【课堂互动】　　故障码的读取一般有三种方法：第一种是用专用的解码器与 ABS 的故障码读取接口相连，按程序起动，解码器的显示器或指示灯会按指令有规律的显示故障码；第二种是按规定连接诊断线路，通过故障指示灯闪亮的规律来读出；第三种是车上装有计算机系统的，可以启动自检程序，就在显示器上逐步显示不同系统的故障码。现在车辆采用第一种诊断方法最多，第二种自诊方法常见于较早一点的车型，而最后一种方法基本上淘汰。

3. ABS 系统的故障一般检修步骤

当 ABS 系统报警灯点亮或感觉系统工作不正常时，应及时进行故障的诊断与排除。步骤如下：

1）确认故障情况和故障症状。

2）先对 ABS 系统进行直观检查，检查是否有制动液渗漏、导线破损、插接器松脱、制动液液位过低等情况。

3）利用自诊断系统进行读取故障码，可以用解码器读取，也可以通过报警灯的闪亮进行读取，然后根据维修手册查找故障码代表的故障情况。

4）根据故障情况，利用必要的工具和仪器对故障部位进行具体的检查，确定故障部位和故障原因。

5）修理或更换部件以排除故障。

6）清除故障码。

7）检查故障报警灯是否仍然持续点亮，若是则可能是系统仍存在故障，也可能是故障已经排除，但故障码未被清除。

8）若报警灯不再持续点亮，则对车辆进行路试，确认 ABS 系统是否恢复正常工作。

4. 常见车型防抱死制动系统故障的诊断方法

（1）丰田（TOYOTA）汽车　丰田汽车电子控制防抱死制动系统（ABS）具有自诊断功能，当 ABS 电脑捕捉到系统故障时，点亮组合仪表上 ABS 报警灯，警告驾驶员 ABS 系统出现故障，同时将故障信息以故障码的形式储存到 ECU 中。诊断 ABS 系统故障时，按照设定的程序和方法读取故障码和清除故障码。

1）故障码的读取

① 点火开关置于 OFF。

② 拔出诊断插接器的短接插销或分开维修连接线接头，如图 9-28 所示。

③ 跨接诊断座端子 T_C 与 E_1。

④ 从组合仪表上的 ABS 报警灯读取故障码，如图 9-29 所示。

2）故障码的清除

① 点火开关置于 OFF。

② 跨接诊断座端子 T_C 与 E_1。

③ 拔出诊断插接器的短接插销或分开维修连接线接头。

④ 点火开关置于 ON，但不起动发动机。

⑤ 在 3s 内连续踏制动踏板 8 次以上，即可消除故障码。

【课堂互动】

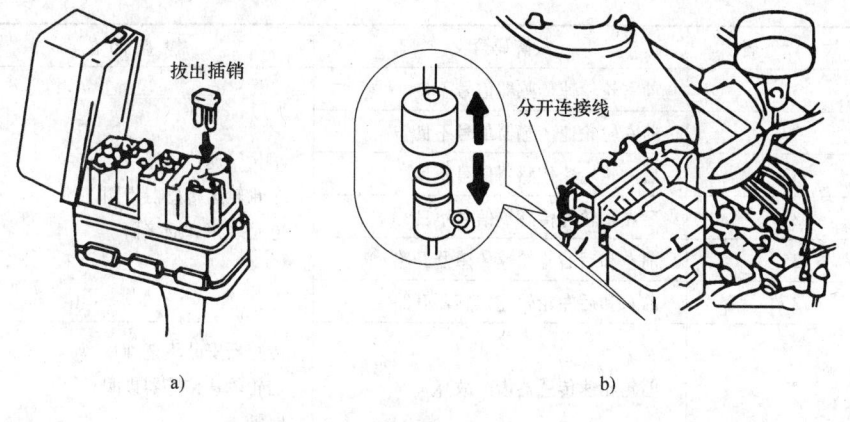

图 9-28 拔出短接插销或分开维修连接线接头
a) 短接插销 b) 维修连接线接头

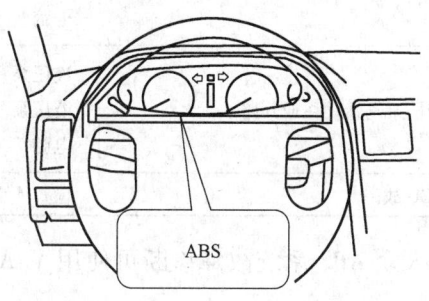

图 9-29 组合仪表上 ABS 报警灯

（2）雷克萨斯 400　表 9-4 为雷克萨斯 400 防抱死制动系统的故障码表。

表 9-4　雷克萨斯 400 的防抱死制动系统的故障码表

故障码	故障码含义	检查部位
11	ABS 电磁阀继电器电路开路	执行机构内部线束 电磁阀继电器
12	ABS 电磁阀继电器电路短路	电磁阀继电器线束和插接器 电脑
13	液压泵马达继电器内电路开路	执行机构内部线束 液压泵马达继电器
14	液压泵马达继电器内电路短路	液压泵马达继电器电路的线束和插接器 电脑
21	前右轮 3 位电磁阀电路开路或短路	执行机构电磁阀
22	前左轮 3 位电磁阀电路开路或短路	
23	后轮（或后右轮）3 位电磁阀电路开路或短路	执行机构电磁阀线束和插接器 电脑
24	后左轮 3 位电磁阀电路开路或短路	

【课堂互动】 (续)

故障码	故障码含义	检查部位
31	前右轮轮速传感器信号不良	车轮轮速传感器 车轮轮速传感器齿圈 电脑线束和插接器
32	前左轮轮速传感器信号不良	
33	后右轮轮速传感器信号不良	
34	后左轮轮速传感器信号不良	
35	前左和后右轮轮速传感器开路	
36	前右和后左轮轮速传感器开路	
37	前轮轮速传感器齿圈故障	传感器安装不正确 前轮轮速传感器齿圈 电脑
41	蓄电池电压过低（9.5V 以下）或过高（17V 以上）	蓄电池 电压调节器 电脑
51	液压泵马达锁住或开路	液压泵马达 液压泵马达电路 电脑
灯一直亮	ECU 故障	检查或更换 ECU

(3) 大众汽车 大众 ABS 系统故障诊断可使用 V. A. G1552 故障诊断仪来操作。

1) V. A. G1552 操作方法：

① 在断电情况下，将 V. A. G1552 故障诊断仪与诊断插接器连接后，打开点火开关。

② 键入"03"后按"Q"键，即进入 ABS 工作环境。

③ 键入所需的功能代码。

④ 键入"06"后按"Q"键，退出。

⑤ 在断电后，拆下 V. A. G1552 故障诊断仪。

2) 功能简介：

功能 01——状态信息显示；功能 02——查询故障码；功能 03——制动电子系统；功能 04——加液排气；功能 05——清除故障码；功能 06——结束，退出；功能 07——控制单元编码；功能 08——读取测量数据块（如轮速信号等）；C 键——取消，更改输入数据及当前菜单；Q 键——确认输入；→键——下一步；HELP 键——帮助信息。

3) 故障码的读取和清除：

在功能选择处输入 02，按 Q 键将显示故障数量。之后按→键，将依次显示每一故障的故障码和内容。

在功能选择处输入 05，按 Q 键即可清除故障码。如果故障码无法清除，表示这个故障码代表的故障一直存在。如果存储的故障可以消除，表示这是一个偶发性故障，需在实车行驶时才能重新检测到。

5. ABS 系统有故障码故障的检查与诊断

MK20-Ⅰ型 ABS 系统的故障码、故障原因及故障排除方法如表 9-5 所示。

表 9-5　MK20-Ⅰ型 ABS 系统的故障码表、故障原因及故障排除方法

故障码	故障原因	故障排除
无故障	如果在维修完毕后，用 V. A. G1552 查询故障后未发现故障，自诊断结束。 如果屏幕中显示出"未发现故障"，但 ABS 不能正常工作，则按以下步骤操作： 1）以大于 20km/h 的车速，进行紧急制动试车。 2）重新用 V. A. G1552 查询故障，仍无故障显示。 3）在无自诊断的情况下着手寻找故障，全面进行电气检查。	
65535	电子控制单元故障	更换电子控制单元
01276	ABS 液压泵 V64 与 ABS 连接线路对正极、对地短路及开路或液压泵马达故障	检查线路 03 功能最终控制诊断
00283	左前轮轮速传感器（G47）触点开路或松动 左前轮轮速传感器电路短路 轮速传感器和齿圈的间隙超差（信号不正常）	检查轮速传感器与控制单元的线路和插接器 检查轮速传感器和齿圈的安装间隙 08 功能"读取测量数据块"
00285	右前轮轮速传感器（G45）触点开路或松动 右前轮轮速传感器电路短路 轮速传感器和齿圈的间隙超差（信号不正常）	检查轮速传感器与控制单元的线路和插接器 检查轮速传感器和齿圈的安装间隙 08 功能"读取测量数据块"
00290	左后轮轮速传感器触点开路或松动 左后轮轮速传感器电路短路 轮速传感器和齿圈的间隙超差（信号不正常）	检查轮速传感器与控制单元的线路和插接器 检查轮速传感器和齿圈的安装间隙 08 功能"读取测量数据块"
00287	右后轮轮速传感器触点开路或松动 右后轮轮速传感器电路短路 轮速传感器和齿圈的间隙超差（信号不正常）	检查轮速传感器与控制单元的线路和插接器 检查轮速传感器和齿圈的安装间隙 08 功能"读取测量数据块"
01044	ABS 编码错误（ABS 25 针插接器端子 6 和 22）	检查插接器线束的线路
00668	供电端子 30 号线路、插接器、熔丝故障	检查控制单元供电线路、熔丝和插接器
01130	ABS 工作信号超差，可能有外界干扰信号源的电气干扰（高频发射，例如：非绝缘的点火电缆线）	检查所有线路连接对正极或对地的短路 清除故障存储 车速大于 20km/h 的紧急制动试车 再次查询故障码

【课堂互动】

【课堂互动】【知识拓展】

解码器上的防抱死制动系统的英文及缩写的含义。

缩　写	英语全称	中文含义
FL	Front Left	左前
FR	Front Right	右前
RL	Rear Left	左后
RR	Rear Right	右后
I	Inlet Valve	进油阀
O	Outlet Valve	出油阀
VBAT	Voltage Battery at Valve	在阀上蓄电池电压
OV	O Volt (No Voltage at Valve)	在阀上无电压
	Locked/Free	车轮状态：锁死/自由
Hydr-P	Hydraulic Pump	液压泵

【技能训练】

1. 大众车系防抱死制动系统故障码的读取和清除

（1）读取故障码

1）将 V.A.G1552 与诊断接口相连接（见图9-30），如果屏幕上无显示，则应检查自诊断的插口，打开点火开关，屏幕显示：

Test of vehicle systems	HELP
Insert address word ××	
汽车系统测试	帮助
输入地址指令××	

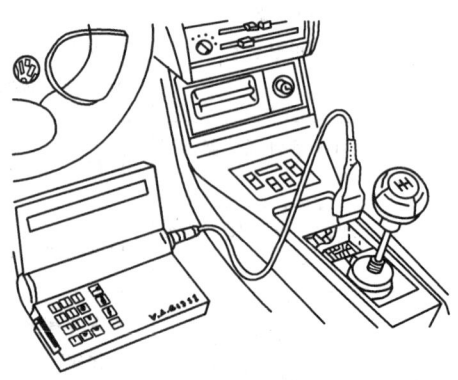

图9-30　V.A.G1552 与诊断接口的连接

2）输入地址码 03 "制动电子系统"。屏幕显示：

Test of vehicle systems	Q
03 Brake electronics	
汽车系统测试	确认
03-制动电子系统	

3）按 Q 键确认。屏幕显示：

3A0 907 379 ABS ITT AE 20 GI VOD	
Coding 04505	WCS ××××
3A0 907 379 ABS ITT AE 20 GI VOD	
编码 04505	WCS ××××

其中：3A0 907 379 ABS 为控制单元零件号，ITT AE 20 GI 为公司 ABS 产品型号，VOD 为软件版本，Coding 04505 为控制单元编码号，WCS ×××× 为维修站代码。

4）按→键，屏幕显示：

Test of vehicle systems	HELP
Select function ××	
汽车系统测试	帮助
选择功能 ××	

5）输入地址码 02 "查询故障码"功能。屏幕显示：

Test of vehicle systems	Q
02-Interrogate fault memory	
汽车系统测试	确认
02-查询故障码	

6）按 Q 键确认。然后在显示器上出现所存储的故障数量，或者 "未发现故障"。

× faults recognized
发现×个故障

No faults recognized
未发现故障

【课堂互动】　　7）按→键，所显示的故障依次显示出来。故障显示完毕后，按→键返回初始位置。

(2) 清除故障码

1) 查询故障码后，屏幕显示：

Test of vehicle systems	HELP
Select function ××	
汽车系统测试	帮助
选择功能 ××	

2) 输入地址码 05 "清除故障码" 功能。屏幕显示：

Test of vehicle systems	Q
05-Erase fault memory	
汽车系统测试	确认
05-清除故障码	

3) 按 Q 键确认，屏幕显示：

Test of vehicle systems	HELP
Fault memory is erased!	
汽车系统测试	帮助
故障码已被清除	

4) 按→键，如果在屏幕上出现显示 "Attention! Fault memory has not been interrogated"（注意：故障码未被查询），则检测过程有缺陷，应遵循正确的检测过程，即先查询再清除故障码。屏幕显示：

Test of vehicle systems	HELP
Select function ××	
汽车系统测试	帮助
选择功能 ××	

5) 输入 06 "结束输出" 功能。屏幕显示：

Test of vehicle systems	Q
06-end output	
汽车系统测试	确认
06-结束输出	

6）按 Q 键确认。屏幕显示：

Test of vehicle systems	HELP
Enter address ××	
汽车系统测试	帮助
输入地址指令 ××	

7）输入地址码 02 "查询故障码"功能。关闭点火开关，拔下 V. A. G1552 故障诊断仪的插接器。打开点火开关后，ABS 的报警灯 K47 和常规制动系报警灯 K118 亮约 2s 后必须熄灭。

2. 控制单元编码

通常 ABS 控制单元在车辆出厂时已经编过码，而维修时供应的 ABS 控制单元配件则没有编过码，因此更换 ABS 控制单元后须用 V. A. G1552 重新编码。如果控制单元没有编码（CODE 00000）或编码错误，ABS 报警灯和常规制动系统报警灯闪烁（1 次/s）。

1）连接 V. A. G1552，选择 03 "制动电子系统"。屏幕显示：

Test of vehicle systems	HELP
Select function ××	
汽车系统测试	帮助
选择功能 ××	

2）输入地址码 07 "控制单元编码"功能。屏幕显示：

Test of vehicle systems	Q
07-Code control unit	
汽车系统测试	确认
07-控制单元编码	

3）按 Q 键确认，屏幕显示：

Code control unit	Q
Enter code number	×××××（0~32000）
控制单元编码	确认
输入编码	×××××（0~32000）

4）输入 MK20-Ⅰ型 ABS 系统编码号：04505，屏幕显示：

Coding 04505	WSC ×××××
编码 04505	WSC ×××××

【课堂互动】 5) 按→键,屏幕显示:

Test of vehicle systems	HELP
Select function ××	
汽车系统测试	帮助
选择功能 ××	

6) 输入06"结束输出",按 Q 键确认。

3. 读取测量数据块

功能08"读取测量数据块"中,01 和 02"显示组"可用于检测转速传感器工作情况,03"显示组"可用于检测制动灯开关的功能。

1) 连接 V. A. G1552,输入地址码03"制动电子系统"。屏幕显示:

Test of vehicle systems	HELP
Select function ××	
汽车系统测试	帮助
选择功能 ××	

2) 输入08"读取测量数据块"功能,按 Q 键确认。屏幕显示:

Read measuring Value block	Q
Enter display group number ××	
读取测量数据块	确认
输入显示组号 ××	

3) 输入显示组"01",按 Q 键确认。屏幕显示(汽车静止时):

Read measuring Value block 1			→	
0km/h	0km/h	0km/h	0km/h	
读取测量数据块 1			→	
0km/h	0km/h	0km/h	0km/h	

4) 为了检查轮速传感器工作情况,必须用举升机升起车辆,使四个车轮离地,另一修理工用手转动车轮。屏幕显示(用手转动车轮时):

Read measuring Value block 1		→	
1	2	3	4
读取测量数据块 1		→	
1	2	3	4

其中：显示区域 1、2、3 和 4 分别是用手转动左前轮、右前轮、左后轮和右后 【课堂互动】
轮的速度，范围为 0～255km/h。

5）按↑键，进入下一个显示组。屏幕显示（汽车静止时）：

Read measuring Value block 2		→	
255km/h	255km/h	255km/h	255km/h
读取测量数据块 2		→	
255km/h	255km/h	255km/h	255km/h

6）放下汽车，缓慢行驶。屏幕显示（缓慢行驶时）：

Read measuring Value block 2		→	
3km/h	6km/h	2km/h	1km/h
读取测量数据块 2		→	
3km/h	6km/h	2km/h	1km/h

其中：区域 1 和 2 的数据偏差小于 6km/h 为正常，区域 3 和 4 的数据偏差小于 2km/h 为正常。

7）按↑键，屏幕显示：

Read measuring value block 3
0
读取测量数据块 3
0

其中：不踩制动时为 0，踩制动时应为 1。

4. 最终控制诊断

最终控制诊断是自诊断检查之一，液压泵和液压循环的正确功能可以用最终控制诊断，通过交替开闭阀门和释放压力来检查。检查前将车辆升起，四轮离地，一个人坐在驾驶座位上，同时操作 V. A. G1552，另一个人在车外转动车轮。先踩几次制动踏板排尽真空助力，为了获得有真空加力时相同的制动压力，踩制动踏板力必须增加。

1）打开点火开关，松开驻车制动，连接 V. A. G1552，选择 03 地址码"制动电子系统"，屏幕显示：

Test of vehicle systems	HELP
Select function ××	
汽车系统测试	帮助
选择功能 ××	

【课堂互动】

2）输入 03 "最终控制诊断" 功能。屏幕显示：

Test of vehicle systems	Q
03 Final control diagnosis	
汽车系统测试	Q
03 最终控制诊断	

3）按 Q 键确认。在以下工作程序 ABS 指示灯闪亮（2 次/s），制动报警灯闪亮（4 次/s）。ABS 液压泵 V64 必须工作。屏幕显示：

Final control diagnosis	→
ABS hydraulic pump-V64	
最终控制诊断	→
ABS 液压泵-V64	

4）在 60s 内必须按→键，不必踩制动踏板。屏幕显示：

Final control diagnosis	→
Operate brakes	
最终控制诊断	→
踩下制动	

5）按→键，屏幕显示：

Final control diagnosis	→
IFL 0V OFL 0V Wheel FL locked	
最终控制诊断	→
左前进油阀：0V　左前出油阀：0V　左前轮锁定	

6）按→键，屏幕显示：

Final control diagnosis	→
IFL VBAT OFL 0V Wheel FL locked	
最终控制诊断	→
左前进油阀：蓄电池电压　左前出油阀：0V　左前轮锁定	

7）按→键，ABS 液压泵 V64 必须工作，制动踏板必然会放松。屏幕显示：

Final control diagnosis	→
IFL VBAT OFL VBAT Wheel FL free	
最终控制诊断	→
左前进油阀：蓄电池电压　左前出油阀：蓄电池电压　左前轮自由	

8）按→键，ABS 液压泵不再运转。屏幕显示：

【课堂互动】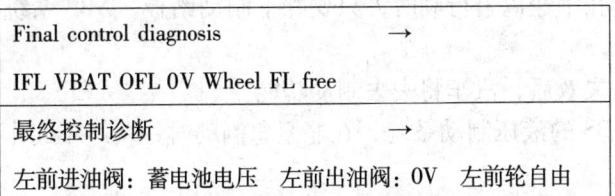

Final control diagnosis →
IFL VBAT OFL 0V Wheel FL free
最终控制诊断 →
左前进油阀：蓄电池电压　左前出油阀：0V　左前轮自由

9）按→键，制动踏板必须有明显感觉，屏幕显示：

Final control diagnosis →
IFL 0V OFL 0V Wheel FL locked
最终控制诊断 →
左前进油阀：0V　左前出油阀：0V　左前轮锁定

10）按→键，屏幕显示：

Final control diagnosis →
Release brakes
最终控制诊断 →
松开制动

11）按→键，屏幕显示：

Final control diagnosis →
Operate brakes
最终控制诊断 →
踩下制动

12）按→键。重复上述操作分别进行右前、左后、右后液压泵和液压循环的功能诊断直至结束。

ABS 报警灯和制动系报警灯应熄灭，如果 ABS 报警灯不灭，说明系统中仍有故障存在。

【习题 9.5】

1. 选择题

（1）当 ABS 故障报警灯和制动装置报警灯同亮时，可能是由于（　　）。
　A. 油管有空气　　　　　　　　　　B. 驻车制动没有松开
　C. 电子控制装置故障　　　　　　　D. 制动分泵动作不良

（2）发动机起动时，ABS 故障报警灯亮说明（　　）。
　A. ABS 系统一定有故障　　　　　　B. ABS 系统可能有故障
　C. ABS 系统一定无故障　　　　　　D. 以上都不对

【课堂互动】　　2. 判断题

（1）汽车在中速以上行驶时，只要踩下制动踏板，ABS 系统都应处于工作状态。　　　　　　　　　　　　　　　　　　　　　　　　　　　　　（　　）

（2）ABS 失效后，汽车将失去制动功能。　　　　　　　　　　　　　（　　）

（3）装 ABS 的液压制动系统，在非紧急制动时，ABS 不起作用。　（　　）

3. 简答题

ABS 系统故障的诊断检修步骤。

9.6　制动系统的放气

【本节目标】

1. 掌握电控防抱死制动系统放气的方法及步骤。
2. 掌握电控防抱死制动系统制动液的更换方法。

【基本理论知识】

大众车系的液压制动总成（HCU）有两种，一种为湿式，也就是备件来时，液压制动总成内部预先充满制动液；另一种为干式，也就是备件内部没有制动液。当更换的备件为湿式液压制动总成时，更换液压制动总成后只需按常规制动系统进行加液与放气即可。当更换干式的液压制动总成，或者液压制动总成内部进了空气，就要按规定步骤对液压制动总成内部进行放气。

【技能训练】

1. 电控防抱死制动系统放气的方法及步骤

当备件为干式 HCU 时，更换 HCU 后，除要按常规制动系统进行加液与放气外，还需对 HCU 的第二回路进行放气。用 V.A.G1552 进行操作时的步骤如下：

1）按常规制动系统进行加液与放气，直至透明胶管中无气泡出现。

2）将 V.A.G1552 与诊断插接器连接。

3）在地址处输入 03，按 Q 键。

4）在功能选择处输入 04，按 Q 键。

5）在组号输入处输入 01，按 Q 键。

6）踩下制动踏板并保持液压泵工作，踏板回弹。

7）松开制动踏板，将左右前制动钳放气螺钉松开，按 ↑ 键。

8）踩制动踏板 10 次，将左右前制动钳放气螺钉拧紧，按 ↑ 键。

9）上述 6）、7）、8）步再重复进行 7 次。

10）放气结束，按 → 键回到"功能选择"菜单。

11）在功能选择处输入 06，按 Q 键。

12）结束。

2. 电控防抱死制动系统制动液的更换方法（每2年一次）   【课堂互动】

用 V. A. G1869 给制动系统更换制动液的步骤如下：

1）打开储液罐。储液罐内应有足够的制动液，这样可保证空气不会从这里进入制动系统。

2）在发动机运转且已松开右后制动钳上放气螺钉时，踏动制动踏板，使液面达到储液罐连接管高度。

3）用适当的容器接使用过的制动液，拧紧放气螺钉。

4）按右后制动钳、左后制动钳、右前制动钳、左前制动钳的顺序依次将收集容器的软管接到放气螺钉处，松开放气螺钉，使制动液流出约 $250cm^3$。这样做是为了使新制动液完全取代旧制动液。

5）拧紧放气螺钉。检查制动踏板压力和自由行程，自由行程最大为踏板行程的 1/3，必要时调整。

注意：在整个操作过程中，要随时注意主缸储液罐制动液的油平面，不能低于最低液位标记（MIN），否则要添加。

ABS 工作的特性要求制动液一般采用 DOT_3、DOT_4 型号。

【习题9.6】

具有防滑控制制动系统的汽车，为确保制动的可靠性，制动液的更换周期为（　　）。

A. 半年　　　　B. 一年　　　　C. 一年半　　　　D. 二年

9.7　电子车身稳定控制系统（ESP）

【本节目标】

1. 了解车身稳定控制系统的定义、功能。
2. 理解车身稳定控制系统的工作原理。

【基本理论知识】

1. 概述

车身稳定控制系统，又称防侧滑控制系统（skid control system）。

各大汽车厂家对车身稳定控制系统的称呼如下：

1）ESP（Electronic stability program，电子稳定程序）：奔驰、奥迪（Audi）、大众、标致汽车等采用该称呼。

2）DSC（Dynamic stability control，动态稳定控制）：宝马汽车采用该称呼。

3）DSTC（Dynamic stability and traction control，动态稳定及循迹控制）：富豪汽车采用该称呼。

4）VSC（Vehicle stability control，车辆稳定控制）：丰田（Toyota）汽车采用该称呼，又称车辆侧滑控制（Vehicle skid control）。

5）ASC（Automatic stability control，自动稳定控制）：三菱（Mitsubishi）

【课堂互动】 汽车采用该称呼。

事实上，不论 ABS、TCS 或车身稳定控制系统，都有针对车轮制动做控制，因此均以 ABS 为基础，再加上 TCS、车身稳定等控制，故奔驰汽车的 ESP，实际上是整合了 ABS、ASR（TCS）、BAS（制动辅助系统）等功能一起精确控制。

丰田汽车 VSC 也可自动整合 ABS 与 TRAC 的作用；另外如保时捷（Porsche）汽车的车身动态稳定系统（PSM），则是整合了 ABS、TC（循迹控制）、ASR（防滑控制）、ABD（自动制动力分配控制）及 MSR（发动机转矩控制）等，驾驶员可将中控台上的按钮压下关闭 PSM 控制，以体验过弯甩尾侧滑的操控变化。

2. 电子车身稳定控制系统功能

ABS：在紧急制动时，ABS 系统起作用，可防止车轮抱死，增强制动性能。

TCS：当车辆加速等情况，若车轮打滑，TCS 起作用，控制发动机功率输出与车轮制动，可防止车轮打滑。

ESP：电子车身稳定控制系统，是在车辆快速转弯时，或闪避突然闯出的汽车等物体时，若因转向不足导致车辆向外侧滑移，或转向过度导致车辆横越道路中心线，甚至原

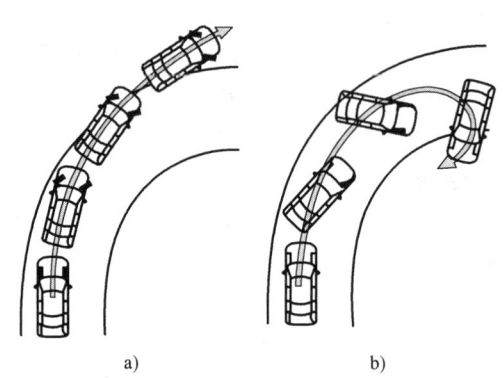

图 9-31 汽车严重转向不足与转向过度
a) 严重转向不足　b) 严重转向过度

地自转时，利用控制单元控制发动机输出功率，使某一车轮制动或两个车轮制动，以消除转向不足或转向过度的现象，提高行车动态稳定性，如图 9-31 所示。

3. 车身稳定控制系统的工作原理

（1）转向不足时　以汽车左转弯为例，ESP 控制单元依据横向加速力、转向盘转向角度与车速等信号，得知车辆的预期转向比率，与由偏离传感器得知的实际偏离角度比率比较，如图 9-32 所示，车辆前端向外侧移动时，ESP 控制单元使发动机转矩降低，并控制制动力施加在左后轮，产生向左的修正力矩，使车头回到正确的运动轨道上，如图 9-33 所示。

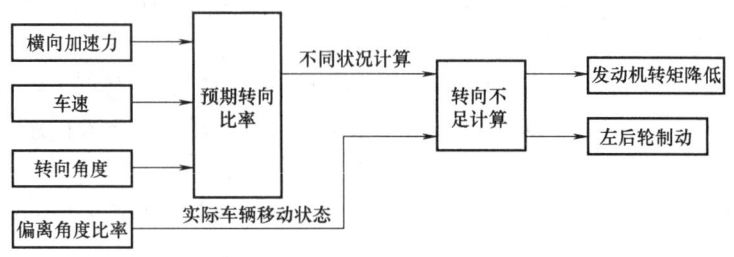

图 9-32 转向不足时 ESP 系统的控制

【课堂互动】

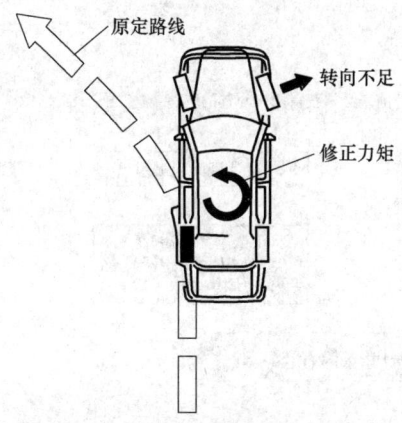

图 9-33　ESP 系统产生向左的修正力矩

（2）转向过度时　同样的以汽车左转弯为例，当 ESP 控制单元检测知道车辆后端向外侧移动时，如图 9-34 所示，立刻控制制动力施加在右前轮，使车辆产生向右的修正力矩，让车头回正，如图 9-35 所示。

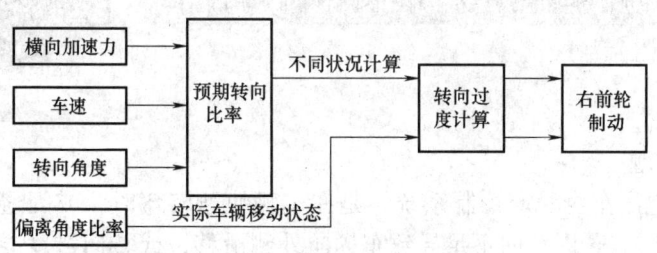

图 9-34　转向过度时 ESP 系统的控制

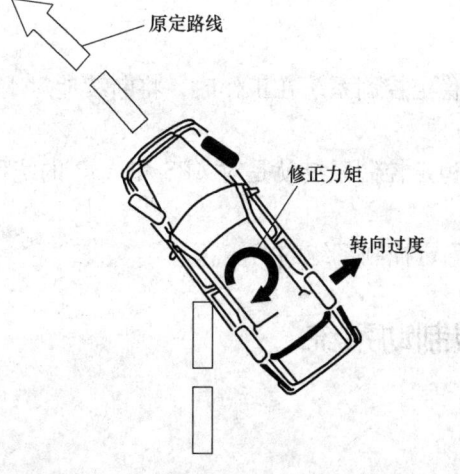

图 9-35　ESP 系统产生向右的修正力矩

【课堂互动】【知识拓展】

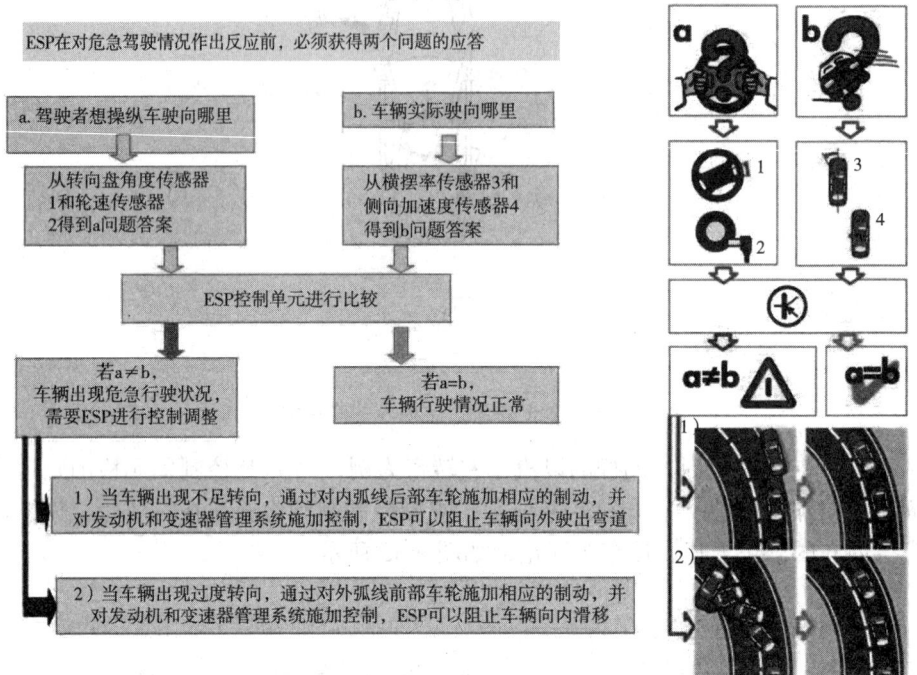

【习题 9.7】

1. 填空题

ESP：电子车身稳定控制系统，是在车辆快速转弯时，或闪避突然闯出的汽车等物体时，若因转向不足导致车辆向外侧滑移，或转向过度导致车辆横越道路中心线，甚至原地自转时，利用控制单元控制发动机_____，使某一车轮或两个车轮_____，以消除转向不足或转向过度的现象，提高行车动态稳定性。

2. 判断题

（1）驱动车身稳定控制系统在工作时，将断续地对 4 个车轮实施制动。

（　　）

（2）汽车车身稳定控制系统就是对 ABS 和 ASR 的统称。（　　）

3. 简答题

简述电子车身稳定控制系统的功能。

9.8　电子伺服制动系统

【本节目标】

1. 了解电子伺服制动系统的功用特点。
2. 理解电子伺服制动系统组成与类型。

3. 了解电子伺服制动系统的工作原理。

【课堂互动】

【基本理论知识】

1. 电子伺服制动系统的功用

在电子伺服制动系统中，制动踏板和车轮制动器之间并没有机械或液压的连接，驾驶者的踏板力由传感器转换成一个电信号，并将此信号传送到 ECU，再由 ECU 结合其他数据确定各个车轮所需的制动力，最后由相应的执行器实施制动，提高了车辆的制动性能、制动时的车辆稳定性能及舒适性能。

与传统的制动系统相比，电子伺服制动系统具有制动响应时间短、摩擦片磨损轻、装配测试简单迅速、易于升级、利于环保等优点。

电子伺服制动系统的开发中面临的主要问题是制动时执行机构所需能量的获取。例如盘式制动器需要 1kW 的电能，对于目前的 12V 电气系统来说，提供这样的制动能量比较困难。

2. 电子伺服制动系统的组成与类型

电子伺服制动系统主要由若干个传感器、电子控制单元和执行器组成。按照其控制方式可以分为以下几种类型：电控液压制动系统（EHB）、电子制动系统（EBS）、机电一体化制动系统（EMB）。

3. 电子伺服制动系统的基本工作原理

（1）电控液压制动系统（EHB） 如图 9-36 所示。电控液压制动系统（EHB）通过高压储液缸产生制动力。在制动时，EHB 的 ECU 根据踏板力的大小，并结合汽车的其他数据（如滑移率等）来计算各个车轮所需的制动力，然后由车轮制动力调节器来控制各车轮的制动力。

在电控液压制动系统中，仍将保留液压的车轮制动器，不过在正常工作情况下，它们与制动踏板是相互独立的，而当 EHB 系统失效时，驾驶者的踏板力会按照传统的液压制动方式经制动主缸传递到前轮制动器上。

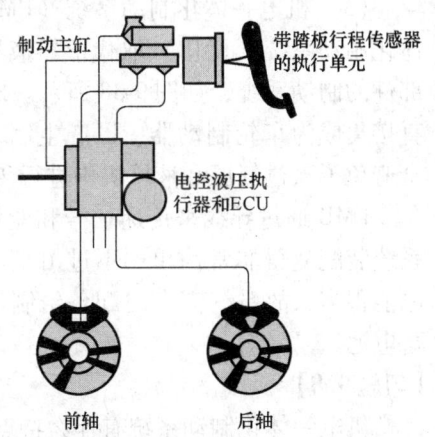

图 9-36 电控液压制动系统

EHB 系统最主要的优点是提高了制动的舒适性。与 ABS 相比，EHB 系统的控制单元可以提前进入制动过程，从而进一步提高制动时汽车的稳定性。在湿路面上，EHB 系统会定时自动地实施微弱的脉冲制动，以除去制动盘上的水膜，确保汽车具有完全的制动能力。

EHB 系统还可实现一些"交通辅助"功能，比如当驾驶者将脚从加速踏板上移开后，系统会让汽车按照预定的速度减速。此外，该系统的结构还具有很强的灵活性，如果在系统中加入转向变化率传感器、横向加速度传感器及转向角传感器，就可实现电子车身稳定控制系统（ESP）的自动稳定功能。

（2）电子制动系统（EBS） 如图 9-37 所示。电子制动系统（EBS）是在

【课堂互动】气压制动系统的基础上开发的。EBS 的 ECU 根据来自制动阀门、压力控制模块和负载传感器的信号及其他的车辆数据来计算各车轮所需的制动力。

气压制动系统中的各种机械式气动部件全部由电子控制的执行器取代,而且电控执行器除进行压力调节外,还承担一定的传感器数据处理的任务。在突发情况下(如断电等),辅助的气动回路开始工作,确保汽车的制动效能稳定。

EBS 可以避免车轮制动器的单独抱死,使制动距离实现最优化,并可显著改善挂车的稳定性,而且还将减速器、发动机制动与操纵制动连为一体,实现了汽车广泛的制动控制。

电子伺服制动系统的优点:
电子伺服制动系统具有制动响应时间短、摩擦片磨损轻、装配测试简单迅速、易于升级、利于环保等优点。

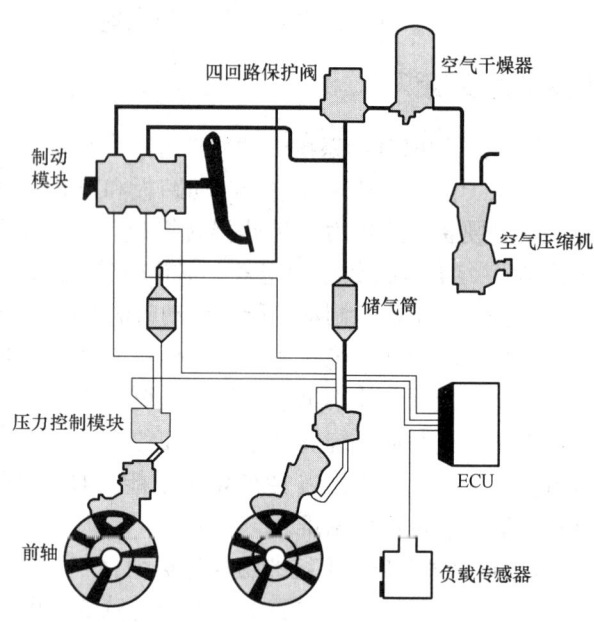

图 9-37 电子制动系统

(3) 机电一体化制动系统(EMB) 机电一体化制动系统(EMB)取代依靠液压和气压执行部件的制动系统,如图 9-38 所示。EMB 把电动机直接集成为车轮制动器,以产生制动力,从而完全避免了通过气压和液压机构进行传力。

EMB 通过导线来传递信号和能量,这就使得系统装配变得非常简单,不过由于电动机消耗的电能很多,故系统需专门配备给制动系统供电的蓄电池。

【习题 9.8】
机电一体化制动系统有什么特点?

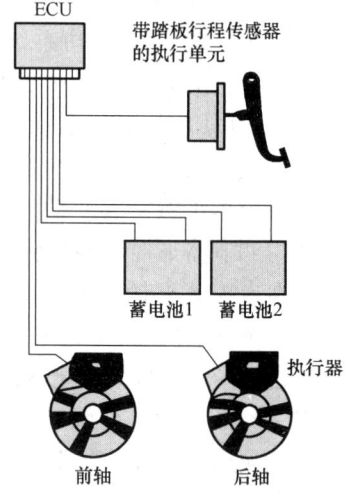

图 9-38 机电一体化制动系统

参考文献

[1] 王永强. 汽车底盘构造与检修 [M]. 北京：国防工业出版社，2006.
[2] 陆刚. 汽车底盘养护与维修实例 [M]. 北京：电子工业出版社，2004.
[3] 迟瑞绢. 汽车底盘构造与维修 [M]. 北京：电子工业出版社，2006.
[4] 杨智勇. 威驰轿车维修技术问答 [M]. 北京：金盾出版社，2004.
[5] 李东江. 桑塔纳2000系列轿车结构与维修. 北京：机械工业出版社，2003.
[6] 杨宏进. 汽车底盘维修实训 [M]. 北京：人民交通出版社，2003.
[7] 杜瑞丰. 汽车底盘构造与维修 [M]. 北京：高等教育出版社，2002.
[8] 黄玮. 捷达轿车500问 [M]. 北京：国防工业出版社，2000.
[9] 赵新民. 汽车构造 [M]. 北京：人民交通出版社，2001.